清末民初文獻叢刊

中國六大文豪

謝无量 編著

朝華出版社
BLOSSOM PRESS

圖書在版編目（CIP）數據

中國六大文豪 / 謝无量編著. -- 北京 : 朝華出版社，2018.9
（清末民初文獻叢刊）
ISBN 978-7-5054-4330-3

Ⅰ. ①中… Ⅱ. ①謝… Ⅲ. ①作家－列傳－中國－古代 Ⅳ. ①K825.6

中國版本圖書館CIP數據核字(2018)第183597號

中國六大文豪

作　　者　謝无量

選題策劃　楊麗麗　尚論聰
責任編輯　胡　泊
特約編輯　齊　芳
責任印制　張文東　陸競贏
封面設計　劉敬偉

出版發行　朝華出版社
社　　址　北京市西城區百萬莊大街24號　　**郵政編碼**　100037
訂購電話　（010）68996618　68996050
傳　　真　（010）88415258（發行部）
聯系版權　j-yn@163.com
網　　址　http://zhcb.cipg.org.cn
印　　刷　藝堂印刷（天津）有限公司
經　　銷　全國新華書店
開　　本　880mm×1230mm　1/32　　**字　　數**　235千字
印　　張　14.75
版　　次　2018年9月第1版　2018年9月第1次印刷
裝　　別　精
書　　號　ISBN 978-7-5054-4330-3
定　　價　110.00元

出版前言

中國自一八四〇年鴉片戰争以來，傳統的農業文明在西方的堅船利炮轟擊之下徹底被顛覆，有擔當的知識分子苦苦追尋，思索社會改革的途徑。從最初的『師夷長技以制夷』到『民主制度，天下之公理』（梁啓超語），他們發現要『强國富民』，首先要『開啓民智』，祇有民衆擁有了獨立思想和批判精神，國家纔能實現真正的强大。在此後一百年的時間裏（一八四〇—一九四九），思想者們從社會變革深入到國民性的改造，用每一部作品見證着中國近代化的遞變歷程。這是一個極其重要的時代，《清末民初文獻叢刊》正是收録了這一時期的作品，大部分書籍都是早期版本，有着極高的文獻研究價值。

清末的中國經歷了『三千年來未有之大變局』（李鴻章語），大清王朝面對西方列强的艦炮，表現得驚慌失措。尤其是鴉片戰争，使『天朝帝國萬世長存的迷信受到了致命的打擊，野蠻的、閉關自守的、與文明世界隔絶的狀態被打破了』（《馬克思恩格斯選集》)。一批士大夫知識分子，尤其是在歐美諸國擔任使臣或者游歷的知識分子最先覺醒，着眼于對西方國家的考察，進而反省本國政治制度的劣勢，可以視作『啓蒙』的端倪。如曾擔任駐英公使（兼任駐法公使）的郭嵩燾在《使西紀程》中以日記的形式記録了自己對歐西諸國的觀感，他在考察了英國的政治制度之後，發現英國政府官員收入超過三百磅者與普通老百姓一樣同等納税，他説：『此法誠善，然非民主之國，則勢有所不行。西洋所以享國長久，君民兼主國政故也。』他明確提出了『民主』，在國家的管理問題上，人民也有參與的權利。他在該書中所披露的西方政治、經濟、文化等領域優于大清帝國這一事實觸動了保守派的神經，立刻遭到保守派群起而攻之，進士何金壽彈劾他『有二心于英國，欲中國臣事之』，他家鄉湖南的民衆對他更是痛加詆毁，以至于滿城揭帖，誣蔑他『溝通洋人』，在這種群情汹汹的情况下，朝廷最後下旨將《使西紀程》毁版，從而使該書成了禁書。然而，書雖被毁版，却不能堵死民衆的傳播與閲讀的途徑，上海的《萬國公報》依舊連載該書，張佩綸曾説：『朝廷禁其書，而新聞紙接續刊刻，中外傳播如故也。』從某種意義上來説，啓蒙是時代的需要，盡管清政府發諭旨禁了該書，民衆乃至一些朝廷大員却依舊在私下閱讀，以便瞭解外部的世界。進步的社會是開放性的，任何企圖『閉關鎖國』的努力都意味着歷史的倒退，祇有開放，與整個世界文明保持同等的步伐，纔能實現真正的强國之夢。當大批知識分子走出閉鎖的國門，親歷了文明的洗禮之後，也就把啓蒙的智識帶回了中華大地。容閎的《西學東漸記》，梁啓超的《新大陸游記》，崔國因的《出使美日秘日記》等一大批作品介紹了海外諸國的政治、經濟、軍事、外交、文化。雖然這些作品在認識上仍然帶有時代的局限性，然而却是那時最爲珍貴的聲音。

另一方面，在學術上，中國文化母體内『經世致用』思想與資産階級思想相結合，也喚起了變革，以康有爲、梁啓超爲首的改良派試圖通過自上而下的革新以實現變革。康有爲的《新學僞經考》《孔子改制考》就是借經學之表論資産階級學説之裏的著作，康有爲的弟子梁啓超更是通過《新民説》一書提出國民性改造。與早期啓蒙者『師夷長技』的器物文明引進不同，梁啓超上升到形而上的精神領域，從文化心理上更加徹底地進行變革。梁氏是清朝末年到民國初年一個橋梁式的人物，被譽爲『輿論之驕子，天縱之文豪』，其影響力不但在學術領域，同時還在文學領域，他所倡導的『詩界革命』得到了譚嗣同、黄遵憲、丘逢甲等人的響應，黄遵憲的《日本雜事詩》，丘逢甲的《嶺雲海日樓詩鈔》都體現了這種主張。這一主張要求反映新的時代和新的思想，用『我手寫我口』（黄遵憲語）的方式直抒胸臆，對長期占詩壇主流的擬古主義、形式主義產生了巨大的衝擊，解放了寫作者的心靈和頭腦。

與社會變革同步的是早期對西方思想著作的翻譯，這裏面影響最大的是嚴復，他翻譯的《天演論》《社會通詮》等書直接孕育了民國一代的知識階層。魯迅、胡適等人在文章中都曾提到《天演論》對他們思想所產生的震撼。與嚴復略有不同的另一位翻譯家是林紓，他的譯作雖然參差不齊，但卻在更細膩的心靈層次對讀者產生影響，許壽裳曾回憶，他和魯迅都熱衷于林譯的小說，如《巴黎茶花女遺事》《黑奴籲天録》《迦茵小傳》等作品。

辛亥革命之後，進步社會思潮成爲主流，比之清末思想啓蒙者『求存』的追求，民國以來的知識階層深入到了更加細微的肌理，一方面呼喚社會變革，另一方面進行點滴的建設，革命并不能使所有的一切一蹴而就，在更加深廣的領域，事物的改變是由微觀而宏觀。通俗地説，比之于革命，建設的意義更大。如《中國商業史》《中國教育史》《中國倫理學史》《中國哲學史大綱》《中國小説史略》等一大批作品都是進行系統的梳理與建設的理論作品。其中，以胡適和魯迅二人的影響最大，他們的作品一紙風靡，從而成爲新文化運動的主力人物。

《清末民初文獻叢刊》收録的文獻大致上可以分爲三個階段，其中龔自珍、張之洞、魏源、郭嵩燾、薛福成等人的作品可視爲『早期啓蒙』，康有爲、梁啓超、黄遵憲、嚴復、林紓等人的作品可視爲『中期啓蒙』，胡適、魯迅、蔡元培等人的作品可視爲『晚期啓蒙』。當然，這種劃分并非嚴格意義上的，大部分啓蒙思想者隨着時代的變化，其思想在不斷進步。縱觀整個近現代史，可以發現，要求變革不是在某一個領域，由某一類人發起和完成的，而是全社會的要求。

變革，已經成爲全社會的共識。

從清末民初的文獻中，我們能够發現一種豐富性。這些作品涉及政治、經濟、軍事、教育、外交、宗教、心理、情感等方方面面，從内而外地净化着中國兩千年以來的封建積習。它不衹是對社會的改造，更是對人心靈的重塑；它首重國家社會之建設，同時亦重靈魂心智之唤醒；它是宏大的，也是微觀的；它是嚴肅莊重的，也是活潑靈動的；這些作品結構精巧，思想内容深刻，擁有濃厚的人文主義色彩，對推動社會主義建設，實現中國夢有重大意義，是近現代中國一百年來最宏富的智識與情感的寶藏。因此，整理這些文獻作品，無論是出于資料保存的目的，還是爲圖書館提供資料副本，都有不可估量的意義。

特定時代下的文獻，當它一旦形成（既指草擬，創作的完成，也指其成爲一個載體），就不可再複製了，也就意味着它將面對消亡。對于文獻資料而言，越接近歷史事件發生的時代記録，越具有研究價值。文獻本身具有不可再生性，它衹會消亡，而不會增多。盡管文獻本身的文字可以保留下來，并進行傳播，却失去了當時的時代氣息。當時的作品可能在技巧上，文字的成熟度上不及當代，但它所負載的信息，創作者的情感都反映了當時的歷史，也就是説，它具有不可替代的歷史意義。

影印的版本有三個特點，第一是擁有文獻的『原始性』；第二個特點是『未經改動的』；第三個特點是『歷史的原貌』。所謂『原始性』，也就是説，它是第一手資料，而非轉述的，回憶形成的；『未經改動的』，是指未被篡改、删節、挖補的；『歷史的原貌』是指在影印製作過程中，完全依照文獻的原來模樣……這樣製作出版的作品，無异延續了文獻的壽命。

近現代思想史上的一個最重大的思潮就是『開放』，從林則徐的『開眼看世界』到蔡元培的『兼容并包』，都是在倡導一種開放式的胸襟。而《清末民初文獻叢刊》最有魅力的部分就是『開放』這一主題，祇有融入到世界文明發展的進程中，中華文明纔能歷久彌新。

《清末民初文獻叢刊》編委會

二〇一七年四月十四日

凡例

一、《清末民初文獻叢刊》（以下簡稱『叢刊』）爲影印本，舉凡所用之底本，均爲該書之早期版本。有清末刊本，亦有民國印本。

二、《叢刊》均依底本影印，未予删改，僅代表作者個人觀點，不代表官方立場；原刊本有誤，不予校改，以保留文獻之原貌。

三、《叢刊》所用之底本，因時日久遠存在漫漶的情況，均進行了修復；底本闕文、印刷不清，均保留原貌。

四、爲讀者閱讀之便，《叢刊》中之舊底本目録未標記頁碼者，編了目次；原底本有頁碼和目録，未予重複編目。

五、爲保持文獻的原始風貌，影印本保留了原書書影（原書爲多册，則保留第一册書影）、扉頁等信息。所用底本無相應信息者，則不予妄添，以免錯訛。

目録

中國六大文豪

中國六大文豪

目錄

中國六大文豪

緒言

說者曰。吾國文學。甚難知也。古今文章至富。作者至衆。一人著述。則有專集。掇其菁英。則有總集。紀文人行事。則有文苑等傳。評論文章流別。及其利病。則有文史諸書。吳兢西齋書目始列文史之名凡文心雕龍詩品之屬均入焉後世史家於詩話文評。別於總集後出一文史類中興書目。曰文史者所以譏評文人之得失是也學者始患文章浩博不能徧覩。每諷覽總集。以趣約易。總集采拾篇章。局於部類。工者或以繁詞被擯。拙者或以備體見收。名家之製。反病裁割太甚。故欲深觀一家作者用心。仍不得不求之專集。專集多經後人編定。時不免於蕪雜。欲辨其高下。又不能不求討論得失之書。如詩話文評等類。至於文人行略。諸史文苑傳中。往往缺略不具。又必旁及年譜傳志。以至稗官雜說所載佚事。而後可以盡見文章之源流。重以風尚代殊。好惡錯出。選擇之事。抑揚不同。評論之家。是非鋒起。博洽者尙無以核其是。弇陋者尤不足觀其通。信夫吾國文學之難也。雖然文學匪難。得要爲難。學者致力文學。豈惟是辨析古今流變。記作者姓名而已哉。固將深稽其體勢。揆其所志。使己之所爲。得追而與之並。夫愛博則情不專。泛濫者心得必寡。一國之大。千歲之遠。文人雖接踵布武。然卓然爲一代宗匠。可以轢古啟今者。率亦不過數人。此數人者。實曠世之英。非尋常所遇者也。學者尙友古之作者。而先求此足以代表一國文學之數人。取其文章。朝歌而夕吟。心摩而手追。旣涵濡自得之。然後退觀古今餘作。譬之浮大海者之視潢汙陟喬岳者之俯丘垤也。故曰文學匪難。得要爲難。嘗試論之。文章之原。出於五經。顏之推說然經術所包廣大。不當徒以文論。下此則有諸子傳記。如左傳國策孟軻莊屈。皆文士所亟稱。而文選不錄。且序其意曰。姬公之籍。孔父之書。與日月俱懸。鬼神爭奧。孝敬之准式。人倫之師表。豈可重以芟夷。加之剪截。老莊之作。管孟之流。蓋以立意爲宗。不以能文爲本。今之所撰。又以略諸。若賢人之美辭。忠臣之抗直。謀夫之話。辨士之端。冰釋泉涌。金相玉振。所謂坐狙邱議稷下。仲連之卻秦軍。食其之下齊國。留侯之發八難。曲逆之吐六奇。蓋乃事美一時。語流千載。概見墳籍。旁出子史。若斯之流。又亦繁博。雖傳之簡牘。而事異篇章。今之所集。亦所不取。至於記事之史。繫年之書。所以褒貶是非。紀別異同。方之篇翰。亦已不同。然則昭明所選。悉不取五經諸子史傳。後人間有議其非者。要之昭明實深知美文之義例。是以其說如此也。五經雖曰文章之原。而美文實出詩。致詩三百篇。固多聖賢發憤所作。其人不僅以文自見。因其志之足尙。則其詞可傳。至於詞與志並勝。奇文蔚起。恢詭迅激。有過於詩者。斯惟騷人之文。當以屈原爲宗。屈原離騷。上兼前代之風雅。下開後來之文賦。哀豔悱惻。寄愛國之思。其體製古所未有。且盛爲後人取材。故吾國文豪。必首推屈原。詩教之體。至是始大矣。漢司馬相如揚雄。廣造諸賦。富於荀宋。而靡於屈原。且多偶對之辭。爲六朝駢儷之淵源。亦美文之極則也。五七言詩。興於漢世。建安風骨。益茂齊梁。兼尙聲律。至於唐之李杜。而後盡有前古諸體。集詩人之大成。唐時儷文之體極敝。韓愈復倡古文。善指事類情。尤重於氣質。後世實用文學之祖也。於是美文漸廢。古文起而代之。要本諸韓愈氏。然則綜論古今文人。其足以代表一國之文學者。不外屈原、司馬相如、揚雄、李白、杜甫、韓愈六家。乃敍六人爲中國六大文豪。冀爲學者研精之助焉。

何以僅取此六人也。夫五經諸子之書。既如前說。不可與文學並論。司馬遷班固。又皆良史之材。事異於篇翰者也。自餘詞賦作者。並沐相如子雲之遺澤。不能更樹爲宗。六朝之際。美文斯極。觀當時所造。若是班乎。吾國文學極盛。首推周季。次惟六朝。周之諸子。創論著議。莫不奇偉。六朝文士。非對不發。一以理勝。一以詞勝。作者並世。相望難於甲乙也。蓋一時之盛流風扇於衆材。曠世之英。高步絕於前後。二者固當分別。今惟希心傑士。政宜棄彼取此。且理勝之文。本非所慕。閎詞麗句。則導源於揚馬。齊梁諸英。莫外乎是矣。枚叔蘇李。肇興五言。

建安曹劉。波瀾益茂。以至太康嗣響。元嘉變格。永明之間。漸研聲病。於是五言七字。體有古今。大備於唐初。集成於李杜。後來詩人雖衆。無出李杜之體者。故於詩人惟著二家。宋世已稱七家古文。明人始並列八家。然韓可以兼柳歐蘇曾王。皆承韓公之緒。爲是以舉此六豪。兼攝衆家。若夫繼是博覽。則亦存乎其人云爾。

司馬相如揚雄。並爲自序。載己之行事。及其文章。司馬遷班固因以入史。劉子玄譏其繁博。乖於史例。不知文士之傳。直當如此耳。章實齋曰。馬班二史。於相如揚雄諸家之著賦俱詳載於列傳。自劉知幾以還。從而抵排非笑者。蓋不勝其紛紛矣。要皆不爲知言也。蓋爲後世文苑之權輿。而文苑必致文采之實蹟。以視范史而下。標文苑而止敍文人行略者。爲遠勝也。然而漢廷之賦。實非苟作。長篇錄入於全傳。足見其人之極思。殆與賈疏董策爲用不同。而同主於以文傳人也。又詞賦之作。旁羅名物。義旨閎贍。非假訓釋。莫達其趣。漢書文選在古輒須師授。幾爲專門之學。誦平子之文。必資薛綜之解。傳左思之賦。不廢張劉之篇。而謝靈運山居賦。且自作註。恐後人義事有不審也。沈約宋書載之是矣。近來總集。多不列註。雖講業者旁考不難。而自修者獨習寡悟。茲於上稱六家。先論其文章與時勢關係。及其作文歲月先後。並證以行事所歷。文之精粹。頗加采掇。悉下詮註。並著後之評論。以見指歸。冀有助學者知人論世之功。且於六家名著。既得崖略。兼可明其義訓也。

夫文章與時高下。其變遷之跡。必有所因。茲編雖以六家爲主。仍各考其淵源所自。次及並世之人。次及感勢所被。兼明各家相連屬之道。學者既能深觀六家之神理。卽又可由是以辨古今文學之源流也。

中國六大文豪 卷一

第一編 屈原

第一章 屈原傳略

史記曰屈原者名平楚之同姓也爲楚懷王左徒博聞彊志明於治亂嫻於辭令入則與王圖議國事以出號令出則接遇賓客應對諸侯王甚任之上官大夫與之同列爭寵而心害其能懷王使屈原造爲憲令屈平屬草稾未定上官大夫見而欲奪之屈平不與因讒之曰王使屈平爲令衆莫不知每一令出平伐其功曰以爲非我莫能爲也王怒而疎屈平屈平疾王聽之不聰也讒諂之蔽明也邪曲之害公也方正之不容也故憂愁幽思而作離騷離騷者猶離憂也夫天者人之始也父母者人之本也人窮則反本故勞苦倦極未嘗不呼天也疾痛慘怛未嘗不呼父母也屈平正道直行竭忠盡智以事其君讒人間之可謂窮矣信而見疑忠而被謗能無怨乎屈平之作離騷蓋自怨生也國風好色而不淫小雅怨誹而不亂若離騷者可謂兼之矣上稱帝嚳下道齊桓中述湯武以刺世事明道德之廣崇治亂之條貫靡不畢見其文約其辭微其志潔其行廉其稱文小而其指極大舉類邇而見義遠其

志潔故其稱物芳。其行廉故死而不容自疏。濯淖汙泥之中。蟬蛻於濁穢。以浮游塵埃之外。不獲世之滋垢。皭然泥而不滓者也。推此志也。雖與日月爭光可也。（按此是史遷本淮南王安之詞）屈平既絀。其後秦欲伐齊。齊與楚從親。惠王患之。乃令張儀詳去秦。厚幣委質事楚曰。秦甚憎齊。齊與楚從親。楚誠能絕齊。秦願獻商於之地六百里。楚懷王貪而信張儀。遂絕齊。使使如秦受地。張儀詐之曰。儀與王約六里。不聞六百里。楚使怒去。歸告懷王。懷王怒。大興師伐秦。秦發兵擊之。大破楚師於丹淅。斬首八萬。虜楚將屈匄。遂取楚之漢中地。懷王乃悉發國中兵以深入擊秦。戰於藍田。魏聞之。襲楚至鄧。楚兵懼。自秦歸。而齊竟怒不救楚。楚大困。明年秦割漢中地與楚以和。楚王曰。不願得地。願得張儀而甘心焉。張儀聞。乃曰。以一儀而當漢中地。臣請往如楚。如楚。又因厚幣用事者臣靳尙。而設詭辯於懷王之寵姬鄭袖。懷王竟聽鄭袖。復釋去張儀。是時屈平既疏。不復在位。使於齊。顧反。諫懷王曰。何不殺張儀。懷王悔。追張儀。不及。其後諸侯共擊楚。大破之。殺其將唐眛。時秦昭王與楚婚。欲與懷王會。懷王欲行。屈平曰。秦虎狼之國。不可信。不如無行。懷王稚子子蘭勸王行。奈何絕秦歡。懷王卒行。入武關。秦伏兵絕其後。因留懷王以求割地。懷王怒不聽。亡走趙。趙不內。復之秦。竟死於秦而歸葬。長子頃襄王立。以其弟子蘭爲令尹。兵挫地削。亡其六郡。身客死於秦。爲天下笑。此不知人之禍也。易曰。井渫不食。爲我心惻。可以汲。王明。並受其福。王之不明。豈足福哉。史記記屈原放絀。而詳楚不能用賢。以致創亡之故。其意謂屈原若見任。則齊楚之交。可以不絕。張儀之詐可以不行。楚未致淪創。然則屈原豈徒文章之雄而已哉。於是令尹子蘭使上官大夫短屈原於頃襄王。頃襄王怒而遷之江南。屈原執忠直而身放廢。心迷意惑。不知所爲。嘗經太卜之家。稽問神明。卜己居世。何所宜行。乃作卜居之篇。其辭曰

屈原既放三年。不得復見。竭智盡忠。蔽鄣於讒。心煩意亂。不知所從。乃往見太卜鄭詹尹曰。余有所疑。願先生決之。詹尹乃端策拂龜。曰。君將何以教之。屈原曰。吾寧悃悃款款朴以忠乎。將送往勞來。斯無窮乎。寧誅鋤草茅以力耕乎。將游大人以成名乎。寧正言不諱以危身乎。將從俗富貴以媮生乎。寧超然高舉以保眞乎。將哫訾栗斯。哫音足訾音貲立言求媚也栗斯謹長跪隨之意喔咿嚅唲強笑嚎也以事婦人乎。寧廉潔正直以自清乎。將突梯滑稽。轉隨俗也如脂如韋。柔弱曲也以潔楹乎。文選潔作絜楹謂同諂諛也寧昂昂若千里之駒乎。將氾氾若水中之鳧乎。與波上下。偷以全吾軀乎。寧與騏驥亢軛乎。軛車轅前也將隨駑馬之迹乎。寧與黃鵠比翼乎。將與雞鶩爭食乎。此孰吉孰凶。何去何從。世溷濁而不清。蟬翼爲重。千鈞爲輕。黃鐘毀棄。賢隱藏也瓦釜雷鳴。愚讒諂也讒人高張。賢士無名。吁嗟嘿嘿兮。誰知吾之廉貞。詹尹乃釋策而謝曰。夫尺有

所短。寸有所長。物有所不足。智有所不明。數有所不逮。神有所不通。用君之心。行君之意。龜策誠不能知此事。

又與漁父問答作漁父之篇曰

屈原既放。游於江潭。行吟澤畔。顏色憔悴。形容枯槁。漁父見而問之曰。子非三閭大夫歟。何故至於斯。屈原曰。舉世皆濁我獨清。衆人皆醉我獨醒。是以見放。漁父曰。聖人不凝滯於物。而能與世推移。(隨俗方圓)世人皆濁。何不淈其泥(淈古沒切濁也)而揚其波。衆人皆醉。何不餔其糟而歠其釃。(餔食也歠飲也糟醨皆酒滓)何故深思高舉。自令放為。屈原曰。吾聞之。新沐者必彈冠。新浴者必振衣。安能以身之察察。受物之汶汶者乎。(察察潔白也汶汶音門蒙垢塵也)寧赴湘流。葬於江魚之腹中。安能以皓皓之白。而蒙世俗之塵埃乎。漁父莞爾而笑。鼓枻而去。(枻音曳鼓枻叩船舷也舷船邊)歌曰。滄浪之水清兮。可以濯吾纓。滄浪之水濁兮。可以濯吾足。遂去不復與言。

按卜居漁父。或謂皆假設問答以寄意。然漁父之詞。司馬遷劉向皆采之以為實錄。未幾屈原作懷沙之賦。(懷沙是九章之一史記不載離騷而獨載此篇冠以賦名)懷石自投汨羅而死。史記曰。屈原既死之後。楚有宋玉唐勒景差之徒者。皆好辭而以賦見稱。然皆祖屈原之從容辭令。終莫敢直諫。其後楚日以削。數十年竟為秦所滅。

新序曰。屈原者。楚之同姓大夫。有博通之智。淸潔之行。懷王用之。秦欲吞滅諸侯。并兼天下。屈原爲楚東使於齊。以結强黨。秦國患之。使張儀之楚。貨楚貴臣上官大夫靳尙之屬。上及令尹子蘭。司馬子椒。內賂夫人鄭袖。共譖屈原。屈原放逐於外。乃作離騷。王逸曰。屈原與楚同姓。仕於懷王。爲三閭大夫。三閭之職。掌王族三姓。曰昭屈景。戰國策楚有昭奚恤元和姓纂云屈楚公族芈姓之後楚武王子瑕食采於屈因氏焉又云景芈姓楚有景差漢徙大族昭屈景三姓於關中屈原序其譜屬。率其賢良。以厲國士。入則與王圖議政事。決定嫌疑。出則監察羣下。應對諸侯。謀行職修。王甚珍之。同列大夫上官靳尙。朱子楚詞辨證曰王逸曰同列大夫上官靳尙妬害其能似以爲同列之大夫姓上官而名靳尙者洪氏曰史記云上官大夫與之同列又云用事臣靳尙則是兩人明甚逸以騷名家不應繆誤如此然詞不別白亦足以誤後人矣妒害其能。共譖毀之。王乃疏屈原。屈原執履忠貞。而被讒衺。憂心煩亂。不知所愬。乃作離騷經。離。別也。騷。愁也。經。徑也。言已放逐離別。中心愁思。猶依道徑。以風諫君也。故上述唐虞三后之制。下序桀紂羿澆之敗。冀君覺悟。反於正道而還已也。是時秦昭王使張儀譎詐懷王。令絕齊交。又使誘楚。請與俱會武關。遂脅與俱歸。拘留不遣。卒客死於秦。其子襄王。復用讒言。遷屈原於江南。屈原放在草野。復作九章。援天引聖。以自證明。終不見省。不忍以淸白久居濁世。遂赴汨淵。自沈而死。

漢志屈原賦二十五篇。按離騷一篇。九歌十一篇。楚詞辨證曰篇名九歌而實十有一章蓋不可曉天問一篇。九章

九篇。遠游一篇。卜居漁父各一篇。合二十五篇也。大招或云亦屈原作。或云景差作。漢志僅稱二十五篇。則當無大招也

屈原自投汨羅。汨音覓 應劭曰。汨水在羅。故曰汨羅也。按前漢地理志。長沙有羅縣。荆州記曰。羅縣北帶汨水。水源出豫章艾縣界。西流注湘。沿湘西北去縣三十里。名爲屈潭。屈原自沈處。史記正義曰。故羅縣城在岳州湘陰縣東北六十里。春秋時羅子國。秦置長沙郡而爲縣也。縣北有汨水及屈原廟。續齊諧記曰。屈原以五月五日投汨羅而死。楚人哀之。每於此日以筒貯米投水祭之。漢建武中。長沙區回。白日忽見一人。自稱三閭大夫。謂回曰。聞君常見祭甚善。但常年所遺。爲蛟龍所竊。今若有惠。可以練樹葉塞上。以五色絲轉縛之。此物蛟龍所憚。回依其言。世人五月五日作糉。并帶五色絲及練葉。皆汨羅之遺風。區回事雖甚怪誕。然風俗流傳所自。且見世人追慕屈原之篤也。

屈原遺事鮮可考見。異苑曰。長沙羅縣有屈原自投之川。山明水淨。異於常處。民爲立廟。在汨潭之西。岸側石盤馬跡猶存。相傳云原投川之日。乘白驥而來。拾遺記曰。懷王好進姦雄。羣賢逃越。屈原以忠見斥。隱於沅湘。披蓁茹草。混同禽獸。不交世務。採柏實以和桂膏。用養心神。被王逼逐。乃赴淸冷之水。楚人思慕。謂之水仙。其神游於天河。精靈時降湘浦。楚人爲

之立祠。又王逸註離騷女嬃之嬋媛句。以爲女嬃屈原姊也。則屈原嘗有姊矣。賈侍中說。楚人謂女曰嬃，水經注引袁崧云。屈原有賢姊。聞屈原放逐。亦來歸。喻令自寬。鄉人冀其見從。因名曰秭歸。縣北有原故宅。宅之東北有女嬃廟。擣衣石猶存。按卽今之秭歸縣也。

第二章　屈原在文學上之價値

屈原者。古今愛國詩人之宗也。自淮南王爲離騷作傳。以爲國風好色而不淫。小雅怨誹而不亂。若離騷者。可謂兼之。又曰推屈原之志。雖與日月爭光可也。太史公取此語以入列傳。故屈原在文學上之價値。經淮南史遷已定。班固之徒。或以爲疑。亦未深觀屈原之詞而察其志耳。漢志錄屈原之詞。謂之賦。賦者古詩之流也。古之爲詩者衆。孔子獨載三百五篇爲經。可以美敎化。移風俗。動天地。感鬼神。皆聖賢發憤之所作爲也。後之作者。宜蔑以加矣。詩有六義。而風雅則尤盛。淮南史遷以離騷之詞。直足兼風雅。言固若是其重乎。今請先明風雅之義。而後屈原之志。可得而論也。詩序曰。上以風化下。下以風刺上。主文而譎諫。言之者無罪。聞之者足以戒。故曰風。至於王道衰。禮義廢。政敎失。國異政。家殊俗。而變風變雅作矣。國史明乎得失之跡。傷人倫之廢。哀刑政之苛。吟詠情性。以風其上。達於事變而懷其舊俗者也。故變風發乎情。止乎禮義。發乎情。民之性也。止乎禮義。先王之澤也。是以一國之事繫一人之本謂之風。言天下之事。形四方之風。謂之雅。正義曰。一人者。作詩之人。其作詩者。道己一人之心耳。要所言一人。心乃是一國之心。詩人覽一國之意以爲己心。故一國之事。繫此一人。使言之也。但所言者。直是諸侯之政。行風化於一國。故謂之風。以其狹故也。言天下之事。亦謂一人言之。詩人總天下之心。四方風俗。以爲己意。而詠歌王政。故作詩道說天下之事。發見四方之風。所言者。乃是天子之政。施齊正於天下。故謂之雅。以其廣故也。又曰。鄭志張逸問。嘗聞一人作詩。何謂。答曰。作詩者一人而已。其取義者一國之事。變雅則譏王政得失。閔風俗之衰。所憂者廣。發於一人之本身。如此言風雅之作。皆是一人之言耳。一人美則一國皆美之。一人刺則天下皆刺之。又曰。莫不取衆之意以爲己辭。一人言之。一國皆悅。假使聖哲之君。功齊區宇。設有一人獨言其惡。如卞隨務光之羞見殷湯。伯夷叔齊之恥事周武。海內之心。不同之也。無道之主。惡加萬民。設有一人獨稱其善。如張竦之美王莽。蔡邕之惜董卓。天下之意。不與之也。必是言當舉世之心。動合一國之意。然後得爲風雅。載在樂章。不然則國史不錄其文也。正義所以釋風雅之作。可謂詞費矣。嘗綜而論之曰。風曰雅。皆詩人自言其一人之志。而此一人之志。卽一國之志。天下之志。義不可以不言者也。所議論得失。或關國之存亡興廢。有驗於後。是以國史取焉。夫一國天下之志。宜一國天下之人所當言。一國天下之人卒莫言。而此一人言之。斯尤足貴也。孟子曰。王者之迹熄而詩亡。詩亡。然後春秋作。蓋王迹初衰。詩人譏刺。猶所不禁。至於暴君代作。防遏謗言。詩人主義不得以明。春秋乃隱約其詞。以寓褒貶。主人問其讀而習其傳。不知己之有罪。其寓意之微。亦時勢所迫。無如何也。至於戰國大亂之時。風人輟詠。亦已久矣。屈平獨起而操風雅之義。離騷之作。不僅諷諫其君。又沈憂於宗國之墜。民族之淪。哀己之志不行。遂狂激投淵而死。今夫爲一國之人。則當愛其國。爲天下之人。則當愛其天下。此口雖不言。而人人之心。未嘗不同也。屈原之志。愛國爲本。故以美人芳草。寄其意而不爲好色。斥其君爲桀紂而不爲怨誹。自風雅以來。未之有矣。春秋既作。諷刺久熄。忽乃有此風雅之文出焉。可不謂難乎。且風雅之作。多因一時之事。形於詠歎。其作者未必能自以其術易天下者也。屈原有治強楚國之材。幾見用而廢。覩禍亂之將至。終身愁吟。死而後已。昔之詩人在王化之下。屈原生春秋之後。事勢有不同。立志壹卓絕如此。誠古今愛國詩人之宗。淮南史遷。以爲可與日月爭光。非過論也。

古今文人。類多長於辭采。而乏經綸之材。卑者至詭詞巧說。阿世以取容。雖騁篇章之美。而君子惡之。其能稍稍自異者。亦或因時發憤。有所諷刺勸戒。喻民志於正。以風動天下。斯足稱矣。然未必眞有濟變治國之材也。屈原則不然。史記稱原明治亂。議國事造憲令。接遇賓客。應對諸侯。其所試者皆盡厥職。及觀原之文章則所試僅小小者耳。固將強宗國。穌民人。施行美政。慕堯舜之至德。述桀紂之喪亡。愁歎往復。以見其志。此豈尋常文學之士哉。故史遷於列傳中。歷敍楚之所由敗滅。蓋深悲楚之不用原。自致此禍也。屈原所以論政治者。今雖不可得見。賈誼夙號王佐之才。史遷以與屈原同傳。屈原之言政治。宜亦賈生之倫。屈賈皆有其才而不遇其時。賈誼固以原自比。史遷以爲二人愛國之志同。科考古今文士所言能見諸行事者。屈原之後。則惟賈誼。是以敍而論之。非僅以誼之文章次於原。又嘗弔屈原之故。而載其事於一篇也。或曰。戰國之時。縱橫長短之家。言詞辯麗。何遽不若原。且亦能轉移時勢。連合諸侯。定安危於一言。變強弱於俄頃。其游說應對。殆文章之雄乎。力又足以存亡人之國。視屈原之憤懣至死。終不得效者。亦有間矣。雖然。縱橫之士。罕以愛國爲心。苟求己之富貴。不顧其義。有假敵國之勢。以淩其宗邦者矣。此固屈原之所羞也。故寧死不去父母之國。屈原誠古今愛國詩人之宗歟。

屈原愛國之志。溢於言外。九章中自述其去國之意曰。「望長楸而太息兮。涕淫淫其若霰。過夏首而西浮兮。顧龍門而不見。心嬋媛而傷懷兮。眇不知其所蹠。順風波以從流兮。焉洋洋而爲容。淩陽侯之氾濫兮。忽翺翔之焉薄。心絓結而不解兮。思蹇產而不釋。將運舟而下浮兮。上洞庭而下江。去終古之所居兮。今逍遙而來東。羌靈魂之欲歸兮。何須臾而忘反。背夏浦而西思兮。哀故都之日遠。登大墳以遠望兮。聊以舒吾憂心。哀州土之平樂兮。悲江介之遺風。當陵陽之焉至兮。淼南渡之焉如。曾不知夏之爲丘兮。孰兩東門之可蕪。心不怡之長久兮。憂與愁其相接。惟郢路之遼遠兮。江與夏之不可涉。」此先敍其惓惓不忍去之志。繼言夏殿將爲丘墟。東門將蕪。言己去而宗國將亡。尤爲憂愁不忍也。至其思歸之極。則曰「曼余目以流觀兮。冀一反之何時。鳥飛返故鄉兮。狐死必首丘」。又怪己愛國而他人不知愛國。曰「惟郢路之遼遠兮。魂一夕而九逝。曾不知路之曲直兮。南指月與列星。願徑逝而未得兮。魂識路之營營。何靈魂之信直兮。人之心不與吾心同。理弱而媒不通兮。尚不知余之從容。」蓋已思郢至切。魂夢以之。他人未必如是。故曰人心不同也。史遷屈賈列傳論曰。余讀離騷天問招魂哀郢。悲其志。適長沙。觀屈原所自沈淵。未嘗不垂涕。想見其爲人。及見賈生弔之。又怪屈原以彼其材。游諸侯。何國不容。而自令若是。讀服鳥賦。同死生。輕去就。又爽然自失矣。史遷此論。蓋未爲知屈原者。原豈肯去家國游諸侯。如彼縱橫之士哉。離騷嘗述靈氛之占。勸原以適異國矣。其辭曰「兩美其必合兮。孰信修而慕之。思九州之博大兮。豈唯是其有女曰勉遠逝而無狐疑兮。孰求美而釋女。何所獨無芳草兮。爾何懷乎故宇。」此謂九州博大。奚往而不可。何必楚國。屈原亦躊躇將行矣。而終以爲不可。故曰「陟陞皇之赫戲兮。忽臨睨夫舊鄉。僕夫悲余馬懷兮。蜷局顧而不行。」故國在心。終不可去。其愛國之篤有如此者。李陵答蘇武書曰丈夫生不成名。死則葬蠻夷中。此書後人擬作亦異乎屈原之撰矣。

古者國家與政府之區別未明。故往往以效忠於君者。卽爲效忠於國。大凡屈原思君之詞。莫非愛國之志所發也。若以屈原僅惓惓於一人之惠。既不見用。發憤至死。此殊未然。蓋惟有政治思想者。其愛國乃愈甚。屈原懷救國之方。閔斯人之不得其所。宗國將淪爲丘墟。而已無藉以拯之。是其最痛心之事。非如世俗所謂牽於君臣之義而已。故離騷之卒章曰。既莫足與爲美政兮。吾將從彭咸之所居。則屈原之沈淵。亦慨夫美政之不得行耳。然所謂美政。果屬何等。今無可考。惟九章惜往日曰。「奉先功以照下兮。明法度之嫌疑。國富強而法立兮。屬貞臣而日娛。」又觀史記載原草憲令之事。則原之政治主義。亦主法度。尚富強。殆在管商之間。非必儒者之術。蓋當時列國交爭。非富強立法。不足制勝也。顧其於政治自信甚篤。自負亦甚。往往情見乎辭。九歌湘君曰。「令沅湘兮無波。使江兮水安流。」此以自喻其平治之本領矣。又大司命曰「紛總總兮九州。何壽夭兮何予。」一人之壽夭在乎司命。國之壽夭在乎賢者。又曰「壹陰兮壹陽。衆莫知兮余所爲。」言己所欲設施者。雖足以制國之命。而衆人不察也。至九歌國殤一篇。尤足發揚軍國民之精神。爲前此未有也。其詞曰。

操吳戈兮被犀甲。車錯轂兮短兵接。旌蔽日兮敵若雲。矢交墜兮士爭先。淩余陣兮躐余行。左驂殪兮右刃傷。霾兩輪兮縶四馬。援玉枹兮（枹一作桴）擊鳴鼓。天時墜兮威靈怒。（墜落也言己戰鬭適遭天時命當墜身雖死。而威神怒健不畏憚也）嚴殺盡兮棄原壄。（壄古野字）出不入兮往不反。平原忽兮路超遠。帶長劍兮挾秦弓。首身離兮心不懲。誠既勇兮又以武。終剛強兮不可淩。身既死兮神以靈。子魂魄兮爲鬼雄。

淮南史遷謂離騷義兼風雅。詩序云一人之事。繫天下之本謂之風。言天下之事形四方之風謂之雅。其義既如前釋。卽一人之詞。而能表一國天下之志者也。屈原生於楚國。度當時楚國之人無有願其國之亡者。推之天下後世之人。亦無有自願其國之亡者。故屈原愛國之志。實當爲古今所共尊仰而不渝者也。屈原之生。楚國之人或不察其志。及其已死。則相與哀而慕之。傳以爲神。至於五月五日。縷絲角糉弔其魂魄。風俗相承。更千年而不廢。遂由楚而遍及於國中。愛國之士爲世所重如此。離騷九歌之屬。作於楚謳習所被。類足以振厲其人之志氣。是以屈原之美政未行。楚遽不免於亡。而屈原文章之力。猶使楚之民氣。獨盛於他國。時相爲語曰。楚雖三戶。亡秦必楚。屈原愛國之化也。暴秦之際。攘臂而起者。多楚之豪士。或假藉楚名。號曰張楚。漢高帝亦好楚聲。列在樂府。漢雖代王。而楚之壯氣。實以亡秦。則文學之有益人國。豈淺鮮哉。漢以楚聲爲興國文學之本。諸帝多好楚辭。然則屈原於文學之價值。卽在此愛國之精神。故錄之爲古今文豪之首。若僅謂爲詞賦之宗。稱其文釆之麗。亦末乎云爾。茲之所論。輒棄彼取此。庶明屈原文章所以可貴者。使覽者無疑焉。

第三章　離騷經

屈原所作二十五篇。而離騷一篇。尤爲其志力所萃。故淮南但爲離騷作傳。班固賈逵亦作離騷章句。而不及餘篇。太史公曰。離騷者。猶離憂也。班固曰。離猶遭也。騷憂也。明己遭憂作辭也。惟史記僅稱離騷。王逸章句。始稱離騷經。（逸又謂淮南王作離騷經章句不知是本來稱經否）且釋之曰。離別也。騷愁也。經徑也。言己放逐離別。中心愁思。猶依道徑。以風諫君也。觀逸之意。則似以離騷經三字之名。爲屈原當時所自定矣。洪興祖曰。古人引離騷。未有言經者。蓋後世之士。祖述其詞。尊之爲經耳。非屈原意也。漢時楚詞亦稱專門之學。如朱買臣九江被公之屬。皆以此名家。文人多訓釋厥旨。而王逸之章句。爲備。後世作註者。無非本逸章句而小異耳。屈原先作離騷。詞筆藻麗。憂思甚深。後之文人每師其文章儀範。而哀其志之所存。九章以下諸作。咸在離騷之後。故首列離騷原文。並刪存王逸之註於下。使覽者詳其辭義。後列諸家評論。隸附鄙意焉。

離騷經

帝高陽之苗裔兮。高陽顓頊有天下之號帝繫曰顓頊娶於滕隍氏女而生老僮是楚先其後熊繹事周成王封為楚子居於丹陽其孫武王求尊爵於周周不與遂僭號稱王始都於郢是時生子瑕受屈為客卿朕皇考曰伯庸。朕我也皇美也伯庸字也屈原言我父伯庸體有美德以忠輔楚世有令名以及於己攝提貞于孟陬兮。太歲在寅曰攝提孟始也貞正也于於也正月為陬惟庚寅吾以降。寅為陽正庚為陰正言己以太歲在寅正月始春庚寅之日下母之體皇覽揆余于初度兮。皇皇考也覽睹也揆度也肇錫余以嘉名。言父伯庸觀我始生年時度其日月皆合天地正中故錫我以美善之名名余曰正則兮。正平也則法也字余曰靈均。靈神也均調也言平正可法則者莫過於天養物均調者莫神於地高平曰原故伯庸名我為平以法天字我曰原以法地也紛吾既有此內美兮。紛盛貌又重之以脩能。脩遠也言己之生內含天地之美氣又重有絕遠之能與衆異扈江離與辟芷兮。扈被也江離芷皆香草也辟為幽也芷幽而香紉秋蘭以為佩。紉索也蘭香草也秋而芳佩飾也所以象德汨余若將不及兮。汨去貌疾若水流也恐年歲之不吾與。朝搴阰音毗之木蘭兮。搴取也阰山名也夕攬洲之宿莽。攬采也水中可居者曰洲草冬生不死者楚人名曰宿莽日月忽其不淹兮。淹久也春與秋其代序。代更也序次也惟草木之零落兮。零落皆墮也草曰零木曰落恐美人之遲暮。遲晚也美人謂懷王也言天時運轉春生秋殺草木零落歲復盡矣而君不建立道德舉賢用士則年老暮晚而功不成不撫壯而棄穢兮。年德盛曰壯棄去也穢行之惡也以喻讒佞百草為稼穡之穢讒佞亦為忠直之害也何不改此度也。改更也言願君務及年德盛壯之時改此惑誤之度脩先王之法也乘騏驥以騁馳兮。騏驥駿馬也以喻賢智來吾導夫先路。言己如得任用將驅先行願來隨我遂為君導入聖王之道昔三后之純粹兮。昔往也后君也謂湯禹文王也至美曰純齊同曰粹固衆芳之所在。衆芳喻羣賢也而有聲明之稱者皆舉用衆賢使在顯職故道化與而萬國寧也雜申椒與菌桂兮。申重也椒香木其芳小重之乃香菌薰也葉曰蕙根曰薰也豈維紉夫蕙茝。紉索也蕙茝皆香草彼堯舜之耿介兮。耿光也介大也既遵道而得路。遵循也路正也言堯舜所以能有光明大德之稱者以脩用天地之道舉賢任能使得萬事之正也何桀紂之昌披兮。昌披衣不帶貌夫唯捷徑以窘步。捷疾也徑邪道窘急也惟黨人之偷樂兮。黨朋也路幽昧以險隘。幽昧不明也險隘諭傾危也言己念彼讒人相與朋黨嫉妬忠直苟且偷樂不知君道不明國將傾危以及其身豈余身之憚殃兮。憚難也殃咎也恐皇輿之敗績。皇君也輿君之所乘也以諭國也績功也忽奔走以先後兮。及前王之踵武。踵繼也武迹也荃不察余之中情兮。荃香草也以諭君也反信讒而齊怒。齊疾也言懷王不徐察我忠信之情反信讒言而疾怒余固知謇謇之為患兮。謇謇忠言貌也忍而不能舍也。舍止也指九天以為正兮。指語也九天謂中央八方也正平也夫唯靈脩之故也。靈神也脩遠也能神明遠見者君德故以諭君初既與余成言兮。後悔遁而有他。余既不難離別兮。近曰離遠曰別傷靈脩之數化。化變也言我竭忠見過非難與君離別也傷念君信用讒言志數變易無常操也余既滋蘭之九畹兮。滋蒔也十二畝為畹又樹蕙之百畝。樹種也二百四十步為畝言己雖見放流猶種蒔衆香脩行仁義勤身自勉朝暮不倦畦留夷與揭車兮。留夷香草也揭車亦香草一名芞輿五十畝為畦雜杜衡與芳芷。杜衡芳芷皆香草名也言己積累衆善以自絜飾復植留夷杜衡雜以芳芷芬香益暢德

行彌盛也冀枝葉之峻茂兮。冀幸也峻長也願竢時乎吾將刈。刈穫也雖萎絕其亦何傷兮。萎病也絕落也哀衆
芳之蕪穢。言己所種芳草當刈未刈蚤有霜雪枝葉雖蚤萎病絕落何能傷我乎哀惜衆芳摧折枝葉蕪穢而不成也衆皆競進以貪婪兮。競並
也愛財曰貪愛食曰婪憑不厭乎求索。憑滿也楚人名滿為憑言在位之人無有清潔之志皆並進取貪婪於財利中心雖滿猶復求索不知厭飽羌內
恕己以量人兮。羌楚人語詞也以心揆心為恕量度也各興心而嫉妒。害賢為嫉害色為妒也忽馳騖以追逐兮。非余
心之所急。言衆人所以馳騖惶遽者追逐權貴求財利也故非我心之所急務老冉冉其將至兮。冉冉行貌恐脩名之不立。朝飲
木蘭之墜露兮。墜墮也夕餐秋菊之落英。苟余情其信姱苦瓜以練要兮。苟誠也練簡也長顑呼感頷亦
何傷。顑頷不飽貌也擥木根以結茝兮。擥持也貫薜荔之落蘂。貫累也薜荔香草也緣木而生落墮也蘂實貌矯菌桂以紉
蕙兮。矯直也索胡繩之纚纚。胡繩香草也纚纚索好貌言己行雖據根本猶復矯直菌桂芬芳之性紉索胡繩令之澤好以善自約束終無懈已謇吾
法夫前脩兮。非時俗之所服。言我忠信謇謇者乃上法前代遠賢固非今時俗之人所可服行也雖不周於今之人兮。周合也
願依彭咸之遺則。彭咸殷賢大夫諫其君不聽自投水而死遺餘也則法也長太息以掩涕兮。哀人生之多艱。余雖好
脩姱以鞿羈兮。鞿羈以馬自喻也韁在口曰鞿革絡頭曰羈言為人所係累也謇朝誶而夕替。誶諫也替廢也言己雖有絕遠之智姱好之姿然以
為讒人所鞿羈而係累矣故朝諫謇謇於君夕暮而身廢棄也既替余以蕙纕兮。纕佩帶也又申之以攬茝。亦余心之所善兮。
雖九死其猶未悔。怨靈脩之浩蕩兮。靈脩謂懷王也浩猶浩浩蕩猶蕩蕩無思慮貌也終不察夫民心。衆女嫉余
之蛾眉兮。衆女謂臣衆也蛾眉好貌謠諑謂余以善淫。謠謂毀也諑猶譖也衆臣妒嫉中正言己淫邪不可任也固時俗之工巧

兮。偭規矩而改錯。偭背也圓曰規方曰矩錯置也以言佞臣巧於言語背違先聖之法以意妄造必亂政化危君國也背繩墨以追曲兮。追隨
也繩墨所以正曲者競周容以爲度。周合也度法也言百工不隨繩墨之直道隨從曲木屋必傾危而不可居也忳鬱邑余侘傺兮。忳徒昆切
憂貌也侘傺失志貌也侘丑加切猶堂堂立貌也傺丑世切住也楚人名住曰傺吾獨窮困乎此時也。寧溘死以流亡兮。溘猶奄也余
不忍爲此態也。言我寧奄然而死形體流亡不忍以忠正之性爲邪淫之態也鷙鳥之不羣兮。鷙執也謂能執服衆鳥鷹鸇之類也以喻忠正自
前代而固然。何方圜之能周兮。夫孰異道而相安。言何所有圜鑿受方枘而能合者誰有異道而相安邪言忠佞不相爲謀也
屈心而抑志兮。抑案也忍尤而攘詬。尤過也攘除也詬恥也言己所以能屈案心志含忍罪過而不去者欲以除去恥辱誅讒佞之人伏清
白以死直兮。固前聖之所厚。悔相道之不察兮。悔恨也相視也察審也延佇乎吾將反。延長也佇立貌也長立而
望將欲還反終己之志也迴朕車以復路兮。迴旋也及行迷之未遠。迷誤也言及旋我之車以反故道反迷己誤欲去之路尚未甚遠也同姓
無相去之義故欲還也步余馬於蘭皋兮。步徐行也澤曲曰皋馳椒丘且焉止息。土高曰丘四墮曰椒丘言己欲還則徐徐行步我之馬於
芳澤之中以觀聽懷王遂馳高丘而止息以須君命進不入以離尤兮。退將復脩吾初服。退去也言己誠欲遂進竭其忠誠君不肯納恐重遇
禍將復去脩吾初始清潔之服製芰荷以爲衣兮。芰陵也荷扶蕖也集芙蓉以爲裳。芙蓉蓮華也上曰衣下曰裳言己進不見納猶復製裁芰
荷集合芙蓉以爲衣裳被服愈絜脩善益明不吾知其亦已兮。苟余情其信芳。高余冠之岌岌兮。岌岌高貌長余佩
之陸離。陸離參差衆貌也芳與澤其雜糅兮。澤質之潤也玉堅而有澤糅雜也唯昭質其猶未虧。昭明也虧歇也言我外有芬芳
之德外有玉澤之質二美雜會兼在於己而不得施用故獨保明身無有虧失而已忽反顧以遊目兮。將往觀乎四荒。荒遠也言己欲進忠信而

不見省故忽然反顧而去將遊目往觀四遠之外以求賢君也佩繽紛其繁飾兮。繽紛盛貌芳菲菲其彌章。菲菲猶勃勃也芳香貌也章明也

人生各有所樂兮。余獨好脩以爲常。言萬人各有所樂或樂諂佞或樂貪淫我獨好脩正直以爲常行雖體解吾猶未變兮。豈余心之可懲。懲艾也言己好脩忠信以爲常行雖獲罪支解志猶不艾也女嬃之嬋媛兮。女嬃屈原姊也嬋媛猶牽引也申申其詈予。申重也言女嬃見己施行不與衆合以見放流故來牽引數怒重詈我也曰鮌婞直以亡身兮。曰女嬃詞也終然夭乎羽之野。

汝何博謇而好脩兮。紛獨有此姱節。女嬃數諫屈原言汝何爲獨博采往古好脩謇謇姱異之節不與衆同而見憎惡於世薋菉葹以盈室兮。薋蒺藜也菉王芻也葹枲耳也三者皆惡草以喩讒佞盈滿也判獨離而不服。判別貌也女嬃言衆人皆佩薋菉枲耳爲讒佞之行滿於朝廷而獲富貴汝獨服蘭蕙守忠直判然離別不與衆同故斥弃也衆不可戶說兮。孰云察余之中情。屈原外困羣佞內被姊詈知時莫識言己心志所執不可戶說人告誰當察我中情之善否世並擧而好朋兮。夫何煢獨而不予聽。煢孤也依前聖之節中兮。節度也喟憑心而歷茲。歷數也言己所言皆依前代聖王之法節其中和喟然舒憤懣之心歷前代成敗之道而作此詞者也濟沅湘以南征兮。沅湘水名也就重華而陳詞。重華舜名也言己依聖王法而行不容於俗故欲度沅湘之水南行就舜陳詞自說稽疑聖帝冀聞祕要以自開悟啟九辯與九歌兮。啟禹子也九辯九歌禹樂也夏康娛以自縱。夏康啟子太康也娛樂也縱放也不顧難以圖後兮。五子用失乎家巷。圖謀也言太康不遵禹啟之樂更作淫聲放縱情欲以自娛樂不顧患難不謀後葉卒以失國兄弟五人家居閭巷失尊位也羿淫遊以佚田兮。羿諸侯也田獵也又好射夫封狐。封狐大狐也固亂流其鮮終兮。鮮少也浞又貪夫厥家。浞寒浞羿相也厥其也婦謂之家澆身被服强圉兮。澆寒浞子也强圉多力也縱欲而不忍。縱放也言浞取羿妻而生澆强梁多力縱放其情不忍其欲以殺夏后相也日

康娛而自忘兮。康安也厥首用夫顚隕。自此以上羿澆寒浞事皆見於左傳夏桀之常違兮。乃遂焉而逢殃。殃咎也后辛之葅醢兮。辛殷之亡王紂名也藏菜曰葅肉醬曰醢殷宗用而不長。言紂爲無道殺比干醢梅伯武王把黃鉞行天罰殷宗遂絕不得久長也湯禹嚴而祗敬兮。嚴畏也祗敬也周論道而莫差。周周家也差過也舉賢而授能兮。脩繩墨而不陂。陂傾也皇天無私阿兮。竊愛爲私所祐爲阿覽民德焉錯輔。錯置也輔佐也言皇天明神無所私阿觀萬民之中有道德之者因置以爲君使賢輔佐成其志也夫維聖哲以茂行兮。哲智也茂盛也苟得用此下土。下土謂天下也瞻前而顧後兮。顧視也相觀民之計極。相視也計謀也極窮也言前觀湯禹之所以興顧視桀紂之所以亡足以觀察萬民忠佞之謀窮其眞僞夫孰非義而可用兮。孰非善而可服。服服事也阽余身而危死兮。阽猶危也覽余初其猶未悔。不量鑿而正枘兮。量度也正方也固前脩以葅醢。言工不度其鑿而方正其枘則物不固而木破矣臣不量君賢愚竭其忠信則被罪過而身殆也自前代修名之人以獲葅醢龍逢梅伯是也曾歔欷余鬱邑兮。曾累也歔欷懼貌也哀朕時之不當。自哀生不當舉賢之時而値葅醢之日攬茹蕙以掩涕兮。茹柔耎也霑余襟之浪浪。霑濡也衣皆謂之襟浪浪流貌也跪敷衽以陳詞兮。敷布也耿吾既得此中正。耿明也駟玉虬以乘鷖兮。有角曰龍無角曰虬鷖鳳皇別名也山海經曰鷖身有五采溘埃風余上征。溘猶奄也埃塵也言我設往行游將乘玉虬駕鳳車掩塵埃而上征去離世俗遠羣小也朝發軔於蒼梧兮。軔支輪木也蒼梧舜所居夕余至乎縣圃。縣圃神山欲少留此靈瑣兮。靈以喻君瑣門鏤也文如連瑣楚王之省閣也日忽忽其將暮。吾令羲和弭節兮。羲和日御也弭按也望崦嵫而勿迫。崦嵫日所入之山也迫附也言我恐日暮年老道德不施欲令日御按節徐行望日所入之山且勿附近冀及盛時遇賢君也路曼曼其脩遠兮。脩長也吾將上下而求索。飲余馬

於咸池兮。咸池日所浴也總余轡乎扶桑。總結也扶桑日所拂木也折若木以拂日兮。若木在崑崙西極其華照下地拂擊也聊
須臾以相羊。聊且也須臾相羊皆游也前望舒使先驅兮。望舒月御也月體光明以喻臣清白後飛廉使奔屬。飛廉風伯也風爲號
令以諭君命言己使清白之臣如望舒先驅求賢使風伯奉君命於後以告百姓鸞皇爲余先戒兮。鸞俊鳥也皇雌鳳以喻明知之士也雷師告余
以未具。雷爲諸侯以興君言己使仁知之士如鸞皇先戒百官將往適道而君怠惰告我嚴裝未具吾令鳳皇飛騰兮。又繼之以日夜。
言我使鳳皇明知之士飛行天下以求同志續以日夜冀逢遇之飄風屯其相離兮。回風曰飄飄風無常之風以興邪惡帥雲霓而來御。雲霓
惡氣以喻佞人紛總總其離合兮。總總猶傳傳聚貌也班陸離其上下。班亂貌也陸離分散也吾令帝閽開關兮。帝謂天帝
也閽主門者倚閶闔而望余。閶闔天門也言己求賢不得嫉惡讒佞將上愬天帝使閽人開關又倚天門望而距我使我不得入也時曖曖其將
罷兮。曖曖昏貌罷極也結幽蘭而延佇。言時世昏昧無有明君周行罷極不遇賢士故結芳草而長立有還意也世溷濁而不分兮。溷亂
也濁貪也好蔽美而嫉妒。言時世君亂臣貪不別善惡好蔽美德而嫉妒忠信朝吾將濟於白水兮。濟度也淮南子曰白水出崑崙之源飲之
不死登閬風而緤馬。閬風山名在崑崙上緤繫也言我見中國溷濁則欲度白水登神山屯車繫馬而留止白水絜淨閬風清明言已脩絜白之行不懈怠也忽
反顧以流涕兮。哀高丘之無女。楚有高丘之山女以喻臣言己雖去意不能已猶復顧念楚國無有賢臣而心爲之悲溘吾遊此春
宮兮。溘奄也春宮東方青帝舍折瓊枝以繼佩。繼續也言我遊奄然至于青帝宮觀萬物發生皆出仁義復折瓊枝以續佩守行仁義志彌固也及榮
華之未落兮。榮華喻顏色也落墮也相下女之可貽。相視也貽遺也言己既脩行仁義思得同志與俱事君也吾令豐隆乘雲兮。
豐隆雲師求宓妃之所在。宓妃神女也以喻隱士解佩纕以結言兮。纕佩帶也吾令蹇脩以爲理。蹇脩伏羲氏之臣也理分

理述禮意也言既見宓妃則解我佩帶之玉以結言語使古賢蹇脩而為媒理也紛總總其離合兮。忽緯繣其難遷。緯繣乖戾也呼麥切遷徙
也言蹇脩既持其佩帶通言而讒人復相聚毀敗令其意一合一離遂以乖戾而見距絕夕歸次於窮石兮。次舍也再宿為信過信為次朝濯髮乎
洧盤。洧盤水名也禹大傳曰洧盤之水出崦嵫之山言宓妃體好清潔暮所歸舍窮石之室朝沐洧盤之水遁世隱居而不肯仕保厥美以驕傲兮。倨簡
曰驕侮慢曰傲日康娛以淫遊。雖信美而無禮兮。來違棄而改求。違去也改更也言宓妃雖有美德驕傲無禮不可與共事君來
去相弃而更求賢也覽相觀於四極兮。周流乎天余乃下。望瑤臺之偃蹇兮。偃蹇高意見有娀之佚女。有娀
國名也佚美也謂帝嚳之妃契母簡狄也簡狄配聖帝生賢子以喻貞賢也吾令鴆為媒兮。鴆惡鳥明有毒殺人以喻讒賊鴆告余以不好。言我
使鴆鳥為媒其性讒賊不可信用遠許告我言不好雄鳩之鳴逝兮。逝往也余猶惡其佻巧。言又使雄鳩銜命而待其性利多輕佻巧語而無要
實復不可信也心猶豫而狐疑兮。欲自適而不可。鳳皇既受詒兮。恐高辛之先我。帝繫曰高辛氏為帝嚳次妃有
娀氏女生契言己既得賢智之人若鳳皇受禮遺將恐帝嚳以先我得簡狄也欲遠集而無所止兮。聊浮遊以逍遙。言己既求簡狄復後高辛
欲遠集他方又無所之故且遊戲觀望以忘憂也及少康之未家兮。留有虞之二姚。少康夏后相之子也有虞國名也姓姚氏舜後也昔寒浞
使澆殺夏后相少康逃奔有虞虞因妻以二女而邑於綸有田一成有眾一旅能布其德以收夏眾遂誅滅澆復禹舊績屈原放至遠方之外博求眾賢索宓妃則不肯見求簡狄
又後高辛少康留止有虞而得二妃以成顯功也是不欲遠去貌理弱而媒拙兮。恐導言之不固。言己欲效少康留而不去又恐媒人弱鈍遠言
於君不能堅固復使回移時溷濁而嫉賢兮。好蔽美而稱惡。閨中既邃遠兮。小門謂之閨邃深也哲王又不寤。哲知
也寤覺也言君處宮殿之中其閨邃遠忠言難通指語不達自明智之王尙不覺善惡之情高宗殺孝己是已何況不智之君而以闇蔽固其宜也懷朕情而不發

兮。余焉能忍與此終古。言我懷忠信之情不得發用安能久與此闇亂之君終古居乎意欲復去也索瓊茅以筳篿兮。索取也瓊茅靈草也筳小破竹也楚人名結草折竹卜曰筳篿筳音廷篿音專命靈氛爲余占之。靈氛古明占吉凶者也曰兩美其必合兮。孰信脩而慕之。靈氛言以忠臣而就明君兩美必合楚國誰能信明善惡脩行忠直欲相慕及者乎己宜以時去之也思九州之博大兮。豈唯是其有女。言我思念天下博大豈獨楚國有君臣可止乎曰勉遠逝而無疑兮。孰求美而釋女。何所獨無芳草兮。爾何懷乎故宇。言何所獨無芳之君何必思故居而不去也此皆靈氛之詞時幽昧以眩曜兮。眩曜惑亂貌孰云察余之美惡。屈原答靈氛曰當時之君皆暗昧惑亂不知善惡誰當察我之善情而用己乎是難去之意人好惡其不同兮。惟此黨人其獨異。黨鄉黨謂楚國也言天下萬人之所好惡其性不同此楚國尤獨異也戶服艾以盈要兮。艾白蒿也盈滿也謂幽蘭其不可佩。言楚人戶服白蒿滿其要帶以爲芬芳反謂幽蘭臭惡爲不可佩也覽察草木其猶未得兮。察視也豈珵美之能當。珵美玉也言時人無能識臧否觀視眾草尚不能別其香臭豈當知玉之美惡乎蘇糞壤以充幃兮。蘇取也充滿也壤土也幃謂之幐幐香囊也謂申椒其不芳。言取糞土以滿香囊佩而帶之反謂申椒臭而不香言近小人而遠君子也欲從靈氛之吉占兮。心猶豫而狐疑。言己欲從靈氛勸去之占則心狐疑念楚國也巫咸將夕降兮。巫咸古神巫也當殷中宗之世降下也懷椒糈而要之。椒香物所以降神糈精米所以享神百神翳其備降兮。九疑繽其並迎。翳蔽也繽盛貌也九疑舜所葬也言巫咸得己椒糈則將百神蔽日來下舜又使九疑之神紛然近我知己之意皇剡剡其揚靈兮。皇皇天也剡剡光貌告余以吉故。言皇天揚其光靈使百神告我當去尤吉善也曰勉升降以上下兮。勉強也上謂君下謂臣也求矩矱之所同。矩法也矱於縛切度也言當自勉上求明君下索賢臣與己合法度者因與同志共爲化也湯禹儼而求合兮。儼敬也合匹也摯皋繇而能調。摯伊尹名湯臣也咎繇禹臣也調和言湯禹至聖猶敬承天道求其匹合得伊尹咎繇力能調和陰陽而安天下苟中情其好脩兮。何必用夫行媒。行媒喻左右之臣也言臣能中心常好善則精感神明賢君自舉用之不必須左右薦達之說操築於傅巖兮。說傅說也傅巖地名也武丁用而不疑。呂望之鼓刀兮。鼓鳴也遭周文而得舉。甯戚之謳歌兮。甯戚衞人齊桓聞以該輔。該備也甯戚脩德不用飲牛叩角而歌桓公聞之知其賢舉用爲卿備輔佐也及年歲之未晏兮。晏晚也時亦猶其未央。央盡也恐鵜鴂之先鳴兮。鵜鴂一名買鵤常以春分鳴也使百草爲之不芳。言我恐鵜鴂以先春分鳴使百草華英摧落芬芳不成以喻讒言先使忠直之士被罪過也何瓊佩之偃蹇兮。偃蹇衆盛貌衆薆然而蔽之。言我佩瓊玉懷美德偃蹇而衆人薆然而蔽之傷不得施用也惟此黨人之不亮兮。亮信也恐嫉妬而折之。言楚國之人不尚忠信之行恐妬我正直必欲折挫而敗也時繽紛其變易兮。又何可以淹留。蘭芷變而不芳兮。荃蕙化而爲茅。荃蕙皆香草也言蘭芷之草變其體而不復香荃蕙化而爲茅失其本性也以言君子更爲小人忠信更爲佞僞何昔日之芳草兮。今直爲此蕭艾也。以言往日明智之士今皆佯愚豈其有他故兮。莫好脩之害也。言士人所以變直爲曲者以上不好用忠正之人害其善士之故余以蘭爲可恃兮。蘭懷王少弟司馬子蘭也恃怙也羌無實而容長。內無誠信之實但有長大之貌浮華而已委厥美以從俗兮。委弃也苟得引乎衆芳。苟欲引於衆賢之位而無進賢之心也椒專佞以慢慆兮。椒楚大夫子椒也慆淫也樧又欲充其佩幃。樧茱萸也似椒而非以喻子椒似賢而非賢也既干進而務入兮。干求也又何芳之能祗。祗敬也言子蘭子椒苟欲求進自入於君身得爵祿而已復何能敬愛賢者而舉之乎固時俗之從流兮。又孰能無變化。言時世俗人隨從上化若水之流二子復以諂諛之行衆人誰有不變節而從之者乎疾之甚也覽椒蘭其若茲兮。又況揭車與江蘺。言觀子椒子蘭變節若此豈況朝廷衆臣而不爲佞媚以容其身邪惟茲佩之可貴兮。委厥美而歷茲。歷逢也茲此也言己內行忠正外佩衆芳此誠可貴茲不遭明君棄其至美而逢此咎也芳菲菲而難虧兮。芬至今猶未沬。沬已也和調度以自娛兮。聊浮游而求女。言我雖不見用猶和調己之行度執守忠貞以自娛樂且徐浮游以求同志及余飾之方壯兮。周流觀乎上下。上謂君下謂臣

靈氛既告余以吉占兮。歷吉日乎吾將行。言靈氛既告我以吉占歷善日吾將去君而遠行折瓊枝以爲羞兮。羞脯也精瓊爢音靡以爲粻。音張精鑿也爢屑也粻粮也言我將行乃折瓊枝以爲脯腊精鑿玉屑以爲儲糧飲食香絜冀以延年也爲余駕飛龍兮。雜瑤象以爲車。象象牙也何離心之可同兮。吾將遠逝以自疏。言賢愚異心何可合同知君與己殊志故將遠去自疏而流遁也

邅吾道夫崑崙兮。邅轉也楚人名轉爲邅路脩遠以周流。言己設去楚國遠行乃轉至崑崙神明之山其路長遠周流天下以求同志揚雲霓之晻藹兮。揚披也晻藹蓊鬱陰貌鳴玉鸞之啾啾。鸞鸞鳥也以玉作之著於衡和著於軾啾啾鳴聲朝發軔於天津兮。天津東極箕斗之間漢津也夕余至乎西極。言己朝發天之東津萬物所生夕至地之西極萬物所成動順陰陽之道且亟疾也鳳皇翼其乘旂兮。翼敬也旂旗也高翱翔之翼翼。翼翼和貌也忽吾行此流沙兮。流沙沙流如水也遵赤水而容與。遵循也赤水出崑崙容與遊戲貌也言吾行忽然過此流沙遂循赤水而游戲雖行遠方動以清潔自洒飾也麾蛟龍使梁津兮。舉手曰麾小曰蛟大曰龍詔西皇使涉予。詔告也西皇帝少皞也涉渡也言我乃麾蛟龍以橋西海使少皞渡我動與神獸聖王相接言能渡萬人之厄路脩遠以多艱兮。艱難也騰衆車使徑待。騰過也言崑崙之路險阻多難非人所能由故令衆車先使從邪徑以相待也以言己所行車遠莫能及路不周以左轉兮。不周山名在崑崙山西北轉行也指西海以爲期。指語也期會也言己使語衆車我所行之道當過不周山而左行俱會西海之上也過不周者言道不合於俗也左轉者

言君行左乖不與己同志也屯余車其千乘兮。屯陳也齊玉軑音大而並馳軑轄也言乃屯陳我車前後千乘齊以玉為車轄並馳左右從己者衆皆有玉德宜輔千乘之君駕八龍之婉婉兮。婉婉龍貌載雲旗之委移。言己駕八龍神智之獸其狀婉婉又載雲旗委移而長也抑志而弭節兮神高馳之邈邈。邈邈遠貌也言己雖乘雲龍猶自抑案弭節徐行高抗志行邈邈而遠莫能逮及奏九歌而舞韶兮。九歌九德之歌禹樂也九韶舜樂也尚書曰簫韶九成是也聊假日以媮樂。言己德高智明宜輔舜禹以致太平奏九德之歌九韶之舞而不遇其時故假日游戲媮樂而已陟升皇之赫戲平聲兮。皇皇天也赫戲光明之貌忽臨睨五計夫舊鄉。睨視也舊鄉楚國也言己雖陟崑崙過不周度西海舞九韶升天庭據光曜不足以解憂猶復顧楚國愁且思也僕夫悲余馬懷兮。僕御也懷思也蜷奇員局顧而不行。蜷局詰屈不行貌也屈原設去時離俗周天匝地意不忘舊鄉望見楚國僕御悲感我馬思歸蜷局詰屈而不肯行此終志不失以辭自見以義自明也亂曰。亂理也所以發理詞指總撮行要也已矣哉。國無人莫我知兮。又何懷乎故鄉。言衆人無有知己已復何為思故鄉念楚國也既莫足與為美政兮。吾將從彭咸之所居。言時世人君無道不足與共行美德善政我將自沈汨淵從彭咸而居處也

王逸之註離騷。可謂得其大意矣。然猶鞅鞅牽於君臣之義。未能深明屈原愛國之本志也。逸又綜論之曰。離騷之文。依詩取興。引類譬諭。故善鳥香草。以配忠貞。惡禽臭物。以比讒佞。靈脩美人。以媲於君。宓妃佚女。以譬賢臣。虬龍鸞鳳。以託君子。飄風雲霓。以為小人。其詞溫而雅。其義皎而朗。凡百君子。莫不慕其清高。嘉其文采。哀其不遇而愍其志焉。今姑申鄙意。總釋離騷之義，屈原首陳高陽之裔。爰及皇考。劉子玄史通曰。作者自敘其流出於中古。離

騷首章。上陳氏族。下列祖考。先述厥生。次顯名字。自敍發跡。實基於此。降及司馬相如。始以自敍爲傳。至馬遷揚雄班固自敍之篇。實煩于代。子玄僅論文章之體。以離騷首章爲自敍之原。然推其鋪揚世德。祗述嘉名。固以己身含天地之美。承前修之重。將弘道濟國。以無忝所生也。故曰紛吾既有此內美兮。又重之以脩能。扈江離與辟芷兮。紉秋蘭以爲佩。汩余若將不及兮。恐年歲之不吾與。此見其用世之志。欲大有所爲。以希踪聖哲。故曰昔三后之純粹兮。固衆芳之所在。雜申椒與菌桂兮。豈惟紉夫蕙茝。椒桂蕙茝。喻賢士。美政其汲汲求進。在行三后之道。以利國也。蓋當時憂楚之將亡。故曰豈余身之憚殃兮。恐皇輿之敗績。皇輿靈脩。並以喻國。故曰指九天以爲正兮。夫唯靈脩之故也。又曰。余既不難夫離別兮。傷靈脩之數化。（靈脩之故下曰黃昏以爲期二句洪說後人所增下文別起數化讀如數訛言國政數訛動將底於亡也）此下蘭蕙芳芷之屬。卽指憲令美政。以見屈原圖議國事。興立法度。垂成而罷廢。滋足惜也。故曰余既滋蘭之九畹兮。又樹蕙之百畝。畦留夷與揭車兮。雜杜衡與芳芷。冀枝葉之峻茂兮。願竢時乎吾將刈。雖萎絕亦何傷兮。哀衆芳之蕪穢。又曰。余雖好脩姱以鞿羈兮。（鞿羈亦喻法度）謇朝誶而夕替。既替余以蕙纕兮。又申之以攬茝。亦余心之所善兮。雖九死其猶未悔。屈原既放。則所立法度皆替。而原秉志不回。終以己所建爲善也。又曰。悔相道之不察兮。延佇乎吾將反。回朕車以復路兮。及行迷之未遠。蓋原猶冀楚國將復用己。國政溷亂未久。尙可救正。行迷未遠。殆指此也。然原非徒務求知於人。故曰不吾知其亦已兮苟余情其信芳。惟愛國之摯。成於天性。恆以及物爲己任。以獨善爲未安。耿耿懷抱。以至於死。雖未必契乎中庸之道。亦可爲難能矣。故曰民生各有所樂兮余獨好脩以爲常。雖體解吾猶未變兮豈余心之可懲。蓋衆人皆各樂其樂。而屈原獨以愛國爲樂。雖取罪戾。志不少懲。下述女嬃以家人之義。敎原全身同俗。原則自信己之所懷。質之前聖而勿疑。乃陳夏康羿浞縱欲之敗。禹湯祗敬之福。惟有德者。始用此下土。自古已然。是以執義不回。蹈禍而不見所悔。且將駟虬乘鷖。御彼埃風。以求其所謂理想之國家者。而蘇楚國旦夕垂盡之命。故曰欲少留此靈瑣兮。（靈瑣喻國）日忽忽其將暮。吾令羲和弭節兮。望崦嵫而勿迫。又曰路曼曼其脩遠兮。吾將上下而求索。求索此理想之國家也。於是飲馬咸池。總轡扶桑。周流乎天。冀獲所志。凡力之所能及者。固已無所不盡矣。卒之蹇脩難遷於宓妃。鴆鳥不好於有娀。理弱媒拙。所謂理想之國家者。終然不可實見。乃喟焉長歎曰世溷濁而嫉賢兮。好蔽美而稱惡。閨中既以邃遠兮。哲王又不寤。懷朕情而不發兮。余焉能忍與此終古。當時蓋有勸原適異國者。乃託於靈氛之吉占。以爲九州博大。何之而不可。豈必故宇之懷乎。原自揆挾其才以游諸侯。亦必得其政。因深怪楚國之人。獨不知用原。眞好惡與人殊也。故曰。民好惡其不同兮。惟此黨人（王逸以黨人指楚國）其獨異。戶服艾以盈要兮。謂幽蘭其不可佩。察草木其猶未得兮。豈珵美之能當。蘇糞壤以充幃兮。謂申椒其不芳。又引巫咸百神來降並勉之遠適求其同志。巫咸百神喻古聖哲。蓋去國以行道亦猶古聖哲之所許也。既歷吉日而將行指西海以爲期。臨睨舊鄉。僕悲馬懷。竟不得去。其纏綿悱惻。惓惓於故國爲何如耶。進已不得。遂義又不忍去。寧死無二。古今愛國詩人。未見斯比。故其卒章曰。已矣哉。國無人莫我知兮。又何懷乎故都。既莫足與爲美政兮。吾將從彭咸之所居。嗟夫。積人而成國。屈原之所愛者國也。而國之人莫知其心。斯足悲矣。故曰國無人。國而有人。必有知屈原者。雖然。屈原愛國。非徒愛之爾。固有其愛之之道。愛之之道。卽與爲美政是也。國人不我知。庸何傷。國人不我知而美政不行。是惡得無憾。美政不行。所愛之國將淪胥以亡。不復得爲我所愛。尤憾之憾也。人之所貴者志也。志之所貴者以其能行也。志已成不可復奪。志不可奪。而斷然知其不得行。則猶之奪也。此屈原所以投淵也。夫自來言離騷者。於草木鳥獸一名一物寄趣之異。既多所訓說。不可勝詳。惟王逸注較近古。故删而存之。其餘則從略焉。而論屈原愛國之大義如此。

離騷之價值。經淮南馬遷已定。此後復有論者。其是非頗有異同。要各有所見。雖未必深得屈原之志。然其最著者亦學者不可不知也。僅略錄數家之說於下。可以觀焉。

班固離騷贊序曰。離騷者屈原之所作也。屈原初事懷王。甚見信任。同列上官大夫妒害其寵。讒之王。王怒而疏屈原。屈原以忠信見疑。憂愁幽思而作離騷。離猶遭也。騷憂也。明己遭憂作辭也。是時周室已滅。七國竝爭。屈原痛君不明。信用羣小。國將危亡。忠誠之情。懷不能已。故作離騷。上陳堯舜禹湯文武之法。下言羿澆桀紂之失。以風懷王。終不覺寤。信反間之說。西朝於秦。秦人拘之。客死不還。至於襄王。復用讒言。逐屈原。在野又作九章賦以風諫。卒不見納。不忍濁世。自投汨羅。原死之後。秦果滅楚。其辭爲衆賢所悼悲。故傳於後。因又曰。昔在孝武。博覽古文。淮南王安序離騷傳。以爲國風好色而不淫。小雅怨誹而不亂。若離騷者可謂兼之。蟬蛻濁穢之中。浮游塵埃之外。皭然泥而不滓。推此志雖與日月爭光可也。斯論似過其眞。又說五子以失家巷。謂伍子胥也。及至羿澆少康貳姚有娀佚女。皆各以所識有所增損。然猶未得其正也。故博采經書傳記本文以爲之解。固解今不傳　且君子固窮命矣。故潛龍不見是而无悶。關雎哀周道而不傷。蘧瑗持可懷之智。甯武保如愚之性。咸以全命避害。不受世患。故大雅曰。既明且哲。以保其身。斯爲貴矣。今若屈原露才揚己。競乎危國羣小之間。以離讒賊。然數責懷王。怨惡椒蘭。愁神苦思。强非其人。忿懟不容。沈江而死。亦貶絜狂狷景行之士。多稱崑崙冥婚宓妃虛無之語。皆非法度之政。經義所載。謂之兼詩風雅而與日月爭光。過矣。然其文弘博麗雅。爲辭賦宗。後世莫不斟酌其英華。則象其從容。自宋玉唐勒景差之徒。漢興枚乘司馬相如劉向揚雄。騁極文辭。好而悲之。自謂不能及也。雖非明哲之器。可謂妙才者也。

王逸敍曰。昔者孔子叡聖明喆。天生不羣。定經術。刪詩書。正禮樂。制作春秋。以爲後王法。門人三千。罔不昭達。臨終之日。則大義乖而微言絕。其後周室弱微。戰國並爭。道德陵遲。譎詐萌生。於是楊墨鄒孟孫韓之徒。各以所知著造傳記。或以述古。或以明世。而屈原履忠被譖。憂悲愁思。獨依詩人之義而作離騷。上以諷諫。下以自慰。遭時闇亂。不見省納。不勝憤懣。遂復作九歌以下。凡二十五篇。楚人高其行義。瑋其文采。以相教傳。至於孝武帝。恢廓道訓。使淮南王安作離騷經章句。則大義粲然。後世雄俊。莫不瞻慕。舒肆妙慮。纘述其詞。逮至劉向。典校經書。分爲十六卷。孝章卽位。深弘道藝。而班固賈逵復以所見改易前疑。各作離騷經章句。其餘十五卷。闕而不說。又以壯爲狀。義多乖異。事不要括。今臣復以所識所知。稽之舊章。雖未能究其微妙。然大指之趣。略可見矣。且人臣之義。以忠正爲高。以伏節爲賢。故有危言以存國。殺身以成仁。是以伍子胥不恨於浮江。比干不悔於剖心。然後忠立而行成。榮顯而名著。若夫懷道以迷國。詳愚而不言。顚則不能扶。危則不能安。婉娩以順上。逡巡以避患。雖保黃耇。終壽百年。蓋志士之所恥。愚夫之所賤也。今若屈原。膺忠貞之質。體清潔之性。直若砥。矢言若丹青。進不隱其謀。退不顧其命。此誠絕世之行。俊彥之英也。而班固謂之露才揚己。競於羣小之中。怨恨懷王。譏刺椒蘭。苟欲求進。强非其人。不見容納。忿恚自沈。是虧其高明。而損其清潔者也。昔伯夷叔齊。讓國守分。不食周粟。遂餓而死。豈可復謂有求於世而怨望哉。且詩人怨主刺上曰。嗚呼小子。未知臧否。匪面命之。言提其耳。風諫之語。於斯爲切。然仲尼論之。以爲大雅。引此比彼。屈原之詞。優游婉順。寧以其君不智之故。欲提攜其耳乎。而論者以爲露才揚己。怨刺其上。强非其人。殆失厥中矣。夫離騷之文。依託五經以立義焉。帝高陽之苗裔。則厥初生民。實惟姜嫄也。紉秋蘭以爲佩。則將翺將翔。佩玉瓊琚也。夕攬洲之宿莽。則易潛龍勿用也。駟玉虬而乘鷖。則時乘六龍以御天也。就重華而陳詞。則尙書咎繇之謀謨也。登崑崙而涉流沙。則禹貢之敷土也。故智彌盛者其言博。才益多者其識遠。屈原之詞。誠博遠矣。終沒以來。名儒博遠之士。著造詞賦。莫不擬則其儀表。祖式其模範。取其要妙。竊其華藻。所謂金相玉質。百世無匹。名垂罔極。永不刊滅者矣。

劉勰文心雕龍辨騷曰。自風雅寢聲。莫或抽緒。奇文蔚起。其離騷哉。故以軒翥詩人之後。奮

飛辭家之前。豈去聖之未遠。而楚人之多才乎。昔漢武愛騷。而淮南作傳。以爲國風好色而
不淫。小雅怨誹而不亂。若離騷者可謂兼之。蟬蛻穢濁之中。浮游塵埃之外。皭然涅而不緇
雖與日月爭光可也。班固以爲露才揚己。忿懟沈江。羿澆二姚。與左氏不合。（離騷用羿澆等事正與左氏合）
（孟堅所云謂劉安說耳）崑崙懸圃。非經義所載。然而文辭麗雅。爲詞賦之宗。雖非明哲。可謂妙才。王逸
以爲詩人之提耳。屈原婉順。離騷之文。依經立義。駟虬乘鷖。則時乘六龍。崑崙流沙。則禹貢
敷土。名儒詞賦。莫不擬其儀表。所謂金相玉振。百世無匹者也。及漢宣嗟歎。以爲皆合經術。
揚雄諷味。亦言體同詩雅。四家舉以方經。而孟堅謂不合傳。褒貶任聲。抑揚過實。可謂鑒而
弗精。翫而未覈者也。將覈其論。必徵言焉。故其陳堯舜之耿介。稱湯武之祗敬。典誥之體也。
譏桀紂之猖披。傷羿澆之顛隕。規諷之旨也。虬龍以喻君子。雲蜺以譬讒邪。比興之義也。每
一顧而掩涕。歎君門之九重。忠怨之辭也。觀茲四事。同於風雅者也。至於託雲龍。說迂怪。豐
隆求宓妃。鴆鳥媒娀女。詭異之詞也。康回傾地。夷羿彃日。木夫九首。土伯三目。譎怪之談也。
依彭咸之遺則。從子胥以自適。狷狹之志也。士女雜坐。亂而不分。指以爲樂。娛酒不廢。沈湎
日夜。舉以爲歡。荒淫之意也。（按此宋玉之詞非屈原意自漢以來靡麗之賦勸百而諷一其流至於齊梁而極矣皆自宋玉倡之）摘此四事。異
乎經典者也。故論其典誥則以彼。語其夸誕則如此。故知楚詞者。體慢於三代。而風雅於戰

國。乃雅頌之博徒。而詞賦之英傑也。（此語但可施於宋玉之徒若以加諸屈原則過矣）觀其骨鯁所樹。肌膚所附。雖取鎔經意。亦自鑄偉辭。故騷經九章。朗麗以哀志。九歌九辯。綺靡以傷情。遠游天問。瓌詭而惠巧。招魂大招。耀豔而深華。卜居標放言之致。漁父寄獨任之才。故能氣往轢古。辭來切今。驚采絕豔。難與並能矣。自九懷以下。遽躡其跡。而屈宋逸步。莫之能追。故其敍情怨則鬱伊而易感。述離居則愴怏而難懷。論山水則循聲而得貌。言節候則披文而見時。是以枚賈追風以入麗。馬揚沿波而得奇。其衣被詞人。非一代也。故才高者菀其鴻才。中巧者獵其豔詞。吟諷者銜其山川。童蒙者拾其香草。若能憑軾以倚雅頌。懸轡以馭楚篇。酌奇而不失其貞。翫華而不墜其實。則顧盼可以驅辭力。欬唾可以窮文致。亦不復乞靈於長卿。假寵於子淵矣。（彥和此篇不專論離騷兼及楚詞以下諸作）贊曰。不有屈原。豈見離騷。驚才風逸。壯志煙高。山川無極。情理實勞。金相玉式。豔溢錙毫。

彥和以下。論離騷者多有。不可備錄。如顏之推云。自古文人。常陷輕薄。屈原露才揚己。顯暴君過。然劉子玄則云。懷襄不道。其惡存於楚賦。讀者不以爲過。蓋不隱惡故也。宋子章云。離騷爲詞賦之祖。後人爲之。如主方不能加矩。主圓不能過規矣。此則但以文詞言之。及晦庵朱子作楚詞集註。亦多所論定。其序曰。蓋自屈原賦離騷。而南國宗之。名章繼作。通號楚詞。

大抵皆祖原意。而離騷深遠矣。竊嘗論之。原之爲人。其志行雖或過於中庸而不可以爲法。然皆出於忠君愛國之誠心。原之爲書。其辭旨雖或流於跌宕怪神。怨懟激發而不可以爲訓。然皆生於繾綣惻怛不能自已之至意。雖其不知學於北方以求周公仲尼之道而獨馳騁於變風變雅之末流。以故醇儒莊士或羞稱之。然使世之放臣屏子。怨妻去婦。抆淚謳吟於下。而所天者幸而聽之。則於彼此之間。天性民彝之善。豈不足以交有所發而增夫三綱五典之重。此予之所以每有味於其言。而不敢直以詞人之賦視之也。晦庵又論後之言離騷者多失其旨。雖太史公亦未能免。蓋如劉安班固賈逵之書。既皆不傳。隋唐間爲訓解者五六家。又有僧道騫能爲楚聲之讀。今亦不存。惟王逸章句。舊與宋洪興祖補注並傳。晦庵復爲集註。此後音義註釋。復有多家。或詳於訓詁名物。或以己意傅合。鮮有深明屈原愛國之大義者。今不復悉著焉。

第四章　九章之自述

王逸曰。九章者。屈原之所作也。屈原放於江南之壄。思君念國。憂心罔極。故復作九章。章者著也。明也。言已所陳忠信之道。甚著明也。卒不見納。委命自沈。楚人惜而哀之。世論其辭以相傳焉。按屈原作離騷最早。九章則其遷於江南以後所作。史記云。上官大夫短屈原於頃襄王。王怒而遷之。乃作懷沙之賦。故洪興祖以九章之作。在頃襄王時也。朱子集註。則謂九章非必出於一時之言。屈原既放。思君念國。隨事感觸。輒形於聲。後人輯之。得其九章。合爲一卷。又以其詞大氐多直致無潤色。而惜往日悲回風。又其臨絕之音。以故顚倒重複。倔强疎鹵。尤憤懣而極悲哀。讀之使人太息流涕而不能已。竊嘗論之。九章蓋屈原被遷以後自述之詞。作於離騷之後。不出於一時。其間刺君念國。追昔望治。感懷身世。頌橘以喩。至於臨絕之音。並載之矣。史記錄懷沙賦。於遇漁父之後。卽接以投汨之事。然則屈原終身志事由初放以逮絕筆。莫不述之於九章也。是以具錄而論之。且約舉舊註。使覽者詳焉。

九章

惜誦以致愍兮。惜貪也。誦論也。致至也。愍病也。發憤以抒情。憤懣也。抒渫也。所作忠而言之兮。言己所陳忠信之道。先慮于心。合于仁義。乃敢爲君言之也。指蒼天以爲正。春曰蒼天。正平也。設君謂己作言非邪。願上指蒼天使正平之也。令五帝以梤中兮。五帝謂五方神也。補曰梤與析同。戒六神與嚮服。六神謂六宗之神也。尙書禋于六宗。嚮對也。服事也。俾山川以備御兮。俾使也。御侍也。命咎繇使聽直。咎繇聖人也。竭忠誠以事君兮。反離羣而贅肬。羣衆也。贅肬過也。忘儇媚以背衆兮。儇佞也。媚愛也。背違也。待明君其知之。須賢明之君則知己之忠也。言與行其可迹兮。出口爲言。所履爲迹。情與貌其不變。志願爲情。顏色爲貌。變易也。故相臣莫若君兮。所以證之不遠。證驗也。吾誼先君而後身兮。羌衆人之所仇。羌然辭也。怨耦曰仇。

專惟君而無他兮。又衆兆之所讎。兆衆也百萬爲兆壹心而不豫兮。豫猶豫也羌不可保也。保知也疾親君而無他兮有招禍之道也。思君其莫我忠兮。忽忘身之賤貧。事君而不貳兮。迷不知寵之門。迷惑也忠何罪以遇罰兮。亦非余心之所志。行不羣以巔越兮。巔隕越墜又衆兆之所咍。咍笑也楚人謂相調笑曰咍紛逢尤以離謗兮。紛亂貌也尤過也補曰紛衆貌言尤謗之多也離遭也謇不可釋。謇辭也釋解也情沈抑而不達兮。沈没也抑按也又蔽而莫之白。心鬱邑余侘傺兮。鬱邑愁貌也侘猶堂堂立貌也傺住也楚人謂失志悵然住立爲侘傺也又莫察余之中情。固煩言不可結詒兮。詒遺也願陳志而無路。願思也路道也退靜默而莫余知兮。進號呼又莫吾聞。申侘傺之煩惑兮。申重也中悶瞀之忳忳。悶煩也瞀亂也忳忳憂貌也昔余夢登天兮。魂中道而無杭。杭度也吾使厲神占之兮。厲神蓋殤鬼也曰有志極而無旁。旁輔也終危獨以離異兮。曰君可思而不可恃。恃怙也故衆口其鑠金兮。鑠銷也初若是而逢殆。殆危也懲於羹者而吹韲兮。何不變此志也。欲釋階而登天兮。釋置也登上也猶有曩之態也。曩曏也衆駭遽以離心兮。又何以爲此伴也。伴侶也同極而異路兮。又何以爲此援也。路道也晉申生之孝子兮。父信讒而不好。好愛也行婞直而不豫兮。婞很也豫厭也鮌功用而不就。鮌堯臣也吾聞作忠以造怨兮。忽謂之過言。九折臂而成醫兮。吾至今而知其信然。矰弋機而在上兮。矰繳射矢也弋亦射也罻羅張而在下。罻羅捕鳥網也補曰罻音尉下音戶設張辟以娛君兮。辟法也娛樂也願側身而無所。欲儃佪以干傺兮。儃佪猶低佪也干求也傺住也恐重患而離尤。欲高飛而遠集兮。君罔謂汝何之。罔無也 欲橫奔而失路兮。堅志而不忍背。

膺胖以交痛兮。膺胸也胖分也胖音判字林云胖半也 心鬱結而紆軫。紆曲也軫隱也 檮木蘭以矯蕙兮。矯猶糅也檮一作擣 矯一作撟糅一作揉補曰擣音擣斷木也撟擧手也 鑿申椒以爲糧。中重也鑿音作 播江離與滋菊兮。播種也 願春日以爲糗芳。糗糒也 恐情質之不信兮。信志也質性也 故重著以自明。矯茲媚以私處兮。矯擧也 願曾思而遠身。曾重也

右惜誦　此章言己以忠信事君。可質於明神。而爲讒邪所蔽。進退不可。惟博采衆善以自處而已。

余幼此好奇服兮。奇異也 年既老而不衰。衰懈也 帶長鋏之陸離兮。長鋏劍名也其所握長劍楚人名曰長鋏也五臣云陸離劍低昂貌 冠切雲之崔嵬。崔嵬高貌也切雲冠名 被明月兮珮寶璐。在背曰被寶璐美玉也明月珠名 世溷濁而莫余知兮。溷亂也濁貪也 吾方高馳而不顧。駕青虯兮驂白螭。虯螭神獸宜于駕乘 吾與重華遊兮瑤之圃。重華舜名瑤玉也圃園也 登崑崙兮食玉英。與天地兮同壽。與日月兮同光。哀南夷之莫吾知兮。旦余濟乎江湘。旦明也濟渡也 乘鄂渚而反顧兮。乘登也鄂渚地名補曰楚子熊渠封中子紅于鄂 欸秋冬之緒風。欸歎也緒餘也 步余馬兮山皋。邸余車兮方林。邸舍也方林地名 乘舲船余上沅兮。舲船有窗牖者 齊吳榜以擊汰。吳榜船櫂汰水波也 船容與而不進兮。淹回水而疑滯。疑惑也滯留也 朝發枉陼兮。夕宿辰陽。苟余心其端直兮。苟誠也

雖僻遠之何傷。僻左也　入漵浦余儃佪兮。漵浦水名儃佪一作邅迴　迷不知吾所如。迷惑也如之也　深林杳以冥冥兮。猨狖之所居山峻高以蔽日兮下幽晦以多雨霰雪紛其無垠兮。霰霙也　雲霏霏而承宇。室屋沈沒與天連也　哀吾生之無樂兮幽獨處乎山中吾不能變心而從俗兮固將愁苦而終窮。接輿髡首兮桑扈臝行。接輿楚狂接輿也髡剔也首頭也自刑身體避世不仕也桑扈隱士也去衣裸裎效夷狄也　忠不必用兮賢不必以。以亦用也　伍子逢殃兮比干菹醢。與前世而皆然兮吾又何怨乎今之人。余將董道而不豫兮。董正也豫猶豫也　固將重昏而終身。昏亂也　亂曰鸞鳥鳳凰日以遠兮。鸞鳳俊鳥也　燕雀烏鵲巢堂壇兮。露申辛夷死林薄兮。露暴也申重也叢木曰林草木交錯曰薄言重積辛夷露而暴之使死于林薄之中　腥臊並御芳不得薄兮。腥臊臭惡也御用也薄附也　陰陽易位時不當兮。陰臣也陽君也　懷信侘傺忽乎吾將行兮。

右涉江　此章言己佩服殊異抗志高遠國無人知之者徘徊江之上歎小人在位而君子遇害也。

皇天之不純命兮何百姓之震愆。震動也愆過也　民離散而相失兮方仲春而東遷。去故鄉而就遠兮遵江夏以流亡。遵循也江夏水名也言己東行循江夏之水而遂流亡無還鄉之期也　出國門以軫懷兮。軫痛也懷思也　甲之鼂吾以行。甲日也鼂旦也鼂一作晁補曰鼂晁並讀爲朝暮之朝　發郢都而去閭兮荒忽其焉極。言己始發郢去我閭里愁思荒忽安之有窮極　楫齊揚以容與兮。楫船櫂也齊同也揚舉也　哀見君而不再得。望長楸而太息兮。長楸大梓　涕淫淫其若霰。（淫淫流貌也）過夏首而西浮兮。（夏首夏水口也）顧龍門而不見。（龍門楚東門也）心嬋媛而傷懷兮。（嬋媛猶牽引也）眇不知其所蹠。（眇猶遠也蹠踐也）順風波以從流兮。焉洋洋而爲客。（洋洋無所歸貌也焉讀如且焉止息之焉）凌陽侯之氾濫兮。（凌乘也陽侯大波之神）忽翺翔之焉薄。（薄止也）心絓結而不解兮。（絓懸也）思蹇產而不釋。（蹇產詰屈也）將運舟而下浮兮。（運回也）上洞庭而下江。去終古之所居兮今逍遙而來東。羌靈魂之欲歸兮。（羌發聲也）何須臾而忘反。背夏浦而西思兮。哀故都之日遠。登大墳以遠望兮。（水中高者爲墳）聊以舒吾憂心。哀州土之平樂兮。（閔惜鄉邑之饒富也）悲江介之遺風。（介界也）當陵陽之焉至兮。淼南渡之焉如。（淼渺彌望無際極也）曾不知夏之爲丘兮。（夏大殿也丘墟也）孰兩東門之可蕪。（孰誰也蕪逋也郢城兩東門非先王所作邪何可使逋廢而無路）心不怡之長久兮。憂與愁其相接。（接續也）惟郢路之遼遠兮。江與夏之不可涉。忽若不信兮。至今九年而不復。（放且九歲君不覺也）慘鬱鬱而不通兮。蹇侘傺而含慼。外承歡之汋約兮。（汋約好貌）諶荏弱而難持。（諶誠也）忠湛湛而願進兮。（湛湛重厚貌）妒被離而鄣之。（被讀曰披）堯舜之抗行兮。瞭杳杳而薄天。衆讒人之嫉妒兮。被以不慈之僞名。憎愠惀之脩美兮。（愠紆粉切心所愠積也惀力允切思求曉知謂之惀）好夫人之忼慨。衆踥蹀而日進兮。（踥思葉切蹀音牒踥蹀行貌）美超遠而逾邁。亂曰。曼余目以流觀兮。（曼猶曼曼遠貌）冀壹反之何時。鳥飛反故鄉兮。狐死必首丘。信非吾罪而棄逐兮。何日夜而忘之。

右哀郢　此章言已雖被放。心在楚國。徘徊而不忍去。蔽於讒諂。思見君而不得。故太史公讀哀郢而悲其志也。

心鬱鬱之憂思兮。獨永歎乎增傷。思蹇產之不釋兮。曼遭夜之方長。悲秋風之動容兮。風爲政令動搖也何回極之浮浮。回邪也極中也浮浮行貌懷王爲回邪之政不合道中則其化流行羣下皆效也數惟蓀之多怒兮。數紀也蓀香草也以喩君蓀一作荃傷余心之慢慢。慢痛貌也願搖起而橫奔兮。覽民尤以自鎭。尤過也鎭止也結微情以陳詞兮。結續妙思作辭賦也矯以遺夫美人。舉與懷王使覽照也昔君與我誠言兮。曰黃昏以爲期。且待日沒閒靜時也羌中道而回畔兮。反旣有此他志。謂己不忠遂外疏也憍吾以其美好兮。憍矜也覽余以其脩姱。陳列好色以示我也與余言而不信兮。蓋爲余而造怒。責其非職語橫暴也願承閒而自察兮。心震悼而不敢。悲夷猶而冀進兮。心怛傷之憺憺。肝膽剖破血凝滯也憺談敢切安靜也茲歷情以陳辭兮。蓀詳聾而不聞。固切人之不媚兮。衆果以我爲患。初吾所陳之耿著兮。豈至今其庸亡。何毒藥之謇謇兮。願蓀美之可完。望三五以爲像兮。指彭咸以爲儀。夫何極而不至兮。故遠聞而難虧。善不由外來兮。名不可以虛作。孰無施而有報兮。孰不實而有穫。少歌曰。小唫謳謠以樂志也少一作小注云此下一章卽其反辭總論前意反覆說之也此章有少歌有倡有亂少歌之不足則又發其意而爲倡獨倡而無與和也則總理一賦之終以爲亂辭云爾與美人抽怨兮。幷日夜而無正。君性不端晝夜謬也憍吾以共美好兮。敖朕而不聽。倡曰。有鳥自南兮。屈原自喩生楚國也來集漢北。好姱佳麗兮。容貌說美有俊德也牉獨處此異域。背離鄉黨居他邑也牉一作叛既惸獨而不羣兮。又無良媒在其側。道卓遠而日忘兮。願自申而不得。望北山而流涕兮。臨流水而太息。望孟夏之短夜兮。何晦明之若歲。惟郢路之遼遠兮。魂一夕而九逝。曾不知路之曲直兮。南指月與列星。願徑逝而未得兮。魂識路之營營。何靈魂之信直兮。人之心不與吾心同。理弱而媒不通兮。尚不知余之從容。亂曰。長瀨湍流泝江潭兮。狂顧南行聊以娛心兮。軫石崴嵬蹇吾願兮。軫方也故曰軫之方也以象地崴嵬崔巍高貌也言雖放棄執履忠信志如方石終不可轉行度益高我常願之也超回志度行隱進兮。超越也說文隱安也低佪夷猶宿北姑兮。北姑地名煩冤瞀容實沛徂兮。瞀亂也實是也徂且也瞀音茂愁歎苦神靈遙思兮路遠處幽又無行媒兮。道思作頌聊以自救兮。憂心不遂斯言誰告兮。

右抽思　此章言已所以多憂者以君信諛而自聖。眩於名實昧於施報。己雖忠直無所赴愬。故反復其詞以洩憂思也。

滔滔孟夏兮。滔滔盛陽貌也史記作陶陶草木莽莽。言孟夏四月純陽用事煦成萬物草木之類莫不莽莽盛茂傷懷永哀兮。懷思也永長也汨徂南土。汨行貌徂往也眴兮杳杳。眴視貌也杳杳深冥貌也孔靜幽默。孔甚也詩曰亦孔之將默默無聲也鬱結紆軫兮。紆屈也軫痛也離慜而長鞠。慜痛也鞠窮也撫情效志兮。撫循也效猶覈也冤屈而自抑。抑按也刓方以爲圜兮。刓削補曰刓吾官切圓削也常度未替。度法也替廢也易和本迪兮。君子所鄙。鄙恥也言人遭世遇變易初行遠離常道賢人君子之所恥不忍爲也章畫志墨兮。章明也志念也前圖未改。圖法也改易也內厚質正兮。大人所盛。言人質性敦厚心志正直行無過失則大人君子所盛美也巧倕不斲兮。倕堯巧工也斲斫也孰察其撥正。察知也撥治也玄文處幽兮。玄墨也幽冥也朦瞍謂之不章。朦盲者也離婁微睇兮。離婁古明目者也孟子曰離婁之明睇眄之也瞽以爲無明。瞽盲者也變白以爲黑兮。倒上以爲下。鳳皇在笯兮。笯籠落也徐廣曰笯一作郊補曰笯音奴又女家切說文曰籠也南楚謂之笯雞鶩翔舞。同糅玉石兮。糅雜也女救切一概而相量。夫惟黨人鄙固兮。羌不知余之所臧。任重載盛兮。陷滯而不濟。陷沒也濟成也懷瑾握瑜兮。窮不知所示。示語也邑犬之羣吠兮。吠所怪也。非俊疑傑兮。千人才爲俊一國高爲傑也固庸態也。庸廝賤之人也文質疏內兮。內音訥疏通也訥木訥也眾不知余之異采。采文采也材朴委積兮。條直爲材壯大爲朴莫知余之所有。重仁襲義兮。重累也襲及也謹厚以爲豐。謹善也豐大也重華不可遌兮。遌逢也史記作一悟作遻孰知余之從容。從容舉動也古固有不竝兮。豈知其何故。湯禹久遠兮。邈而不可慕。慕思也懲連改忿兮。懲止也忿恨也抑心而自強。抑按也離慜而不遷兮。慜病也遷徙也願志之有像。像法也進路北次兮。路道也次舍也日昧昧其將暮。昧冥也舒憂娛哀兮。限之以大故。限度也大故死亡也亂曰。浩浩沅湘分流汨兮。浩浩廣大貌也汨流也脩路幽蔽。道遠忽兮。修長也懷質抱情。獨無匹兮。匹雙也伯樂既沒。驥焉程兮。程量也萬民之生。各有所錯兮。錯安也定心廣志。余何畏懼兮。曾傷爰哀。永歎喟兮。爰於也喟息也世溷濁莫吾知。人心不可謂兮。知死不可讓。願勿愛兮。讓辭也言人知命將終可以建忠仗節死義願勿讓而自愛惜之也明告君子。

吾將以爲類兮。告語也類法也

右懷沙　此章言己雖放逐。不以窮困易其行。小人蔽賢。羣起而攻之。舉世之人。無知我者。思古人而不得見伏節死義而已。太史公曰。乃作懷沙之賦。遂自投汨羅以死。原所以死。見於此賦。故太史公獨載之。

思美人兮。言己憂思念懷王也擥涕而竚眙。竚立悲哀涕交橫也補曰擥猶拔也竚直呂切久立也眙直視也北吏切媒絕路阻兮。言不可結而詒。秘密之語難傳誦也蹇蹇之煩冤兮。陷滯而不發。申旦以舒中情兮。誠欲日日陳己心也志沈菀而莫達。菀音鬱積也願寄言於浮雲兮。遇豐隆而不將。因歸鳥而致辭兮。羌宿高而難當。當值也高辛之靈盛兮。遭玄鳥而致詒。嚳妃吞燕卵以生契也言殷契合神靈之祥知而生於是性有賢仁爲堯三公屈原亦得天地正氣而生自傷不遭聖主而遇世亂也欲變節以從俗兮。媿易初而屈志。獨歷年而離愍兮。羌馮心猶未化。寧隱閔而壽考兮。何變易之可爲。心不改更死忠正也知前轍之不遂兮。未改此度。車既覆而馬顛兮。蹇獨懷此異路。勒騏驥而更駕兮。造父爲我操之。御民以道須明君也遷逡次而勿驅兮。使臣以禮得中和也補曰遷逡猶逡巡行不進貌再宿爲信過信爲次說文曰次不前也逡七旬切聊假日以須旹。指嶓冢之西隈兮。嶓冢在梁州指嶓冢之西隈言日薄於西山也與纁黃以爲期。纁黃蓋黃昏時也開春發歲兮。白日出之悠悠。吾將蕩志而愉樂兮。遵江夏以娛憂。擥大薄之芳茝兮。搴長洲之宿莽。惜吾不及古人兮。吾誰與玩此芳草。解萹薄與雜菜兮。

萹蓄也雜菜雜香之菜補曰萹音匾爾雅曰竹萹蓄注云似小藜赤莖節好生道旁本草云亦呼爲萹竹萹薄謂萹蓄之成叢者按萹蓄雜菜皆非芳草此言解去萹菜而備芳茝宿莽以爲交佩也備以爲交佩。佩繽紛以繚轉兮。遂萎絕而離異。吾且儃佪以娛憂兮。觀南人之變態。觀察楚俗化改易也竊快在中心兮。私懷僥倖而欣喜也揚厥憑而不竢。思舒憤懣無所待也芳與澤其雜糅兮。羌芳華自中出。紛郁郁其遠承兮。滿內而外揚。情與質信可保兮。羌居蔽而聞章。令薜荔以爲理兮。憚舉趾而緣木。因芙蓉而爲媒兮。憚褰裳而濡足。登高吾不說兮。入下吾不能。固朕形之不服兮。然容與而狐疑。廣遂前畫兮。未改此度也。命則處幽吾將罷兮。願及白日之未暮。獨煢煢南行兮。思彭咸之故也。

右思美人　此章言己思念其君不能自達。然反觀初志。不可變易。益自脩飭。死而後已也。

惜往日之曾信兮。先時見任身親近也受命詔以昭詩。君告屈原明典文也詩一作時奉先功以照下兮。明法度之嫌疑。草創憲度定眾難也國富強而法立兮。屬貞臣而日娭。委政忠良而遊息也補曰屬音燭付也娭音嬉戲也祕密事之載心兮。雖過失猶弗治。心純庬而不泄兮。素性敦厚慎語言也遭讒言而嫉之。君含怒而待臣兮。不清澈其然否。蔽晦君之聰明兮。虛惑誤又以欺。弗參驗以考實兮。遠遷臣而弗思。信讒諛之溷濁兮。盛氣志而過之。何貞臣之無辠兮。被離謗而見尤。慚光景之誠信兮。說文云景光也此言己誠信之著小人所慚也身幽隱而備之。臨沅湘之玄淵兮。遂自忍而沈流。卒沒身而絕名兮。姓字斷絕形體沒也惜壅君之不昭。君無度而弗察兮。使芳草為藪幽。賢人放竄棄草野也補曰說文藪大澤也焉舒情而抽信兮。恬死亡而不聊。忍不貪生而顧老也補曰恬安也言安於死亡不苟生也獨鄣壅而蔽隱兮。使貞臣為無由。聞百里為虜兮。伊尹烹於庖廚。呂望屠於朝歌兮。甯戚歌而飯牛。不逢湯武與桓繆兮。世孰云而知之。吳信讒而弗味兮。宰嚭阿諛甘如蜜也弗一作不補曰淮南云古人味而不貪今人貪而不味此言貪嗜讒言不知忠直之味也子胥死而後憂。介子忠而立枯兮。文君寤而追求。封大山而為之禁兮。報大德之優游。思久故之親身兮。因縞素而哭之。或忠信而死節兮。或訑謾而不疑。訑謾皆欺也上音移下謨官切弗省察而按實兮。聽讒人之虛辭。芳與澤其雜糅兮。孰申旦而別之。何芳草之早殀兮。微霜降而下戒。諒聰不明而蔽壅兮。使讒諛而日得。自前世之嫉賢兮。謂蕙若其不可佩。妬佳冶之芬芳兮。嫫母姣而自好。雖有西施之美容兮。讒妬入以自代。願陳情以白行兮。得罪過之不意。情冤見之日明兮。如列宿之錯置。乘騏驥而馳騁兮。無轡銜而自載。乘氾泭以下流兮。乘舟氾船而涉渡也編竹木曰泭楚人曰柎秦人曰撥也乘一作椉泭一作柎補曰氾音泛泭音敷說文云編木以度柎與泭同無舟楫以自備。背法度而心治兮。辟與此其無異。寧溘死而流亡兮。恐禍殃之有再。不畢辭而赴淵兮。惜壅君之不識。

右惜往日　此章言己初見信任。楚國幾於治矣。而懷王不知君子小人之情狀。以忠為邪。以僭為信。卒見放逐。無以自明也。

后皇嘉樹橘徠服兮。后后土也皇皇天也服習也言皇天后土生美橘樹異於衆木來服習南土便其風氣屈原自喻才德如橘樹亦異於衆也受命不遷生南國兮。深固難徙更壹志兮。綠葉素榮紛其可喜兮。曾枝剡棘圓果摶兮。剡利也棘橘枝刺若棘也摶圜也楚人名圜為摶言橘枝重累又有利棘以象武也其實圜摶又象文也以喻己有文武能方圓也青黃雜糅文章爛兮。精色內白類可任兮。精明也類猶貌也言橘實青黃色精明內懷潔白以言賢者亦然紛縕宜脩姱而不醜兮。紛縕盛貌醜惡也言橘類紛縕而盛如人宜修飾形容盡好無有醜惡也補曰紛音墳縕音氳集韻蕍蘊積也姱好也嗟爾幼志有以異兮。爾汝也幼小也言嗟乎衆臣女少小之人其志徙有異於橘也

獨立不遷豈不可喜兮。深固難徙廓其無求兮。蘇世獨立橫而不流兮。蘇寤也言屈原自知為讒佞所害心中覺寤然不可變節猶行忠直橫立自持不隨俗人也閉心自慎不終失過兮。秉德無私參天地兮。願歲并謝與長友兮。謝去也言己願與橘同心并志歲月雖去年且衰老長為朋友不相遠離也淑離不淫梗其有理兮。淑善也梗強也言己雖設與橘離別猶善持己行梗然堅強終不淫惑而失義也年歲雖少可師長兮。行比伯夷置以為像兮。像法也

右橘頌　美橘之有是德。故曰頌。管子篇名有國頌。說者曰。頌容也。陳為國之形容。朱子曰。舊說屈原自比志節如橘。不可移徙。篇內意皆放此。

悲回風之搖蕙兮。回風為飄飄風回邪以興讒人心冤結而內傷。物有微而隕性兮。聲有隱而先倡。倡始也

夫何彭咸之造思兮。暨志介而不忘。暨與也尚書曰讓於稷契暨皋陶介節也言己見讒人倡君為惡則思念古世彭咸欲與齊志節而不能

忘也萬變其情豈可蓋兮。蓋覆也孰虛僞之可長。鳥獸鳴以號羣兮。草苴比而不芳。生曰草枯曰苴比合
也魚葺鱗以自別兮。蛟龍隱其文章。故荼薺不同畝兮。二百四十步爲畝言枯草荼薺不同畝而俱生以言忠佞亦不同朝
而俱用也蘭茝幽而獨芳。惟佳人之永都兮。佳人謂懷襄王也邑有先君之廟曰都也更統世而自貺。更代也貺與也言己念懷
王長居郢都世統其位父子相舉今不任賢亦將危殆也眇遠志之所及兮。憐浮雲之相羊。相羊無所據依之貌也介眇志之所
惑兮。介節也言己能守耿介之眇節以自惑誤不用於世也竊賦詩之所明。賦鋪也詩志也言己守高眇之節不用於世則鋪陳其志以自證明也惟
佳人之獨懷兮。折若椒以自處。處居也言己獨念懷王雖見放逐猶折香草以自修行善終不怠也曾歔欷之嗟嗟兮。獨隱
伏而思慮。涕泣交而淒淒兮。思不眠以至曙。終長夜之曼曼兮。掩此哀而不去。寤從容以
周流兮。覺立徙倚而行步也聊逍遙以自恃。傷太息之愍憐兮。憂悴重歎心辛苦也氣於邑而不可止。氣逆憤懣結不
下也糺思心以爲纕兮。糺戾也纕帶也一作壤補曰糺繩三合也壤玉名一曰馬帶玦編愁苦以爲膺。編結也膺胷也結胷者言動以憂愁自係
結也折若木以蔽光兮。隨飄風之所仍。仍因也言己願折若木以蔽日使之稽留因隨羣小而遊戲也存髣髴而不見兮。髣髴
謂形貌也心踊躍其若湯。撫珮衽以案志兮。整飭衣裳自寬慰也補曰衽衣衿也音稔案抑也超惘惘而遂行。歲曶曶
其若頹兮。曶音忽頹徒回切下墜也旹亦冉冉而將至。蘋蘅槁而節離兮。芳以歇而不比。志意已盡知慮闕也比合
也音鼻憐思心之不可懲兮。證此言之不可聊。寧逝死而流亡兮。不忍爲此之常愁。孤子唫
而抆淚兮。放子出而不還。孰能思而不隱兮。照彭咸之所聞。登石巒以遠望兮。路眇眇之

默默。郢道遼遠居僻陋也補曰眇眇遠也默默寂無人聲也入景響之無應兮。景於境切物之陰影也葛洪始作影響或作嚮古字借用聞省想而不可得。省息井切察也審也愁鬱鬱之無快兮。居戚戚而不可解。心鞿羈而不形兮。肝膽係結難解釋也形一作開氣繚轉而自締。思念緊卷而成結也緊卷一作繾綣補曰繚音了纏也締丈介切又音啼結不解也穆眇眇之無垠兮。莽芒芒之無儀。儀匹也見爾雅聲有隱而相感兮。物有純而不可爲。松柏冬生稟氣純也藐蔓蔓之不可量兮。藐音邈遠也縹綿綿之不可紆。細微之思難斷絕也補曰縹匹妙切紆音迂縈也愁悄悄之常悲兮。翩冥冥之不可娛。淩大波而流風兮。託彭咸之所居。上高巖之峭岸兮。處雌蜺之標顛。託乘風氣遊天際也補曰標杪也其字從木顛頂也據青冥而攄虹兮。補曰攄舒也遂儵忽而捫天。補曰儵音叔捫音門撫也吸湛露之浮源兮。漱凝霜之雰雰。雰雰霜貌也言己雖昇青冥猶能食霜露之精以自潔也依風穴以自息兮。風穴注云風穴北方寒風從地出也宋玉賦云空穴來風忽傾寤以嬋媛。馮崑崙以瞰霧兮。隱岷山以清江。隱伏也岷山江所出也憚涌湍之磕磕兮。憚難也涌湍危阻也以與讒賊危害賢人也磕一作磕補曰磕苦蓋切石聲聽波聲之洶洶。紛容容之無經兮。容容變動之貌罔芒芒之無紀。軋洋洋之無從兮。馳委移之焉止。雖欲長驅無所及也一作馳逶蛇之焉至漂翻翻其上下兮。登山入水周六合也漂一作飄翻一作旛一作潘補曰漂浮也音飄翼遙遙其左右。雖遠念君在旁側也補曰翼疾趨也氾潏潏其前後兮。補曰氾濫也音泛潏涌出也音決伴張弛之信期。伴俱也弛毀也言己思君念國而衆人俱共毀己言內無誠信不可與期也伴讀若背畔之畔言己嘗以弛張之道期於君而君背之也觀炎氣之相仍兮。窺煙液之所積。炎氣南方火也火氣煙上天爲雲雲出湊液而爲雨也相仍者相從也煙液所積者所聚也悲霜雪之俱下兮。聽潮水之相擊。借光景以往來兮。施黃棘之枉策。黃棘棘刺也枉曲也言己願借神光電景飛注往來施黃棘之刺以爲馬策言其利用急疾也求介子之所存兮。見伯夷之放迹。心調度而弗去兮。刻著志之無適。無適言己思慕子推伯夷清白之行尅心遵樂志無所復適也曰吾怨往昔之所冀兮。冀幸也言己怨往古以邪事君而幸蒙富貴也悼來者之愁愁。愁愁欲利貌也言傷今世人見利愁愁然欲競之也愁一作逖補曰愁它的切勞也浮江淮而入海兮。從子胥而自適。望大河之洲渚兮。悲申徒之抗迹。申徒狄也遇闇君遁世離俗自擁石赴河故言抗迹也驟諫君而不聽兮。重任石之何益。心絓結而不解兮。思蹇產而不釋。蹇產猶詰屈也言己乘水蹈波乃愁而恐懼則心懸結詰屈而不可解

右悲回風　此章言小人之盛。君子所憂。故記游天地之間。以泄憤懣。終沈汨羅。從子胥申徒以畢其志也。

舊說九章之義。具如右所述矣。竊嘗綜而論之曰。九章者。屈原自述之詞也。在昭示其志於後之人。其文直露。不似他篇儃緩。傅以藻色。蓋達意而已。然屈原愛國之志。存於九章者尤詳。太史公既錄懷沙於列傳中。又曰讀哀郢悲其志。並有取於九章也。夫古之爲國者。其時之相承。勢之相繼。自然一國之命。咸託於君。大人君子。欲用其國。制其法度。以臻於至治者。必其君聰明信己。不牽於成事。不惑於讒慝。而後其志可得而行。效可得而覩。雖愛國之士。非常之才。以公亮廣博之心。挾撥亂濟變之具。舍得君以外。則末由自盡焉。何則。形勢不便

也。儒者之義。知治亂不可力致。遇合惟其所遭。故曰用之則行。舍之則藏。道之將行也與命也。道之將廢也與命也。雖然。趣强立而避微弱者。國之本也。喜治安而惡危敗者。民之情也。國之所以廢興存亡。誠莫不有數。亦必人事有以召之。古爲人君者。既負一國之重。而所爲不與治同歸。而適與亂同道。是惡得不任其責。故惜誦之篇。以刺君也。後人次爲九章之首。所以明治亂之原也。古之人君。權大威盛。進退一士。抑何足道。然以進退一士之故。馴致政亂而國亡。則罪莫大焉。一士之淪廢。一身之詬辱。又何足道。然以一身淪廢詬辱之故。使斯民不被其澤。宗社夷爲丘墟。斯亦不得不怨也。離騷詬桀紂之披昌。明三后之純粹。班固以爲露才揚己。顯暴君過。嗚呼。是眞不知詩人之義歟。夫詩人之所以貴者。在舉世貪汚而標其貞廉。舉世混濁而見其清潔。淮南馬遷並謂屈原濯淖汙泥之中。蟬蛻於濁穢。以浮游塵埃之外。不獲世之滋垢。皭然泥而不滓。故莫不惡也。而詩人獨昭其善。莫不穢也。而詩人獨全其美。莫不僞也。而詩人獨著其誠。若屈原諛詞曲志。逢君之惡。此與靳尚之徒何異。夫何日月爭光之與有。豈謂崇竦稱莽之功。亦將列於風雅者哉。然屈原之所以忠於君。忠於國者。非當時所知也。時人以隨順君之嗜欲。便辟側佞爲忠。屈原以明法度。行美政。强宗國爲忠。此眞愛國之至。而忠之大者也。顧時君不察。衆人不好。故曰竭忠誠以事君兮。反離羣而贅肬。忘儇媚以背衆兮。待明君其知之。又曰吾誼先君而後身兮。羌衆人之所仇。專惟君而無他兮。又衆兆之所讎。屈原抱其愛國之志。涼涼獨往。雖君棄之。衆兆仇之。猶曰吾將待明君云爾。以覘當時縱橫之士。駕長短之說。日日自號有益人國。以買名聲而徼富貴。去就一國如傳舍。變易謀畫如置碁。苟以便身行術。譁衆取寵。直當屈原所深惡痛絕者矣。屈原之愛國。但油然發於良心之所不能恝。而確然見爲正理之所不可易。所以爲忠則純忠也。所以爲愛則純愛也。不汲汲求諒於當時之人。惟以盡吾心之誠而已。故曰惜誦以致愍兮。發憤以抒情。所作忠而言之兮。指蒼天以爲正。令五帝以枅中兮。戒六神與嚮服。俾山川以備御兮。命咎繇使聽直。以爲吾之忠於國。將示諸蒼天。折諸五帝。質於六神。聽諸皋陶。非天神聖人。莫能啟吾之良心耳。是惜誦之意也。然而屈原所以怨其君者。終不若怨其國人之深。蓋積衆人而成國。君者衆人之所戴也。衆人戴君。將以成國之治化。今徒奉一君之私。而忘一國之計。但爲君之僕役。而不計政之美惡。本末倒置。孰甚於此。是以屈原既不見知於君。猶不能不求知於國之人。至國之人莫之知。而屈原眞窮矣。屈原要非貶節徇俗之人也。乃於涉江發其意曰。世溷濁而莫余知兮。吾方高馳而不顧。又以其事自古已然。曰忠不必用兮。賢不必以。伍子逢殃兮。比干菹醢。與前世而皆然兮。吾又何怨乎今之人。此所以深致怨於其國人。兼露大去其國之意。曰哀南夷之莫吾知兮。旦余濟乎江湘。又曰。懷信侘傺。吾將行兮。皆涉江之詞也。及內顧其心。父母之邦。終不可去。哀郢以下。敍其拳拳不忍之情。纏綿悱惻。使讀者不覺而興愛國之心。至於懷沙則決必死之志矣。其思念故國之辭曰。羌靈魂之欲歸兮。何須臾而忘反。背夏浦而西思兮。哀故都之日遠。又曰。心不怡之長久兮。憂與愁其相接。惟郢路之遼遠兮。江與夏之不可涉。又曰。曼余目以流觀兮。冀壹反之何時。鳥飛必故鄉兮。狐死必首丘。（並哀郢）又曰。道卓絕而日忘兮。願自申而不得。望北山而流涕兮。臨流水而太息。望孟夏之短夜兮。何晦明之若歲。惟郢路之遼遠兮。魂一夕而九逝。曾不知路之曲直兮。南指月與列星。願徑逝而未得兮。魂識路之營營。（抽思）抽思深刺其君。懷沙尤怨國人。其怨國人之辭曰。何靈魂之信直兮。人之心不與吾心同。理弱而媒不通兮。尚不知余之從容。（抽思）又曰。夫惟黨人鄙固兮。羌不知余之所臧。（黨人指楚人）任重載盛兮。陷滯而不濟。懷瑾握瑜兮。窮不知所示。邑犬之羣吠兮。吠所怪也。非俊疑傑兮。固庸態也。文質疏內兮。衆不知余之異采。材朴委積兮。莫知余之所有。又曰。曾傷爰哀。永嘆喟兮。世溷濁莫吾知。人心不可謂兮。（並懷沙）其刺君之辭曰。昔君與我誠言兮。曰黃昏以爲期。羌中道而回畔兮。反既有此他志。憍吾以其美好兮。覽余以其脩姱。與余言而不信兮。蓋爲余而造怒。願承間而自察兮。心震悼而不敢。悲夷猶而冀進兮。心怛傷之憺憺。茲歷情以陳辭兮。蓀詳聾而不聞。固切人之不媚兮。衆果以我爲患。初吾所陳之耿著兮。豈至今其庸亡。何毒藥之謇謇兮。願蓀美之可完。（抽思）屈原既屢刺其君。又推本君之所以多不賢者。以用世及之法也。於是追美堯舜之傳賢。而歎後世之莫之行。故曰。堯舜之抗行兮。瞭杳杳而薄天。衆讒人之嫉妒兮。被以不慈之僞名。（哀郢）夏商以來。無不用世及之禮。無有非之者。屈原獨頌堯舜之傳賢。亦可謂豪傑之士矣。至是屈原以爲道雖不行。而志不可奪。之死矢靡他。乃曰。刓方以爲圜兮。常度未替。易初本迪兮。君子所鄙。又曰。知死不可讓。願無愛兮。明告君子。吾將以爲類兮。（懷沙）並然於未死之前。又庶幾君之悔悟。復俾以政。則邦國之禍。猶或弭焉。於思美人惜往日二篇。反覆以致其思。顧一則終之以彭咸。一則申之以赴淵。良亦知其孤懷之不可冀也。乃作橘頌。用以自贊。稱受命不遷。行像伯夷。秉德無私。參配天地。卓哉若人。不已賢乎。若夫悲回風之作。惻惻臨絕之音。尤君子所爲流涕而不忍卒讀者也。故欲詳屈原之志行。於九章盡之矣。

第五章　屈原之狂及其天才

離騷之辭緩。九章之辭切。蓋離騷將以諷諫寤俗。雖憂思甚深。義託風雅。九章則反復自述其志。愛國感事。口無擇言。故多徑露之詞。至於終無所發憤。而後激而自沈。斯亦可哀矣。始見世之不可以與語。則呼鬼神而告之。此九歌所爲作也。將棄人間之溷濁。翔寥廓以自適。後世本之以爲游仙之意。此遠游所爲作也。卒以天地鬼神皆不足昭己之寃結。覩天之夢夢。抑塞而誰訴。思乎古之人以問天之不公。此天問所爲作也。嗚呼。九歌遠遊天問諸篇。其諸可以見屈原之狂及其天才者與。今夫匹夫匹婦之爲諒。自經於溝瀆而莫之知者衆矣。以一朝之忿。一身所遇之微。忽然忘其身。此豈足數哉。屈原懷治世之術。値可爲之機。橫被讒慝。熟視宗國之將亡。而時人不覺。無所藉以盡其力。纏綿愛慕。忍而不能舍。其言彌長。其音彌苦。以宗國衆人之任爲己之任。見宗國衆人之不自救。而懟己之不能救之。雖怨天尤人。至於斯極。其心皆發於公義。雖異乎儒者之從容中道。然視媕阿而苟合。混混而同流以媮其生者。固又未可以彼而議此也。淮南馬遷。並以爲其志潔。其行芳。非夫愛國之至而能若是乎。故曰屈原者。古今愛國詩人之宗也。讀九歌遠遊天問。尤足見其天才與狂氣之登溢。茲分別述之。

(甲)九歌

詩人多近於狂。狂者之辭。若可解若不可解。九歌是也。然其愛國之志。與自任之意。懷寃鬱結而求訴之心。固往往見焉。王逸曰。九歌者。屈原之所作也。昔楚國南郢之邑。沅湘之間。其俗信鬼而好祠。其祠必作歌樂鼓舞。以樂諸神。屈原放逐竄伏其域。懷憂苦毒。愁思沸鬱。出見俗人祭祀之禮。歌舞之樂。其詞鄙陋。因爲作九歌之曲。上陳事神之敬。下見己之冤結。託之以風諫。故其文意不同。章句錯雜。而廣異義焉。九歌共十一章。其第十國殤一章。已見前第二章　故今錄其餘十章。

吉日兮辰良。（日謂甲乙辰謂寅卯）穆將愉兮上皇。（穆敬也愉樂也）撫長劍兮玉珥。（玉珥劍鐔也）璆鏘鳴兮琳琅。（璆琳琅皆美玉名）瑤席兮玉瑱。（瑱一作鎮壓也）盍將把兮瓊芳。（瓊芳玉枝靈巫所把取美潔也）蕙肴蒸兮蘭藉。（以蕙草蒸肉以蘭爲藉）奠桂酒兮椒漿。揚枹兮拊鼓。（枹擊鼓槌）疏緩節兮安歌。陳竽瑟兮浩倡。（浩大也倡作樂）靈偃蹇兮姣服。（靈謂巫也偃蹇舞貌姣好也）芳菲菲兮滿堂。五音紛兮繁會。君欣欣兮樂康。

右東皇太一（漢書郊祀志曰天神貴者太一太一佐曰五帝天文大象賦注以太一主知風雨水旱兵革饑饉疾疫）

浴蘭湯兮沐芳。華采衣兮若英。（若杜若也五采華衣飾以杜若之英）靈連蜷兮既留。（靈巫也連蜷巫迎神導引貌也）爛昭昭兮未央。蹇將憺兮壽宮。（蹇詞也憺安也壽宮供神之處也）與日月兮齊光。龍駕兮帝服。（龍駕言雲神駕龍帝謂五方之帝言雲神乘龍衆衣青黃五采之色與五帝同服也）聊翺遊兮周章。（周章猶周流也）靈皇皇兮既降。（靈謂雲神）猋遠舉兮雲中。（猋去疾貌雲中雲神所居）覽冀州兮有餘。橫四海兮焉窮。思夫君兮太息。（夫君謂雲神）極勞心兮忡忡。（忡忡憂心貌屈原見雲一動千里周徧四海想得隨從觀望四方以忘己憂思而念之終不可得故太息而歎中心煩勞而忡忡也或曰君謂懷王）

右雲中君漢書郊祀志有雲中君

君不行兮夷猶。君謂湘君夷猶猶豫也蹇誰留兮中洲。蹇詞也中洲洲中也美要眇兮宜修。要眇好貌修飾也沛吾乘兮桂舟。沛行貌令沅湘兮無波。使江水兮安流。願湘君使沅湘無波使水安流望夫君兮未來。吹參差兮誰思。參差洞簫也夫君謂湘君駕飛龍兮北征。屈原思神略畢意念楚國願駕飛龍北行還歸故居邅吾道兮洞庭。邅轉也薜荔柏兮蕙綢。薜荔香草柏搏壁也綢縛束也柏一作拍蓀橈兮蘭旌。屈原言己居家則以薜荔搏飾四壁蕙草縛屋乘船則以蓀為楫櫂蘭為旌旗動以香潔自修飾也望涔陽兮極浦。涔陽江碕名近附郢橫大江兮揚靈。靈精誠也橫渡大江揚己精誠冀能感悟懷王揚靈兮未極。女嬋媛兮為余太息。女謂女嬃橫流涕兮潺湲。屈原感女嬃之言外欲變節而意不能改悲傷涕泣隱思君兮陫側。陫陋也君謂懷王也桂櫂兮蘭枻。櫂楫也枻船旁板也斲冰兮積雪。采薜荔兮水中。薜荔之草緣木而生搴芙蓉兮木末。芙蓉荷華也生水中喻志不合猶涉水求薜荔緣木采芙蓉心不同兮媒勞。恩不甚兮輕絕。石瀨兮淺淺。瀨湍也淺淺流疾貌飛龍兮翩翩。交不忠兮怨長。期不信兮告余以不閒。期不信謂君之不信鼂騁騖兮江皋。鼂早也夕弭節兮北渚。弭安也鳥次兮屋上。水周兮堂下。捐余玦兮江中。玦玉佩遺余佩兮醴浦。采芳洲兮杜若。將以遺兮下女。女陰也以喻臣謂己之儔匹貞正之人時不可兮再得。聊逍遙兮容與。

右湘君湘水神

帝子降兮北渚。帝子謂堯女也堯二女娥皇女英隨舜不反沒於湘水之渚因為湘夫人目眇眇兮愁予。予屈原自謂嫋嫋兮秋風。

洞庭波兮木葉下。白薠兮騁望。薠草秋生一作蘋與佳期兮夕張。佳謂湘夫人不敢指斥尊者故言佳也張施也謂施帷帳設祭具期夫歆饗之鳥萃兮蘋中。罾何爲兮木上。鳥當集木罾當在水喻失其所沅有茝兮澧有蘭。思公子兮未敢言。公子謂湘夫人荒忽兮遠望。觀流水兮潺湲。麋何食兮庭中。蛟何爲兮水裔。麋當在山林蛟當在深淵亦喻不當其位朝馳余馬兮江皋。夕濟兮西澨。澨水涯也聞佳人兮召予。予屈原自謂將騰駕兮偕逝。築室兮水中。葺之兮荷蓋。蓀壁兮紫壇。𦖊芳椒兮成堂。𦖊古播字桂棟兮蘭橑。橑椽也辛夷楣兮葯房。葯白芷也罔薜荔兮爲帷。罔結也擗蕙櫋兮既張。擗柎也以柎蕙覆櫋屋白玉兮爲鎭。以白玉鎭坐席疏石蘭兮爲芳。疏布陳也芷葺兮荷屋。繚之兮杜衡。繚縛束也合百草兮實庭。建芳馨兮廡門。廡門屋也九嶷繽兮並迎。靈之來兮如雲。捐余袂兮江中。遺余褋兮澧浦。褋襜襦也搴芳洲兮杜若。將以遺兮遠者。時不可兮驟得。聊逍遙兮容與。

右湘夫人舜二妃

廣開兮天門。紛吾乘兮玄雲。令飄風兮先驅。迴風爲飄使涷雨兮灑塵。暴雨爲涷雨君迴翔兮以下。君指司命踰空桑兮從女。屈原將陳己之冤結欲踰空桑之山而要司命紛總總兮九州。何壽夭兮在予。予謂司命高飛兮安翔。乘清氣兮御陰陽。吾與君兮齋速。齋戒導帝之兮九坑。坑山脊九坑謂九州之山靈衣兮被被。長貌玉佩兮陸離。壹陰兮壹陽。衆莫知兮予所爲。屈原言己得配神俱行出陰入陽一晦一明衆人無緣知我所作爲也折疏麻兮

瑤華。疏麻神麻將以遺兮離居。老冉冉兮既極。不寖近兮愈疏。乘龍兮轔轔。車聲高駝兮沖天。駝一作馳

結桂枝兮延佇。延長也佇立也羌愈思兮愁人。愁人兮奈何。願若今兮無虧。願身行善常若於今無有歇也固

人命兮有當。孰離合兮可爲。

右大司命漢書郊祀志曰荆巫有司命說者曰文昌第四星也

秋蘭兮蘪蕪。羅生兮堂下。綠葉兮素華。芳菲菲兮襲予。襲及也夫人兮自有美子。夫人謂萬民也蓀何以兮愁苦。蓀謂司命秋蘭兮青青。綠葉兮紫莖。滿堂兮美人。忽獨與余兮目成。言萬民眾多美人並會盈滿於堂而司命獨與我睨而相視成爲親親也入不言兮出不辭。乘回風兮載雲旗。指神悲莫悲兮生別離。樂莫樂兮新相知。屈原自悲與妻子別離荷衣兮蕙帶。儵而來兮忽而逝。指神夕宿兮帝郊。君誰須兮雲之際。幸其有意顧己與女游兮九河。衝風至兮水揚波。與女沐兮咸池。晞女髮兮陽之阿。晞乾也阿曲隅日所行也望美人兮未來。臨風怳兮浩歌。怳失意貌孔蓋兮翠旍。登九天兮撫彗星。竦長劍兮擁幼艾。彗星喩邪惡竦執也幼少也艾長也言司命執持長劍以誅絕凶惡擁護萬民少長使各得其命也蓀獨宜兮爲民正。蓀謂司命

右少司命

暾將出兮東方。日始出其容暾暾而盛大也照吾檻兮扶桑。吾謂日撫余馬兮安驅。余謂日夜皎皎兮既明。

駕龍輈兮乘雷。輈車轅載雲旗兮委蛇。長太息兮將上。心低徊兮顧懷。言日將去扶桑而上升天徘徊太息顧念

（其居）羌聲色兮娛人。觀者憺兮忘歸。（憺安也日月光明觀者娛樂忘歸）緪瑟兮交鼓。（緪急張絃也古登切交鼓對擊鼓也）簫鐘兮瑤簴。（簴懸鐘磬之木）鳴篪（樂器）兮吹竽。思靈保兮賢姱。（靈巫也一曰靈保神巫姱好貌）翾飛兮翠曾。（曾舉也言巫舞工巧身體翾然若飛似翠鳥之舉也）展詩兮會舞。（展舒也）應律兮合節。靈之來兮蔽日。（靈謂日神）青雲衣兮白霓裳。舉長矢兮射天狼。（天狼星名以喻貪殘）操余弧兮反淪降。（言日誅惡以後復循道退入太陰之中不伐其功）援北兮斗酌桂漿。（斗謂玉爵）撰余轡兮高駝翔。（駝一作馳一無此字）杳冥冥兮以東行。

右東君（博雅曰朱明耀靈東君日也）

與女游兮九河。（女指河伯）衝風起兮橫波。（衝隧也）乘水車兮荷蓋。駕兩龍兮驂螭。登崑崙兮四望。心飛揚兮浩蕩。日將暮兮悵忘歸。惟極浦兮寤懷。魚鱗屋兮龍堂。紫貝闕兮朱宮。（河伯所居）靈何爲兮水中。（靈河伯）乘白黿兮逐文魚。與女游兮河之渚。流澌紛兮將來下。（流澌解冰也）子交手兮東行。送美人兮南浦。（美人屈原自謂）波滔滔兮來迎。魚隣隣兮媵予。

右河伯（河伯河神名馮夷）

若有人兮山之阿。被薜荔兮帶女蘿。既含睇兮又宜笑。子慕予兮善窈窕。（子謂山鬼）乘赤豹兮從文狸。辛夷車兮結桂旗。被石蘭兮帶杜衡。折芳馨兮遺所思。（所思謂清潔之士若屈原者也）余處幽篁兮終不見天。（余山鬼自謂）路險難兮獨後來。表獨立兮山之上。雲容容兮而在下。杳冥冥兮羌晝晦。東風飄兮神靈雨。留靈脩兮憺忘歸。靈脩謂懷王 歲既晏兮孰華予。屈原冀懷王還己言年歲晚暮將欲罷老誰復令我榮華也 采三秀兮於山間。三秀芝草 石磊磊兮葛蔓蔓。怨公子兮悵忘歸。公子謂公子椒 君思我兮不得閒。言懷王時思念我顧不肯以閒暇之日召己謀議也 山中人兮芳杜若。山中人屈原自謂 飲石泉兮蔭松柏。君思我兮然疑作。君謂懷王 雷塡塡兮雨冥冥。猨啾啾兮狖夜鳴。風颯颯兮木蕭蕭。思公子兮徒離憂。恐子椒不見達故遂去而憂愁也

右山鬼。莊子曰山有夔淮南曰山出嘄陽楚人所祠豈此類乎

成禮兮會鼓。傳芭兮代舞。芭巫所持香草名 姱女倡兮容與。姱好貌謂使童稺好女先倡而舞 春蘭兮秋菊。長無絕兮終古。

右禮魂。禮一作祀或曰禮魂謂以禮善終者

九歌凡十有一章。國殤一章已見前。故不復著。九歌詞意錯離。若不盡可明。王逸之註。後人多以爲未當。然從而爲之辭者。亦未必是也。故仍刪存逸註。爲其近古。餘不悉取焉。逸之註太繁者。輒頗刊削。厥義自具。竊嘗論之。屈原既不得志於世之人。無所控訴。憂愁煩亂。以爲己之愛國之誠意。可以質之鬼神。故因祀神之詞。而明己之與神合德。篇中所稱余或吾者。固多以自喻。友靈物而乘陰陽。折芳馨而慕遠者。其開物成務。把捉天地之意。蓋往往見焉。

謂今之人雖不吾知。明神必不我棄。故曰滿堂兮美人。忽獨與余兮目成。又曰旣含睇兮又宜笑。子慕予兮善窈窕。至於國殤一篇。尤多振厲之詞。將激國人之勇武。光大楚國之民性。使爲剛强而不可淩。且言爲國死者。爲神靈。爲鬼雄。於是終之以禮魂。禮魂者。祀魂也。祀國魂也。曰春蘭兮秋菊。長無絕兮終古。庶幾國魂之終古無亡乎。其愛國之思深矣。九歌之詞。誠有不可强解者。故今特揭大意於此。至於詳說。則俟諸異日焉。

(乙)遠游

屈原旣憤濁世之不可居。因有羽化登仙之志。故遠游者。游仙詩之祖也。王逸曰。遠游者屈原之所作也。屈原履方直之行。不容於世。上爲讒佞所譖毀。下爲俗人所困極。章皇山澤。無所告訴。乃深惟元一。修執恬漠。思欲濟世。則意中憤然。文采鋪發。遂敍妙思。託配仙人。與俱游戲。周歷天地。無所不到。然猶懷念楚國。思慕舊故。忠信之篤。仁義之厚也。是以君子重其志而瑋其辭焉。朱子曰。屈原旣放。悲歎之餘。眇觀宇宙。陋世俗之卑狹。悼年壽之不長。於是作爲此篇。思欲制鍊形魄。排空御氣。浮游八極。後天而終。以盡反復無窮之世變。雖曰寓言。然其所設王子之詞。苟能充之。實長生久視之要訣也。

悲時俗之迫阨兮。願輕舉而遠游。質菲薄而無因兮。焉託乘而上浮。遭沈濁而汙穢兮。獨鬱結其誰語。夜耿耿而不寐兮。魂煢煢而至曙。惟天地之無窮兮。哀人生之長勤。往者余弗及兮。來者吾不聞。步徙倚而遙思兮。怊惝怳而乖懷。惆悵失望志乖錯也怊音超悵恨意意荒忽而流蕩兮。心愁悽而增悲。以上因時俗迫阨人生勤勞思出世而遠游神倏忽而不反兮。形枯槁而獨留。內惟省以端操兮。捐棄我情慮專一也求正氣之所由。棲神藏情治心術也漠虛靜以恬愉兮。恬然自守內樂佚也澹無為而自得。滌除嗜欲獲道實也聞赤松之清塵兮。願承風乎遺則。貴真人之休德兮。美往世之登仙。與化去而不見兮。名聲著而日延。奇傅說之託辰星兮。羨韓衆之得一。韓衆古仙人衆一作終形穆穆以浸遠兮。離人羣而遁逸。因氣變而遂曾舉兮。乘風蹈霧升皇庭也曾音增高舉也忽神奔而鬼怪。往來奄忽出杳冥也時髣髴以遙見兮。精晈晈以往來。絕氛埃而淑尤兮。超越垢穢過先祖也淑善也尤過也言行修善所以過先祖也終不反其故都。免衆患而不懼兮。世莫知其所如。以上思鍊氣以登仙恐天時之代序兮。耀靈曄而西征。靈曄電貌補曰耀靈日也張平子曰耀靈忽其西匿潘安仁云曜靈曄而遄邁皆用此語曄音饁光也微霜降而下淪兮。悼芳草之先零。聊仿佯而逍遙兮。永歷年而無成。誰可與玩斯遺芳兮。晨向風而舒情。身已過老功名不成世莫足與議忠貞想承君命竭誠信也

高陽邈以遠兮。余將焉所程。重曰。春秋忽其不淹兮。奚久留此故居。軒轅不可攀援兮。吾將從王喬而娛戲。以上惡人生勤勞思出世而娛戲餐六氣而飲沆瀣兮。漱正陽而含朝霞。餐吞日精食元符也陵陽子明經言春食朝霞朝霞者日始欲出赤黃氣也秋食淪陰淪陰者日沒以後赤黃氣也冬飲沆瀣沆瀣者北方夜半氣也夏食正陽正陽者南方日中氣也并天地玄黃之

氣是為六氣也保神明之清澄兮。精氣入而麤穢除。納新吐故垢濁清也順凱風以從游兮。南風曰凱至南巢而壹息。觀視朱雀之所居也見王子而宿之兮。過子喬也審壹氣之和德。曰道可受兮不可傳。其小無內兮。其大無垠。無滑而魂兮。亂爾精也彼將自然。壹氣孔神兮。於中夜存。恆在身也案謂存夜氣也虛以待之兮。執清靜也無為之先。閑情欲也庶類以成兮此德之門。以上思鍊氣而上升聞至貴而遂徂兮。忽乎吾將行。仍羽人於丹丘兮。補曰山海經言有羽人之國不死之民留不死之舊鄉。朝濯髮於湯谷兮。湯谷在東方少陽之位補曰湯音陽夕晞余身於九陽。九陽謂天地之涯吸飛泉之微液兮。懷琬琰之華英。咀嚼玉英以養神也玉色頩以脕顏兮。補曰頩美也一曰斂容普茗普經二切脕澤也音萬豔美色也精醇粹而始壯。質銷鑠以汋約兮。補曰汋音綽汋約柔弱貌神要眇以淫放。嘉南州之炎德兮。麗桂樹之冬榮。山蕭條而無獸兮。野寂漠其無人。載營魄而登霞兮。抱我靈魂而上升也掩浮雲而上征。以上運寫遠游命天閽其開關兮。排閶闔而望予。立排天門而須我也補曰排推也召豐隆使先導兮。呼語雲師使清路也問大微之所居。博訪天庭在何處也大一作太集重陽入帝宮兮。補曰天有九重故曰重陽造旬始而觀清都。遂至皇天之所居也旬始皇天名也一曰旬始星名春秋考異郵曰太白名旬始朝發軔于太儀兮。太儀天帝之庭夕始臨乎於微閭。暮至東方之王山也爾雅曰東方之美者有醫無閭之珣玗琪焉屯余車之萬乘兮。百神侍從無不有也紛溶與而並馳。車騎籠茸而競驅也駕八龍之婉婉兮。載雲旗之逶蛇。建雄虹之采旄兮。係綴繻鍊又紛錯也五色雜而炫燿。服偃蹇以低昂兮。驂馬駁駮而鳴騶也驂連蜷以驕驁。驂騑驕驁怒顛狂也以上升天騎膠葛以雜亂兮。

斑漫衍而方行。繽紛容與以並升也撰余轡而正策兮。吾將過乎勾芒。就少陽神于東方也歷太皞以右轉兮。東方其帝太皞其神勾芒前飛廉以啟路。陽杲杲其未光兮。凌天地以徑度。以上東游風伯為余先驅兮。氛埃辟而清涼。鳳皇翼其承旂兮。遇蓐收乎西皇。西方其帝少皞其神蓐收擥彗星以為旍兮。擥一作攬補曰旍即旌字舉斗柄以為麾。補曰麾旗屬叛陸離其上下兮。游驚霧之流波。時曖曃其曭莽兮。日月晻黮而無光也召玄武而奔屬。呼太陰神使承衞也後文昌使掌行兮。選署眾神以並轂。召使羣靈皆侍從也路曼曼其修遠兮。徐弭節而高厲。補曰厲渡也左雨師使徑待兮，右雷公以為衞。欲度世以忘歸兮。意恣睢以担撟。撟一作矯担釋文云音丘列切朱子曰担撟軒舉也內欣欣以自美兮。聊媮娛以自樂。以上西游涉青雲以汎濫兮。忽臨睨夫舊鄉。僕夫懷余心悲兮。邊馬顧而不行。補曰邊旁也思舊故以想像兮。長太息而掩涕。泛容與而遐舉兮。聊抑志而自弭。指炎神而直馳兮。南方其帝炎帝其神祝融吾將往乎南疑。過衡山而觀九疑也覽方外之荒忽兮。沛罔象而自浮。罔象釋文作瀾瀁朱子曰水盛貌祝融戒而還衡兮。騰告鸞鳥迎宓妃。張咸池奏承雲兮。咸池堯樂承雲即雲門黃帝樂二女御九韶歌。使湘靈鼓瑟兮。百川之神皆謠歌也令海若舞馮夷。河海之神咸相和也海若海神名馮夷水仙人玄螭蟲象並出進兮。螭龍類象罔象皆水中神物形蟉虯而逶蛇。補曰蟉虯盤曲貌雌蜺便娟以增撓兮。神女周旋侍左右也補曰便娟輕麗貌撓纏也鸞鳥軒翥而翔飛。補曰翥舉也音樂博衍而無終極兮。補曰衍廣也焉乃逝以徘徊。以上南游舒并節以馳騖兮。縱舍轡銜而長驅也逴絕垠乎寒門。經過后土出北區也寒門北極之門補曰遼遠也軼迅風於淸源兮。從顓頊乎增冰。過觀黑帝之邑字也補曰北方其帝顓頊歷玄冥以邪徑兮。道絕幽都路窮塞也補曰北方其神玄冥乘間維以反顧。攀持天紘以休息也召黔嬴而見之兮。補曰黔嬴天上造化神名或曰水神爲余先乎平路。以上北游經營四方兮。周流六漠。補曰六漠六合上至列缺兮。窺天間隙補引大人賦注列缺天閃也降望大壑。下崢嶸而無地兮。上寥廓而無天。視儵忽而無見兮。目瞑眩也聽惝怳而無聞。超無爲以至淸兮。與太初而爲鄰。補曰列子曰太初者氣之始也莊子曰太初有无无有無名

洪興祖曰。騷經九章。皆託游天地之間。以泄憤懣。卒從彭咸之所居。以畢其志。至此章獨不然。初曰長太息而掩涕。思故國也。終曰與太初而爲鄰。則世莫知其所如矣。朱子曰。司馬相如作大人賦。多襲其語。然屈子所到。非相如所能窺其萬一也。

(丙)天問

王逸曰。天問者。屈原之所作也。何不言問天。天尊不可問。故曰天問也。屈原放逐。憂心愁悴。彷徨山澤。經歷陵陸。嗟號旻旻。仰天歎息。見楚有先王之廟。及公卿祠堂。圖畫天地山川神靈。琦瑋僪佹。及古聖賢怪物行事。周流罷倦。休息其下。仰見圖畫。因書其壁。呵而問之。以渫憤懣。舒瀉愁思。楚人哀惜屈原。因共論述。故其文義不次序云爾。洪興祖曰。天問之作。其旨遠矣。蓋曰遂古以來。天地事物之變。不可勝窮。欲付之無言乎。而耳目所接。有感于吾心者。

不可以不發也。欲具道其所以然乎。而天地變化。豈思慮智識之所能容哉。天固不可問。聊以寄吾之意耳。楚之興衰。天耶人耶。吾之用舍。天耶人耶。國無人莫我知也。知我者其天乎。此天問所爲作也。太史公讀天問悲其志者以此。柳宗元作天對。失其旨矣。王逸以爲文義不次序。夫天地之間。千變萬化。豈可以次序陳哉。案天問之篇。屈原誠有所激而作。所問雖時涉怪妄。而理之可推。事之可鑒者。尚多有之。要出于發憤之意。固不必執其跡以求之也。唐柳宗元始質其義理。爲之條對。斯殆不免于鑿而未達屈原之旨。洪氏非之是矣。今不取之。

曰遂古之初。（遂往也）誰傳道之。上下未形。何由考之。（言天地未分以前）冥昭瞢闇。誰能極之。（有日月晝夜以後）馮翼惟像。何以識之。（言天地既分陰陽運轉馮馮翼翼）明明闇闇。惟時何爲。陰陽三合。何本何化。（謂天地人三合成德）圜則九重。孰營度之。（言天圜而九重孰營度而知之乎）惟茲何功。孰初作之。斡維焉繫。天極焉加。（斡轉也維綱也）八柱何當。東南何虧。（言天有八山爲柱皆何當值東南不足誰虧缺之也）九天之際。安放安屬。隅隈多有。誰知其數。（補曰隅角也爾雅崖內爲隩外爲隈）天何所沓。（沓合也）十二焉分。（十二辰）日月安屬。列星安陳。出自湯谷。次于蒙汜。（補曰爾雅云西至日所入爲太蒙即蒙汜也）自明及晦。所行幾里。夜光何德。死則又育。（夜光月也）厥利維何。而顧兔在腹。女岐無合。夫焉取九子。（女岐神女無夫而生九子也）伯強何處。（伯強大厲疫鬼）惠氣安在。（惠氣和氣）何闔而晦。何開而明。角宿未旦。曜靈安藏。（角亢東方星曜靈日也）不任汩鴻。師何以尚之。（汩治也鴻大水也師衆也尙舉也言鯀才不任治鴻水衆人何以舉之乎）僉曰何憂。何不課而行之。（課試也）鴟龜曳銜。鯀何聽焉。（言鯀治水績用不成堯乃放殺之羽山飛鳥水蟲曳而食之鯀何能復不聽乎）順欲成功。帝何刑焉。（順衆人之欲而成其功）永遏在羽山。夫何三年不施。（三年不舍其罪）伯禹愎鯀。夫何以變化。（變化有聖德）纂就前緒。遂成考功。何續初繼業。而厥謀不同。洪泉極深。何以窴之。（窴塞補曰與塡同）地方九則。何以墳之。（墳分也）河海應龍。何盡何歷。（有鱗曰蛟龍有翼曰應龍）鯀何所營。禹何所成。康回馮怒。墜何故以東南傾。（康回共工名）九州安錯。川谷何洿。（錯厠也洿深也）東流不溢。孰知其故。東南西北。其修孰多。（修長也）南北順墮。其衍幾何。（衍廣大也言南北長其廣差幾何）崑崙縣圃。其尻安在。（崑崙在西北元氣所出其巔曰縣圃尻一作居）增城九重。其高幾里。（補曰淮南云崑崙虛中有增城九重其高萬一千里百一十四步三尺六寸注云增重也有五城十二樓）四方之門。其誰從焉。（言天四方各有一門其誰從之上下）西北辟啟。何氣通焉。（西北門每常開啟）日安不到。燭龍何照。（言天之西北有幽冥無日之國有龍銜燭而照之也）羲和之未揚。若華何光。（若木之華）何所冬暖。何所夏寒。焉有石林。（石木之林）何獸能言。焉有虬龍。負熊以游。（有角曰龍無角曰虬）雄虺九首。儵忽焉在。（虺蛇別名儵忽電光也言有雄虺一身九頭速及電光皆何所在乎）何所不死。長人何守。（括地象曰有不死之國長人長狄有防風氏）靡蓱九衢。枲華安居。（九交曰衢萃有蓱草生于水上無根乃蔓衍于九交之道又有枲麻垂草榮華何所有此物乎柳子厚天對以爲衢歧也九衢卽九歧魏都賦有尋靡蓱于中逵李善云靡蔓也山海經浮山有草焉其葉如麻赤華卽枲華也）一蛇吞象。厥大何如。（山海經南方有靈蛇吞象三年然後出其骨）黑水玄趾。三危安在。玄趾三危皆山名延年不死。壽何所止。鯪魚何所。鬿堆焉處。鯪魚鯉也一云鯪鯉也有四足出南方鬿堆奇獸也羿焉彃日。烏焉解羽。羿射九日日中九烏皆死墮其羽翼彃一作彈一作斃補曰說文云彃射也音畢禹之力獻功。降省下土四方。焉得彼塗山女而通之于台桑。言禹治水道娶塗山氏之女而通夫婦之道于台桑之地焉閔妃匹合。厥身是繼。閔憂也言禹所以憂無妃匹者欲為身立繼嗣胡維嗜不同味。而快鼂朝飽。啟代益作后。卒然離蠥。離遭也蠥憂也何啟惟憂。而能拘是達。天下所以去益就啟以其能憂思道德而通其拘隔拘隔謂有扈叛啟伐之皆歸䠶鞫。而無害厥躬。䠶行也鞫窮也言有扈所行皆歸于窮惡故啟誅之無害于身何后益作革。而禹播降。后君也革更也播種也降下也言啟所以能代益為君以禹平治水土百姓得下種百穀啟棘賓商。九辯九歌。棘陳也賓列也九辯九歌啟所作樂言啟能修明禹業陳列宮商之音備其禮樂何勤子屠母。而死分竟地。勤勞也屠裂剝也言禹腷剝母背而生其母之身分散竟地何以能有聖德憂勞天下乎帝降夷羿。革孽夏民。帝天帝也夷羿諸侯弒夏后相者也革更也孽憂也羿荒淫為萬民憂患胡䠶夫河伯。而妻彼雒嬪。胡何也雒嬪水神謂宓妃也傳曰河伯化為白龍游于水旁羿見射之眇其左目羿又夢與雒水神宓妃交接也補曰乃堯時羿馮珧利決。封狶是䠶。馮挾也珧弓名也決射韝也封狶神獸也何獻蒸肉之膏。而后帝不若。若順也羿射封狶以其肉膏祭天帝猶不順羿之所為浞娶純狐。眩妻爰謀。浞羿相也爰於也眩惑也言浞娶于純狐氏女眩惑愛之遂與浞謀殺羿何羿之射革。而交吞揆之。吞滅也揆度也言羿好射獵不恤政事法度浞交接國中布恩施德而吞滅之也一無革字阻窮西征。巖何越焉。阻險也窮窘也言堯放鯀羽山西行度越巖險因墮死也化為黃熊。巫何活焉。言鯀死後化為黃熊入于羽淵豈巫醫所能復生活也咸播秬黍。莆雚是營。秬黍黑黍也雚草名也營耕也何由并投。而鯀疾脩盈。言堯不惡鯀而戮殺之則禹不得嗣興民何得投種五穀乎白蜺嬰茀。

胡爲此堂。蜺雲之有色似龍者也茀白雲逶移若蛇者也言此蜺茀氣逶移相嬰何爲此堂乎蓋屈原所見祠堂也安得夫良藥。不能固臧。臧善也言崔文子學仙于王子僑子僑化爲白蜺而嬰茀持藥與崔文子崔文子驚怪引戈擊蜺中之因墮其藥俯而視之王子僑之尸也故言得藥不善也天式從橫。陽離爰死。式法也天法有善陰陽從橫之道人失陽氣則死也大鳥何鳴。夫焉喪厥體。言崔文子取王子僑之尸置之室中覆之以弊筐須臾則化爲大鳥而鳴翻飛而去文子焉能亡子僑之身乎言仙人不可殺也蓱號起雨。何以興之。蓱蓱翳雨師名也撰體協脅。鹿何膺之。膺受也言天撰十二神鹿一身八足兩頭獨何膺受此形體乎補曰撰具也協合也鼇戴山抃。何以安之。鼇大龜也擊手曰抃列仙傳有巨靈之鼇背負蓬萊之山而抃釋舟陵行。何以遷之。舟釋水而陵行則何能遷徙言龜所以能負山若舟船者以其在水中也使龜釋水而陵行則何以能遷徙山乎惟澆在戶。何求于嫂。澆古多力者也言澆無義淫佚其嫂往至其戶佯有所求因與行淫亂何少康逐犬。而顚隕厥首。言夏少康因田獵放犬逐獸遂襲殺澆斷其頭女歧縫裳。而館同爰止。女歧澆嫂與澆淫佚爲之縫裳何顚易厥首。而親以逢殆。言少康夜襲得女歧頭以爲澆因斷之故言易首遇危殆湯謀易旅。何以厚之。旅衆也言湯欲變易夏衆使從己獨何以厚待之乎覆舟斟尋。何道取之。言少康滅斟尋氏奄若覆舟桀伐蒙山。何所得焉。言夏桀伐蒙山之國而得妹嬉妹嬉何肆。湯何殛焉。桀得妹嬉肆其情意舜閔在家。父何以鱞。無妻曰鱞舜爲布衣憂閔其家其父頑母嚚不爲娶婦乃至于鱞也堯不姚告。二女何親。姚舜姓也言堯不告舜父母而妻之厥謀在初。何所億焉。補曰億度也璜臺十成。誰所極焉。璜石次玉者也紂作玉臺十重登立爲帝。孰道尚之。言伏羲始畫八卦修行道德萬民登以爲帝誰開導而尊尚之也女媧有體。孰制匠之。傳言女媧人頭蛇身一日七十化其體如此誰所制匠而圖之乎舜服厥弟。終然爲害。服事也舜服事弟象象終欲害舜何肆犬體。而厥身不危敗。言象肆其犬家之心欲以殺舜然終不能危敗舜身也吳獲迄古。南嶽是止。古謂古公亶父言吳國得賢君至古公亶父之時而遇太伯陰讓避王季辭之南嶽之下采藥於是遂止而不還也 孰期去斯。得兩男子。期會也昔古公少子王季生聖子文王古公欲立王季長子太伯及弟仲雍去之吳吳立為君誰與期會而得太伯仲雍兩男子乎 緣鵠飾玉。后帝是饗。后帝謂殷湯言伊尹始仕因緣烹鵠鳥之羹修玉鼎以事于湯湯賢之遂以為相也 何承謀夏桀。終以滅喪。言湯用伊尹之謀滅夏桀 帝乃降觀。下逢伊摯。帝謂湯摯伊尹名也 何條放致罰。而黎服大說。條鳴條也黎衆也 簡狄在臺嚳何宜。玄鳥致貽女何喜。簡狄帝嚳妃玄鳥燕也飛燕墮卵簡狄吞之因生契也 該秉季德。厥父是臧。該苞也秉持也父謂契也季末也臧善也言湯能包持先人之末德修其祖父之善業故天祐之以為民主也 胡終弊于有扈。牧夫牛羊。有扈澆國名也澆滅夏后相相之遺腹子曰少康後為有仍牧正典主牛羊遂攻殺澆復禹舊跡 干協時舞。何以懷之。干求也舞務也協和也懷來也言少康幼小復能求得時務調和百姓使之歸己以懷來之 平脅曼膚。何以肥之。言紂形體曼澤平脅肥盛 有扈牧豎。云何而逢。言有扈氏本牧豎之人因何得為諸侯 擊牀先出。其命何從。言啟攻有扈之時親於其牀上擊而殺之其先人失國之原何所從出乎 恆秉季德。焉得夫朴牛。恆常也季末也朴大也言湯常能秉持契之末德脩而弘之天嘉其志出田獵得大牛之瑞也 何往營班祿。不但還來。營得也班徧也言湯往田獵不但馳驅往來也還輒以所獲得禽獸徧施祿惠于百姓也 昏微遵迹。有狄不寧。昏闇也遵循也迹道也言人有循闇微之道為婬佚夷狄之行者不可以安其身也謂晉大夫解居父也 何繁鳥萃棘。負子肆情。言解居父聘吳過陳之墓門見婦人負其子欲與之淫佚肆其情欲婦人則引詩刺之曰墓門有棘有鴞萃止故曰繁鳥萃棘也 眩弟竝淫。危害厥兄。言象為舜弟眩惑其父母並為淫佚之惡欲共危害舜也 何變化以作詐。後嗣而逢長。言象欲殺舜變化其態內作姦詐終不能害舜舜為天子封象有庳子孫長為諸侯也 成湯東巡。有莘爰極。言湯東巡至有莘國以為婚姻也 何乞彼小臣。而吉妃是得。湯東巡狩從有莘氏乞匄伊尹

因得吉善之妃以為內輔也水濱之木。得彼小子。夫何惡之。媵有莘之婦。小子為伊尹媵送也言伊尹母姙身夢神女告之曰臼竈
生鼃亟去勿顧居無幾何臼竈中生鼃母去東走顧視其邑盡為大水母因溺死化為空桑之木水乾之後有小兒啼水涯人收養之既長有殊才有莘惡伊尹從木中出因以送
女湯出重泉。夫何辠尤。重泉地名言桀拘湯重泉而復出之不勝心伐帝。夫誰使挑之。帝謂桀言湯不勝衆人之心而以伐桀誰
使桀先挑之也會鼂爭盟。何踐吾期。武王伐紂告膠鬲以甲子日至殷果以甲子日朝誅紂不失期也按鼂即朝夕之朝蒼鳥羣飛。孰使萃
之。蒼鳥鷹也武王伐紂將帥勇猛如鷹鳥羣飛到擊紂躬。叔旦不嘉。武王至孟津白魚入王舟羣臣咸曰休哉周公曰雖休勿休故曰不嘉也何親
揆發足。周之命以咨嗟。揆度也言周公于孟津揆度天命發足還師當此之時周之命令已行天下百姓咨嗟歎美之也授殷天下。其位
安施。反成乃亡。其罪伊何。爭遣伐器。何以行之。伐器攻伐之器竝驅擊翼。何以將之。言武王三軍樂戰赴敵爭
先昭后成游。南土爰底。底至也言昭王出游南至楚不還厥利惟何。逢彼白雉。言昭王南游何以利于楚乎以為越裳氏獻白雉昭
王德不能致欲親往逢迎之穆王巧梅。夫何為周流。梅貪也環理天下。夫何索求。妖夫曳衒。何號于市。昔周
幽王前世有童謠曰檿弧箕服實亡周國後有夫婦賣是器以為妖怪執而曳戮之于市也周幽誰誅。焉得夫褒姒。天命反側。何罰何
佑。齊桓九會。卒然身殺。彼王紂之躬。孰使亂惑。何惡輔弼。讒諂是服。比干何逆。而抑沈之。
補曰抑沈猶九章情抑沈而不達也雷開阿順。而賜封之。雷開佞人阿順于紂乃賜之金玉而封之也何聖人之一德。卒其異方。
聖人謂文王也卒終也言文王仁聖能純一其德則天下異方終皆歸之也梅伯受醢。箕子詳狂。梅伯紂諸侯詳一作佯稷惟元子。帝何
竺之。竺厚也投之於冰上。鳥何燠之。何馮弓挾矢。殊能將之。馮大也挾持也言后稷長大持大強弓挾箭矢桀然有殊異將

相之才既驚帝切激。何逢長之。帝謂紂也言武王能奉承后稷之業致天罰加誅于紂切激而數其過何逢後世繼嗣之長也伯昌號衰。秉
鞭作牧。伯昌謂文王鞭以喩政何令徹彼岐社。命有殷國。徹壞也社土地之主也遷藏就岐何能依。言太王始與百姓徙
其寶藏來就岐下殷有惑婦何所譏。惑婦謂妲己受賜茲醢。西伯上告。言紂醢梅伯以賜諸侯文王受之以祭告于上天何親
就上帝罰。殷之命以不救。師望在肆昌何識。師望太公也鼓刀揚聲后何喜。武發殺殷何所悒。
載尸集戰何所急。尸主也集會也言武王伐紂載文王木主伯林雉經。維其何故。伯長也林君也謂太子申生爲後母驪姬所譖遂雉經而
殺何感天抑墜。夫誰畏懼。申生寃感天皇天集命。惟何戒之。言皇天集祿命而與王者何不常畏慎而戒懼也受禮天
下。又使至代之。言王者既已修行禮義受天命而有天下矣又何爲至使異姓代之乎初湯臣摯。後茲承輔。言湯初舉伊尹以爲凡臣耳後
知其賢乃以備輔翼何卒宦湯。尊食宗緒。言伊尹佐湯終爲天子尊其先祖緒業流于子孫勳闔夢生。少離散亡。勳功也闔吳王闔廬
也夢闔廬祖父壽夢壽夢卒太子諸樊立諸樊卒傳弟餘祭餘祭卒傳弟夷末夷末卒太子王僚立闔廬諸樊長子次不得爲王少離散亡放在外乃使尊諸刺王僚代爲吳王
何壯武厲。能流厥嚴。言闔廬少小散亡何能壯大厲其勇武流其威嚴也彭鏗斟雉帝何饗。彭鏗彭祖也好和滋味善斟雉羹能事帝堯堯
美而饗食之受壽永多。夫何久長。言彭祖進雉羹於堯堯饗食之以壽考彭祖至八百歲猶自悔不壽恨枕高而睡遠也中央共牧后何
怒。牧草名也有實后君也言中央之州有岐首之蛇爭共食牧草之實自相喙嚙以喩夷狄相忿爭君上何故當怒之乎蠭蛾微命力何固。言蠭蛾有蜡毒
之蟲受天命負力堅固屈原以喩蠻夷自相誰蠕固其常也獨當憂秦吳耳驚女采薇鹿何祐。言昔者有女子采薇菜有所驚而走因獲得鹿其家遂昌熾
北至回水萃何喜。女子驚走至於回水之上止而得鹿兄有噬犬弟何欲。秦伯有嚙犬弟鍼欲請之易之百兩卒無祿。言秦

伯不肯與弟鍼犬鍼以百兩金易之又不聽因逐鍼而奪其爵祿也薄暮雷電歸何憂。屈原書壁訖日暮欲去天大雨雷電厥嚴不奉帝何求。言楚王信讒威嚴當日墮伏匿穴處爰何云。言將退於江濱伏匿穴處荆勳作師夫何長。荆楚也師衆也勳功也初楚邊邑之女與吳邊邑女爭采桑於境上相傷二家怒相攻於是楚爲此興師攻滅吳之邊邑屈原又諫言我先爲不直恐不可久長也補曰此楚平王時事屈原徵往事以諷耳悟過改更。我又何言。吳光爭國久余是勝。光闔廬名何環穿自閭社丘陵。爰出子文。子文楚令尹也子文之母鄖公之女旋穿閭社通於丘陵以淫而生子文吾告堵敖以不長。堵敖楚賢人屈原放時語堵敖曰楚國將衰不復能久長也何試上自予。忠名彌彰。屈原言我何敢嘗試君上自干忠直之名以顯彰後世乎誠以同姓之故中心懇惻義不能已也

王逸曰。屈原所作凡二十五篇。世相敎傳。而莫能說天問。以其文義不次。又多奇怪之事。自太史公口論道之。多所不逮。至于劉向揚雄。援引傳記以解說之。亦不能詳悉。所闕者衆。日無聞焉。既有解詞。乃復多連蹇其文。濛澒其說。故厥義不昭。微指不晳。自游覽者。靡不苦之。而不能照也。今則稽之舊章。合之經傳。以相發明。爲之符驗。章決句斷。事事可曉。俾後學者。永無疑焉。

屈原以愛國之誠心。弘濟之大志。迫於時勢。竟不得試。深憂仿偟。以至於狂。始則欲去濁世而與神明游。於九歌遠游之篇。頗露其意焉。既見濁世終不可去。形容憔悴。放於山澤。愁思鬱歎。莫能自宣。覩天地萬物。皆生疑怪。世間萬事。咸若不可解。於是呼天而問之。其問詞歷

落文意錯亂。多不易明。自來儒者以天地爲生之本。詩人有所諷勸。莫不稱天以告誡。壹若天爲聰明正直之主。而人道所賴以立者也。屈原至是乃獨有疑於天地生成之本。以至事物變化之蹟。吉凶禍福善惡盛衰之應。悉以爲芒芴無據。不可以理知。遂列古今行事。四方異聞。呵問於穹昊。以致其寃思。是眞可見其狂者之意矣。自司馬遷以來。並好其辭。劉向揚雄。爲之訓釋。有所未具。王逸承而發之。雖其間或不能無所傅會。然解天問者至王逸而詳。故刪存其義。略取洪興祖補註及朱子集註以益之焉。

第六章　屈原之後學

自屈原作離騷等篇。後人集爲楚詞。爲騷賦之宗。當時聞其風而興起者。則有宋玉唐勒景差。史記曰。屈原既死之後。楚有宋玉唐勒景差之徒者。皆好辭而以賦見稱。然皆祖屈原之從容辭令。終莫敢直諫。漢志不別立楚詞之名。凡屈原所作。皆謂之賦。明賦起於屈原。繼屈原作賦者爲宋玉。而荀卿亦有賦篇。荀卿之賦。其體雖不同屈原。然荀卿居楚久。且義主諷諫。朱子楚詞後語。錄荀卿之成相雜辭。佹詩。要亦原出屈原者也。故嘗以屈原之後。宋玉之徒。得其辭。荀卿得其義。太史公獨以賈誼與屈原同傳者。賈誼明於政事。遭讒不用。與屈原同。太史公悲其志事。文采相類。則比而敘之。今觀賈誼書。及其諸賦。洵爲兼得屈原之辭與義者矣。後人敘楚詞乃有多篇。殆非其倫也。輒述宋玉景差荀卿賈誼於此。可以考焉。宋玉者。屈原弟子也。漢志有宋玉賦十六篇。唐勒賦四篇。今所傳宋玉賦。有高唐、神女、好色、風、釣、大言、小言之屬。大言小言。與景差唐勒同作。楚詞有宋玉九辯、招魂。景差有大招。大招或以為屈原作。王逸時已不能明。朱子定以為差作。招魂大招。皆於屈原未死之時。而作為招其魂魄之語。期以寤楚王也。舊說招魂如此。大招之意。亦宜與招魂同。然卽謂作於屈原既死之後。以致其思慕。且感楚人使勿忘屈原之忠者。殆亦無不可。蓋屈原愛國之誠。固楚人之所當永懷不已。以冀其魂魄之來歸耳。大招極稱楚政之美。豈將啟其主使鑒於賢士自沈。而務修德納善以強其國歟。茲著招魂大招二篇於後。

招魂　宋玉

朕幼清以廉潔兮。朕我也不求曰清不受曰廉不汙曰潔身服義而未沬。沬已也音昧主此盛德兮。牽於俗而蕪穢。上無所考此盛德兮。考校也長離殃而愁苦。言己履行忠信而遇闇主上則無所考校己盛德長遭殃禍愁苦而已帝告巫陽。帝謂天也女曰巫陽其名也曰。有人在下。我欲輔之。人謂賢人也招屈原也宋玉上設天意祐助貞良故曰帝告巫陽有賢人屈原在於下方我欲輔成其志以厲黎民也魂魄離散。汝筮予之。言天帝哀閔屈原魂魄離散身將顛沛使巫陽筮問求索得而與之使反其身巫陽對曰。掌夢。巫陽對天帝言招魂者本掌夢之官所主職也上帝其命難從。言天帝難從掌夢之官欲使巫陽招之也若必筮予之。恐後謝之。不能復用巫陽焉。謝去也巫陽言如必欲先筮問求魂魄所在然後與之恐後世怠懈必去卜筮之法不能復脩用但招之可也乃下招曰。巫陽受天帝之命因下招屈原之魂也魂兮來歸。還歸屈原之身去君之恆幹。恆常也幹體也何爲兮四方些。言魂靈當扶人養命何爲去君之常體而遠之四方乎或曰去君之恆閈閈里也楚人名里曰閈也舍君之樂處。而離彼不祥些。言何爲舍君楚國饒樂之處陸離走不善之鄉以觸衆惡也魂兮歸來。東方不可以託些。長人千仞。唯魂是索些。言東方有長人國其高千仞主求人魂而食之也十日代出。代更也流金鑠石些。言東方有扶桑之木十日並在其上以次更行其勢酷烈金石堅剛皆爲銷釋彼皆習之。魂往必釋些。釋解也言彼十日之處自習其熱魂行到身必解爛也歸來歸來。不可以託些。魂兮歸來。南方不可以止些。言南方之俗其人無信不可久留也雕題黑齒。雕畫也題額也得人肉而祀。以其骨爲醢些。醢醬也言南極之人雕畫其額齒牙盡黑常食蠃蚌得人之肉用祭先祖復以其骨爲醢醬蝮蛇蓁蓁。蝮大蛇蓁蓁積聚之貌封狐千里些。封狐大狐也言炎土之氣多蝮虺積聚蓁蓁爭欲齧人又有大狐健走千里求食不可逢遇也雄虺九首。往來倏忽。吞人以益其心些。倏忽疾急貌也言復有雄虺一身九頭往來奄忽常喜吞人魂魄以益其賊害之心也歸來歸來。不可久淫些。淫遊也魂兮歸來。西方之害。流沙千里些。流沙沙流而行也旋入雷淵。旋轉也淵室也爢散而不可止些。爢碎也言欲涉流沙則回入雷公之室運轉而行身雖爢碎尚不可得休止也幸而得脫。其外曠宇些。曠大宇野也言從雷淵雖得免脫其外復有曠遠之野無人之土也赤螘若象。螘蚍蜉也玄蠭若壺些。壺乾瓠也五穀不生。叢菅是食些。柴棘爲叢菅茅也言西極之地不生五穀其人但食柴草若羣牛也其土爛人。求水無所得些。言西方之土溫暑而熱燋爛人身肉渴欲求水無有源泉不可得也彷徉無所倚。廣大無所極些。歸來歸來。恐自遺賊些。賊害也魂魄欲往者自予賊害魂兮歸來。北方不可以止些。增冰峨峨。飛雪千里些。歸來歸來。不可以久些。魂兮歸來。君無上天些。天不可得上也虎豹九關。啄害下人些。啄齧也天門九重使神虎豹執其開閉言啄天下欲上之人而殺之一夫九首。拔木九千些。言有丈夫一身九頭强梁多力從朝至暮拔大木九千枚也豺狼從目。往來侁侁些。侁侁行聲也有豺狼之獸其目皆從奔走往來其聲侁侁爭欲啗人懸人以嬉。投之深淵些。投擿也言豺狼得人不即啗食先懸其頭用之嬉戲疲倦已後乃擿於深淵之底而棄之致命於帝。然後得瞑些。瞑臥也言投人已訖上致命於天帝然後乃得眠臥也歸來歸來。往恐危身些。魂兮歸來。君無下此幽都些。幽都地下后土所治也地下幽冥故曰幽都土伯九約。其角觺觺些。土伯后土之侯伯也約屈也觺觺角利貌言地有土伯執衛門戶其身九屈有角觺觺觸害人也敦脄血拇。敦厚也脄背也拇手拇指也逐人駓駓些。駓駓走貌也參目虎首。其身若牛些。言土伯之頭其貌如虎而有三目身又肥大狀如牛矣此皆甘人。歸來歸來。恐自遺災些。魂兮歸來。入脩門些。脩門郢城門也工祝招君。背行先些。工巧也男巫曰祝背倍也言選擇名工巧辯之巫使招呼君倍道先行在前宜隨也秦篝齊縷。篝落也縷線也鄭緜絡些。緜纏也絡縛也言為君魂作衣乃使秦人織其篝落齊人作綵縷鄭國之工經而縛之堅而且好也招具該備。永嘯呼些。該亦備也言撰設甘美招魂之具靡不畢備故長嘯大呼以招君也魂兮歸來。反故居些。天地四方。多賊姦些。像設君室。像法也靜閒安些。高堂邃宇。邃深也宇屋也檻層軒些。檻楯也從曰檻橫曰楯軒樓板也層臺累榭。層累皆重也有木謂之臺無木謂之榭臨高山些。網戶朱綴。網戶綺文鏤也朱丹也綴緣也刻方連些。刻鏤也橫木關柱為連言門戶之楣皆刻鏤綺文朱丹其椽雕鏤綺木使方好也冬有突夏。突複室也夏大屋也夏室寒些。川谷徑復。流源為川注谿為谷徑過也復反也流潺湲些。光風轉蕙。光風謂雨已日出而風草木有光色轉搖也氾崇蘭些。氾猶汎汎搖動貌也崇充也言天霽日明微風奮發動搖草木皆令有光充實蘭茝使之芬芳而益暢經堂入奧。西南隅謂之奧朱塵筵些。朱丹也塵承塵也筵席也砥室翠翹。砥石名也翠鳥名也翹羽也挂曲瓊些。挂懸也曲瓊玉鉤也言內臥之室以砥石爲壁平而滑澤以翠鳥之羽雕飾玉之鉤以懸衣物也翡翠珠被。雄曰翡雌曰翠被衾也爛齊光些。齊同也蒻阿拂壁。蒻蒻席也阿曲隅也拂薄也羅幬張些。幬羅綺屬也張施也纂組綺縞，纂組綬類也結琦璜些。璜玉名也言幃帳之細皆用綺縞又以纂組結束玉璜爲幃帳之飾室中之觀。多珍怪些。蘭膏明燭。以蘭香練膏也華容備些。二八侍宿。二八二列也言大夫有二列之樂射遞代些。射厭也遞更也言使好女十六侍君宴宿意有厭倦則使更相代也九侯淑女。淑善也多迅眾些。迅疾也言復有九國諸侯好善之女多才長意用心齊疾勝於衆人也盛鬋不同制，鬋發也制法也實滿宮些。宮猶室也容態好比。態姿也比親也順彌代些。彌久也言美女衆多其貌齊同姿態好美自相親比承順上意久則相代弱顏固植。固堅植志也謇其有意些。謇正言貌也言美女內多廉恥弱顏易愧心志堅固不可侵犯則謇然發言中禮意者也姱容脩態。姱好貌也脩長也絙亙洞房些。絙竟也房室也娥眉曼睩。曼澤也睩視貌也目騰光些。騰馳也靡顏膩理。靡緻也膩滑也遺視𥇣些。遺視竊視𥇣脈也美女顏容脂緻身體夷滑中心𥇣脈時竊視安詳諦志不可動也離榭脩幕。離別也脩長也幕大帳也侍君之閒閑些。閒靜也翡帷翠幬。飾高堂些。紅壁沙版。紅赤貌也沙丹沙也玄玉之梁些。玄黑也言堂上四壁皆堊色介之紅白又以丹沙盡飾軒版承以黑玉之梁五采分別也仰觀刻桷。畫龍蛇些。言仰視屋之榱椽皆刻畫龍蛇而有文章也坐堂伏檻。檻楯也臨曲池些。芙蓉始發。芙蓉蓮華也雜芰荷些。芰菱也紫莖屏風。屏風水葵也文緣波些。言復有水葵生於池中其莖紫色風起水動波緣其葉而生文也文異豹飾。豹猶虎豹也侍陂陀些。陂陀長陛也言侍從之人皆衣虎豹之文異采之飾侍君堂隅衛階陛也軒輬既低。軒輬皆輕車名也低屯也步騎羅些。徒行爲步

乘馬爲騎羅列也蘭薄戶樹。薄附也樹種也瓊木籬些。柴落爲籬言所造舍種樹蘭蕙附於門戶外以玉木爲其籬落魂兮歸來。何遠爲
些。遠爲四方而不歸也室家遂宗。宗衆也食多方些。方道也言君九族室家以衆盛入人曉味故飲食之和多方道也稻粢穱麥。稻稌也粢
稷也穱擇也擇麥中先熟者粢子夷切穱側角切挐黃粱些。挐糅也言飯則以稻糅稷擇新麥糅以黃粱和而柔濡且香滑大苦醎酸。大苦豉也辛甘
行些。辛謂椒薑也甘謂飴蜜也肥牛之腱腱筋頭也臑若芳些。臑若熟爛也和酸若苦。陳吳羹些。言吳人工作羹和調甘酸其味
若苦而後甘者也濡鼈炮羔。羔羊子也有柘漿些。柘藷蔗也言復以飴蜜濡鼈炮羔令之爛熟取藷蔗之汁以爲漿飲也鵠酸臇鳧。臇小臛也
臇子兗切煎鴻鶬些。鴻鴻鴈也鶬鶬鶴也露雞臛蠵。露雞露栖雞也有菜曰羹無菜曰臛蠵大龜也蠵以規切厲而不爽些。厲烈也爽敗也楚人
名羹曰爽粔籹蜜餌。有餦餭些。餦餭餳也以蜜和米麪熬煎作粔籹擣黍作餌又有美餳衆味甘具也瑤漿蜜勺。瑤玉也勺沾也實羽觴
些。實滿也羽翠羽也觴觚也言食已復有玉漿以蜜沾之滿羽觴以漱口挫糟凍飲。挫捉也凍冰也酎清涼些。酎醇酒也言盛夏則爲覆醆乾釀去其糟
之但取清醇居之冰上然後飲酒寒清涼又長味好飲華酌既陳。酌酒升也有瓊漿些。言酒尊在前華酌陳列復有玉漿恣意所用者也歸來歸
來。反故室敬而無妨些。肴羞未通。魚肉爲肴羞進也女樂羅些。陳鐘按鼓。按徐也造新歌些。涉江采
菱。發揚荷些。楚人歌曲也言己涉彼大江南入湖池采取菱芰發揚荷葉喻屈原背去朝堂隱伏草澤失其所也美人既醉。朱顏酡些。朱赤也酡
著也言美女飲啗醉酡則面著赤色而鮮好也娭光眇視。娭戲也眇眺也目曾波些。波華也言美人醉樂顧望娭戲身有光文眺視曲眄目采眇然白黑分明
精若水波而重華也被文服纖。文謂綺繡也纖謂羅穀也麗而不奇些。麗美貌也不奇奇也長髮曼鬋。曼澤也豔陸離些。二八
齊容。齊同也起鄭舞些。鄭舞鄭國舞也衽若交竿。撫案下些。撫抵也言舞者便旋衣衽掉搖回轉相拘狀如交竹竿以抵案而徐徐行者也

竽瑟狂會。（狂猶並也）搷（田）鳴鼓些。（搷擊也言衆樂並會吹竽彈瑟又搷擊鼓以進八音爲之節也）宮庭震驚。發激楚些。（激清聲也言衆樂並會宮庭之內莫不震動驚駭復作激楚之聲以發其音也）吳歈（俞）蔡謳。（吳蔡國名也歈謳皆歌也）奏大呂些。（大呂律名也）士女雜坐。亂而不分些。放陳組纓。（組綬也）班其相紛些。（紛亂也言男女共坐除其威嚴放其冠纓舒陳印綬班然相亂不可整理也）鄭衛妖玩。來雜陳些。（鄭衛國名也妖玩好女也雜厠也陳列也）激楚之結。（激感也結頭髻也結吉詰切）獨秀先些。（秀異也言鄭衛妖女工於服飾其結殊形能感楚人故秀異獨前而先進也）菎（昆）蔽象棊。（菎蔽簙箸以玉飾之也或言菎蕗今之箭囊也）有六簙些。（投六箸行六棊故爲六簙也）分曹並進。（曹偶也）遒相迫些。（遒亦迫也）成梟而牟。（倍勝爲牟）呼五白些。（五白簙齒也言己棊已梟當成牟勝射張食棊下逃於窟故呼五白以助投者也）晉制犀比。（晉國名也制作也比集也）費白日些。（費光貌也言晉國工作簙棊箸比集犀角以爲雕飾投之皜然如日光）鏗鐘搖簴。（鏗撞也搖動也）揳梓瑟些。（揳鼓也言衆賓既集簙以相樂堂下復鳴大鐘左右歌吟鼓琴瑟揳古八切）娛酒不廢。（娛樂也）沈日夜些。（言雖以酒相娛樂不廢政事晝夜沈湎以忘憂也）蘭膏明燭。華鐙錯些。（言鐙錠盡雕琢錯鏤）結撰至思。（撰猶博也）蘭芳假些。（假至也）人有所極。同心賦些。（賦誦也言衆座之人各欲盡情與己同心者獨誦忠與道德）酎飲既盡。歡樂先故些。（故舊也言飲酒作樂盡己歡欣者誠欲樂我先祖及與故舊人）魂兮歸來。反故居些。亂曰。獻歲發春兮。（獻進也）汨吾南征些。菉蘋齊葉兮。（爾雅曰菉生蒻也）白芷生些。（言屈原放時菉蘋之草其葉適齊白芷萌牙方始欲生懷所見自傷哀也）路貫廬江兮左長薄。（貫出也廬江長薄地名也言屈原行先出廬江過歷長薄在江北時東行故言左者也）倚沼畦瀛兮。（沼池也畦猶區也瀛池中也楚人名澤中曰瀛）遙望博。（遙遠也博平也言循江而行遂入池澤其中區瀛遠望平博無人也）青驪結駟兮。（純黑爲驪結連也四馬爲駟也）齊千乘。（齊同也言屈原嘗與君俱獵於此官屬駕駟馬或青或黑連車千乘）

皆同服也懸火延起兮玄顏烝。懸火懸鐙也玄天也言己時從君夜獵懸燈林木之中其火延起燒於野澤煙上蒸天使黑色也步及驟處兮。驟走也處止也誘騁先。誘導也騁馳也言獵時有步行者有乘馬走驟者有處止者分以園獸已獨馳騁爲君先導也抑騖若通兮。抑止也騖馳也若順也引車右還。引車右轉以遮獸也與王趨夢兮課後先。夢澤中也言己與懷王俱獵趨於夢澤之中課第羣臣先至後至也君王親發兮發射也憚青兕。憚驚也朱明承夜兮。朱明謂日也承續也時不見淹。淹久也言歲月逝往晝夜相續年命將老不可久處當急來歸也皐蘭被徑兮。皐澤也被覆也徑路也斯路漸。漸沒也言澤中香草茂盛覆被徑路人無采取者水卒增溢漸沒其道將棄捐也以言賢人久處山野君不事用亦將頻隕也湛湛江水兮。湛湛水貌上有楓。楓木名也言湛湛江水浸潤楓木使之茂盛傷己不蒙君惠而身放棄曾不如樹木得其所也目極千里兮傷春心。言湖澤博平春時草短望見千里令人愁思而傷心也魂兮歸來哀江南。言魂魄當急來以歸江南土地僻遠山林嶮岨誠可哀傷不足處也

王逸曰。招魂者。宋玉之所作也。招者召也。以手曰招。以言曰召。魂者身之精也。宋玉憐哀屈原。忠而斥棄。愁懣山澤。魂魄放佚。厥命將落。故作招魂。欲以復其精神。延其年壽。外陳四方之惡。內崇楚國之美。以諷諫懷王。冀其覺悟而還之也。朱子曰。古者人死。則使人以其上服升屋履危。北面而號曰。皐某復。遂以其衣三招之。乃下以覆尸。此禮所謂復。而說者以爲招魂復魂。又以爲盡愛之道。而有禱祠之心者。蓋猶冀其復生也。如是而不生。則不生矣。於是乃行死事。此制禮者之意也。而荆楚之俗。乃或以是施之生人。故宋玉哀閔屈原無罪放逐。

其恐魂魄離散而不復還。遂因國俗。託帝命。假巫語以招之。以禮言之。固爲鄙野。然其盡愛以致其禱。則猶古人之遺意也。是以太史公讀之而哀其志焉。若其譎怪之談。荒淫之志。則昔人蓋已誤其譏於屈原。今皆不復論也。

大招

景差

青春受謝。謝去也 白日昭只。春氣奮發。萬物遽只。遽猶競也 冥淩浹行。冥玄冥淩猶馳也浹徧也 魂無逃只。魂魄歸徠。無遠遙只。魂乎歸徠。無東無西。無南無北只。東有大海。弱水浟浟只。浟浟流貌補曰浟音悠 螭龍並流。上下悠悠只。悠悠螭龍行貌 霧雨淫淫。白皓膠只。皓膠水凍貌 魂乎無東。湯谷寂寥只。湯谷日所出之地其地無人寂然無所見聞 魂乎無南。南有炎火千里。蝮蛇蜒只。蜒長貌 山林險隘。虎豹蜿只。蜿虎行貌 鰅鱅短狐。鰅鱅短狐類也短狐鬼蜮也 王虺騫只。王虺大蛇也騫舉頭貌 魂乎無南。蜮傷躬只。魂乎無西。西方流沙漭洋洋只。豕首縱目。被髮鬤只。鬤亂貌 長爪踞牙。誒笑狂只。誒強也西方有神其狀豬頭縱目被髮鬤鬤手足長爪出齒踞牙得人強笑噫而狂猶也 魂乎無西。多害傷只。言西方金行其神獸剛強皆傷害人也 魂乎無北。北有寒山。逴龍赩只。逴龍山名也赩赤色無草木貌補曰赩許力切 代水不可涉。深不可測只。言復有代水其深無底代一作伐 天白顥顥。寒凝凝只。顥顥光貌凝凝水凍貌 魂乎無往。盈北極只。魂乎歸來。閒以靜只。自恣荊楚。安以定只。逞志究欲。心意安只。窮身永樂。年壽延只。魂乎歸徠。樂不可言只。五穀六仞。設菰粱只。設施菰粱將實謂雕胡也 鼎臑盈望。和致芳只。臑熟也致致鹹酸也內鶬鴿鵠。內一作胹補曰胹肥也味豹羹只。魂乎歸徠。恣所嘗只。鮮蠵甘鷄。蠵龜大和楚酪只。酪乳漿也醢豚苦狗。苦以膽和醬膾苴蓴只。苴蓴蘘荷也吳酸蒿蔞。蒿蘩草蔞香草不沾薄只。沾多汁也薄無味也吳人工調鹹酸其味不濃不薄魂乎歸徠。恣所擇只。炙鴰烝鳧。鴰一作鶬補曰鴰麋鴰也煔鶉敶只。煔爚也補曰煔音潛沈肉于湯也煎鰿臛雀。鰿鮒臛一作臛補曰鰿舊音積集韻賾責二音小魚也遽爽存只。遽趣也爽差也存前也勑趣宰人差次衆味持之而前也魂乎歸徠。麗以先只。言先進靡麗美物以快神心也四酎幷孰。醇酒爲酎不澀嗌只。嗌餶也乃釀醇酒曰器俱熟其味甘美入口消釋不苦澀補曰餶一作饐清馨凍歠。凍猶寒也歠一作飲不歠役只。歠飲也役賤也言不以飲役賤之人吳醴白櫱。再宿爲醴櫱米麴也和楚瀝只。瀝清酒也魂乎歸徠。不遽惕只。代秦鄭衛。鳴竽張只。伏戲駕辯。楚勞商只。伏戲氏作瑟造駕辯之曲楚人因之作勞商之歌謳和揚阿。徒歌曰謳揚舉也阿曲也補曰卽陽阿見招魂趙簫倡只。魂乎歸徠。定空桑只。空桑瑟名或曰楚地名二八接武。投詩賦只。投合也詩賦雅樂叩鐘調磬。娛人亂只。亂理也諸樂人各有條理四上競氣。四上謂上四國代秦鄭衛極聲變只。魂乎歸徠。聽歌譔只。譔具也朱脣皓齒。嫭以姱只。嫭姱好貌也比德安閑。習以都只。言選擇美人比其才德容貌都閑習於禮節乃敢進也豐肉微骨。調以娛只。魂乎歸徠。安以舒只。嫮目宜笑。嫮眄瞻貌娥眉曼只。曼澤也容則秀雅。則法也穉朱顏只。魂乎歸徠。靜以安只。姱脩滂浩。麗以佳只。滂浩廣大也言美女身體脩長用意廣大曾頰倚耳。曾重也倚辟也曲眉規只。規圜也滂心綽態。綽猶多也姣麗施只。小腰秀頸。若鮮卑只。鮮卑袞帶頭也言好女之狀腰支細少頸銳秀長婧然特異若以鮮卑之帶約而束之魂乎歸來。思怨移只。美女可以忘憂去怨思也易中利心。以

動作只。言復有美女用志滑易心意和利動作合禮 粉白黛黑。施芳澤只。長袂拂面。善留客只。魂乎歸來。以娛
昔只。昔夜也 青色直眉。美目媔只。媔黠也 靨輔奇牙。宜笑嘕只。嘕笑貌言美女頰有靨輔口有奇牙笑尤媚好也補曰輔頰車
豐肉微骨。體便娟只。魂乎歸來。恣所便只。便猶安也 夏屋廣大。沙堂秀只。沙丹沙言朱畫其堂 南房小壇。
觀絕霤只。觀猶樓也霤屋宇也 曲屋步壛。曲屋周閣也步壛長砌也 宜擾畜只。擾謹也言南堂之外步曲閣長砌其路險狹宜乘謹擾之馬周旋游
觀 騰駕步游。獵春囿只。瓊轂錯衡。金銀為錯 英華假只。假大也 茝蘭桂樹。鬱彌路只。魂乎歸徠。恣
志慮只。孔雀盈園。畜鸞皇只。鵾鴻群晨。雜鶖鶬只。鴻鵠代游。曼鷫鷞只。曼曼衍也 魂乎歸徠。鳳
皇翔只。言所居園囿皆多俊大之鳥咸有智謀魂宜來歸若鳳皇之翔歸有德就同志也 曼澤怡面。血氣盛只。永宜厥身。保壽命
只。室家盈庭。爵祿盛只。魂乎歸徠。居室定只。接徑千里。出若雲只。三圭重侯。三圭謂公侯伯 聽類
神只。言其聽賢愚之類別其善惡昭然若神 察篤夭隱。篤病也早死為夭隱匿也 孤寡存只。存視孤寡 魂乎歸徠。正始昆只。昆後
也言楚國公侯昭明魂宜來歸遂忠信之志正終始之行必顯用也 田邑千畛。畛田上道 人阜昌只。美冒衆流。冒覆 德澤章只。先威
後文。善美明只。魂乎歸徠。賞罰當只。名聲若日。照四海只。德譽配天。萬民理只。北至幽陵。
南交阯只。西薄羊腸。東窮海只。魂乎歸來。尚賢士只。案田邑千畛以下並言楚國土地之廣楚王功德之盛且能進用賢士
發政獻行。禁苛暴只。舉傑壓陛。壓抑也陛階次 誅譏罷只。罷駑也言楚國選舉必先升用傑俊之士壓抑無德不由階次之人非惡罷駑之
誅而去之也 直贏在位。贏餘 近禹麾只。麾舉手也言忠直之人皆在顯位復有贏餘賢俊以為儲副誠近夏禹指麾取士一國之人悉進之也 豪傑

執政流澤施只。魂乎徠歸。國家爲只。雄雄赫赫。天德明只。言楚王有雄雄之威赫赫之勇體性高明宜爲盡節三公穆穆。登降堂只。諸侯畢極。立九卿只。昭質既設。昭質明旦也大侯張只。侯謂所射布也執弓挾矢。揖辭讓只。魂乎來歸。尙三王只。言魂急徠歸楚國擧士上法殷周衆賢並進無有遺失也

王逸曰大招者。屈原之所作也。或曰景差。疑不能明也。屈原放流九年。憂思煩亂。精神越散。與形離別。恐命將終。所行不遂。故憤然大招其魂。盛稱楚國之樂。崇懷襄之德。以比三王。能任用賢公卿明察。能薦擧人。宜輔佐之。以興至治。因以諷諫。達己之志也。朱子曰大招不知何人所作。或曰屈原。或曰景差。自王逸時已不能明矣。其謂原作者。則曰詞義高古。非原莫及。其不謂然者。則曰漢志定著原賦二十五篇。今自離騷以至漁父。已充其目矣。其謂景差則絕無左驗。是以讀書者往往疑之。然今以宋玉大小言賦考之。則凡差語皆平淡醇古。意亦深靖閒退。不爲詞人墨客浮夸豔逸之態。然後乃知此篇決爲差作無疑也。雖其所言有未免於神怪之惑。逸欲之娛者。然視小招則已遠矣。李善以招魂爲小招其於天道之詘伸動靜。蓋若粗識其端倪。於國體時政。又頗知其所先後。要爲近於儒者窮理經世之學。予於是竊有感焉。因表而出之。以俟後之君子云。然則朱子既定大招爲景差作。又以大招之辭義勝於招魂也。

戰國時百家爭鳴。其言儒術者。惟孟子荀卿而已。孟子不傳詞賦。而荀卿獨有賦篇及成相雜辭等。蓋荀卿本趙人。游學於齊。三爲稷下祭酒。後以避讒適楚。春申君以爲蘭陵令。春申君死。荀卿亦廢。遂家蘭陵而終焉。蓋其居楚日久。見楚之俗好爲詞賦。亦從而效之。凡言治風時之意。大抵近於屈原。而詞益純粹。不徒務藻麗。劉向王逸以卿非屈原之徒。於楚詞中不錄其篇。然其詞實在楚而作。疑亦化於楚風。故以屈原之後。惟宋玉景差得其詞。惟荀卿得其義也。朱子楚詞後語取成相雜辭及佹詩。今獨著佹詩於下。

佹詩

荀卿

天下不治。請陳佹詩。(佹詩佹異激切之詩也)天地易位。四時易鄉。列星隕墜。旦暮晦盲。幽闇登昭。日月下藏。公正無私。反見縱橫。志愛公利。重樓疏堂。無私罪人。憼革二兵。(反見縱橫者反見謂爲縱橫反覆之人愛猶貪也竊取公家之利以爲己有而反得華屋以居也憼戒也革甲也二副也言無私心而治有罪之人乃反恐爲所仇害而常爲兵革以備之也)道德純備。讒口將將。(將將聲也)仁人絀約。敖暴擅彊。天下幽險。恐失世英。螭龍爲蝘蜓。鴟梟爲鳳皇。比干見刳。孔子拘匡。昭昭乎其知之明也。郁郁乎其遇時之不祥也。拂乎其欲禮義之大行也。闇乎天下之晦盲也。皓天不復。(皓同昊)憂無疆也。千秋必反。古之常也。弟子勉學。天不忘也。聖人共(拱)手。時幾將矣。(言弟子亦勉力于學以俟時耳天道神明豈終忘此世者哉況今衰亂已極雖有聖人亦拱手而不能有爲蓋物極必反時運之開亦將不久矣與愚以疑。願聞反辭。此為弟子承勉學之訓而請問之詞愚為其自稱也其小歌曰。九章亦有少歌此即反辭也念彼遠方。何其塞矣。朱子曰塞字音義未詳恐是蹇字仁人詘約暴人衍矣。忠臣危殆。讒人般矣。般樂也璇玉瑤珠不知佩也。雜布與錦不知異也。閭娵子奢莫之媒也。嫫母刀父是之喜也。閭娵子奢古之美女或曰奢當作都是男子也刀父未詳以盲為明。以聾為聰。以危為安。以吉為凶。嗚呼上天。曷維其同。以人懷私意乖異至此因呼上天欲使之同也

或曰荀卿既為蘭陵令。客有說春申君者曰。湯以毫。武王以鎬。皆有天下。今荀子賢而君借以百里之勢。臣為君危之。春申君乃謝荀子。荀子去之趙。人又說春申君曰。昔伊尹去夏入殷。殷王而夏亡。管仲去魯入齊。魯弱而齊強。賢者所在。其君未嘗不尊榮也。今荀子天下賢士。君何為謝之。春申君又使人請荀子。荀子不還而遺之賦。蓋即佹詩也。此說未知然否。

史記曰。自屈原沈汨羅後百餘年。漢有賈生。為長沙王太傅。過湘水。投書以弔屈原。蓋賈生名誼。雒陽人。年二十餘。為漢文章博士。議改制興禮樂。文帝甚器之。將以任公卿之位。為絳灌之屬所譖。後遂疏之。乃以為長沙王太傅。其為賦以弔屈。蓋在此時也。其詞曰。

共恭承嘉惠兮。俟罪長沙。側聞屈原兮。自沈汨羅。造託湘流兮。敬弔先生。遭世罔極兮。迺殞厥身。嗚呼哀哉兮。逢時不祥。鸞鳳伏竄兮。鴟梟翱翔。闒茸尊顯兮。讒諛得志。賢聖逆曳

兮。方正倒植。世謂伯夷貪兮。謂盜跖廉。莫邪爲鈍兮。鉛刀爲銛。（鉛錫也銛利也）于嗟嚜嚜兮。生之無故。斡棄周鼎兮。而寶康瓠。（大瓠也）騰駕罷牛兮。驂蹇驢。驥垂兩耳兮。服鹽車。章甫薦屨兮。漸不可久。嗟苦先生兮。獨離此咎。訊曰。（訊告也）已矣。國其莫我知。獨堙鬱兮。（堙一作壹）其誰語。鳳縹縹其高遰兮。（遰音逝）夫固自引而遠去。襲九淵之神龍兮。（襲猶言察也）沕深潛以自珍。（沕潛藏也）彌融爚以隱處兮。（顧野王云彌遠也融明也爚光也沒深藏以自珍遠明光以隱處也）夫豈從螘與蛭螾。（漢書螘作蝦）所貴聖人之神德兮。遠濁世而自藏。使騏驥可得係羈兮。豈云異夫犬羊。般紛紛其離此尤兮。亦夫子之辜也。瞝九州而相君兮。（瞝謂歷觀也）何必懷此都也。鳳皇翔於千仞之上兮。覽德輝而下之。見細德之險微兮。遙增擊而去之。彼尋常之汙瀆兮。豈能容吞舟之魚。橫江湖之鱣鯨兮。固將制於螻蟻。

屈原與賈誼同有政事之才。同以不得自試。抑鬱而死。其志之所存與文采所發。蓋相近矣。太史公次屈賈之傳爲一編。載賈誼弔屈賦及服鳥賦。殆以爲繼離騷而作。楚詞亦錄誼惜誓。故自屈原以後。惟誼實兼得原之詞與義焉。楚詞於惜誓後。又列小山招隱士。東方朔七諫。嚴忌哀時命。王褒九懷。劉向九歎。王逸九思。此則僅效屈原文章。猶有所不逮。況其志事又不相及乎。晁補之以九思一篇不類前人諸作。改入續楚詞。朱子後語則謂七諫、九歎、九懷、九思。平緩而不深切。盡删去之。增入賈誼弔屈賦及服鳥賦。然因晁氏。仍廣采漢至唐宋詩賦之有似於騷者。其所取已博矣。今論屈原之後學。則自賈誼以後。不續述焉。

中國六大文豪 卷二

第二編 司馬相如

第一章 司馬相如傳略

古之文章。莫大於六藝。然六藝之敎。掌於官。習於士。皆以達事效德。化俗致用。非徒文焉而已也。至於官失敎散。然後別有文章之科。其源多出於詩敎。固亦辯言傳業者之所不能廢。及其弊也。則有亂名匿宋之患。戰國之際。蓋不勝其紛紛矣。屈原興於楚國。始本憂患之正。爲諷諫之詞。繼乎詩敎。而班於風雅。誠六藝之變。而文章之宗也。顧屈原所長在於政事。其志將以强國經世。既不得用。退而發憤有作。惟賈誼庶幾近之。屈賈以後。離騷之志微矣。夫自書契之起。至於六藝既成。而文章一變。由六藝至於離騷。而文章一變。由離騷至於司馬相如。而文章又一變。何以言之。倉頡以逮史籀。文字之體斯備。然未有紀也。孔子修定六藝。則學有所統。道有所歸。是一變也。六藝分散。世競尙詐諼而務辨說。有能以比興之旨。發纏綿悱惻之詞。所憂甚大。而所志甚正。雖若偏重文辭。實亦麗而有則。則離騷有焉。揆其體製。爲後世美文之祖。是又一變也。屈原雖盛文辭。然志之所存。實在宗國民物。不徒以連結篇章爲主。至於專以連結篇章。號爲文人。而他不必可稱者。當自司馬相如始。但汲汲以藻繢求勝。非文章之本矣。是又一變也。故至相如。始可純然謂之文人。其原仍出於詩教。太史公曰。春秋推見至隱。易本隱以之顯。大雅言王公大人而德逮黎庶。小雅譏小己之得失。其流及上。所以言雖外殊。其合德一也。相如雖多虛辭濫說。然其要歸引之節儉。此與詩之諷諫何以異。然班固則引揚雄之言。以爲靡麗之賦。勸百風一。猶馳騁鄭衛之聲。曲終而奏雅。不已虧乎。（揚雄語並見史記漢書相如傳後疑班固因太史公之詞而增入揚雄數語後人不察又據以補史記也）蓋揚雄始效相如之賦。惟恐不似。既而乃曰。壯夫不爲也。漢時風氣。本重詞賦。文人王充論衡曰。能說一經者爲儒生。博覽古今者爲通人。采掇傳書以上書奏記者爲文人。能精思著文連結篇章者爲鴻儒。故儒生勝俗人。通人勝儒生。文人踰通人。鴻儒超文人。故夫鴻儒。所謂超而又超者也。以超之奇。退與儒生相料。文軒之比於敝車。錦繡之方於緼袍也。其相過遠矣。夫儒生傳六藝者也。而比於鴻儒。其相去如此之遠。至仲任所謂鴻儒者。又不過能精思著文連結篇章而已。是亦文人也。仲任之意。雖不必主詞賦。然漢時以連結篇章之鴻儒爲可貴。固可於此見之矣。司馬相如至京師。蜀文章冠於天下。觀其所爲。雖緣飾經術道德之意者不多。若其侈麗閎衍。屈原以來。蓋莫之或先也。以純然文人。而獨爲世所重。當自相如始。故今述於屈原之次云。

漢書地理志曰。景武間。文翁爲蜀守。敎民讀書法令。未能篤信道德。反以好文刺譏貴慕權勢。及司馬相如游宦京師諸侯。以文辭顯於世。鄉黨慕循其跡。後有王褒嚴遵揚雄之徒。文章冠天下。繇文翁倡其敎。相如爲之師。史記司馬相如傳劉子玄以爲史遷是據相如自序。當必有所考。史通云相如傳具在相如集中子長因錄斯篇卽爲列傳又曰司馬相如始以自敍爲傳然其所敍乃記自少及長立身行事而已又云相如自敍記其客游臨卭以春秋所諱特爲美談傳曰。司馬相如者。蜀郡成都人也。字長卿。少時好讀書。學擊劍。故其親名之曰犬子。相如既學。慕藺相如之爲人。更名相如。以貲爲郎。事孝景帝。爲武騎常侍。非其好也。會景帝不好辭賦。是時梁孝王來朝。從游說之士。齊人鄒陽。淮陰枚乘。吳莊忌夫子之徒。相如見而說之。因病免。客游梁。梁孝王令與諸生同舍。相如得與諸生游士居數歲。乃著子虛之賦。史載相如游梁事止此。然藝文類聚等書。有相如美人賦。亦游梁時作。或曰後人依託。或曰相如早年詞賦。效宋玉之流。其體所謂鄒陽譖於梁王。殆因以起興。不必實有其事也。今姑著之。其詞曰。

司馬相如美麗閑都。游於梁王。梁王說之。鄒陽譖之於王曰。相如美則美矣。然服色容冶。妖麗不忠。將欲媚辭取說。游王後宮。王不察之乎。王問相如曰。子好色乎。相如曰。臣不好色也。王曰。子不好色。何若孔墨乎。相如曰。古之避色。孔墨之徒。聞齊饋女而遐逝。望朝歌而回車。譬猶防火水中。避溺山隅。此乃未見其可欲。何以明不好色乎。若臣者少長西土。鰥處獨居。室宇遼廓。莫與爲娛。臣之東鄰。有一女子。雲髮豐艷。蛾眉皓齒。顏盛色茂。景曜光起。恆翹翹而西顧。欲留臣而共止。登垣而望臣。三年於玆矣。臣棄而不許。竊慕大王之高義。命駕東來。途出鄭衞。道由桑中。朝發溱洧。暮宿上宮。上宮閒館。寂寥雲虛。門閤晝掩。曖若神居。臣排其戶而造其堂。芳香芬烈。黼帳高張。有女獨處。婉然在牀。奇葩逸麗。淑質艷光。覩臣遷延。微笑而言曰。上客何國之公子。所從來無乃遠乎。遂設旨酒。進鳴琴。臣遂撫絃爲幽蘭白雪之曲。女乃歌曰。獨處室兮廓無依。思佳人兮情傷悲。有美人兮來何遲。日既暮兮華色衰。敢託身兮長自私。玉釵挂臣冠。羅袖拂臣衣。時日西夕。玄陰晦冥。流風慘冽。素雪飄零。閑房寂謐。不聞人聲。於是寢具既設。服玩珍奇。金鉔薰香。（金鉔金爐也文選別賦注正引作金爐香薰）黼帳低垂。裀褥重陳。角枕横施。女乃弛其上服。表其褻衣。皓體呈露。弱骨豐肌。時來親臣。柔滑如脂。臣乃脈定於內。心正於懷。信誓旦旦。秉志不回。翻然高舉。與彼長辭。

史記。又曰。會梁孝王卒。相如歸而家貧。無以自業。素與臨邛令王吉相善。於是相如往舍都亭。臨邛令繆爲恭敬。日往朝相如。相如初尚見之。後稱病。使從者謝吉。吉愈益謹肅。臨邛中多富人。而卓王孫家僮八百人。程鄭亦數百人。二人乃相謂曰。令有貴客。爲具召之。並召令。

令既至卓氏。客以百數。至日中。謁司馬長卿。長卿謝病不能往。臨邛令不敢嘗食。自往迎相如。相如不得已。彊往。一坐盡傾。酒酣。臨邛令前奏琴曰。竊聞長卿好之。願以自娛。相如辭謝。爲鼓一再行。是時卓王孫有女文君新寡。好音。故相如繆與令相重。而以琴心挑之。索隱載其詩曰。

鳳兮鳳兮歸故鄉。遨遊四海求其皇。有一艷女在此堂。室邇人遐毒我腸。何由交接爲鴛鴦。

鳳兮鳳兮從皇棲。得託子尾永爲妃。交情通體必和諧。中夜相從別有誰。

相如之臨邛。從車騎。雍容閒雅甚都。及飲卓氏。弄琴。文君竊從戶窺之。心悅而好之。恐不得當也。既罷。相如乃使人重賜文君侍者通殷勤。文君夜亡奔相如。相如乃與馳歸。家居徒四壁立。卓王孫大怒曰。女至不材。我不忍殺。不分一錢也。人或謂王孫。王孫終不聽。文君久之不樂。曰長卿第俱如臨邛。從昆弟假貸。猶足爲生。何至自苦如此。相如與俱之臨邛。盡賣其車騎。買一酒舍酤酒。而令文君當鑪。相如身自著犢鼻褌。與保庸雜作。滌器於市中。卓王孫聞而恥之。爲杜門不出。昆弟諸公更謂王孫曰。有一男兩女。所不足者非財也。今文君已失身於司馬長卿。長卿故倦游。雖貧。其人材足依也。且又令客。獨奈何相辱如此。卓王孫不得已。分予文君僮百人。錢百萬。及其嫁時衣被財物。文君乃與相如歸成都。買田宅。爲富人居久之。蜀人楊得意爲狗監。侍上。郭璞曰狗監主獵犬也 上讀子虛賦而善之。曰。朕獨不得與此人同時哉。得意曰。臣邑人司馬相如自言爲此賦。上驚。乃召問相如。相如曰。有是。然此乃諸侯之事。未足觀也。請爲天子游獵賦。賦成奏之。上許。令尙書給筆札。相如以子虛。虛言也。爲楚稱。烏有先生者。烏有此事也。爲齊難。無是公者。無是人也。明天子之義。故空藉此三人爲辭。以推天子諸侯之苑囿。其卒章歸之於節儉。因以風諫。奏之天子。天子大悅。賦奏。天子以爲郎。

史記又曰。相如爲郎數歲。會唐蒙使畧通夜郎西僰中。發巴蜀吏卒千人。郡又多爲發轉漕萬餘人。用興法誅其渠帥。巴蜀民大驚恐。上聞之。乃使相如責唐蒙。因喩告巴蜀民以非上意。相如還報。唐蒙以略通夜郎。因通西南夷道。發巴蜀廣漢卒。作者數萬人。治道二歲。道不成。士卒多物故。費以巨萬計。蜀民及漢用事者多言其不便。是時邛筰之君長聞南夷與漢通。得賞賜多。多欲願爲內臣妾。請吏比南夷。天子問相如。相如曰。邛筰冉駹者近蜀。道亦易通。秦時嘗通爲郡縣。至漢興而罷。今誠復通。爲置郡縣。愈於南夷。天子以爲然。乃拜相如爲中郎將。建節往使。副使王然于壺充國呂越人。馳四乘之傳。因巴蜀吏幣物以賂西夷。至蜀。蜀太守以下郊迎。縣令負弩矢先驅。蜀人以爲寵。於是卓王孫臨邛諸公。皆因門下獻牛酒以交驩。卓王孫喟然而嘆。自以得使女尙司馬長卿晚。而厚分與其女財。與男等同。司馬長卿便略定西夷。邛筰冉駹斯榆之君皆請爲內臣。除邊關。關益斥。西至沫若水。南至牂牁爲徼。通零關道。橋孫水以通邛都。還報天子。天子大說。相如使時。蜀長老多言通西南夷不爲用。唯大臣亦以爲然。相如欲諫。業已建之。不敢。乃著書籍以蜀父老爲辭。而己詰難之。以風天子。且因宣其使指。令百姓知天子之意。其後人有上書言相如使時受金。失官。居歲餘。復召爲郎。相如口吃而善著書。常有消渴疾。與卓氏婚。饒於財。其進仕宦。未嘗肯與公卿國家之事。稱病閒居。不慕官爵。常從上至長楊獵。是時天子方好自擊熊彘。馳逐野獸。相如上疏以諫。上善之。還過宜春宮。相如奏賦以哀二世行失也。拜爲孝文園令。天子既美子虛之事。相如見上好仙道。因曰。上林之事。未足美也。尙有靡者。臣嘗爲大人賦。未就。請具而奏之。相如以爲列仙之傳居山澤間。形容甚臞。此非帝王之僊意也。乃遂就大人賦。天子大說。飄飄有凌雲之氣。似游天地之間意。相如既病免。家居茂陵。天子曰。司馬相如病甚。可往從悉取其書。若不然。後失之矣。使所忠往。而相如已死。家無書。問其妻。對曰。長卿固未嘗有書也。時時著書。人又取去。卽空居。長卿未死時。爲一卷書。曰有使者來求書。奏之。無他書。其遺札書言封禪事。奏所忠。忠奏其書。天子異之。司馬相如既卒五歲。天子始祭后土。八年而遂先禮中嶽。封於太山。至梁父禪肅然。漢志有司馬相如賦二十九篇。凡將一篇。（班固曰武帝時司馬相如作凡將篇無復字復重也）雜家有荊軻論五卷。注謂軻爲燕刺秦王不成而死。司馬相如等論之。任昉文章緣起。獨稱司馬相如作荊軻讚。爲讚之始。豈相如造論。又附以讚歎。太史公又云相如他所著未采者。有遺平陵侯書。（徐廣曰蘇建也）與五公子相難。草木書。漢書禮樂志言武帝立樂府。集司馬相如等造郊祀歌十九章。則郊祀歌中。亦當有相如之詞。相如著述。大畧具此矣。

綜而論之。相如雖最以詞賦著名。他不必可稱。然早年實從胡安受五經。見於傳記。以夙好文詞。故尤邃小學。倉頡爰歷以後。漢興未有以小學著書者。相如始爲凡將篇。地理志言文翁倡教。相如爲師。然則相如當時固宜嘗以經術教學者矣。武帝時有犍爲文學爾雅注。至今傳之。爲爾雅注之最早者。豈相如研精小學之化耶。秦以來諸儒不能議封禪之禮。相如獨言封禪。是相如自詞賦外。於諸學術亦至閎通。既爲論讚之家。又創樂府之體。眞文章之豪也。

第二章　賦體之大成

賦者古詩之流。蓋詩有六義。其二曰賦。劉向曰。不歌而誦謂之賦。不歌而誦。卽賦之所以別於詩者也。國語載召公之言。以爲公卿獻詩。師箴。瞍賦。傳云。登高作賦。可爲大夫。則賦之所從來遠矣。文心雕龍論賦體之所由昉曰。鄭莊之賦大隧。士蔿之賦狐裘。結言摽韻。詞自己作。雖合賦體。明而未融。及靈均唱騷。始廣聲貌。然賦也者。受命於詩人。拓宇於楚辭也。於是荀況禮智。宋玉風釣。爰錫名號。與詩畫境。六義附庸。蔚成大國。遂客主以首引。極聲貌以窮文。斯蓋別詩之原始。命賦之厥初也。據雕龍所稱賦之爲體。其可見者。惟左傳所載鄭莊士蔿之賦最早。至於屈宋。而賦之體格名號始立。此賦之原。不可不知也。蓋鄭莊公感潁考叔之言。與武姜隧而相見。公入而賦。姜出而賦。皆是不歌而誦者也。其詞曰。

大隧之中。其樂也融融。公入而賦

大隧之外。其樂也洩洩。姜出而賦

晉獻公使士蔿爲夷吾城屈。不愼置薪焉。讓之。退而賦曰。

狐裘尨茸。一國三公。吾誰適從。

右詞雖至短。體與賦合。故雕龍稱之。屈原作離騷以下二十五篇。雖當時不立賦名。實亦賦體。史公乃以懷沙爲賦。漢志則悉列之賦中。要至宋玉荀卿。其名始定。宋玉爲屈原弟子。雖未逮於原。而遠勝唐景。蘭陵質過於文。罕爲後人所慕。故宋玉實賦體之宗。長卿賦亦有效宋玉者。宋玉諸賦。高唐、神女、風釣之屬。最顯。其神女賦曰。

楚襄王與宋玉遊於雲夢之浦。使玉賦高唐之事。其夜王寢。果夢與神女遇。其狀甚麗。王異之。明日以白玉。玉曰。其夢若何。王曰。晡夕之後。精神怳忽。若有所喜。紛紛擾擾。未知何意。目色髣髴。乍若有記。見一婦人。狀甚奇異。寐而夢之。寤不自識。罔兮不樂。悵然失志。於是撫心定氣。復見所夢。王曰。狀何如也。玉曰。茂矣美矣。諸好備矣。盛矣麗矣。難測究矣。上古既無。世所未見。瓌姿瑋態。不可勝贊。勝盡也贊明也其始來也。耀乎若白日初出照屋梁。其少進也。皎若明月舒其光。須臾之間。美貌橫生。曄兮如華。溫乎如瑩。瑩玉色也曄盛貌五色並馳。不可殫形。詳而視之。奪人目精。其盛飾也。則羅紈綺繢盛文章。極服妙采照萬方。振繡衣。被袿裳。劉熙釋名曰婦人上服謂之袿襛不短。纖不長。說文曰襛衣厚貌如恭切步裔裔兮曜殿堂。忽兮改容。婉若遊龍乘雲翔。嫷被服。侻薄裝。裔裔行貌方言曰嫷美也他臥切說文曰侻好也與娧同他外切又侻可也言薄裝正相堪可沐蘭澤。含若芳。性和適。宜侍旁。順序卑。調心腸。沐洗也以蘭浸油澤以塗頭旁宜侍王旁卑柔弱也王曰。若此盛矣。試爲寡人賦之。玉曰唯唯。

夫何神女之姣麗兮。含陰陽之渥飾。言神女得陰陽厚美之飾被華藻之可好兮。若翡翠之奮翼。其象無雙。其美無極。毛嬙鄣袂。不足程式。西施掩面。比之無色。近之既妖。遠之有望。骨法多奇。應君之相。視之盈目。孰者克尚。私心獨悅。樂之無量。交希恩疏。不可盡暢。他人莫覩。王覽

其狀。其狀峩峩。何可極言。貌豐盈以莊姝兮。苞溫潤之玉顏。眸子炯其精朗兮。瞭多美而
可觀。眉聯娟以蛾揚兮。朱脣的其若丹。聯娟微曲貌 素質幹之醲實兮。志解泰而體閑。既姽嫿
於幽靜兮。又婆娑乎人閒。言志操解散奢泰不急躁也謂在人中最好無比也婆娑猶盤姍也說文曰姽婧好貌五累切廣雅曰嫿好也音畫 宜
高殿以廣意兮。翼放縱而綽寬。動霧縠以徐步兮。拂墀聲之珊珊。望余帷而延視兮。若流
波之將瀾。奮長袖以正衽兮。立躑躅而不安。說文曰衽衣衿也自矜嚴也 澹清靜其愔嫕兮。性沈詳而
不煩。愔和也嫕淑善也韓詩曰嫕悅也說文曰嫕靜也蒼頡篇曰嫕密也 時容與以微動兮。志未可乎得原。意似近而既遠
兮。若將來而復旋。褰余幬而請御兮。願盡心之惓惓。鄭玄毛詩箋曰幬牀帳也 懷貞亮之絜清兮。卒與
我兮相難。陳嘉辭而云對兮。吐芬芳其若蘭。精交接以來往兮。心凱康以樂歡。神獨亨而
未結兮。魂煢煢以無端。含然諾其不分兮。喟揚音而哀歎。頩薄怒以自持兮。曾不可乎犯
干。言神女之意雖含諾猶不當其心廣雅曰頩色也匹零切方言曰頩怒色 於是搖珮飾。鳴玉鸞。整衣服。斂容顏。顧女師。命太
傅。歡情未接。將辭而去。遷延引身。不可親附。似逝未行。中若相首。遷延卻行去也廣雅曰首向也舒救切 目
略微眄。精彩相授。志態橫出。不可勝記。意離未絕。神心怖覆。禮不遑訖。辭不及究。願假須
臾。神女稱遽。徊腸傷氣。顛倒失據。闇然而暝。忽不知處。情獨私懷。誰者可語。惆悵垂涕。求
之至曙。

漢初爲賦者有陸賈。（漢志陸賈賦三篇）其辭不傳。次則有賈誼。然未若相如之閎麗也。揚子雲曰。使孔門用賦也。則賈誼升堂。相如入室矣。是亦以相如優於賈誼也。同時枚乘莊忌孔臧之徒。漢志並錄其賦。然乘以七發最著。忌以楚詞見稱。乘所爲賦。卽遠遜相如。孔臧以下。抑尤不逮。故相如實集賦體之大成。揚子雲又曰。長卿賦不似從人間來。其神化所至耶。蓋推之至此。相如在梁時所作有子虛賦。美人賦。而子虛賦尤顯名。武帝讀之而恨不得與同時者也。然今文選載子虛賦。是割史記中所錄上林賦之前半爲之。豈長卿當日作上林賦。其前半全用子虛賦耶。意其中不無改定。惟長門賦之作。在游梁以後。居蜀之日。其時未至京師也。故今先錄長門賦。而上林次之。上林仍依文選篇第。析爲二篇。

長門賦 并序

孝武皇帝陳皇后時頗得幸。頗妒。別在長門宮。愁悶悲思。聞蜀郡成都司馬相如。天下工爲文。奉黃金百斤。爲相如文君取酒。因於（於爲）解悲愁之詞。而相如爲文以悟主上。陳皇后復得親幸。（按此序後人所加）其辭曰。

夫何一佳人兮。步逍遙以自虞。（爾雅曰虞度也郭璞曰謂測度也言忖所爲被退在長門宮之事）魂踰佚而不反兮。形枯槁而獨居。言我朝往而暮來兮。飲食樂而忘人。（我武帝也言帝昔許朝往暮來幸臨於己今以飲食恣樂而忘於爲人人后自謂也）

心慊移而不省故兮。交得意而相親。鄭玄周禮注曰慊絕也言帝心絕移不省故舊交在得意相親而已伊予志之慢愚兮。言奉君虛懷貞愨之懽心。願賜問而自進兮。得尙君之玉音。奉虛言而望誠兮。期城南之離宮。言而望爲誠實離宮即長門宮也在城南脩薄具而自設兮。君曾不肯乎幸臨。薄具肴饌也廓獨潛而專精兮。天漂漂而疾風。登蘭臺而遙望兮。神怳怳而外淫。王逸楚辭注曰怳失意也廣雅曰淫游也蘭臺臺名浮雲鬱而四塞兮。天窈窈而晝陰。雷殷殷而響起兮。聲象君之車音。言似君之車音也飄風迴而起閨兮。舉帷幄之襜襜。襜襜搖貌桂樹交而相紛兮。芳酷烈之誾誾。酷烈誾誾香氣盛也誾魚斤切孔雀集而相存兮。玄猨嘯而長吟。說文曰存恤問也翡翠脅翼而來萃兮。鸞鳳翔而北南。脅斂也萃集也心憑噫而不舒兮。邪氣壯而攻中。憑噫氣滿貌攻中言攻其中心下蘭臺而周覽兮。步從容於深宮。正殿塊以造天兮。鬱並起而穹崇。穹崇高貌閒徙倚於東廂兮。觀夫靡靡而無窮。擠玉戶以撼金鋪兮。聲噌吰而似鍾音。字林曰擠排也金鋪以金爲鋪首也噌吰聲也噌音曾吰音宏刻木蘭以爲榱兮。飾文杏以爲梁。木蘭似桂木文杏亦木名羅丰茸之遊樹兮。離樓梧而相撐。丰茸衆飾貌遊樹浮柱也離樓攢聚衆木貌施瑰木之欂櫨兮。委參差以槺梁。方言曰櫨拱也言以瑰奇之木以爲欂櫨委積參差以承虛梁說文曰欂櫨柱上枅也方言曰槺虛也㝩與槺同音康時仿佛以物類兮。象積石之將將。五色炫以相曜兮。爛耀耀而成光。緻錯石之瓴甓兮。象瑇瑁之文章。鄭玄禮記注曰緻密也錯緻雜衆石也言絫衆石令之密石以爲瓴甓采色閒雜象瑇瑁之文章也爾雅曰瓴甋謂之甓郭璞注曰今江東呼甓爲甗甎張羅綺之幔帷兮。垂楚組之連綱。尙書曰荊州厥篚玄繐縰組孔安國曰組綬類也周禮曰幕人掌帷綬之事鄭司農注曰組綬所以繫帷也撫柱楣以從容兮。覽曲臺之央央。爾雅曰楣謂之梁三輔黃圖曰未央東有曲臺殿央央廣貌白鶴噭以哀號兮。孤雌跱於枯楊。廣雅曰噭鳴也日黃昏而望絕兮。悵獨託於空堂。懸明月以自照兮。徂清夜於洞房。援雅琴以變調兮。奏愁思之不可長。案流徵以却轉兮。聲幼妙而復揚。幼音要貫歷覽其中操兮。意慷慨而自卬。言依曲次第貫穿而歷覽之志其中操也中操操之中也左右悲而垂淚兮。涕流離而從橫。自眼出曰涕流離涕垂貌舒息悒而增欷兮。蹝履起而彷徨。欷歎息也悒於悒也蹝說文曰蹝履也蒼頡篇曰躧徐行貌蹝與躧音義同揄長袂以自翳兮。數昔日之諐殃。說文曰揄引也爾雅曰諐過也殃咎也無面目之可顯兮。遂頹思而就牀。摶芬若以爲枕兮。席荃蘭而茝香。芬若荃蘭皆香草也言以爲枕席冀君來也而幸臨也廣雅曰摶著也段丸切忽寢寐而夢想兮。魄若君之在旁。惕寤覺而無見兮。魂迋迋若有亡。迋迋恐懼之貌狂往切衆鷄鳴而愁予兮。起視月之精光。觀衆星之行列兮。畢昴出於東方。言將曉也淮南子曰西方其星昴畢今出東方謂五月六月也望中庭之藹藹兮。若季秋之降霜。夜曼曼其若歲兮。懷鬱鬱其不可再更。更歷也澹偃蹇而待曙兮。荒亭亭而復明。說文曰澹搖也偃蹇佇立貌也荒欲明貌亭亭遠貌妾人竊自悲兮。究年歲而不敢忘。不敢忘君也

王楙野客叢書曰。作文受謝。非起于晉宋。觀陳皇后失寵于漢武帝。別在長門宮。聞司馬相如天下工爲文。奉黃金百斤爲相如取酒。相如因爲文以悟主上。皇后復得幸。此風西漢已

然矣。

子虛賦

楚使子虛使於齊。王悉發車騎與使者出畋。畋罷。子虛過姹烏有先生。張揖曰姹誇也丑亞切字當作詫 亡是公存焉。坐定。烏有先生問曰。今日畋樂乎。子虛曰。樂。獲多乎。曰。少。然則何樂。對曰。僕樂齊王之欲夸僕以車騎之衆。而僕對以雲夢之事也。張揖曰楚藪也在南郡華容縣 曰。可得聞乎。子虛曰。可。王車駕千乘。選徒萬騎。畋於海濱。列卒滿澤。罘網彌山。彌覆也 掩兔轔鹿。射麋腳麟。司馬彪曰轔轢也音吝韋昭曰腳謂持其腳也 騖於鹽浦。割鮮染輪。張揖曰海水之厓多出鹽也 射中獲多。矜而自功。顧謂僕曰。楚亦有平原廣澤游獵之地饒樂若此者乎。楚王之獵。孰與寡人乎。與猶如也 僕下車對曰。郭璞曰下車謙也 臣楚國之鄙人也。幸得宿衛十有餘年。時從出游。游於後園。覽於有無。然猶未能徧覩也。善曰覽於有無謂或有所見或復無也 又焉足以言其外澤乎。齊王曰。雖然。略以子之所聞見而言之。僕對曰。唯唯。臣聞楚有七澤。嘗見其一。未覩其餘也。臣之所見。蓋特其小小者耳。名曰雲夢。雲夢者。方九百里。其中有山焉。其山則盤紆岪鬱。隆崇嵂崒。郭璞曰隆崇竦起也 岑崟參差。日月蔽虧。張揖曰高山擁蔽日月虧缺半見也善曰崟音吟 交錯糾紛。上干青雲。郭璞曰言相糾結而峻絕也 罷池陂陀。下屬江河。郭璞曰言旁頹也屬連也罷音疲 其土則丹青赭堊。雌黃白坿。錫碧金銀。張揖曰丹丹沙也青青雘也赭赤土也堊白土也蘇林曰白坿白石英也坿音附善曰高誘淮南子注曰碧青石也衆色炫耀。照爛龍鱗。郭璞曰如龍之鱗彩也其石則赤玉玫瑰。琳瑉昆吾。張揖曰琳珠也瑉者石之次玉者昆吾山名也出美金晉灼曰玫瑰火齊珠也郭璞曰琳玉名也瑊玏玄厲。張揖曰瑊玏石之次玉者玄厲黑石可用磨也如淳曰瑊音鍼功音勒碝石碔砆。張揖曰碝石碔砆皆石之次玉者碝石白者如冰半有赤色碔砆赤地白采葱龍白黑不分郭璞曰碝而兗切善曰管子曰陰山碝珉戰國策曰白骨疑象碔砆類玉其東則有蕙圃衡蘭。芷若穹藭菖蒲。張揖曰蕙圃蕙草之圃也衡杜衡也其狀若葵其臭如蘼蕪芷白芷也若杜若也司馬彪曰芎藭似藁本茳蘺蘪蕪諸柘巴苴。張揖曰江蘺香草也蘪蕪蘄芷也似蛇床而香諸柘甘柘也郭璞曰江蘺似水薺文穎曰巴苴草名一名巴蕉善曰苴子余切其南則有平原廣澤。登降陁靡。案衍壇曼。司馬彪曰陁靡邪靡也案衍窊下也壇曼平博也善曰陁弋爾切衍弋戰切壇徒旦切曼莫幹切緣以大江。限以巫山。其高燥則生葴菥苞荔。張揖曰葴馬藍也菥似燕麥也苞麃也荔馬荔也蘇林曰菥斯歷切善曰葴之林切苞音包荔音隸麃皮表切薛莎青薠。張揖曰薛藾蒿也莎蒿侯也青薠似莎而大生江湖鴈所食善曰薠音煩其埤溼則生藏莨蒹葭。郭璞曰藏莨草名中牛馬芻張揖曰蒹蘼葭蘆也善曰埤音婢莨音郎東蘠彫胡。張揖曰東蘠實可食彫胡菰米也蓮藕觚盧。張揖曰蓮荷之實也其根藕張晏曰觚盧扈魯也菴閭軒于。張揖曰菴閭蒿也子可醫疾軒于蕕草也生水中揚州有之善曰菴音淹蕕音猶衆物居之。不可勝圖。郭璞曰圖畫也其西則有湧泉清池。激水推移。郭璞曰波抑揚也外發芙蓉菱華。內隱鉅石白沙。應劭曰芙蓉蓮花也其中則有神龜蛟鼉。瑇瑁鼈黿。張揖曰蛟狀魚身而蛇尾皮有珠也其北則有陰林。其樹楩柟豫章。桂椒木蘭。檗離朱楊。郭璞曰木蘭皮辛可食張揖曰檗皮可染者離山梨也郭璞曰朱楊赤莖柳也樝棃梬栗。橘柚芬芳。張揖曰樝似梨而甘也梬梬棗也善曰說文曰梬棗似柹而小名曰梗而兗切蘇林曰梬音郢都之郢然諸說雖殊而木一也今依蘇音其上則有鵷鶵孔鸞。騰遠射干。張揖曰孔孔雀也鸞鸞鳥也射干似狐能緣木服虔曰鵩遠獸名也善曰射弋舍切其下則有白虎玄豹。蟃蜒貙犴。郭璞曰蟃蜒大獸似貍長百尋貙似貍而大犴胡地野犬也似狐而小蟃音萬於是乎乃使剸諸之倫。手格此獸。楚王乃駕馴駮之駟。張揖曰馴擾也駮如馬白身黑尾一角鋸牙食虎豹擾而駕之以當驪馬也乘彫玉之輿。郭璞曰刻玉以飾車也靡魚須之橈旃。張揖曰以魚須爲旃柄驅馳逐獸也橈靡也善曰橈女教切曳明月之珠旗。張揖曰以明月珠綴飾旗也建干將之雄戟。張揖曰干將韓王劍師也雄戟胡中有鮔者干將所造也左烏號之雕弓。張揖曰黃帝乘龍上天小臣不得上挽持龍髯髯拔墮黃帝弓臣下抱弓而號名烏號也右夏服之勁箭。服虔曰服盛箭器也夏后氏之良弓名繁弱其矢亦良即繁弱箭服故曰夏服也陽子驂乘。孅阿爲御。張揖曰陽子伯樂字也郭璞曰孅阿古之善御者案節未舒。即陵狡獸。司馬彪曰案節行得節未舒馬足未舒也蹴蛩蛩。轔距虛。張揖曰蛩蛩青獸狀如馬距虛似驘而小軼野馬。轊陶駼。張揖曰軼過也野馬似馬而小海外經曰北海內有獸狀如馬名陶駼郭璞曰轊車軸頭也善曰軼轊言車之疾能過野馬及陶駼也軼不言車轊不言過互文也轊音衛陶音逃駼音途乘遺風。射游騏。張揖曰遺風千里馬也呂氏春秋曰遺風之乘爾雅曰驁如馬一角不角者騏驁音攜儵眒倩浰。張揖曰皆疾貌善曰倏式六切眒式刃切倩千見切浰音練雷動猋至。星流霆擊。弓不虛發。中必決眦。說文曰眥目匡也眦眥俱同洞胷達掖。絕乎心繫。張揖曰自左射之貫胷通右髃中絕系也獲若雨獸。揜草蔽地。善曰言所在衆多若天之雨獸於是楚王乃弭節徘徊。翺翔容與。郭璞曰弭猶低也節所仗信節也翺翔容與言自得也覽乎陰林。觀壯士之暴怒。與猛獸之恐懼。徼谻受詘。郭璞曰谻疲極也谻音劇司馬彪曰徼谻進其倦者善曰受屈取其力屈也詘與屈同丘勿切殫覩衆物之變態。於是鄭女曼姬。如淳曰鄭女夏姬也曼姬楚武王夫人鄧曼也被阿緆。揄紵縞。張揖曰阿細繒也緆細布也揄曳也司馬彪曰縞細繒也雜纖羅。垂霧縠。司馬彪曰纖細也張揖曰縠細如霧垂以為裳也襞積褰縐。紆徐委曲。鬱橈谿谷。張揖曰襞積簡齰也褰縮也縐裁也其縐中文理弟鬱有似於谿谷也衯衯裶裶。揚袘戌削。郭璞曰衯衯裶裶皆衣長貌也張揖曰揚舉也袘衣袖也戌削裁制貌也善曰裶音非袘弋爾切戌音卹蜚襳垂髾。司馬彪曰襳袿飾也髾燕尾也善曰襳與燕尾皆婦人袿衣之飾也蜚古飛字也襳音纖髾所交切扶輿猗靡。張揖曰扶持楚王車輿相隨也善曰猗於綺切翕呷萃蔡。張揖曰翕呷衣起張也萃蔡衣聲也善曰呷火甲切萃音翠下靡蘭蕙。上拂羽蓋。善曰垂髾飛纖飄揚上下故或曰摩蘭蕙或拂羽蓋錯翡翠之威蕤。張揖曰錯其羽毛以為首飾也繆繞玉綏。張揖曰楚王車之綏以玉飾之也郭璞曰綏登車所執言以手纏綏之眇眇忽忽。若神仙之髣髴。郭璞曰言其容飾奇豔非世所見也於是乃相與獠於蕙圃。善曰說文曰獠獵也力笑切媻姍教窣。上乎金隄。韋昭曰媻姍教窣匍匐上也司馬彪曰金隄隄名也善曰媻音盤姍先安切窣先忽切揜翡翠。射鵕鸃。善曰方言曰揜取也微矰出。纖繳施。矰繳弋白鵠。連駕鵝。善曰言既弋白鵠而因連駕鵝也雙鶬下。玄鶴加。怠而後發。游於清池。浮文鷁。張揖曰鷁水鳥也畫其象於船首也揚旌栧。張揖曰揚舉也析羽為旌建於船上也郭璞曰栧船枻樹旌於上善曰栧依郭說栧音曳張翠帷。建羽蓋。罔瑇瑁。鉤紫貝。郭璞曰紫貝紫質黑文也摐金鼓。韋昭曰摐擊也音窗郭璞曰金鼓鉦也吹鳴籟。張揖曰籟簫也榜人歌。張揖曰榜船也聲流喝。郭璞曰言悲嘶也善曰喝一介切水蟲駭。波鴻沸。郭璞曰魚黿躍濤浪作涌泉起。奔揚會。郭璞曰暴溢激相鼓薄也善曰溢普頓切礧石相擊。硠硠礚礚。善曰礧力對切若雷霆之聲。聞乎數百里之外。將息獠者。擊靈鼓。起烽燧。文穎曰靈鼓六面鼓車按行。騎就隊。纚乎淫淫。般乎裔裔。司馬彪曰皆行貌也善曰纚音屣般音盤於是楚王乃登雲陽之臺。孟康曰雲夢中高唐之臺宋玉所賦者言其高出雲之陽怕乎無為。澹乎自持。郭璞曰養神氣也說文曰怕無為也廣雅曰憺怕靜也勺藥之和具而後御之。服虔曰具美也或以芍藥調食也文穎曰五味之和也不若大王終日馳騁。曾不下輿。脟割輪焠。自以爲娛。韋昭曰焠謂割鮮焠輪也郭璞曰焠染也善曰脟音臠焠七內切臣竊觀之。齊殆不如。於是齊王無以應僕也。烏有先生曰。是何言之過也。足下不遠千里。來貺齊國。王悉發境內之士。備車騎之衆。與使者出畋。乃欲戮力致獲。以娛左右。何名爲夸哉。問楚地之有無者。願聞大國之風烈。先生之餘論也。今足下不稱楚王之德厚。而盛推雲夢以爲高。奢言淫樂而顯侈靡。竊爲足下不取也。必若所言。固非楚國之美也。無而言之。是害足下之信也。彰君惡。傷私義。二者無一可。而先生行之。必且輕於齊而累於楚矣。且齊東陼鉅海。南有琅邪。蘇林曰小洲曰陼觀乎成山。張揖曰觀闕也射乎之罘。浮渤澥。游孟諸。宋之大澤也故屬齊邪與肅慎爲鄰。郭璞曰肅慎國名在海外北接之右以湯谷爲界。司馬彪曰湯谷日所出也以爲東界也秋田乎青丘。服虔曰青丘國在海東三百里傍偟乎海外。吞若雲夢者八九。於其胷中。曾不蔕芥。若乃俶儻瑰瑋。異方殊類。珍怪鳥獸。萬端鱗崪。充牣其中。不可勝記。禹不能名。卨不能計。張揖曰禹爲堯司空辨九州名山別草木卨爲堯司徒敷五敎率萬事應劭曰契善計也善曰廣雅曰充牣滿也然在諸侯之位。不敢言游戲之樂。苑囿之大。先生又見客。是以王辭不復。何爲無以應哉。

上林賦

亡是公听然而笑。善曰說文曰听笑貌也牛隱切曰。楚則失矣。而齊亦未爲得也。夫使諸侯納貢者。非爲財幣。所以述職也。尚書大傳曰古者諸侯之於天子五年一朝見述其職述職者述其所職也封疆畫界者。非爲守禦。所以禁淫也。今齊列爲東藩。而外私肅愼。郭璞曰私與通也捐國踰限。越海而田。其於義固未可也。且二君之論。不務明君臣之義。正諸侯之禮。徒事爭於游戲之樂。苑囿之大。欲以奢侈相勝。荒淫相越。此不可以揚名發譽。而適足以㬥君自損也。晉灼曰㬥古貶字也且夫齊楚之事。又烏足道乎。君未覩夫巨麗也。獨不聞天子之上林乎。左蒼梧。右西極。丹水更其南。應劭曰丹水出上洛冢領山東南至析縣入均水更公衡切紫淵徑其北。文穎曰河南穀羅縣有紫澤在縣北於長安爲在北也終始灞滻。出入涇渭。張揖曰灞滻二水終始盡於苑中不復出也涇渭二水從苑外來又出苑去也酆鎬潦潏。紆餘委蛇。經營乎其內。張揖曰酆水出鄠縣南山酆谷北入渭鎬在昆明池北善曰潦郎澇水也說文曰澇水出鄠縣北入渭潏水出杜陵今名沈水也自南山黃子陂西北流經至昆明池入渭郭璞曰經營其內周旋苑中也蕩蕩乎八川分流。相背而異態。郭璞曰變態不同也善曰潘岳關中記曰涇渭灞滻酆鄗潦潏凡八川東西南北。馳騖往來。出乎椒丘之闕。服虔曰丘名也兩山俱起象雙闕者也行乎洲淤之浦。張揖曰淤漫也浦水崖也善曰方言曰水中可居者曰洲三輔謂之淤也經乎桂林之中。張揖曰桂林林名也南海經曰桂林八樹在番禺東也過乎泱漭之壄。大貌泱烏朗切汨乎混流。順阿而下。汨逕疾也阿大陵也赴隘陿之口。郭璞曰夾岸閒爲陿險於懈切陿音狹觸穹石。激堆埼。張揖曰穹石大石也埼曲岸頭也郭璞曰堆沙堆也丁回切埼巨依切沸乎暴怒。郭璞曰沸水聲也音拂洶涌彭湃。司馬彪曰洶涌跳起也彭湃波相戾也滭弗宓汨。蘇林曰滭音畢宓音密司馬彪曰滭弗盛貌也宓汨去疾也汨于筆切偪側泌瀄。郭璞曰泌瀄音筆櫛司馬彪曰偪側相迫也泌瀄相楔也偪字與逼同楔先結切橫流逆折。轉騰潎洌。司馬彪曰逆折旋回

（也孟康曰轉騰相過也潎洌相撇也潎匹列切洌音列）滂濞沆溉。（司馬彪曰滂濞水聲也沆溉徐流也郭璞曰滂音匹亨切濞匹祕切溉胡慨切韋昭曰沆胡郎切）穹隆雲橈。（郭璞曰龍起回宛也善曰橈如雲屈橈也橈女教切）宛潬膠盭。（司馬彪曰宛潬展轉也膠盭邪屈也宛音婉潬音善盭古戾字）踰波趨浥。涖涖下瀨。（司馬彪曰踰波後波淩前波也趨浥輸於淵也涖涖水聲也浥於俠切涖音利）批巖衝擁。奔揚滯沛。（司馬彪曰擁曲限也善曰說文曰批擊也滯沛奔揚之貌也滯直制切沛蒲蓋切）臨坻注壑。瀺灂霣墜。（鄧展曰坻水中山也坻音遲善曰字林曰瀺灂小水聲也霣即隕字也墜直類切）沈沈隱隱。砰磅訇礚。（善曰沈沈深貌也隱隱盛貌也司馬彪曰砰磅訇礚皆水聲也砰普冰切磅普萌切）潏潏淈淈。湁潗鼎沸。（善曰說文曰潏水湧出也淈水出貌周成雜字曰湁潗水沸貌也淈音骨湁勑立切潗子入切）馳波跳沫。汩濦漂疾。（司馬彪曰汩濦水聲也韋昭曰濦許及切善曰汩于筆切漂匹姚切）悠遠長懷。寂漻無聲。肆乎永歸。（善曰說文曰漻淸深也漻音聊）然後灝溔潢漾。（郭璞曰皆水无涯際貌也灝音皓溔弋少切潢胡廣切漾弋丈切）安翔徐回。（郭璞曰言運轉也）翯乎滈滈。（郭璞曰水白光貌也翯胡角切滈音鎬）東注太湖。（郭璞曰太湖在吳縣尚書所謂震澤也）衍溢陂池。（郭璞曰其形狀而出也陂池江旁小水）於是乎蛟龍赤螭。（文穎曰龍子為螭張揖曰赤螭雌龍也）鮔鰽漸離。（李奇曰周洛曰鮪蜀曰鮔鰽出鞏山穴中司馬彪曰漸離魚名也張揖曰其形狀未聞鮔音亘鰽音懵）鰅鰫鰬魠。（郭璞曰鰅魚有文彩鰫似鰱而黑鰬似鱓魠鱤一名曰黃頰鰅音顒鰫嘗容切鰬音乾魠音託鱓音善鱤音感）禺禺魼鰨。（郭璞曰禺禺魚皮有毛黃地黑文魼比目魚狀似牛脾細鱗紫色兩相合得乃行鰨鯢魚也似鮎有四足聲如嬰兒禺音顒魼音榻鰨奴榻切）揵鰭掉尾。振鱗奮翼。（郭璞曰揵舉也鰭背上鬣也）潛處乎深巖。（郭璞曰隱岸坻也）魚鼈讙聲。萬物衆夥。（善曰小雅曰夥多也）明月珠子。的皪江靡。（應劭曰靡邊也明月珠子生於江中其光耀乃照於江邊也）蜀石黃碝。水玉磊砢。（郭璞曰碝石黃色水玉水精也磊砢魁礨貌也）磷磷爛爛。采色澔汗。（郭璞曰皆玉石符采映耀也磷音吝澔音皓）叢積乎

其中。鴻鷫鵠鴇。鴐鵝屬玉。張揖曰鴻大鴈也郭璞曰鷫鷞鵝也屬玉似鴨而大長頸赤目紫紺色者交精旋目。郭璞曰交精似鳧而腳高有毛
冠辟火災司馬彪曰旋目鳥名也煩鶩庸渠。璞郭曰煩鶩鴨屬也庸渠似鳧灰色而雞腳一名章渠鶩音木箴疵鵁盧。張揖曰箴疵似魚虎而倉黑色鵁似鶂
頭鳥郭璞曰盧鸕鶿也箴音鍼疵音資鶿音慈也翯浮乎其上。汎淫泛濫。隨風澹淡。郭璞曰皆鳥任風波自縱漂貌也汎音馮泛敷劒切與
波搖蕩。奄薄水渚。張揖曰奄覆也郭璞曰薄猶集也唼喋菁藻。咀嚼菱藕。郭璞曰菁水草也善曰通俗文曰水鳥食謂之啑與唼同所甲
切喋丈甲切咀才汝切嚼才削切於是乎崇山矗矗。巃嵸崔巍。郭璞曰皆高峻貌也巃力孔切嵸音揔深林巨木。嶄巖嵾嵳。
郭璞曰皆峯嶺之貌也嶄仕銜切嵾楚林切嵳楚宜切九嵕巀嶭。南山峩峩。郭璞曰巀嶭高峻貌也善曰九嵕南山已見西都賦巀音截嶭音囓峩音娥
巖陁甗錡。摧崣崛崎。司馬彪曰陁靡也甗甑也錡欹也上大下小有似欹甑也張揖曰摧崣高貌也崛崎斗絕也摧作罪切崣卒鄙切郭璞曰崛音掘崎音錡
振溪通谷。蹇產溝瀆。張揖曰振拔也水注川曰谿注谿曰谷蹇產詰曲也郭璞曰自溪及瀆皆水相通注也善曰言山石收斂溪水而不分洩谽呀豁
閜。阜陵別隝。司馬彪曰谽呀大貌豁閜空虛也郭璞曰隝水中山也谽呼含切呀呼加切閜呵下切隝音擣崴磈嵔廆。丘虛堀礨。郭璞曰皆其形
勢也崴於鬼切磈魚鬼切嵔惡罪切廆胡罪切虛音袪堀音窟礨音磊隱轔鬱壘。登降施靡。郭璞曰隱轔鬱壘堆壟不平貌轔洛盡切壘音壘施式氏切
陂池貏豸。郭璞曰陂池旁頹貌也陂音皮貏音彼豸直爾切善曰貏豸漸平貌沇溶淫鬻。張揖曰水流谿谷之閒也沇以永切溶音容淫以舟切鬻音育散
渙夷陸。司馬彪曰平地也亭皋千里。靡不被築。服虔曰皋澤也隄上十里一亭郭璞曰皆築地令平也掩以綠蕙。被以江蘺。
張揖曰掩覆也綠王芻也糅以蘼蕪。雜以留夷。張揖曰留夷新夷也布結縷。郭璞曰結縷蔓生如縷相結攢戾莎。司馬彪曰戾莎莎名也
揭車衡蘭。應劭曰揭車一名芝輿香草也槀本射干。郭璞曰槀本槀茇也方末切司馬彪曰射干香草也茈薑蘘荷。張揖曰茈薑子薑也茈音紫蘘

人羊切葴持若蓀。如淳曰葴音鍼韋昭曰持音懲張揖曰葴持闕若杜若郭璞曰蓀香草也鮮支黃礫。司馬彪曰鮮支支子也張揖曰皆香草也蔣芧青薠。張揖曰蔣菰也芧三稜也郭璞曰芧音杼布濩閎澤。延曼太原。郭璞曰布濩猶布露也善曰閎大也濩音護延弋戰切離靡廣衍。善曰離靡離而邪靡不絶之貌也孟康甘泉賦注曰衍无厓岸也離力爾切應風披靡。吐芳揚烈。善曰烈酷烈香氣盛也披丕蟻切郁郁菲菲。衆香發越。郭璞曰香氣射散也菲音妃肸蠁布寫。晻薆咇茀。司馬彪曰肸過也芬芳之過若蠁之布寫也郭璞曰香氣盛馩酷也善曰說文曰肸蠁布也馝馞咇茀音義同說文曰馣馤香氣奄藹也馣與晻馤與薆音義同晻音奄咇步必切茀音勃於是乎周覽泛觀。繽紛軋芴。孟康曰繽紛衆盛也軋芴緻密也繽丑人切芴音勿芒芒怳忽。郭璞曰言眼亂也芒莫朗切視之無端。察之無涯。日出東沼。入乎西陂。其南則隆冬生長。涌水躍波。躍波言不凍也其獸則㺎旄貘犛。沈牛麈麋。郭璞曰㺎似牛領有肉堆也音容張揖曰旄旄牛也其狀如牛而四節毛貘白豹犛牛黑色出西南徼外沈牛水牛也能沈沒水中麈似鹿而大赤首圜題。窮奇象犀。張揖曰題頟也窮奇狀如牛而蝟毛其音如嗥狗食人者也其北則盛夏含凍裂地。涉冰揭河。司馬彪曰揭舉衣也其獸則麒麟角端。騊駼橐駝。郭璞曰麒似麟而無角角端似貂角在鼻上中作弓韋昭曰背上有肉似橐故曰橐駝也蛩蛩驒騱。駃騠驢鸁。郭璞曰驒騱駏驢類也駃騠生三日而超其母驒音顛騱音奚駃音玦騠音提騾鸁同於是乎離宮別館。彌山跨谷。高廊四注。重坐曲閣。司馬彪曰廊廡上級下級皆可坐故曰重坐曲閣閣道委曲也華榱璧璫。輦道纚屬。韋昭曰裁金為璧以當榱頭也司馬彪曰纚屬連屬也張揖曰纚力爾切屬之欲切步櫚周流。長途中宿。善曰步櫚步廊也司馬彪曰中宿乃至其上夷嵕築堂。累臺增成。如淳曰嵕山也張揖曰平此山以作堂者也重累而成之故曰增成嵕子公切巖窔洞房。郭璞曰言於巖窔底為室潛通臺上也善曰窔一弔切頫杳眇而無見。仰攀橑而捫天。善曰聲類曰頫古文俯字說文曰頫低頭也音灼曰𥎊古攀字也捫摸也橑音老捫音門奔星更於閨闥。宛虹拖於楯軒。善曰奔流星也行疾故曰奔如淳曰宛虹屈曲之虹也行應劭曰楯欄檻也司馬彪曰軒楯下版也更工衡切青龍蚴蟉於東葙。郭璞曰蚴蟉龍行貌也善曰孫炎爾雅注曰葙夾室前堂也蚴一糾切蟉力糾切象輿婉僤於西清。張揖曰山出象輿瑞應車也西清者葙中清淨處也善曰婉僤動貌也僤音善靈圉燕於閒館。張揖曰靈圉衆仙之號也偓佺之倫。暴於南榮。郭璞曰偓佺仙人也暴謂偃臥日中也榮屋南檐也醴泉涌於清室。通川過於中庭。郭璞曰醴泉瑞水也善曰言醴泉於室中涌出而通流為川而過中庭盤石振崖。李奇曰振整也以石整頓池水之涯也振之刃切嶔巖倚傾。郭璞曰嶔巖欹貌也嶔口巖切倚於綺切嵯峩嶕嶫。刻削崢嶸。郭璞曰言自然若彫刻也司馬彪曰崢嶸深貌也善曰嶕音捷嶫音業玫瑰碧琳。珊瑚叢生。瑉玉旁唐。玢豳文鱗。郭璞曰旁唐言磐礴也玢豳文理貌也音紛彬赤瑕駮犖。雜臿其間。張揖曰赤瑕赤玉也晁采琬琰。和氏出焉。司馬彪曰晁采玉名於是乎盧橘夏熟。應劭曰伊尹書曰箕山之東青鳥之所有盧橘夏熟晉灼曰盧黑也黃甘橙榛。郭璞曰黃甘橘屬而味精榛亦橘之類也音湊張揖曰樓小橘也出武陵批把橪柹。亭奈厚朴。張揖曰枇杷似斛樹長葉子如杏亭山梨也厚朴藥名也郭璞曰橪橪支木也橪音煙朴步角切樗棗楊梅。張揖曰楊梅其實似穀子而有核其味酸出江南也櫻桃蒲陶。隱夫薁棣。張揖曰隱夫未詳薁山李也郭璞曰棣實似櫻桃也薁於六切棣徒計切荅遝離支。張揖曰荅遝似李出蜀晉灼曰離支大如雞子皮麤剝去皮肌如雞子中黃味甘多酢少遝音沓離力智切羅乎後宮。列乎北園。貤丘陵。下平原。司馬彪曰貤延也羊氏切揚翠葉。扤紫莖。張揖曰扤搖也音兀發紅華。垂朱榮。煌煌扈扈。照曜鉅野。郭璞曰言其光采之盛也煌音皇沙棠櫟櫧。張揖曰沙棠狀如棠黃華赤實其味如李無核呂氏春秋曰果之美者沙棠之實櫧似柃葉冬不落應劭曰櫟采木也櫧音諸柃音零採音采華楓枰櫨。張揖曰華皮可以為索楓欇也脂可以為香郭璞曰枰平仲木也留落胥邪。仁頻并閭。郭璞曰留未詳落樓也中作器胥邪似栟閭皮可作索孟康曰仁頻椶也善曰仙藥錄曰檳榔一名椶然仁頻即檳榔也欃檀木蘭。孟康曰欃檀檀別名也欃音讒豫章女貞。張揖曰女貞木
葉冬不落長千仞。大連抱。夸條直暢。實葉葰楙。郭璞曰夸張布也司馬彪曰葰大也葰音峻攢立叢倚。連卷欐佹。司馬
彪曰欐佹支重累也倚於綺切卷巨專切欐力爾切佹音詭善曰蒼頡篇曰攢聚也崔錯癹骫。郭璞曰崔錯交雜癹骫蟠戾也崔千賄切癹步葛切骫古委字坑衡
閜砢。郭璞曰坑衡徑直貌閜砢相扶持也坑口庚切閜烏可切砢來可切垂條扶疏。落英幡纚。善曰說文曰扶疏四布也張揖曰幡纚飛揚貌也纚山爾
切紛溶箾蔘。猗狔從風。郭璞曰紛溶箾蔘支竦擢也張揖曰猗狔猗阿那也溶音容箾音蕭蔘音森猗憶靡切狔女爾切藰莅芔歙。司馬彪曰
衆聲貌也藰音劉莅音利芔古卉字歙音翕蓋象金石之聲。管籥之音。偨池茈虒。旋還乎後宮。張揖曰偨池參差也茈虒不齊
也如淳曰茈音此虒音豸郭璞曰還繞也偨音差雜襲絫輯。郭璞曰相重被也善曰絫古累字輯與集同被山緣谷。循阪下隰。視之無
端。究之無窮。於是乎玄猨素雌。蜼玃飛蠝。張揖曰蜼似母猴卬鼻而長尾玃似獼猴而大飛蠝鼠也其狀如兔而鼠首以其髯飛郭璞曰
蠝鼺鼠也毛紫赤色飛且生一名飛生蜼音遺蠝音誄善曰玄猨言猨之雄者玄色也素雌猨之雌者素色也玃音钁蛭蜩玃猱。司馬彪曰山海經曰不咸之山飛蛭
四翼蜩蟬也玃猱獼猴也郭璞曰蛭蜩末聞如淳曰蛭音質猱奴刀切獑胡豰蛫。張揖曰獑胡似獼猴頭上有髦腰以後黑郭璞曰豰似鼬而大腰以後黃一名黃腰
食獼猴蛫未聞也獑音讒豰呼谷切蛫音詭棲息乎其間。長嘯哀鳴。翩幡互經。郭璞曰互經互相經過也夭蟜枝格。偃蹇杪
顚。郭璞曰皆獼猴在樹暴戲姿態也夭蟜頻申也善曰埤蒼曰格木長貌也說文曰杪末也廣雅曰顚末也蟜音矯隃絕梁。騰殊榛。郭璞曰梁石絕水也張揖
曰殊榛異栟也善曰隃字與踰同捷垂條。掉希閒。張揖曰捷持懸垂之條掉往著稀疏無支之閒也郭璞曰掉懸擿也詆釣切犇落陸離。郭璞曰犇
奔走也爛漫遠遷。郭璞曰崩騰犇走貌也若此者數百千處。娛遊往來。宮宿館舍。郭璞曰皆離宮別館出入所幸也庖

廚不徙。後宮不移。百官備具。郭璞曰言所在有也於是乎背秋涉冬。天子校獵。李奇曰以五校兵出獵也乘鏤象。六玉虯。張揖曰鏤象象路也以象牙疏鏤其車輅六玉虯謂駕六馬以玉飾其鑣勒有似虯龍也無角曰虯也拖蜺旌。靡雲旗。張揖曰析羽毛染以五采綴以縷爲旌有似虹蜺之氣也畫熊虎於旒爲旗似雲氣也前皮軒。後道游。文穎曰皮軒以虎皮飾車天子出道車五乘游車九乘在乘輿車前賦頌爲偶辭耳孫叔奉轡。衞公參乘。李善曰孫叔者太僕公孫賀也字子叔衞公者大將軍衞青也大駕太僕御大將軍參乘扈從橫行。出乎四校之中。晉灼曰扈大也張揖曰跋扈縱橫不案鹵簿也文穎曰凡五校今言四者中一扈校隨天子乘輿也鼓嚴簿。縱獵者。張揖曰鼓嚴鼓也簿鹵簿也善曰言擊嚴鼓簿鹵之中也河江爲阹。泰山爲櫓。郭璞曰因山谷遮禽獸爲阹櫓望樓車騎靁起。殷天動地。郭璞曰殷猶震也善曰靁古雷字殷音隱先後陸離。離散別追。郭璞曰各有所逐也善曰廣雅曰陸離參差淫淫裔裔。緣陵流澤。雲布雨施。郭璞曰言徧山野也生貔豹。搏豺狼。韋昭曰生謂生取之也郭璞曰貔執夷虎屬音毗手熊羆。足壄羊。張揖曰熊犬身人足黑色羆如熊黃白色壄羊麢羊也似羊而青郭璞曰足謂踏也蒙鶡蘇。孟康曰鶡鶡尾也蘇析羽也張揖曰鶡似雉鬭死不卻善曰蒙謂蒙覆而取之絝白虎。郭璞曰絝謂絆絡之也善曰絝音袴被班文。善曰班文虎豹之皮也司馬彪漢書曰虎賁騎皆虎文單衣跨壄馬。善曰跨謂騎之也凌三嵕之危。善曰漢書音義曰陵上也郭璞三倉注曰三嵕山在聞喜下磧歷之坻。張揖曰磧歷不平也坻下阪道也坻音遲徑峻赴險。越壑厲水。郭璞曰厲以衣渡水椎蜚廉。弄獬豸。郭璞曰飛廉龍雀也鳥身鹿頭張揖曰獬豸似鹿而一角格蝦蛤。鋋猛氏。孟康曰蝦蛤猛氏皆獸名善曰說文曰鋋小矛也市延切羂騕褭。射封豕。張揖曰騕褭馬金喙赤色一日行萬里者郭璞曰封豕大豬也善曰聲類曰羂係取也工犬切箭不苟害。解脰陷腦。弓不虛發。應聲而倒。張揖曰脰項也於是乘輿弭節徘徊。翱翔往來。睨部曲之進退。覽將帥之變態。然後侵淫促節。郭璞曰言疾驅也。善曰：侵淫，漸進之貌。儵負遠去。儵忽長逝也負遠也流離輕禽。蹴履狡獸。張揖曰：流離，放散也。輕禽，飛鳥也。轖白鹿。捷狡兎。郭璞曰：狡兎健跳，故曰捷耳。捷音接。軼赤電。遺光耀。張揖曰：軼，過也。郭璞曰：皆妖氣爲變怪，游光之屬也。追怪物。出宇宙。張揖曰：怪物，奇禽也。彎蕃弱。滿白羽。文穎曰：彎，牽也。蕃弱，夏后氏良弓之名。引弓盡箭鏑爲滿。以白羽爲箭，故言白羽也。射游梟。櫟蜚遽。張揖曰：梟，惡鳥也，故射之。櫟，捎也。飛遽，天上神獸也，鹿頭而龍身。郭璞曰：梟，梟羊也。善曰：高誘淮南子注：梟羊，山精也。似遽類，高說是也。梟，工聊切。遽音鉅。擇肉而后發。先中而命處。郭璞曰：言必如所志也。善曰：廣雅曰：命，名也。弦矢分。藝殪仆。文穎曰：所射準的爲藝，壹發死爲殪。善曰：說文曰：仆，頓也。殪音翳。仆音赴。然后揚節而上浮。郭璞曰：言騰游也。淩驚風。歷駭猋。乘虛無。與神俱。躪玄鶴。亂昆雞。張揖曰：昆雞似鶴，黃白色。郭璞曰：躪，踐也。亂者，言亂其行伍也。遒孔鸞。促鵕鸃。郭璞曰：遒促，皆追捕貌。拂翳鳥。張揖曰：山海經曰：九疑之山有五采之鳥，名曰翳鳥。捎鳳凰。捷鵷鶵。揜焦明。張揖曰：焦明似鳳，西方之鳥也。宋衷曰：水鳥也。道盡途殫。迴車而還。消搖乎襄羊。降集乎北紘。張揖曰：淮南子云：八澤之外，乃有八紘。郭璞曰：襄羊，猶彷徉也。率乎直指。郭璞曰：率，徑馳去也。晻乎反鄉。郭璞曰：忽然疾歸貌。蹷石闕。歷封巒。過鳷鵲。望露寒。郭璞曰：蹷，蹋也。音厥。張揖曰：此四觀，武帝建元中作，在雲陽甘泉宮外。鳷音支。下棠棃。息宜春。張揖曰：棠棃，宮名，在雲陽東南三十里。郭璞曰：宜春，宮名，在渭南杜縣東。西馳宣曲。張揖曰：宣曲，宮名也，在昆明池西。濯鷁牛首。張揖曰：牛首，池名，在上林苑西頭。登龍臺。張揖曰：觀名也，在豐水西北，近渭也。掩細柳。郭璞曰：觀名也，在昆明池南。善曰：方言曰：掩者，息也。觀士大夫之勤略。司馬彪曰：略，巡行也。均獵者之所得獲。郭璞曰：平其多少也。徒車之所轥轢。郭璞曰：徒步也。轢，轥也。步騎之所蹂若。人臣之所蹈籍。善曰：廣倉曰：若，蹈足貌。與其窮極倦谻。驚憚讋伏。郭璞曰：窮極倦谻，疲憊者也。驚憚，讋伏怖不動貌也。谻音劇。憚，丁曷切。讋，之涉切。不被創刃而死者。他他籍籍。郭璞曰：言交横也。他，徒河切塡阬滿谷。掩平彌澤。善曰廣雅曰大野曰平於是乎遊戲懈怠。置酒乎顥天之臺。張揖曰臺高上干顥天也張樂乎膠葛之寓。郭璞曰言曠遠深貌也撞千石之鐘。立萬石之虡。建翠華之旗。樹靈鼉之鼓。張揖曰以翠羽爲葆也以鼉皮爲鼓也奏陶唐氏之舞。聽葛天氏之歌。千人唱。萬人和。山陵爲之震動。川谷爲之蕩波。巴渝宋蔡。淮南干遮。干遮曲名文成顚歌。文穎曰文成遼西縣名也其縣人善歌顚益州顚縣其人能作西南夷歌也顚與滇同也族居遞奏。金鼓迭起。張揖曰族聚也鏗鎗闛鞈。洞心駭耳。善曰鏗鎗鍾聲也闛鞈鼓音也闛託郎切鞈音榻荊吳鄭衞之聲。韶濩武象之樂。陰淫案衍之音。郭璞曰流沔曲也鄢郢繽紛。激楚結風。結風亦急風也楚地風氣既自漂疾歌樂者依之爲節也俳優侏儒。狄鞮之倡。郭璞曰狄鞮西戎樂名也鞮丁奚切所以娛耳目樂心意者。麗靡爛漫於前。郭璞曰言恣所觀也靡曼美色。張揖曰靡細也曼澤也若夫青琴宓妃之徒。伏儼曰青琴古神女也如淳曰宓妃伏羲氏女溺死洛遂爲洛水之神絕殊離俗。妖冶嫺都。善曰字書曰妖巧也說文曰嫺雅也或作閑小雅曰都盛也靚糚刻飾。便嬛綽約。郭璞曰靚糚粉白黛黑也刻刻畫鬒髮也便嬛輕利也綽約婉約也嬛音翾靚音淨柔橈嫚嫚。嫵媚孅弱。郭璞曰柔橈嫚嫚皆骨體耎弱長豔貌也孅弱弱顏也曳獨繭之褕袣。眇閻易以卹削。張揖曰褕襜褕也袣袖也郭璞曰獨繭一繭之絲也閻易衣長大貌也卹削言如刻畫作之也便姍嫳屑。與俗殊服。郭璞曰衣服婆娑貌芬芳漚鬱。酷烈淑郁。皓齒粲爛。宜笑的皪。郭璞曰香氣盛也漚一候切又曰鮮明貌也善曰楚辭曰美人皓齒嫭以姱又曰嫮目宜笑娥眉曼皪音礫長眉連娟。微睇緜藐。郭璞曰連娟言曲細也緜藐遠視貌色授魂與。心愉於側。張揖曰彼色來授我魂往與接也於是酒中樂酣。郭璞曰中半也中仲切天子芒然而思。似若有亡。曰。嗟乎。此大奢侈。朕以覽聽餘閒。無事棄日。善曰言聽政既有餘暇無事而虛棄時日也閒音閑順天道以殺伐。郭璞曰因秋氣也時休息於此。恐後葉靡麗。遂往而不返。非所以為繼嗣創業垂統也。郭璞曰言不可以示將來也於是乎乃解酒罷獵。而命有司曰。地可墾闢。悉為農郊。以贍萌隸。韋昭曰萌民也隤牆填塹。使山澤之人得至焉。實陂池而勿禁。虛宮館而勿仞。仞滿發倉廩以救貧窮。補不足。興發補不足趙岐曰與惠政發倉廩以振貧而補不足也恤鰥寡。存孤獨。出德號。省刑罰。改制度。易服色。革正朔。與天下為更始。於是歷吉日以齋戒。襲朝服。乘法駕。建華旗。鳴玉鸞。游于六藝之囿。馳騖乎仁義之塗。覽觀春秋之林。如淳曰春秋義理繁茂故比之於林藪也射貍首。兼騶虞。郭璞曰貍首逸詩篇名諸侯以為射節騶虞召南之卒章天子以為射節也弋玄鶴。舞干戚。載雲䍐。揜羣雅。張揖曰䍐畢也前有九流雲䍐之車揜捕也詩小雅之材七十四人大雅之材三十一人故曰羣雅也悲伐檀。張揖曰其詩刺賢者不遇明王也樂樂胥。善曰毛詩曰君子樂胥受天之祜言王者樂得材智之人使在位故天與之福祿也胥先呂切脩容乎禮園。翱翔乎書圃。郭璞曰尙書所以疏通知遠者故遊涉之述易道。放怪獸。登明堂。坐清廟。次羣臣。奏得失。四海之內。靡不受獲。善曰得恩德也於斯之時。天下大說。鄉風而聽。隨流而化。芔然興道而遷義。郭璞曰芔猶勃也許貴切刑錯而不用。德隆於三王。而功羨於五帝。司馬彪曰羨溢也若此故獵。乃可喜也。若夫終日馳騁。勞神苦形。罷車馬之用。抗士卒之精。郭璞曰精銳也抗損也音翫費府庫之財。而無德厚之恩。務在獨樂。不顧衆庶。忘國家之政。貪雉兔之獲。則仁者不繇也。從此觀之。齊楚之事。豈不哀哉。地方不過千里。而囿居九百。是草木不得墾辟。而人無所食也。夫以諸侯之細。而樂萬乘之侈。僕恐百姓被其尤也。於是二子愀然改容。超然若失。逡巡避廗。[逡巡卻退也。孝經曰。曾子避席。廗與席古字通] 曰。鄙人固陋。不知忌諱。乃今日見教。謹受命矣。

司馬遷以相如雖多虛辭濫說。然要其歸引之節儉。此亦詩之諷諫何異。揚雄亦謂其曲終奏雅。西京雜記。司馬相如爲上林子虛賦。意思蕭散。不復與外事相關。控引天地。錯綜古今。忽然如睡。煥然而興。幾百日而後成。其友人盛覽字長通。牂牁名士。嘗問以作賦。相如曰。合纂組以成文。列錦繡而爲質。一經一緯。一宮一商。此賦之迹也。苞括宇宙。總覽人物。斯乃得之於內。不可得而傳。覽乃作合組歌列錦賦而退。終身不敢復言作賦之心矣。又曰。相如將獻賦。未知所爲。夢一黃衣翁謂之曰。可爲大人賦。遂作大人賦言神仙之事以獻之。賜錦百匹。然相如未作大人賦之前。先有哀二世賦。朱子亦錄之於楚辭後語中者也。

哀二世賦

登陂陁之長阪兮。坌入曾宮之嵯峨。[蘇林曰。坌音馬坌吒之坌。張揖曰。坌並也。師古曰。曾重也] 臨曲江之隑州兮。望南山之參差。[張揖曰。隑長也。師古曰。曲岸頭曰隑。隑即碕字] 巖巖深山之谾谾兮。通谷豁乎谽谺。[晉灼曰。谾音籠。古巃字。師古曰。谾谾深通貌。谽谺大開貌] 汩淢靸以永逝兮。注平皋之廣衍。[師古曰。汩淢疾貌也。靸然輕舉意也。皋水邊地也。汩音於筆反。淢音域。靸音先合反] 觀衆樹之蓊薆兮。覽竹林之榛榛。師古曰蓊薆隂蔽貌榛榛盛貌蓊音烏孔反東馳土山兮。北揭石瀨。師古曰揭褰衣而渡也石面淺水曰瀨弭節容與兮。歷弔二世。持身不謹兮。亡國失勢。信讒不寤兮。宗廟滅絕。嗚呼操行之不得。墓蕪穢而不脩兮。魂亡歸而不食。史記此下尚有四句曰夐邈絕而不齊兮彌久遠而愈佅精罔閬而飛揚兮拾九天而永逝嗚呼哀哉今從漢書朱子楚詞後語亦從漢書少數語

大人賦

世有大人兮。在乎中州。師古曰大人以諭天子中州中國也宅彌萬里兮。曾不足以少留。悲世俗之迫隘兮。朅輕舉而遠游。師古曰朅去意也乘絳幡之素蜺兮。載雲氣而上浮。建格澤之脩竿兮。張揖曰格澤之氣如炎火狀黃白色起地上至天下大上銳脩長也建此氣爲長竿也總光燿之采旄。張揖曰旄葆也總係也係光燿之氣於長竿以爲葆也師古曰葆即今所謂纛頭也垂旬始以爲幓兮。李奇曰旬始氣如雄雞見北斗旁張揖曰幓旒也懸旬始於葆下以爲十二旒也曳彗星而爲髾。張揖曰髾燕尾也梢彗星綴著旒以爲燕尾也掉指橋以偃蹇兮。張揖曰指橋隨風指靡也偃蹇委曲貌又猗抳以招搖。張揖曰猗抳下垂貌招搖跳踃也攬攙搶以爲旌兮。靡屈虹而爲綢。張揖曰慧星爲攙搶靡順也綢韜也以斷虹爲旌杠之韜也師古曰韜謂褎冒旌旗之竿也紅杳眇以玄湣兮。猋風涌而雲浮。晉灼曰紅赤色杳眇深遠也玄湣混合也駕應龍象輿之蠖略委麗兮。驂赤螭青蛇之蚴蟉宛蜒。師古曰蠖略委麗蚴蟉宛蜒皆其行步進止之貌也低卬夭蟜裾以驕驁兮。詘折隆窮躩以連卷。張揖曰裾直項也驕驁縱恣也詘折曲委也隆窮舉鬐也躩跳也連卷句蹄也沛艾赳螑仡以佁儗兮。張揖曰沛艾駊騀也赳螑申頸低卬也仡舉頭也佁儗不前也師古

曰螑火幼反仡魚乞反佁丑吏反儗魚吏反佁儗又音態礙放散畔岸驤以孱顏。師古曰畔岸自縱之貌也驤舉也孱顏不齊也蛭踱輵螛容以骫麗兮。張揖曰蛭踱互前卻也輵螛搖目吐舌也容龍體貌也骫麗左右相隨也師古曰蛭丑日反踱丑略反輵音遏螛音曷骫古委字也蜩蟉偃蹇怵㚟以梁倚。張揖曰蜩蟉掉頭也怵㚟奔走也梁倚相著也師古曰蜩徒釣反蟉盧鉤反㚟丑若反糾蓼叫奡踏以艐路兮。張揖曰糾蓼相引也叫奡相呼也踏下也艐著也皆下著道也師古曰叫奡高舉貌艐音屆蔑蒙踊躍。騰而狂趡。張揖曰蔑蒙飛揚也踊躍跳也趡奔走也師古曰趡音醮蒞颯芔歙。猋至電過兮。煥然霧除。霍然雲消。張揖曰蒞颯飛相及也芔歙走相追也師古曰蒞音利颯音立芔音諱邪絕少陽而登太陰兮。與真人乎相求。互折窈窕以右轉兮。橫厲飛泉以正東。張揖曰飛泉飛谷也在崑崙山西南師古曰厲渡也悉徵靈圉而選之兮。部署眾神於搖光。張揖曰搖光北斗柄頭第一星使五帝先導兮。反太壹而從陵陽。張揖曰陵陽仙人陵陽子明也師古曰令太一反其所居而使陵陽侍從於己左玄冥而右黔雷兮。張揖曰黔雷黔嬴也天上造化神名也前長離而後矞皇。服虔曰皆神名也師古曰長離靈鳥也廝征伯僑而役羨門兮。詔岐伯使尚方。張揖曰伯僑仙人王子喬也羨門碣石山上仙人羨門高也尚主也師古曰征伯僑者仙人姓征名伯僑非王子喬祝融警而蹕御兮。清氣氛而后行。氛惡氣也屯余車而萬乘兮。綷雲蓋而樹華旗。師古曰綷合也使句芒其將行兮。吾欲往乎南嬉。師古曰將行將領從行也歷唐堯於崇山兮。過虞舜於九疑。張揖曰崇山狄山也海外經曰狄山帝堯葬於其陽九疑山舜所葬紛湛湛其差錯兮。雜遝膠輵以方馳。師古曰湛湛積厚之貌膠輵猶交加也騷擾衝蓯其紛挐兮。滂濞泱軋麗以林離。張揖曰衝蓯相入貌滂濞眾盛貌泱軋不前也麗靡也林離摻攦也師古曰摻音所林反攦音所宜反攢羅列聚叢以蘢茸兮。衍曼流爛痑以陸離。張揖曰痑眾貌師古曰龍茸聚貌流爛布散也瘆自放縱也音式稠反徑入雷室之砰磷鬱律兮。洞出鬼谷之堀礨崴魁。張揖曰雷室雷淵也洞通也鬼谷在崑崙北直北辰下衆鬼之所聚也堀礨崴魁不平也師古曰砰磷鬱律深峻貌偏覽八紘而觀四海兮。朅度九江越五河。經營炎火而浮弱水兮。杭絕浮渚涉流沙。張揖曰杭船也浮渚流沙中渚也奄息葱極氾濫水嬉兮。使靈媧鼓琴而舞馮夷。服虔曰靈媧女媧也時若曖曖將混濁兮。召屏翳誅風伯。刑雨師。應劭曰屏翳天神使西望崑崙之軋沕荒忽兮。張揖曰軋沕荒忽不分明之貌直徑馳乎三危。排閶闔而入帝宮兮。載玉女而與之歸。登閬風而遙集兮。亢鳥騰而壹止。應劭曰亢然高飛如鳥之騰也低徊陰山翔以紆曲兮。吾乃今日覩西王母。暠然白首戴勝而穴處兮。亦幸有三足烏為之使。如淳曰山海經曰西王母梯几而戴勝師古曰勝婦人首飾也暠音工老反或作暠音學必長生若此而不死兮。雖濟萬世不足以喜。回車朅來兮。絕道不周。會食幽都。呼吸沆瀣兮餐朝霞。咀噍芝英兮嘰瓊華。張揖曰嘰食也僸侵尋而高縱兮。紛鴻溶而上厲。張揖曰僸卬也鴻溶竦踊也貫列缺之倒景兮。服虔曰列缺天閃也人在天上下向視日月故景倒在下也張揖曰貫穿也陵陽子明經曰列缺氣去地二千四百里倒景氣去地四千里其景皆倒在下也涉豐隆之滂濞。滂濞雨水多也騁游道而脩降兮。騖遺霧而遠逝。張揖曰馳疾而遺霧在後也師古曰游游車也道道車也脩長也降下也言周覽天上然後騁車也循長路而下馳棄遺霧而遠逝也迫區中之隘陝兮。舒節出乎北垠。師古曰舒緩也遺屯騎於玄闕兮。張揖曰玄闕北極之山也軼先驅於寒門。應劭曰寒門北極之門也下崢嶸而無地兮。上嵺廓而無天。師古曰嵺廓廣遠也嵺音遼視眩泯而亡見兮。聽敞怳而亡聞。師古曰眩泯目不安也敞怳耳不諦也乘

虛亡而上遐兮。超無友而獨存。已上註訓畧據漢書

相如賦之傳於今者止此。哀二世賦是從武帝至長楊獵還過宜春宮感而有作。宜春宮者。本秦離宮閻樂殺胡亥之地也。朱晦庵惟以長門賦及此篇爲有諷諫之意。故錄二篇於楚詞後語。至於上林子虛大人之作。則以爲誇麗泰甚。終歸於諛者也。先是武帝既美子虛之事。相如見上好僊因曰。上林之事。未足美也。尙有靡者。臣嘗爲大人賦未就。請具而奏之。相如以爲列僊之儒居山澤間。形容甚臞。此非帝王之僊意也。乃遂奏大人賦。武帝讀之大說。飄飄有淩雲氣。游天地之間意。蓋震以武帝好僊而相如進賦。近於逢君之惡。然亦游仙之作之閎麗者。康對山曰。古人作文皆有依倣。司馬長卿大人賦全用屈平遠游中語。相如此賦。固有所本也。蓋屈宋實詞賦之宗。其豔說華藻。出於縱橫之詭俗。文心雕龍相如蚤接鄒枚。頗好縱橫之習。暐爗奇意。遂以度越前代。雖不免於靡。然其閎麗辯博。有詞賦以來一人而已。

第三章　司馬相如之事功及其文章

前已論長卿爲純然文人矣。本傳稱相如口吃而善著書。常有消渴疾。與卓氏婚。饒於財。其進仕宦。未嘗肯與公卿國家之事。稱病閒居。不慕官爵。漢書嚴助傳。亦謂相如嘗稱疾避事。則相如固澹於功名者。然武帝夙鶩遠略。其通西南夷相如實與有力焉。史記次相如傳於

西南夷傳後。或亦微意所寄也。要之此不過文人希世用事之常。非必其有開物成務之壯志矣。相如本傳曰。相如爲郞數歲。會唐蒙使略通夜郞西棘中。發巴蜀吏卒千人。郡又多爲發轉漕萬餘人。用軍興法誅其渠帥。巴蜀民大驚恐。上聞之。使相如責唐蒙。因喩告巴蜀民以非上意。相如還報。唐蒙已略通夜郞。因通西南夷道。發巴蜀廣漢卒。作者數萬人。治道二歲。道不成。士卒多物故。費以巨萬計。蜀民及漢用事者。多言其不便。是時邛筰之君長。聞南夷與漢通。得賞賜多。多欲願爲內臣妾。請吏比南夷。天子問相如。相如曰。邛筰冉駹者近蜀。道亦易通。秦時嘗通爲郡縣。至漢興而罷。今誠復通。爲置郡縣。愈於南夷。天子以爲然。乃拜相如爲中郞將。建節往使。副使王然于、壺充國、呂越人。馳四乘之傳。因巴蜀吏幣物以賂西夷。於是相如便略定西夷。邛筰冉駹斯楡之君。皆請爲內臣。除邊關。關益斥。西至沬若水。南至牂牁爲徼。通靈山道。橋孫水。以通邛莋。還報天子。天子大說。西南夷傳曰。蜀人司馬相如亦言西夷邛筰可置郡。使相如以郞中將往喩。皆如南夷。爲置一都尉十餘縣。屬蜀。此後西南夷數反覆。至元封初始定。實自相如啟之也。方相如奉使責唐蒙時。爲檄諭巴蜀民。以蒙發卒任法。非上意。及有事西夷。蜀長老多言通西南夷不爲用。唯大臣亦以爲然。相如欲諫。業已建之。不敢。乃著書。籍以蜀父老爲辭。而已詰難之。以風天子。且因宣其指。使令百姓知天子之意。此二篇皆相如關於事功之文也。錄之如下。

喻巴蜀檄

告巴蜀太守。蠻夷自擅。不討之日久矣。時侵犯邊境。勞士大夫。陛下卽位。存撫天下。安集中國。然後興師出兵。北征匈奴。單于怖駭。交臂受事。屈膝請和。康居西域。重譯納貢。稽顙來享。漢書西域傳曰康居國去長安萬二千三百里移師東指。閩越相誅。右弔番禺。太子入朝。文穎曰弔至也番禺南海郡縣治也東伐越後至番禺故言右也南夷之君。西僰之長。僰蒲北切文穎曰僰爲縣常效貢職。不敢惰怠。延頸舉踵。喁喁然論語素王受命讖曰莫不喁喁延頸歸德皆嚮風慕義。欲爲臣妾。道里遼遠。山川阻深。不能自致。鄭玄禮記注曰致之言至也夫不順者已誅。而爲善者未賞。故遣中郎將往賓之。中郎將卽唐蒙也發巴蜀之士各五百人。以奉幣帛。衞使者不然。張揖曰不然之變也靡有兵革之事。戰鬭之患。今聞其乃發軍興制。張揖曰發三軍之衆也興制謂起軍法制追將帥也驚懼子弟。憂患長老。郡又擅爲轉粟運輸。皆非陛下之意也。當行者或亡逃自賊殺。亦非人臣之節也。夫邊郡之士。聞烽舉燧燔。張揖曰晝舉烽夜燔燧皆攝弓而馳。荷兵而走。攝謂張弓注矢而持之流汗相屬。唯恐居後。觸白刃。冒流矢。議不反顧。計不旋踵。人懷怒心。如報私讎。彼豈樂死惡生。非編列之民。而與巴蜀異主哉。編列謂編戶也計深慮遠。急國家之難。而樂盡人臣之道也。故有剖符之封。析珪而爵。如淳曰析中分也位爲通侯。處列東第。東第甲宅也居帝城之東故曰東第張揖曰列東第在天子下方 終則遺顯號於後世。傳土地於子孫。行事甚忠敬。居位甚安逸。名聲施於無窮。功烈著而不滅。是以賢人君子。肝腦塗中原。膏液潤野草而不辭也。今奉幣役至南夷。卽自賊殺。或亡逃抵誅。抵至也亡逃而至於誅也一曰逃亡被誅而抵拒於誅也如淳曰抵其罪而誅戮之也一曰誅者亡不肯受誅也 身死無名。諡爲至愚。無名言無善名也諡猶號也 恥及父母。爲天下笑。人之度量相越。豈不遠哉。然此非獨行者之罪也。父兄之教不先。子弟之率不謹。寡廉鮮恥。而俗不長厚也。其被刑戮。不亦宜乎。陛下患使者有司之若彼。悼不肖愚民之如此。故遣信使。誠信之使也 曉諭百姓以發卒之事。因數之以不忠死亡之罪。讓三老孝悌以不教誨之過。漢書景帝詔曰置三老孝悌以道民焉 方今田時。重煩百姓。重難也不欲召聚之 已親見近縣。張揖曰檄以示巴蜀城旁近縣 恐遠所谿谷山澤之民不徧聞。檄到亟下縣道。亟急也漢書曰縣有蠻夷曰道 使咸喩陛下之意。無忽。

難蜀父老

漢興七十有八載。德茂存乎六世。六世謂自高祖至武帝 威武紛紜。湛恩汪濊。韋昭曰湛音沈張揖曰汪濊深貌也 羣生霑濡。洋溢乎方外。於是乃命使西征。隨流而攘。風之所被。罔不披靡。因朝冉從駹。定筰存邛。服虔曰冉駹筰邛皆蜀郡西部也應劭曰蜀郡汶江本冉駹也文穎曰邛今爲邛都縣筰今爲定筰縣皆屬越巂音曰駹蒙江切筰音鑿 略斯榆。舉苞蒲。鄭玄曰斯音曳張揖曰斯俞本俞國名也服虔曰苞蒲夷種也 結軌還轅。東鄉將報。結旋也 至於蜀都。耆老大夫搢紳先生之徒。二十有七人。儼然造焉。辭畢進曰。蓋聞天子之牧夷狄也。其義羈縻勿絕而已。應劭漢官儀曰馬曰羈牛曰縻言四夷如牛馬之受羈縻也今罷三郡之士。通夜郎之塗。三年於茲。而功不竟。士卒勞倦。萬民不贍。今又接之以西夷。百姓力屈。恐不能卒業。此亦使者之累也。竊為左右患之。且夫邛筰西夷之與中國並也。歷年茲多。不可記已。仁者不以德來。強者不以力并。意者其殆不可乎。今割齊民以附夷狄。附謂令之親附也敝所恃以事無用。鄙人固陋。不識所謂。使者曰。烏謂此乎。必若所云。則是蜀不變服。而巴不化俗也。僕常惡聞若說。然斯事體大。固非觀者之所覯也。余之行急。其詳不可得聞已。請為大夫粗陳其略。蓋世必有非常之人。然後有非常之事。有非常之事。然後有非常之功。夫非常者。固常人之所異也。故曰非常之原。黎民懼焉。及臻厥成。天下晏如也。昔者洪水沸出。氾濫衍溢。民人升降移徙。崎嶇而不安。夏后氏慼之。乃堙洪塞源。決江疏河。張揖曰疏通也灑沈澹災。張揖曰灑分也韋昭曰灑史紙切蘇林曰澹音淡言分其沈溺搖動之災也。灑或作澌字書曰澌水索也賜移切說文曰澹水搖也徒濫切顏師古曰沈深也澹安也言分散其深水以安定其災也澌所宜切東歸之於海。而天下永寧。當斯之勤。豈惟民哉。心煩於慮。而身親其勞。躬腠胝無胈。膚不生毛。張晏曰躬體也孟康曰腠腠理也韋昭曰胈其中小毛也蒲葛切郭璞三蒼解詁曰胝躪也竹施切故休烈顯乎無窮。聲稱浹乎於茲。且夫賢君之踐位也。豈特委瑣握躪。拘文牽俗。應劭曰喔躪急促之貌也善曰喔音握循誦習傳。當世取說云爾哉。必將崇論閎

議。呟今宏字創業垂統。爲萬世規。故馳騖乎兼容幷包。而勤思乎參天貳地。己比德於地是貳地也地與己幷天是三也

且詩不云乎。普天之下。莫非王土。率土之濱。莫非王臣。是以六合之內。八方之外。浸淫衍溢。懷生之物。有不浸潤於澤者。賢君恥之。今封疆之內。冠帶之倫。咸獲嘉祉。靡有闕遺矣。而夷狄殊俗之國。遼絕異黨之域。舟車不通。人跡罕至。政敎未加。流風猶微。內之則時犯義侵禮於邊境。外之則邪行橫作。放殺其上。君臣易位。尊卑失序。父老不辜。幼孤爲奴虜。係縲號泣。內嚮而怨曰。蓋聞中國有至仁焉。德洋恩普。物靡不得其所。今獨曷爲遺己。舉踵思慕。若枯旱之望雨。盭夫爲之垂涕。況乎上聖。又焉能已。故北出師以討強胡。南馳使以誚勁越。四面風德。二方之君。鱗集仰流。鱗集相次也願得受號者。以億計。故乃關沬若。漢書音義曰以沬若水爲關也徼牂牁。張揖曰徼塞也以木柵水爲夷狄之界鏤靈山。梁孫原。張揖曰鑿通山道置靈道縣李奇曰於孫水之本作獨梁創道德之塗。垂仁義之統。將博恩廣施。遠撫長駕。使疏逖不閉。智爽闇昧。得耀乎光明。郭璞三蒼解詁曰智旦明也字林音勿尙書曰甲子昧爽孔安國曰昧早旦也爽明也以偃甲兵於此。而息討伐於彼。遐邇一體。中外禔福。不亦康乎。說文曰禔安也音支夫拯民於沈溺。奉至尊之休德。反衰世之陵夷。繼周氏之絕業。天子之亟務也。凌夷郎凌遲也百姓雖勞。又惡可以已乎哉。且夫王者固未有不始於憂勤。而終於逸樂者也。然則受命之符。合在於此。方將增太山之封。加梁父之事。鳴和鸞。揚樂頌。上

減。五下登三。（李奇曰五帝之德比漢爲減三王之德漢出其上）觀者未覩旨。聽者未聞音。猶鷦鵬已翔乎寥廓之宇。而羅者猶視乎藪澤。悲夫。（樂緯曰鷦鵬狀如鳳皇）於是諸大夫芒然喪其所懷來。失厥所以進。喟然並稱曰。允哉漢德。此鄙人之所願聞也。百姓雖勞。請以身先之。敞罔靡徙。遷延而辭避。

衰周之季。道術既裂。士惟務游談以取富貴。雖以利人及物爲名。而實以位尊金多爲志。後之文人。其弊亦率坐此。華陽國志曰。蜀郡城北十里有昇仙橋。有送客觀。司馬相如初入長安。題市門曰。不乘赤車駟馬。不過汝下也。史記敍相如奉使至蜀。蜀太守以下郊迎。縣令負弩矢先驅。蜀人以爲寵。於是卓王孫臨邛諸公。皆因門下獻牛酒以交驩。卓王孫自以得使女尙司馬長卿晚。然則長卿惟在得富貴以夸耀鄉曲耳。非必有志於事功也。故初建通邛筰之畫。聞父老言。而又悔之。又不能諫。蘇軾嘗論之曰。相如始以汙行不齒於蜀人。既而以賦得幸天子。未能有所建明。立絲毫之善以自贖。而創開西南夷。逢君之惡。以患苦其父母之邦。乃復矜其車服節旄之美。使邦君負弩先驅。豈詩人致恭桑梓。萬石君下里門之義乎。雖然。相如之以使節自耀。誠不免文人矜伐之習。然其奉使指顧。遂定西夷。較之徒爲空言而無實用者。又有間矣。其以武帝事西南夷。比於禹之治水。亦不似章句小生泥古守舊局於咫尺之見。則所存猶不少恢廓之概。況文章尤俊偉閎麗如此者哉。

相如既奉使。其後有上書言相如使時受金失官。居歲餘。復召爲郞。當時待詔多文學之士。或議論政事。或詼諧取容。亦有直諫者。而相如獨避事。罕事跡可紀。惟武帝好自擊熊彘。馳逐野獸。相如嘗上疏諫之。不言狩獵爲荒逸之行。非治國之務。而但稱獸或有絕羣之力。不可不戒。亦主文譎諫之類也。

諫獵書

臣聞物有同類而殊能者。故力稱烏獲。捷言慶忌。勇期賁育。臣之愚暗。竊以爲人誠有之。獸亦宜然。今陛下好陵岨險。射猛獸。卒然遇軼才之獸。駭不存之地。犯屬車之淸塵。（漢書音義曰大駕屬車八十一乘 善曰車塵言淸尊。之意也）輿不及還轅。人不暇施功。雖有烏獲逢蒙之伎。力不得用。枯木朽株。盡爲難矣。是胡越起於轂下。而羌夷接軫也。豈不殆哉。雖萬全無患。然本非天子所宜近也。且夫淸道而後行。中路而馳。猶時有銜橛之變。（張揖曰銜馬勒也橛騑馬口長銜也）而況乎涉豐草。騁丘墟。前有利獸之樂。而內無存變之意。其爲害也。不亦難矣。夫輕萬乘之重。不以爲安。而樂出萬有一危之塗以爲娛。臣竊爲陛下不取也。蓋聞明者遠見於未萌。而智者避危於無形。禍固多藏於隱微。而發於人所忽者也。故鄙諺曰。家累千金。坐不垂堂。（張揖曰畏檐瓦墮中人）也。此言雖小。可以喩大。臣願陛下留意幸察。

第四章　封禪文

後世文人喜稱說符命。徵天指瑞。頌美時主。相如封禪文。實開其先。古稱封禪之事。多不可考。然大抵王者受命。有其德而後行之。太史公作封禪書。屢譏後之爲封禪者。無其德而用其事。齊桓公問封禪。管仲稱古封禪者七十二家。而舉伏羲至周成王。皆得封禪爲對。及桓公自謂德齊三代。欲行封禪。管仲乃設爲事以窮之。蓋封禪之不可苟也如是。封禪之爲禮。經不著其說。太史公曰。孔子述六藝。傳略言易姓而王。封泰山禪乎梁父者七十餘王矣。其俎豆之禮不章。蓋難言之。或問禘之說。孔子曰不知。知禘之說。其於天下也視其掌。是孔子亦嘗略言封禪。惟其禮之詳。則難知耳。秦始皇欲封禪。特徵齊魯儒生博士七十人議之。封禪殆古之遺禮。而儒者亦嘗述焉。故始皇與儒者議之也。或謂漢初學者。莫能言封禪。相如明經術。乃傳封禪之文。武帝嘉焉。遂行其事。然卽以古之道揆之。亦何以免於無其德而用其事之譏也。惟當時絕重封禪。故太史談以不得從封禪爲憾。相如文章宏潤典重。協乎頌體。故特著焉。

封禪文

伊上古之初肇。自昊穹兮生民。 張揖曰昊穹春夏天名 歷選列辟。以迄於秦。 文穎曰選數也辟君也 率邇者踵武。逖聽者風聲。漢書音義曰率循也邇近也踵蹈也武迹也逖遠也紛綸威蕤湮滅而不稱者。不可勝數。張揖曰紛綸亂貌繼韶夏。崇號謚。略可道者。七十有二君。文穎曰韶明也夏大也德明大相繼封禪於泰山者七十有二人也罔若淑而不昌。疇逆失而能存。應劭曰罔無也若順也淑善也疇誰也軒轅之前。遐哉邈乎。其詳不可得聞已。五三六經載籍之傳。維風可觀也。漢書音義曰五五帝也三三王也經籍所載善惡可知也書曰。元首明哉。股肱良哉。因斯以談。君莫盛於唐堯。臣莫賢於后稷。后稷創業於唐堯。公劉發迹於西戎。文王改制。爰周郅隆。大行越成。文穎曰郅至也行道也而後陵遲衰微。千載亡聲。鄭氏曰無聲無有惡聲也豈不善始善終哉。然無異端。慎所由於前。謹遺教於後耳。故軌迹夷易。易遵也。夷易皆平也湛恩厖鴻。易豐也。湛深也厖鴻皆大也憲度著明。易則也。垂統理順。易繼也。是以業隆於繈緥。而崇冠於二后。孟康曰繈緥謂成王也二后謂文武也揆厥所元。終都攸卒。張揖曰都於也卒終也爾雅曰元始也未有殊尤絕迹可考於今者也。然猶躡梁父。登泰山。建顯號。施尊名。顯號尊名謂封禪也大漢之德。逢涌原泉。沕潏曼羨。張揖曰逢遇也喻其德盛若遇原泉之涌出也服虔曰潏泉貌徐廣曰沕沒也亡必切音義或曰曼羨廣散也旁魄四塞。雲布霧散。張揖曰旁魄布衍也魄音薄上暢九垓。下泝八埏。孟康曰暢達也垓重也泝流也埏若坋埏地之八際也言其德上達於九重之天流於地之八際懷生之類。沾濡浸潤。懷生氣之類皆被恩澤協氣橫流。武節猋逝。協氣和氣也橫流多也猋逝遠也邇陿遊原。遐闊泳沫。孟康曰邇近也原本也遐遠也闊廣也泳浮也恩德比之於水近者游其原遠者浮其沫首惡鬱沒。晻昧昭晰。孟康曰始為惡者皆湮滅晻昧喻夷狄皆化之也昆蟲闓澤。迴首面內。文穎曰闓澤皆樂也韋昭

曰面向也闓音愷澤音驛然後囿騶虞之珍羣。徼麋鹿之怪獸。漢書音義曰徼遮也導一莖六穗於庖。鄭玄曰導擇也一莖
六穗謂嘉禾之米於庖廚以供祭祀犧雙觡共抵之獸。服虔曰犧牲也觡角也柢本也武帝獲白麟角共一本用以爲牲獲周餘珍放龜於
岐。文穎曰周放畜餘龜於沼池之中至漢得之於岐山之旁龜能吐故納新千歲不死招翠黃乘龍於沼。漢書音義曰翠黃乘黃也龍翼馬身黃帝乘之而仙
鬼神接靈圉賓於閒館。奇物譎詭。俶儻窮變。漢書音義曰俶儻卓異也欽哉符瑞臻茲。猶以爲德薄。
不敢道封禪。蓋周躍魚隕航。休之以燎。應劭曰航舟也休美也微夫此之爲符也。以登介丘。不亦恧
乎。服虔曰介大丘也言周以白魚爲瑞登泰山封禪不以慙乎進讓之道何其爽歟。張揖曰進周也讓漢也爽差也言周未可封禪爲進漢可封禪而不
爲爲讓於是大司馬進曰。陛下仁育羣生。義征不譓。音惠文穎曰大司馬上公也故先進議譓順也諸夏樂貢。百蠻
執贄。德侔往初。功無與二。休烈浹洽。符瑞衆變。期應紹至。不特創見。文穎曰不獨一物造見也意泰山
梁甫設壇場望幸。蓋號以況榮。漢書音義曰意者言太山梁甫設壇場望帝之封禪紀號以表榮名也望幸望帝之臨幸也蓋者發語之辭也陛
下謙讓而弗發。挈三神之歡。缺王道之儀。應劭曰挈絕也李奇曰缺闕也韋昭曰三神上帝太山梁父也羣臣恧焉。或曰。
且天爲質。闇示珍符。固不可辭。孟康曰天道質昧以符瑞見意不可辭讓若然辭之。是泰山靡記而梁甫罔幾
也。亦各並時而榮。咸濟厥世而屈。說者尙何稱於後。而云七十二君哉。應劭曰屈絕也言古帝王若但作一
時之榮畢世而絕者則說無從顯稱於後世也夫修德以錫符。奉命以行事。不爲進越也。文穎曰越踰也不爲苟進而踰禮也故聖
王不替而修禮地祇。謁款天神。漢書音義曰謁告也款誠也言不廢脩禮地祇告誠天神之義也勒功中嶽。以章至尊。張揖

曰蓋先禮中嶽而幸泰山舒盛德。發號榮。受厚福。以浸黎元。皇皇哉此天下之壯觀。王者之卒業。不可貶也。皇皇美也卒終也貶損也卒或爲本願陛下全之。張揖曰願以封禪全其終而後因雜搢紳先生之略術。使獲燿日月之末光。絕炎以展采錯事。漢書音義曰采官也使諸儒記功著業得覩日月末光殊絕之明以展其官職設錯事業也猶兼正列其義。祓飾成文。作春秋一藝。孟康曰猶因也春秋者正天時別人事諸儒既得展事業因兼正天時別人事敘述大義爲一經也將襲舊六爲七。攄之亡窮。服虔曰舊爲六經漢欲七經俾萬世得激清流。揚微波。蜚英聲。騰茂實。蜚古飛字也前聖所以永保鴻名而常爲稱首者用此。宜命掌故。悉奏其儀而覽焉。漢書音義曰掌故太史官屬主故事者也於是天子俙然改容曰。俞乎。朕其試哉。張揖曰俙感動之意也許皆切俙或爲沛乃遷思迴慮。總公卿之議。詢封禪之事。詩大澤之博。廣符瑞之富。遂作頌曰。

自我天覆。雲之油油。漢書音義曰油油雲行貌甘露時雨。厥壤可遊。滋液滲漉。何生不育。說文曰滲下漉也又曰漉水下貌韋昭曰滲疏禁切嘉穀六穗。我穡曷蓄。李奇曰我之稼穡何等不蓄積非惟雨之。又潤澤之。非惟徧之。我氾布護之。萬物熙熙。懷而慕思。名山顯位。望君之來。韋昭曰名山泰山也顯位封禪之事也君乎君乎。侯不邁哉。李奇曰侯何也言君何不行封禪般般之獸。樂我君圃。謂騶虞也白質黑章。其儀可嘉。毛萇詩傳曰騶虞白虎黑文旼旼穆穆。君子之態。漢書音義曰旼旼和也穆穆敬也張揖曰旼音旻態他代切蓋聞其聲。今親其來。親見其來厥塗靡從。天瑞之徵。茲亦於舜。虞氏以興。文穎曰百獸率舞則騶虞在其中濯濯之麟。遊彼靈畤。孟冬十月。君徂郊祀。馳我君。與帝用享祉三代之前。蓋未嘗有。宛宛黃龍。興德而升。采色炫燿。煥炳輝煌。正陽顯見。覺悟黎烝。於傳載之云受命所乘。如淳曰書傳授其比類或以漢土德則宜有黃龍之應於成紀是也故言受命者所乘 厥之有章。不必諄諄。依類託寓。喻以封巒。漢書音義曰寓寄也巒山也言依事類託寄以喻封禪也 披藝觀之。天人之際已交。上下相發允。答聖王之德。兢兢翼翼。故曰於興必慮衰。安必思危。是以湯武至尊嚴。不失肅祗。舜在假典。顧省闕遺。此之謂也。徐廣曰假大也湯武雖居至尊嚴之位而猶不失肅祗之道舜所以在於大典謂能顧省其遺失言漢亦當不失恭敬而自省也

蓋相如既病免。家居茂陵。武帝曰。相如病甚。可往從悉取其書。使所忠往。而相如已死。其妻曰。長卿未死時為書一卷。曰有使來求書奏之。其書言封禪事。天子異之。相如既卒五歲。武帝始祭后土。八年而遂禮中岳。封於泰山。禪梁父。云封禪文初言自古以來封禪者七十二君。又言軒轅之前。遐遠不可詳。聞載籍之傳。可觀者則自唐堯而下。惟周為盛而近於漢。故止以周之封禪者比儗言之。先言周無殊尤絕迹。而猶封禪以發漢之功德殊異而符瑞豐著。乃不敢封禪。故曰進讓之道。何其爽歟。進謂周也。讓謂漢也。其後乃設為大司馬進言及天子僉可之辭。而終之以頌焉。劉辰翁曰。頌當分六章。首章言甘露時雨嘉穀之瑞。二章言德澤流而物懷思。以與太山之望。幸三章四章五章。言騶虞麟龍之瑞臻。所以覺悟於人。以

著受命之符。六章謂以上符瑞。皆上帝依類託寓而諭天子使封禪也。末數語所以言天符不可違。而王道不可缺也。董份曰。封禪書末數言亦風諫。以相如之靡如此。知古人不徒作也。

第五章　司馬相如與樂府

漢書禮樂志曰。武帝定郊祀之禮。祠太一於甘泉。祭后土於汾陰。乃立樂府。采詩夜誦。有趙代秦楚之謳。以李延年爲協律都尉。多舉司馬相如等數十人造爲詩賦。略論律呂。以合八音之調。作十九章之歌。案武帝始立樂府。爲後世樂府所昉。王世貞謂漢郊祀歌十九章。煅意刻酷。煉字神奇。漢書雖稱相如等數十人所造。然相如卒於元狩五年。十九章中不乏元狩以後之作。或經後人更定。其署名者惟鄒子樂四章。餘並不著撰人。大抵當相如時所作者。卽不盡出於相如。亦必經相如審正其辭。且至鴻麗瑰瑋。與相如詞賦體勢相類。武帝好新聲。故相如創爲此體。李延年之屬。不過協其聲音而已。雖非雅樂。亦猶風騷之變格乎。疑相如當時頗造數首。武帝善之。樂府既建。於是十九章並用相如體爲之。故藻采如一焉。今既不可辨其孰爲相如作。迺據漢書悉列十九章。兼綴其訓義。蓋其詞多不易曉也。

郊祀歌十九章

練時日。侯有望。師古曰練選也焫膋蕭。延四方。李奇曰膋腸間脂也蕭香蒿也師古曰以蕭焫脂合馨香也四方四方之神也膋音來彫反焫音人說反九重開。靈之斿。師古曰天有九重言皆開門而來降厥福垂惠恩。鴻祜休。師古曰鴻大也祜福也休美也靈之車。結玄雲。駕飛龍。羽旄紛。師古曰紛紛言其多靈之下。若風馬。師古曰言速疾也左倉龍。右白虎。師古曰以爲衞靈之來。神哉沛。師古曰沛疾貌音補蓋反先以雨。般裔裔。師古曰先以雨言神欲行令雨先驅也般讀與班同班布也裔裔飛流之貌靈之至。慶陰陰。師古曰言垂陰覆徧於下相放悲。震澹心。師古曰放悲猶髣髴也澹動也靈已坐。五音飭。虞至旦。承靈億。師古曰虞樂也億安也牲繭栗。粢盛香。尊桂酒。賓八鄉。應劭曰桂酒切桂置酒中也師古曰繭栗言角之小如繭及栗之形也八鄉八方之神靈安留。吟青黃。服虔曰吟音含師古曰服說非也吟謂歌誦也青黃謂四時之樂也徧觀此。眺瑤堂。衆嫭並。綽奇麗。孟康曰嫭音互嫭好也師古曰謂供神女樂並好麗也顏如荼。兆逐靡。應劭曰荼野菅白華也言此奇麗白如荼孟康曰兆逐靡者兆民逐觀而綺靡也被華文。廁霧縠。曳阿錫。佩珠玉。如淳曰阿細繒錫細布也師古曰廁雜也霧縠言其輕細若雲霧也俠嘉夜。茝蘭芳。如淳曰嘉俠皆美人之稱也嘉夜芳草也師古曰俠與挾同言懷挾芳草也澹容與。獻嘉觴。師古曰澹安也容與言閑舒也

練時日一

帝臨中壇。四方承宇。師古曰言天神尊者來降中壇四方之神各承四宇也繩繩意變。備得其所。應劭曰繩繩謹敬更正意也清和六合。制數以五。張晏曰此后土之歌也土數五海內安寧。興文匽武。師古曰匽古偃字后土富媼。昭明三光。張晏曰媼老母稱也坤爲母故稱媼海內安定富媼之功耳穆穆優游。嘉服上黃。孟康曰土色上黃也

帝臨二

青陽開動。根荄以遂。（臣瓚曰春爲青陽師古曰草根曰荄遂者言皆生出也）膏潤幷愛。跂行畢逮。（師古曰幷兼也逮及也凡有足而行者稱跂行也）霆聲發榮。壧處頃聽。（晉灼曰壧穴也謂蟄蟲驚聽也頃讀曰傾）枯槀復産。廼成厥命。（師古曰枯槀謂草木經冬零落者也）衆庶熙熙。施及夭胎。羣生啿啿。惟春之祺。（師古曰啿啿豐厚之貌也音徒感反）

青陽三　　鄒子樂

朱明盛長。旉與萬物。（臣瓚曰夏爲朱明師古曰旉古敷字敷與言開舒也）桐生茂豫。靡有所詘。（師古曰桐讀爲通茂豫美盛而光悅也言草木皆通達而生美悅光澤各無所詘皆申遂也）敷華就實。既阜既昌。（師古曰敷布也就成也）登成甫田。百鬼迪嘗。（師古曰甫大也甫田大田也百鬼百神也迪進也嘗謂歆饗之也）廣大建祀。肅雍不忘。神若宥之。傳世無疆。

朱明四　　鄒子樂

西顥沆碭。秋氣肅殺。（韋昭曰西方少昊也師古曰沆音胡浪反碭音蕩沆碭白氣之貌也）含秀垂穎。續舊不廢。姦僞不萌。祅孽伏息。隅辟越遠。四貉咸服。（師古曰四貉猶言四夷）既畏茲威。惟慕純德。附而不驕。正心翊翊。

西顥五　　鄒子樂

玄冥陵陰。蟄蟲蓋臧。（師古曰玄冥北方之神也）屮木零落。抵冬降霜。（孟康曰抵至也）易亂除邪。革正異俗。兆民反本。抱素懷樸。條理信義。望禮五嶽。籍斂之時。掩收嘉穀。（師古曰籍斂謂收籍田也）

玄冥六　　鄒子樂

惟泰元尊。媪神蕃釐。李奇曰元尊天也媪神地也師古曰泰元天也蕃多也釐福也言天神至尊而地神多福也經緯天地。作成四時。精建日月。星辰度理。陰陽五行。周而復始。雲風靁電。降甘露雨。百姓蕃滋。咸循厥緒。繼統共勤。順皇之德。師古曰皇皇天也此言天子繼承祖統恭勤爲心而順天也鸞路龍鱗。罔不肸飾。蘇林曰肸音堅塗之堅飾也師古曰肸振也謂皆振整而飾之也嘉籩列陳。庶幾宴享。滅除凶災。烈騰八荒。鐘鼓竽笙。雲舞翔翔。招搖靈旗。九夷賓將。師古曰畫招搖於旗以征伐故稱靈旗將猶從也

惟泰元七

建始元年。丞相匡衡奏罷鸞路龍鱗。更定詩曰。

涓選休成。臣瓚曰涓除也除惡選取美成者也天地並況。惟予有慕。師古曰況賜也爰熙紫壇。思求厥路。師古曰熙興也紫壇壇紫色也思求降神之路也恭承禋祀。縕豫爲紛。孟康曰積聚修飾爲此紛華也黼繡周張。承神至尊。師古曰白與黑畫爲斧形謂之黼千童羅舞成八溢。師古曰溢與佾同佾列也合好效歡虞泰一。師古曰虞與娛同九歌畢奏斐然殊。鳴琴竽瑟會軒朱。師古曰軒朱即朱軒也璆磬金鼓。靈其有喜。師古曰璆美玉名以爲磬也百官濟濟各敬厥事。盛牲實俎進聞膏。師古曰言以牲實俎以蕭焫脂則其芬馨達於神所故曰盛牲實俎進聞膏神奄留臨須搖。晉灼曰須搖須臾也師古曰奄讀曰淹長麗前掞光耀明。晉灼曰掞即光炎字也臣瓚曰長麗靈鳥也舊說云鸞也寒暑不忒況皇章。晉灼曰況賜也皇君也章明也臣瓚曰忒差也寒暑

不差言陰陽和也以此賜君章賢德也展詩應律鋗玉鳴。晉灼曰鋗鳴玉聲也函宮吐角激徵清。發梁揚羽申以商。師古曰自函宮吐角以下總言五聲之備耳申重也發梁歌聲繞梁也函與含同造茲新音永久長。聲氣遠條鳳鳥鶬。師古曰條達也鶬古翔字神夕奄虞蓋孔享。師古曰虞樂也

天地八丞相匡衡奏罷黼繡周張更定詩曰。

顗若舊典。日出入安窮。時世不與人同。晉灼曰日月無窮而人命有終世長而壽短故春非我春。夏非我夏。秋非我秋。冬非我冬。泊如四海之池。徧觀是邪謂何。晉灼曰言人壽不能安固如四海偏觀是乃知命甚促謂何當如之何也吾知所樂。獨樂六龍。六龍之調。使我心若。訾黃其何不徠下。應劭曰訾黃一名乘黃龍翼而馬身黃帝乘之而仙師古曰訾嗟歎之辭也黃乘黃也歎乘黃不來下也訾音咨

日出入九

太一況天馬下。師古曰言此天馬乃太一所賜故來下也霑赤汗。沫流赭。應劭曰大宛馬汗血霑濡也流沫如赭也李奇曰沫音靧面之靧晉灼曰沫古靧字志俶儻。精權奇。籋浮雲。晻上馳。蘇林曰籋音躡言天馬上躡浮雲也師古曰晻音烏感反言晻然而上馳體容與。泄萬里。孟康曰泄音逝如淳曰泄超踰也師古曰泄讀與厲同言能厲渡萬里也今安匹。龍爲友。

元狩三年馬生渥洼水中作。

天馬徠。從西極。涉流沙。九夷服。師古曰言九夷皆服故此馬遠來也天馬徠。出泉水。虎脊兩。化若鬼。應劭曰馬毛色

如虎脊者有兩也師古曰言其變化若鬼神也天馬徠。歷無草。徑千里。循東道。師古曰言馬從西來經行磧鹵之地無草者凡千里而至東道天馬徠。執徐時。應劭曰太歲在辰曰執徐言得天馬時歲在辰也將搖舉。誰與期。師古曰言當奮搖高舉不可與期也天馬徠。開遠門。竦予身。逝昆侖。文穎曰言武帝好仙常庶幾天馬來當乘之往登昆侖也師古曰文說是也天馬徠。龍之媒。應劭曰言天馬者乃神龍之類今天馬已來此龍必至之效也游閶闔。觀玉臺。應劭曰閶闔天門玉臺上帝之所居

天馬十。太初四年。誅宛王。獲宛馬作。

天門開。詄蕩蕩。如淳曰詄讀如迭詄蕩蕩天體堅清之狀也穆並騁。以臨饗。師古曰言衆神穆然方駕馳騁而臨祠祭光夜燭。德信著。師古曰神光夜照應誠而來是德信著明靈寖平而鴻長生豫。師古曰神靈德澤所浸溥博無私其福甚大故我得長生之道而安豫也大朱涂廣。夷石爲堂。師古曰涂道路也夷平也言通神之路飾以朱丹又甚廣大平爽密石累以爲堂飾玉梢以舞歌。體招搖若永望。師古曰梢竿也舞者所持玉梢以玉飾之也招搖申動之貌永長也招音韶星留俞。塞隕光。照紫幄。珠熉黃。如淳曰熉音殞黃貌也幡比翄回集。貳雙飛常羊。文穎曰舞者骨騰肉飛如鳥之回翅而雙集也師古曰常羊猶逍遙也月穆穆以金波。日華燿以宣明。師古曰言月光穆穆若金之波流也宣徧也假清風軋忽。激長至重觴。師古曰軋忽長遠之貌也重觴謂累獻也神裴回。若留放。殣冀親。以肆章。孟康曰殣音覲師古曰言神靈裴回留而不去故我得覲見冀以親附而陳誠意遂章明之函蒙祉福。常若期。寂漻上天知厥時。應劭曰言天雖寂漻高遠而知我饗薦之時也泛泛滇滇從高斿。應劭曰泛泛上浮之意也滇滇皤貌也殷勤此路臚所求。應劭曰臚陳也佻正嘉吉弘以昌。如淳曰佻讀曰肇始也休嘉砰隱溢四方。砰隱盛意專

精厲意逝九閡。如淳曰閡亦陔也陔重也謂九天之上也紛云六幕浮大海。師古曰紛云興作之貌六幕猶言六合也

天門十一

景星顯見。信星彪列。如淳曰景星者德星也見無常常出有道之國鎮星爲信星居國益地象載昭庭。日親以察。師古曰象謂縣象也載事也縣象秘事昭顯於庭日來親近甚明察也參侔開闔。爰推本紀。晉灼曰侔等也開闔猶開闔也言今之鼎瑞參等於上世汾脽出鼎。皇祐元始。師古曰皇大也脽音誰五音六律。依韋饗昭。師古曰依韋諧和不相乖離也饗讀曰嚮昭明也言聲響之明也雜變並會。雅聲遠姚。師古曰姚僄姚言飛揚也空桑琴瑟結信成。師古曰空桑地名也出善木可爲琴瑟也四興遞代八風生。臣瓚曰舞者四縣代奏也左氏傳曰夫舞者所以節八音而行八風也殷殷鐘石羽籥鳴。師古曰殷殷盛也石謂磬也羽籥韶舞所持者也殷音隱河龍供鯉醇犧牲。晉灼曰河龍夏之所賜者也供鯉給廚祭也師古曰醇謂色不雜也百末旨酒布蘭生。師古曰百末百草華之末也旨美也以百草華末雜酒故香且美也事見春秋繁露泰尊柘漿析朝酲。應劭曰柘漿取甘柘汁以爲飲也酲病酒也析解也言柘漿可以解朝酲也微感心攸通修名。師古曰言精微所應其心攸遠故得通達成長久之名周流常羊思所并。師古曰周流猶周行也思所并思與神道合也穰穰復正直往寧。師古曰穰穰多也復猶歸也直當也寧願也言獲福既多歸於正道克當往日所願也馮蠵切和疏寫平。晉灼曰馮馮夷河伯也蠵觜蠵龜屬也師古曰言馮夷命靈蠵使切厲諧和水神令之疏導川瀆寫散平均無災害也上天布施后土成。穰穰豐年四時榮。

景星十二元鼎五年得鼎汾陰作

齊房產草九莖連葉。宮童效異披圖案諜。臣瓚曰宮之童豎致此異瑞也蘇林曰諜譜第之也玄氣之精。回復此都。

師古曰玄天也言天氣之精回旋反復於此雲陽之都謂甘泉也蔓蔓日茂。芝成靈華。

齊房十三元封二年芝生甘泉齊房作

后皇嘉壇。立玄黃服。師古曰壇祭壇也服祭服也物發冀州。兆蒙祉福。晉灼曰得寶鼎於汾陰也沇沇四塞。假狄合處。孟康曰沇音兖師古曰沇沇流行之貌也假狄遠夷也合處內附也假卽遐字耳經營萬億。咸遂厥宇。師古曰宇居也言我經營萬方億兆故得咸遂其居

后皇十四

華爗爗。固靈根。神之斿。過天門。車千乘。敦昆侖。師古曰敦讀曰屯聚也神之出。排玉房。周流雜。拔蘭堂。師古曰拔舍止也音步曷反神之行。旌容容。騎沓沓。般從從。師古曰容容飛揚之貌也沓沓疾行也般相連也從從衆也神之徠。泛翊翊。甘露降。慶雲集。神之揄。臨壇宇。師古曰揄引也壇宇謂祭祠壇場及宮室言神引來降臨之也九疑賓。夔龍舞。如淳曰九疑舜所葬言以舜爲賓客也夔典樂龍管納言皆隨舜而來舞以樂神神安坐。鴹吉時。師古曰鴹古翔字言神安坐回翔皆趣吉時也共翊翊。合所思。師古曰翊翊敬也神嘉虞。申貳觴。師古曰貳觴猶重觴也福滂洋。邁延長。師古曰滂洋饒廣也沛施祐。汾之阿。師古曰沛然泛貌也阿水之曲隅揚金光。橫泰河。師古曰橫充滿也泰河大河也莽若雲。增陽波。師古曰莽雲貌言光明之盛莽莽然如雲也徧臚驩。騰天歌。師古曰臚陳也騰升也言陳其歡慶令歌上升於天

華爗爗十五

五神相包四鄰。如淳曰五帝爲太一相也師古曰四鄰四方也土地廣。揚浮雲。抎嘉壇。椒蘭芳。孟康曰抎摩也師古曰謂摩拭其壇加以椒蘭之芳璧玉精。垂華光。師古曰言禮神之璧乃玉之精英故有光華也益億年。美始興。師古曰言福慶方興起也交於神。若有承。師古曰言神來降臨故盡其肅恭廣宣延。咸畢觴。師古曰言徧延諸神咸歆祭祀畢盡觴爵也靈輿位。偃蹇驤。師古曰神既畢饗則嚴駕靈與引其侍從之位偃蹇高驤也卉汩臚。析奚遺。師古曰卉汩疾意也臚陳也析分也奚何也言速自陳列分散而歸無所留也淫淥澤。淫然歸。師古曰淫久也淥澤澤名言我饗神之後久在淥澤乃淫然而歸也淫音烏黃反

五神十六

朝隴首。覽西垠。雷電尞。獲白麟。臣瓚曰尞祭五時皆有報應聲若靁光若電也爰五止。顯黃德。師古曰爰發語辭止足也時白麟足有五蹏圖匈虐。熏鬻殛。應劭曰匈奴本號也師古曰殛窮也一曰殛誅也闢流離。抑不詳。師古曰流離不得其所者爲開道路使之安集達道不詳善者則抑黜之以申懲勸也賓百僚。山河饗。師古曰百僚百神之官也掩回轅。鬗長馳。如淳曰鬗音樠鬗鬗長貌也騰雨師。洒路陂。流星隕。感惟風。籋歸雲。撫懷心。師古曰懷心懷柔之心也

朝隴首十七元狩元年行幸雍獲白麟作

象載瑜。白集西。師古曰象載象輿也山出象輿瑞應車也瑜美貌也食甘露。飲榮泉。師古曰駕輿者之所飲食也榮泉言泉有光華赤鴈集。六紛員。師古曰言六者所獲赤鴈之數也紛員多貌也言西獲象輿東獲赤鴈祥瑞多也員音云殊翁雜。五采文。孟康曰翁鴈頸也言其文采殊異也神所見。施祉福。登蓬萊。結無極。師古曰見顯示也蓬萊神山也在海中結成也

象載瑜十八太始三年行幸東海獲赤鴈作

赤蛟綏。黃華蓋。師古曰綏綏赤蛟貌黃華蓋言其上有黃氣狀若蓋也露夜零。晝晻濭。師古曰濭音藹晻濭雲氣之貌百君禮。六龍位。師古曰百君亦謂百神也勺椒漿。靈已醉。師古曰勺讀曰酌靈既享。錫吉祥。芒芒極。降嘉觴。師古曰芒芒廣大貌靈殷殷。爛揚光。師古曰殷殷盛也爛光貌延壽命。永未央。杳冥冥。塞六合。澤汪濊。輯萬國。靈禗禗。象輿轙。孟康曰禗音近枲不安欲去也如淳曰轙僕人嚴駕待發之意也師古曰轙音儀票然逝。旗逶蛇。師古曰票然輕舉意也逶蛇旗貌也禮樂成。靈將歸。託玄德。長無衰。師古曰言託恃天德冀獲長生無衰竭也赤蛟十九

第六章　司馬相如與並世文人

西漢文章最盛。而武帝時爲尤。相如先事景帝。嗣游梁。後乃事武帝。游梁時則悅齊鄒陽淮陰枚乘吳嚴忌之徒。及武帝時則與公孫弘、兒寬、董仲舒、司馬遷、東方朔、嚴助、朱買臣、主父偃、徐樂、嚴安、枚皋、吾丘壽王、膠倉、終軍、嚴葱奇等同朝。皆辯知閎達。溢於文辭者也。相如之游梁也。既與鄒枚諸人同列。鄒陽文章有縱橫之風。而不嫻於賦。美人賦謂陽嘗譖相如。枚乘菟園賦忘憂館柳賦之屬。亦不逮相如遠甚。嚴忌哀時命。嚴忌本姓莊則擷楚騷之餘采。未足以爲絕倫也。然梁客自相如外。要以枚乘才爲最高。實始作五言詩。又創七發。別爲文章一體。其問對凡七。故謂之七。此後傅毅七激。張衡七辯。崔駰七依。馬融七廣。曹植七啟。

王粲七釋。張協七命之類。皆繼乘而作。故七發尤爲文士所重。茲特著之。約取文選訓釋焉。

七發　　枚乘

楚太子有疾。而吳客往問之曰。伏聞太子玉體不安。亦少閒乎。太子曰。憊。謝客。客因稱曰。今時天下安寧。四宇和平。太子方富於年。意者久耽安樂。日夜無極。邪氣襲逆。中若結轖。（說文曰轖車籍交革也音色）紛屯澹淡。噓唏煩醒。（紛屯澹淡憒耄煩悶之貌方言曰哀而不泣曰唏噓毛萇詩傳曰病酒曰醒）惕惕怵怵。臥不得瞑。虛中重聽。惡聞人聲。精神越渫。百病咸生。（越散也渫發也）聰明眩曜。悅怒不平。（眩曜惑亂貌）久執不廢。大命乃傾。太子豈有是乎。太子曰。謹謝客。賴君之力。時時有之。然未至於是也。（言賴君之力天下太平故久耽安樂時有此疾也）客曰。今夫貴人之子。必宮居而閨處。內有保母。外有傅父。欲交無所。飲食則溫淳甘膬。腥醲肥厚。（溫淳謂凡味之厚也膬腝易破也腥肥肉也醲厚酒也）衣裳則雜遝曼煖。燂爍熱暑。（曼輕細也燂火熱也爍亦熱也）雖有金石之堅。猶將銷鑠而挺解也。（挺猶動也）況其在筋骨之閒乎哉。故曰縱耳目之欲。恣支體之安者。傷血脈之和。且夫出輿入輦。命曰蹷痿之機。（呂氏春秋曰出則以車入則以輦務以自佚命曰佁蹷之機高誘曰佁至也蹷機門內之位也乘輦于宮中游翔至於蹷機故曰務以佚也枚乘引佁蹷而爲蹷痿未詳乘之謬爲好奇而改之）洞房清宮。命曰寒熱之媒。皓齒娥眉。命曰伐性之斧。甘脆肥膿。命曰腐腸之藥。今太子膚色靡曼。

四支委隨。筋骨挺解。靡細也曼澤也隨不能屈伸也血脈淫濯。手足墮窳。淫濯謂過度而且大也墮懈墮也窳弱也越女侍前。齊姬奉後。往來游醼。縱恣于曲房隱間之中。此甘餐毒藥。戲猛獸之爪牙也。所從來者至深遠。淹滯永久而不廢。雖令扁鵲治內。巫咸治外。尚何及哉。今如太子之病者。獨宜世之君子。博見強識。承閒語事。變度易意。常無離側。以爲羽翼。淹沈之樂。浩唐之心。遁佚之志。其奚由至哉。唐猶蕩也太子曰。諾。病已。請事此言。

客曰。今太子之病。可無藥石針刺灸療而已。可以要言妙道說而去也。不欲聞之乎。太子曰。僕願聞之。客曰。龍門之桐。高百尺而無枝。中鬱結之輪菌。根扶疏以分離。鬱結隆高之貌也扶疏四布也輪菌委曲也上有千仞之峯。下臨百丈之谿。湍流遡波。又澹淡之。遡波逆流之波也澹淡搖蕩之貌也其根半死半生。冬則烈風漂霰飛雪之所激也。夏則雷霆霹靂之所感也。朝則鸝黃鳱鴠鳴焉。爾雅曰鶬鶊黎黃禮記曰仲冬曷旦不鳴鄭玄曰曷旦求旦鳥也鳱與曷並音渴鴠音旦也暮則羈雌迷鳥宿焉。獨鵠晨號乎其上。鵾雞哀鳴翔乎其下。於是背秋涉冬。使琴摯斫斬以爲琴。野繭之絲以爲絃。師摯魯太師也以其工琴謂之琴摯孤子之鉤以爲隱。九寡之珥以爲約。鉤帶鉤也桓子新論曰琴隱長四十五分隱以前長八分列女傳曰魯之母師九子之寡母也不幸早失夫獨與九子居蒼頡篇曰珥珠在耳也字書曰約亦的字也的琴徽也使師堂操暢。伯子牙爲之歌。師堂樂師也韓詩外傳曰孔子學鼓琴於師堂子京琴道曰堯暢達則兼善天下無不通暢故謂之暢列子曰伯牙善鼓琴也歌曰。麥秀蔪兮雉朝飛。蔪麥芒也慈斂切向虛壑兮背槁槐。依絕區兮臨迴溪。飛鳥聞之翕翼而不能去。野獸聞之垂耳而不能行。蚑蟜螻蟻聞之。拄喙而不能前。(蚑行也凡生類之行皆謂之蚑蟜蟲也)此亦天下之至悲也。太子能強起聽之乎。太子曰。僕病未能也。

客曰。犓牛之腴。菜以筍蒲。(說文曰犓以芻莝養牛也腴腹下肥者)肥狗之和。冒以山膚。楚苗之食。安胡之飯。(芼菜也謂以菜調和之也冒與芼古字通山膚未詳楚苗山出禾可以爲食安胡未詳一曰安胡彫胡也)摶之不解。一啜而散。(啜嘗也)於是使伊尹煎熬。易牙調和。熊蹯之臑。勺藥之醬。(臑熟也音而)薄耆之炙。鮮鯉之鱠。(薄耆未詳一曰薄切獸耆之肉而以爲炙也耆今人謂之耆頭)秋黃之蘇。白露之茹。(茹菜之總名也)蘭英之酒。酌以滌口。山梁之餐。豢豹之胎。小飯大歠。如湯沃雪。(沃雪言易也)此亦天下之至美也。太子能彊起嘗之乎。太子曰。僕病未能也。

客曰。鍾岱之牡。齒至之車。(趙地鍾岱宜馬齒至之車未詳或說曰公羊傳曰先軫謂晉侯曰君馬齒至也言以齒至馬駕車也)前似飛鳥。後類距虛。(駿馬有晨風黃鵠皆取鳥名馬言走疾若飛也范子曰千里馬必有距虛)穱麥服處。躁中煩外。(以穱麥分劑而食馬馬肥故中躁而外煩也)羈堅轡。附易路。(易平易也)於是伯樂相其前後。王良造父爲之御。秦缺樓季爲之右。(秦缺未詳許愼淮南子注曰樓季魏文侯之弟也)此兩人者。馬佚能止之。車覆能起之。(兩人秦缺樓季也)於是使射千鎰之重。爭千里之逐。(史記曰田忌數與齊公子馳逐重射孫子謂田忌曰君弟重射臣能令君勝忌然之與射千金既馳三輩而忌一不勝而再勝卒得千金)此亦天下之至駿也。太子能彊起乘之乎。太子曰。僕病未能也。

客曰。既登景夷之臺。南望荆山。北望汝海。左江右湖。其樂無有。景夷臺名也 於是使博辯之士。
原本山川。極命草木。命名也 比物屬事。離辭連類。浮游覽觀。乃下置酒於虞懷之宮。虞懷宮名也
連廊四注。臺城層構。紛紜玄綠。輦道邪交。黃池紆曲。黃當爲湟湟城池也 溷章白鷺。孔鳥鶤鵠。溷章鳥名未詳
鵷鶵鵁鶄。翠鬣紫纓。鬣首毛也纓頸毛也 螭龍德牧。邕邕羣鳴。螭龍德牧並鳥形未詳 陽魚騰躍。奮翼振鱗。曾子曰鳥魚皆生於陰而屬於陽
漃漻薵蓼。蔓草芳苓。薵藸草也蓼水草苓古蓮字也 女桑河柳。素葉紫莖。苗松豫章。
條上造天。苗松未詳一曰苗山之松豫章木名也 梧桐并閭。極望成林。并閭椶也 衆芳芬鬱。亂於五風。從容猗靡。
消息陽陰。消滅也息生也林木茂盛隨風披靡故或陽或陰也 列坐縱酒。蕩樂娛心。景春佐酒。杜連理音。景春孟子時人爲縱橫之術者杜連未詳
滋味雜陳。肴糅錯該。練色娛目。流聲悅耳。練擇也流擇也 於是乃發激楚之結風。揚鄭衛之皓樂。激急風也結風回風亦急風也皓樂善倡也
使先施徵舒陽文段干吳娃閭娵傅予之徒。皆美女也先施即西施也徵舒段干傅予皆未詳淮南子曰不待脂粉西施陽文也許慎曰陽文楚之好人也孫卿子曰閭娵子奢莫之媒章昭漢書注曰閭娵梁王魏嬰之美人 雜裾垂髾。
目窕心與。髾燕尾也窕當爲挑 揄流波。雜杜若。揄引也 蒙清塵。被蘭澤。嬿服而御。釋朝服嬿褻服 此亦天下之靡麗皓侈廣博之樂也。太子能彊起游乎。太子曰。僕病未能也。
客曰。將爲太子馴騏驥之馬。駕飛軨之輿。乘牡駿之乘。右夏服之勁箭。左烏號之彫弓。游涉乎雲林。周馳乎蘭澤。弭節乎江潯。潯水涯也 掩青蘋。游清風。陶陽氣。蕩春心。逐狡獸。集輕禽。

言射而矢集於輕禽也 於是極犬馬之才。困野獸之足。窮相御之智巧。恐虎豹。慴鷙鳥。慴恐也 逐馬鳴鑣。魚跨麋角。逐馬馳逐之馬鳴鑣鑾鳴於鑣也魚跨跨度魚也麋角執麋之角也 履游麕兔。蹈踐麖鹿。汗流沫墜。寃伏陵窘。陵猶促也 無創而死者。固足充後乘矣。此校獵之至壯也。太子能彊起游乎。太子曰。僕病未能也。然陽氣見於眉宇之間。侵淫而上。幾滿大宅。周書曰民有五氣喜氣內蓄雖欲隱之陽喜必見大宅未詳

客見太子有悅色。遂推而進之曰。冥火薄天。兵車雷運。冥夜也薄至也運轉也音旋 旍旗偃蹇。羽毛肅紛。馳騁角逐。慕味爭先。徼墨廣博。觀望之有圻。墨燒田也言逐獸於燒田廣博之所而觀望之有圻堮也墨或爲塵也說文曰圻地圻堮也魚斤切 純粹全犧。獻之公門。太子曰。善。願復聞之。

客曰。未既。既盡也 於是榛林深澤。煙雲闇莫。兕虎並作。莫闇貌也 毅武孔猛。袒裼身薄。袒裼肉袒也薄迫也 白刃磑磑。矛戟交錯。收獲掌功。賞賜金帛。掩蘋肆若。爲牧人席。掩覆也肆陳也 旨酒嘉肴。羞炰膾炙。以御賓客。涌觴並起。動心驚耳。誠必不悔。決絕以諾。貞信之色。形于金石。高歌陳唱。萬歲無斁。斁厭也 此眞太子之所喜也。能强起而游乎。太子曰。僕甚願從。眞恐爲諸大夫累耳。然而有起色矣。

客曰。將以八月之望。與諸侯遠方交游兄弟。並往觀濤乎廣陵之曲江。至則未見濤之形也。徒觀水力之所到。則衈然足以駭矣。衈然驚恐貌 觀其所駕軼者。所擢拔者。所揚汩者。所溫

汾者。所滌汔者。（蹈陵也鈌突也擢抽也汨亂也古沒切溫汾轉之貌也爾雅曰幾汔也郭璞曰謂摩近）雖有心略辭給。固未能縷形其所由然也。（略智也縷辭縷也）怳兮忽兮。聊兮慄兮。混汨汨兮。（聊慄恐懼之貌）忽兮慌兮。俶兮儻兮。（俶儻卓異也）浩瀇瀁兮。慌曠曠兮。秉意乎南山。通望乎東海。虹洞兮蒼天。極慮乎崖涘。（虹洞相連貌也）流攬無窮。歸神日母。（言周流觀覽而窮然後歸神至日所出也）汨乘流而下降兮。或不知其所止。（汨疾貌爲畢切）或紛紜其流折兮。忽繆往而不來。（言衆浪紛紜其流曲折或錯繆俱往而不迴流）臨朱汜而遠逝兮。中虛煩而益怠。（朱汜蓋地名未詳）莫離散而發曙兮。內存心而自持。（莫離散謂精神不離散也發曙發夕至曙也）於是澡槩胷中。灑練五藏。（毛萇詩傳曰漑滌也槩與漑同練猶汰也）澹澉手足。頮濯髮齒。（澉澹猶洗滌也頮洗面也）揄棄恬怠。輸寫淟濁。（淟垢濁也）分決狐疑。發皇耳目。當是之時。雖有淹病滯疾。猶將伸傴起躄。發瞽披聾而觀望之也。（傴曲也）況直眇小煩懣醒醲病酒之徒哉。故曰發蒙解惑。不足以言也。太子曰。善。然則濤何氣哉。

客曰。不記也。然聞於師曰。似神而非者三。疾雷聞百里。（言聲似疾雷而聞百里一也）江水逆流。海水上潮。（言能令二水逆流上潮二也）山出內雲。日夜不止。（山內雲而日夜不止三也）衍溢漂疾。波涌而濤起。（衍散也）其始起也。洪淋淋焉。若白鷺之下翔。其少進也。浩浩溰溰。如素車白馬帷蓋之張。（浩浩深廣之貌也溰溰高白之貌也）其波涌而雲亂。擾擾焉如三軍之騰裝。其旁作而奔起也。飄飄焉如輕車之勒兵。六駕蛟龍。附從太白。（太白河伯也）純馳浩蜺。前後駱驛。（浩蜺即素蜺也波濤之勢若素蜺而馳言其長也）顒顒卬卬。椐椐彊彊彊。莘莘將將。顒顒卬卬波高貌也倨倨彊彊相隨之貌莘莘多貌也將將高貌也壁壘重堅。沓雜似軍行。訇隱匈礚。軋盤涌裔。原不可當。軋坱無垠貌也盤謂盤礴廣大貌涌裔行貌也觀其兩傍。則滂渤怫鬱。闇漠感突。上擊下律。有似勇壯之卒。律當爲硉硉虜骨切突怒而無畏。蹈壁衝津。窮曲隨隈。踰岸出追。追亦堆字遇者死。當者壞。初發乎或圍之津。涯荄軫谷分。或圍蓋地名也言涯如轉而谷似裂也一曰涯如草轉也方言曰荄根也謂草之限也一本無荄字軫轉也迴翔青篾。衘枚檀桓。青篾檀桓蓋並地名也迴翔水復流也衘枚水無聲也弭節伍子之山。通厲骨母之場。越絕書曰闔閭旦食䱉山晝遊於胥母疑骨母字之誤也淩赤岸。篲扶桑。橫奔似雷行。赤岸蓋地名也誠奮厥武。如振如怒。沌沌渾渾。狀如奔馬。沌沌渾渾波相隨之貌也混混庉庉。聲如雷鼓。混混沌沌波浪之聲也發怒庢沓。清升踰跇。言初發怒礙止而涌沸少選之頃清者上升遞相踰跇也說文曰庢礙止也庢竹栗切庢或爲底古字也沓釜沸出也跇超踰也侯波奮振。合戰於藉藉之口。陽侯大波也藉藉蓋地名也鳥不及飛。魚不及迴。獸不及走。紛紛翼翼。波涌雲亂。蕩取南山。背擊北岸。覆虧丘陵。平夷西畔。言水之勢既蕩南山又擊北岸丘陵爲之顚覆然後平夷西畔險險戲戲。崩壞陂池。決勝乃罷。合戰決勝而後乃罷瀄汩潺湲。披揚流灑。瀄泌瀄波相楔也汨蜜汨水流疾也橫暴之極。魚鼈失勢。顚倒偃側。沈沈湲湲。蒲伏連延。沈沈湲湲魚鼈顚倒之貌也神物恠疑。不可勝言。直使人踣焉。洄闇悽愴焉。郭璞爾雅曰踣覆也薄北切洄與回同也此天下怪異詭觀也。太子能彊起觀之乎。太子曰。僕病未能也。

客曰。將爲太子奏方術之士有資略者。若莊周魏牟楊朱墨翟便蜎詹何之倫。使之論天下之釋微理。萬物之是非。孔老覽觀。孟子持籌而算之。萬不失一。此亦天下要言妙道也。太子豈欲聞之乎。於是太子據几而起曰。渙乎若一聽聖人辯士之言。涊然汗出。霍然病已。（涊汗貌也乃顯切　霍疾貌也）

相如之在漢廷。同時文學之臣。嚴助則嚴忌之子。枚皋則枚乘之子。皆相如之後進。至吾丘壽王朱買臣之文辭。主父偃徐樂嚴安之縱橫。其書流傳甚寡。抑非其倫矣。惟董仲舒春秋對策之詞。及繁露之作。純然儒者之言。司馬遷史記。整齊舊事。議辨奇恣。爲後世史家之宗。雖體製各有不同。庶幾差肩於相如乎。次則東方朔滑稽之雄。其文亦自成一體。今錄方朔答客難一首。仲舒馬遷具有成書。不復著焉。

答客難　東方朔

客難東方朔曰。蘇秦張儀。壹當萬乘之主。而身都卿相之位。（如淳曰都謂居也）澤及後世。今子大夫脩先王之術。慕聖人之義。諷誦詩書百家之言。不可勝記。著於竹帛。脣腐齒落。服膺而不可釋。好學樂道之效。明白甚矣。自以爲智能海內無雙。則可謂博聞辯智矣。然悉力盡忠。以事聖帝。曠日持久。積數十年。官不過侍郎。位不過執戟。意者尙有遺行邪。同胞之徒。無所容居。其故何也。東方先生喟然長息。仰而應之曰。是故非子之所能備。彼一時也。此一時也。豈可同哉。夫蘇秦張儀之時。周室大壞。諸侯不朝。力政爭權。相擒以兵。并爲十二國。未有雌雄。得士者强。失士者亡。故說得行焉。身處尊位。珍寶充內。外有倉廩。澤及後世。子孫長享。今則不然。聖帝德流。天下震慴。諸侯賓服。連四海之外以爲帶。安於覆盂。天下平均。合爲一家。動發舉事。猶運之掌。賢與不肖。何以異哉。遵天之道。順地之理。物無不得其所。故綏之則安。動之則苦。尊之則爲將。卑之則爲虜。抗之則在青雲之上。抑之則在深淵之下。用之則爲虎。不用則爲鼠。雖欲盡節効情。安知前後。夫天地之大。士民之衆。竭精馳說。並進輻湊者。不可勝數。悉力慕之。困於衣食。或失門戶。使蘇秦張儀與僕並生於今之世。曾不得掌故。安敢望侍郎乎。（應劭漢書注曰掌故百石吏主故事者）傳曰。天下無害。雖有聖人。無所施才。上下和同。雖有賢者。無所立功。故曰時異事異。雖然。安可以不務脩身乎哉。詩曰。鼓鐘于宮。聲聞于外。鶴鳴九皋。聲聞于天。苟能脩身。何患不榮。太公體行仁義。七十有二。乃設用於文武。得信厥說。封於齊。七百歲而不絕。此士所以日夜孳孳。脩學敏行。而不敢怠也。譬若鶺鴒。飛且鳴矣。傳曰。天不爲人之惡寒而輟其冬。地不爲人之惡險而輟其廣。君子不爲小人之匈匈而易其行。天有常度。地有常形。君子有常行。君子道其常。小人計其功。詩云。禮義之不愆。何恤人之言。水至清則無魚。人至察則無徒。冕而前旒。所以蔽明。黈纊充耳。所以塞聰。明有所不見。聰有所不聞。舉大德赦小過。無求備於一人之義也。枉而直之。使自得之。優而柔之。使自求之。揆而度之。使自索之。蓋聖人之教化如此。欲其自得之。自得之則敏且廣矣。今世之處士時雖不用。塊然無徒。廓然獨居。上觀許由。下察接輿。計同范蠡。忠合子胥。天下和平。與義相扶。寡偶少徒。固其宜也。子何疑於予哉。若夫燕之用樂毅。秦之任李斯。酈食其之下齊。說行如流。曲從如環。所欲必得。功若丘山。海內定。國家安。是遇其時者也。子又何怪之邪。語曰。以筦窺天。以蠡測海。以筳撞鐘。豈能通其條貫。考其文理。發其音聲哉。猶是觀之。譬由鼱鼩之襲狗。孤豚之咋虎。至則靡耳。何功之有。如淳曰鼱音精服虔曰鼩音劬李巡爾雅注曰鼱鼩一名奚鼠說文曰靡爛也亡皮切靡與縻古字通也今以下愚而非處士。雖欲勿困。固不得已。此適足以明其不知權變。而終惑於大道也。

漢書稱朔上書陳農戰彊國之計。欲求試用。其言專商鞅韓非之語也。指意放蕩。頗復詼諧。辭數萬言。終不見用。因著客難之篇。喻其位卑不遇之意。武帝時文學最盛。自上述諸子外。如蘇李之五言。虞初之小說。皆與相如並世者矣。

中國六大文豪卷二終

中國六大文豪 卷三

第三編 揚雄

第一章 揚雄傳略

漢書揚雄本傳。是據雄自序。今兼考他書集而述之。雄自序曰。揚雄字子雲。蜀郡成都人也。其先出自有周伯僑者。以支庶初食采于晉之揚。因氏焉。不知伯僑周何別也。揚在河汾之間。周衰而揚氏或稱侯。號曰揚侯。會晉六卿爭權。韓魏趙興。而范中行知伯弊。當是時。偪揚侯。揚侯逃于楚巫山。因家焉。楚漢之興也。揚氏遡江上。處巴江州。而揚季官至廬江太守。漢元鼎間避仇。復遡江上。處嶓山之陽曰郫。有田一壥。有宅一區。世世以農桑爲業。自季至雄。五世而傳一子。故雄亡他揚于蜀。雄少而好學。不爲章句。訓詁通而已。博覽無所不見。爲人簡易佚蕩。口吃不能劇談。默而好深湛之思。清靜亡爲。少耆欲。不汲汲于富貴。不戚戚于貧賤。不修廉隅。以徼名當世。家產不過十金。乏無儋石之儲。晏如也。自有大度。非聖哲之書不好也。非其意。雖富貴不事也。顧嘗好辭賦。先是時。蜀有司馬相如。作賦甚弘麗溫雅。雄心壯之。每作賦。嘗擬之以爲式。又怪屈原文過相如。至不容。作離騷。自投江而死。悲其文。讀之未嘗不流涕也。以爲君子得時則大行。不得時則龍蛇。遇不遇命也。何必湛身哉。迺作書往往摭離騷文而反之。自崏山投諸江流以弔屈原。名曰反離騷。又旁離騷作重一篇名曰廣騷。又旁惜誦以下至懷沙一卷名曰畔牢愁。孝成帝時客有薦雄文似相如者。上方郊祠甘泉泰時汾陰后土。以求繼嗣。召雄待詔承明之庭。正月從上甘泉還奏甘泉賦以風。賦成奏之天子異焉。其三月。將祭后土。上迺帥羣臣橫大河湊汾陰。既祭。行游介山。回安邑。顧龍門覽鹽池。登歷觀。陟西岳以望八荒。迹殷周之虛。眇然以思唐虞之風。雄以爲臨川羨魚不如歸而結罔。還上河東賦以勸。十二月羽獵。雄從、因校獵賦以風。明年、上將大誇胡人以多禽獸。秋命右扶風發民入南山捕熊羆豪豬虎豹狖玃狐兔麋鹿。載以檻車輸長楊射熊館。令胡人手搏之。自取其獲。上親臨觀焉。是時農民不得收斂。雄從至射熊館。還上長楊賦。聊因筆墨成文章。故藉翰林以爲主人。子墨爲客卿以風。哀帝時。丁傅董賢用事。諸附離之者或起家至二千石。時雄方草太玄。有以自守。泊如也。或嘲雄以玄尙白。而雄解之。號曰解嘲。雄以爲賦者將以風之。必推類而言。極麗靡之辭。閎侈鉅衍。競于使人不能加也。既迺歸之于正。然覽者已過矣。往時武帝好神仙。相如上大人賦欲以風。帝反縹縹有凌雲之志。繇是言之。賦勸而不止明矣。又頗似俳優淳于髡優孟之徒。非法度所存。賢人君子詩賦之正也。於是輟不復爲。而大潭思渾天。參摹而四分之。極于八十一。旁則三摹九据。極之七百二十九贊。亦自然之道也。故觀易者見其卦而名之。觀玄者數其畫而定之。玄首四重者非卦也數也。其用自天元推一晝一夜陰陽數度律歷之紀九九大運與天終始。故玄三方九州二十七部八十一家二百四十三表七百二十九贊。分爲三卷曰一二三。與泰初歷相應。亦有顓頊之歷焉。揲之以三策。開之以休咎。緜之以象類。播之以人事。文之以五行。擬之以道德仁義禮智。無主無名。要合五經。苟非其事。文不虛生。爲其泰曼漶而不可知。故有首衝錯測攡瑩數文掜圖告十一篇。皆以解剝玄體。離散其文。章句尚不存焉。觀之者難知。學之者難成。客有難玄大深。衆人之不好也。雄解之。號曰解難。雄見諸子各以其知舛馳。大氐詆訾聖人。即爲怪迂。析辨詭辭。以撓世事。雖小辯。終破大道而惑衆。使溺於所聞而不自知其非也。及太史公記六國。歷楚漢。訖麟止。不與聖人同是非。頗謬於經。故人時有問雄者。常用法應之。譔以爲十三卷。象論語。號曰法言。漢書錄雄自序如此。並載反騷四賦解嘲解難及法言目等文。並於後分繫各章。茲不著焉。

漢書贊曰。初雄年四十餘。自蜀來至游京師。大司馬車騎將軍王音奇其文雅。召以爲門下史。荐雄待詔。歲餘。奏羽獵賦。除爲郎。給事黃門。與王莽劉歆並。哀帝之初。又與董賢同官。當成哀平間。莽賢皆爲三公。權傾人主。所薦莫不拔擢。而雄三世不徙官。及莽篡位。談說之士。用符命稱功德獲封爵者甚衆。雄復不侯。以耆老久次轉爲大夫。恬於勢利乃如是。實好古而樂道。其意欲求文章成名於後世。以爲經莫大於易。故作太玄。傳莫大於論語。作法言。史篇莫善於倉頡。作訓纂。箴莫善於虞箴。作州箴。賦莫深於離騷。反而廣之。辭莫麗於相如。作四賦。皆斟酌其本。相與放依而馳騁云。用心於內。不求於外。於時人皆智之。唯劉歆及范逡敬焉。而桓譚以爲絕倫。王莽時。劉歆甄豐皆爲上公。莽既以符命自立。卽位之後。欲絕其原以神前事。而豐子尋歆子棻復獻之。莽誅豐父子。投棻四裔。辭所連及。便收不請。時雄校書天祿閣上。治獄事使者來。欲收雄。雄恐不能自免。迺從閣上自投下。幾死。莽聞之曰。雄素不與事。何故在此間。請問其故。乃劉棻嘗從雄學作奇字。雄不知情。有詔勿問。然京師爲之語曰。惟寂寞。自投閣。爰清靜。作符命。雄以病免。復召爲大夫。家素貧。耆酒。人希至其門。時有好事者載酒肴從游學。而鉅鹿侯芭常從雄居。受其太玄法言焉。劉歆亦嘗觀之。謂雄曰。空自苦。今學者有祿利。然尚不能明易。又如玄何。吾恐後人用覆醬瓿也。雄笑而不應。年七十一。天鳳五年卒。侯芭爲起墳。喪之三年。時大司空王邑納言嚴尤聞雄死。謂桓譚曰。子常稱揚雄書。豈能傳於後世乎。譚曰。必傳。顧君與譚不及見也。凡人賤近而貴遠。親見揚子雲祿位容貌。不能動人。故輕其書。昔老聃著虛無之言兩篇。薄仁義。非禮學。然後世好之者。尚以爲過於五經。自漢文景之君及司馬遷。皆有是言。今揚子之書文義至深。而論不詭於聖人。若使遭遇時君。更閱賢智。爲所稱善。則必度越諸子矣。諸儒或譏以爲雄非聖人而作經。猶春秋吳楚之君。僭號稱王。蓋誅絕之罪也。自雄之沒至今四十餘年。其法言大行。而玄終不顯。然篇籍具存。

藝文類聚太平御覽。並引揚雄家牒。不知何人何時所譔。其文曰。子雲以甘露元年生。以天鳳五年卒。葬安陵阪上。所厚沛郡桓君山。平陵如子禮。弟子鉅鹿侯芭。共爲治喪。諸公遣世子朝臣郎吏行事者會送。桓君山爲斂賻起祠塋。侯芭負土作墳。號曰玄冢。其餘文不具。惟子雲生年。獨著於此也。

子雲仕宦不顯。故漢書所錄。自詞賦外。罕論及政事之文。惟匈奴傳有諫勿許單于朝書。子雲言事。今可見者。此書而已。故特著之。先是哀帝時單于上書願朝。帝以問公卿。公卿以虛費府帑。可且勿許。單于使辭去。未發。而子雲上書諫曰。

臣聞六經之治。貴於未亂。兵家之勝。貴於未戰。二者皆微。然而大事之本。不可不察也。今單于上書求朝。國家不許而辭之。臣愚以爲漢與匈奴從此隙矣。本北地之狄。五帝所不能臣。三王所不能制。其不可使隙甚明。臣不敢遠稱。請引秦以來明之。以秦始皇之彊。蒙恬之威。帶甲四十餘萬。然不敢窺西河。迺築長城以界之。會漢初興。以高祖之威靈。三十萬衆困於平城。士或七日不食。時奇譎之士。石畫之臣甚衆。卒其所以脫者。世莫得而言也。又高皇后嘗忿匈奴。羣臣廷議。樊噲請以十萬衆橫行匈奴中。季布曰。噲可斬也。妄阿順指。於是大臣權書遺之。師古曰以權道爲書順辭以答之然後匈奴之結解。中國之憂平。及孝文時。匈奴侵暴北邊。候騎至雍甘泉。京師大駭。發三將軍屯細柳棘門霸上以備之。數月迺罷。孝武即位。設馬邑之權。欲誘匈奴。使韓安國將三十萬衆徼於便墜。匈奴覺之而去。徒費財勞師。一虜不可得見。況單于之面乎。其後深惟社稷之計。規恢萬載之策。迺大興師數十萬。使衞青霍去病操兵。前後十餘年。於是浮西河。絕大幕。破寘顏。襲王庭。窮極其地。追奔逐北。封狼居胥山。禪於姑衍。以臨翰海。師古曰積土爲封而又禪祭也虜名王貴人以百數。自是之後。匈奴震怖。益求和親。然而未肯稱臣也。且夫前世豈樂傾無量之費。役無罪之人。快心於狼望之北哉。以爲不壹勞者不久佚。不暫費者不永寧。是以忍百萬之師以摧餓虎之喙。運府庫之財填盧山之壑而不悔也。至本始之初。匈奴有桀心。桀堅也言其不順欲掠烏孫。侵公主。迺發五將之師十五萬騎獵其南。而長羅侯以烏孫五萬騎震其西。皆至質而還。至所期地時鮮

有所獲。徒奮揚威武。明漢兵若雷風耳。雖空行空反。尙誅兩將軍。故北狄不服。中國未得
高枕安寢也。逮至元康神爵之間。大化神明。鴻恩溥洽。而匈奴內亂。五單于爭立。日逐呼
韓邪攜國歸死。扶伏稱臣。然尙羈縻之。計不顓制。（師古曰顓制謂以爲臣妾也）自此之後。欲朝者不距。
不欲者不彊。何者。外國天性忿鷙。形容魁健。負力怙氣。難化以善。易隸以惡。其彊難詘。其
和難得。故未服之時。勞師遠攻。傾國殫貨。伏尸流血。破堅拔敵。如彼之難也。既服之後。慰
荐撫循。交接賂遺。威儀俯仰。如此之備也。往時嘗屠大宛之城。蹈烏桓之壘。探姑繒之壁。
籍蕩姐之場。艾朝鮮之旃。拔兩越之旗。近不過旬月之役。遠不離二時之勞。固已犂其庭。
埽其閭。郡縣而置之。雲徹席卷。後無餘菑。惟北狄爲不然。眞中國之堅敵也。三垂比之懸
矣。前世重之茲甚。未易可輕也。今單于歸義。懷款誠之心。欲離其庭。陳見於前。此迺上世
之遺策。神靈之所想望。國家雖費。不得已者也。奈何距以來厭之辭。疏以無日之期。消往
昔之恩。開將來之隙。夫款而隙之。使有恨心。負前言。緣往辭。歸怨於漢。因以自絕。終無北
面之心。威之不可。諭之不能。焉得不爲大憂乎。夫明者視於無形。聰者聽於無聲。誠先於
未然。卽蒙恬樊噲不復施。棘門細柳不復備。馬邑之策安所設。衞霍之功何得用。五將之
威安所震。不然。壹有隙之後。雖智者勞心於內。辯者轂擊於外。猶不若未然之時也。且往

者圖西域。制車師。置城郭都護三十六國。費歲以大萬計者。豈爲康居烏孫能踰白龍堆而寇西邊哉。迺以制匈奴也。夫百年勞之。一日失之。費十而愛一。臣竊爲國不安也。惟陛下少留意於未亂未戰。以遏邊萌之禍。

書奏。天子寤焉。召還匈奴使者。更報單于書而許之。賜子雲帛五十匹。黃金十斤。又漢書五行志。哀帝建平二年四月。御史大夫朱博爲丞相。少府趙玄爲御史大夫。臨延登受策。有大聲如鐘鳴。上以問黃門侍郎揚雄。雄對曰。鼓妖。聽失之象也。朱博爲人彊毅多權謀。宜將不宜相。恐有凶惡亟疾之怒。子雲在漢廷言論。此外無所表見。故附及焉。

子雲仕於新室。最爲後人詬病。朱晦庵作綱目。特書莽大夫揚雄死以貶之。亦有慕雄文采而多方爲之辨解者。明人至以劇秦美新爲谷子雲作。蓋據成帝時雄至京師推算至其卒年。當近百歲。疑爲不合。此說發於焦竑筆乘。清四庫全書提要始證其謬曰。焦竑筆乘謂漢書載雄仕莽作符命投閣。年七十一。天鳳五年卒。考雄至京見成帝。年四十餘。自成帝建始改元。至天鳳五年。計五十有二歲。以五十二合四十餘。已近百年。則與年七十一者。又相牴牾。又考雄至京。大司馬王音奇其文而音薨於永始初年。則雄來必在永始之前。謂雄爲仕於莽年者妄也。近人多祖其說。爲雄訟枉。案文選任昉所作王文憲公集序。家牒字下。李善註引劉歆七略曰。子雲家牒。言以甘露元年生。漢書成帝紀載行幸甘泉。行幸長楊宮。並在元延元年己酉。上距宣帝甘露元年戊辰正四十二年。與四十餘之數合。其後元延凡五年。綏和凡二年。哀帝建平凡四年。元壽凡二年。平帝元始凡五年。孺子嬰凡三年。王莽始建國凡五年。積至天鳳五年。正得七十一年。與七十一卒之數亦合。其仕莽十年。毫無疑義。惟王音卒歲。實與雄傳不合。然音字爲根字之誤。宋祁固已言之。其文載今本漢書註中。竑豈未見耶。然則劇秦美新。固確爲雄作。其文自工。文選亦嘗錄之。其詞曰。

諸吏中散大夫臣雄稽首再拜上封事皇帝陛下。臣雄經術淺薄。行能無異。數蒙渥恩。拔擢倫比。與羣賢並。愧無以稱職。臣伏惟陛下以至聖之德。龍興登庸。欽明尙古。作民父母。爲天下主。執粹淸之道。鏡照四海。聽聆風俗。博覽廣包。參天貳地。兼並神明。配五帝。冠三王。開闢以來。未之聞也。臣誠樂昭著新德。光之罔極。往時司馬相如作封禪一篇。以彰漢氏之休。臣常有顛眴病。賈逵國語注曰眩惑也眴與眩古字通恐一旦先犬馬塡溝壑。所懷不章。長恨黃泉。敢竭肝膽。寫腹心。作劇秦美新一篇。雖未究萬分之一。亦臣之極思也。臣雄稽首再拜以聞曰。權輿天地未祛。睢睢盱盱。言混沌之始天地未開萬物睢盱而不定也或玄而萌。或黃而牙。言天地方開故玄黃異色而生萌牙也玄黃剖判。上下相嘔。言天地既開玄黃分判故天地上下相與嘔養萬物也爰初生民。帝王始存。在乎混混茫茫之時。亹聞罕漫而不昭察。世莫得而云也。（亹聞罕漫不明之貌）厥有云者。上罔顯於羲皇。中莫盛於唐虞。邇靡著於成周。仲尼不遭用。春秋困斯發。（司馬遷書曰仲尼厄而作春秋）言神明所祚。兆民所託。罔不云道德仁義禮智。獨秦屈起西戎。邠荒岐雍之疆。因襄文宣靈之僭迹。立基孝公。茂惠文。奮昭莊。（孝公惠文君莊襄王）至政破縱擅衡。并吞六國。遂稱乎始皇。盛從鞅儀韋斯之邪政。（商鞅張儀呂不韋李斯皆秦相）馳騖起翦恬賁之用兵。（白起王翦王賁蒙恬）剗滅古文。刮語燒書。弛禮崩樂。塗民耳目。遂欲流唐漂虞。滌殷蕩周。（流漂滌蕩謂除之也）爇除仲尼之篇籍。自勒功業。（爇古然字）改制度軌量。咸稽之於秦紀。（稽考也紀本紀也言考校而著之秦紀）是以耆儒碩老。抱其書而遠遜。禮官博士。卷其舌而不談。來儀之鳥。肉角之獸。狙獷而不臻。（來儀鳳也肉角麟也說文曰狙犬暫齧人又曰獷犬不可親附也）甘露嘉醴景曜浸潭之瑞潛。（嘉醴醴泉也景曜景星有光曜也浸潭謂滋液浸潤能生萬物也潛藏也）大茀經實巨狄鬼信之妖發。（茀彗星也經謂星出東入西出西入東也史記始皇本紀曰有墜星下東郡漢書曰始皇時有大人身長五丈夷狄之服見臨洮鬼信謂告祖龍死也）神歇靈繹。海水羣飛。（繹猶緒也言神靈歇其舊緒不福祐之繹或爲液海水喻萬民羣飛言亂）二世而亡。何其劇與。帝王之道。兢兢乎不可離已。夫能貞而明之者窮祥瑞。回而昧之者極妖愆。（回邪也）上覽古在昔。有憑應而尚缺。焉壞徹而能全。（言古帝王之興有憑依瑞應而尚毀缺焉有行壞徹之道而全立者乎）故若古者稱堯舜。威侮者陷桀紂。況盡汛掃前聖數千載功業。專用己之私。而能享祐者哉。會漢祖龍騰豐沛。奮迅宛葉。自武關與項羽戮力咸陽。創業蜀漢。發迹三秦。尅項山東。而帝天下。擿秦政慘酷尤煩者。應時而蠲。如儒林刑辟歷紀圖典之用稍增焉。歷紀歷數綱紀也秦餘制度。項氏爵號。雖違古而猶襲之。是以帝典闕而不補。王綱弛而未張。道極數殫。闇忽不還。言天道既極歷數又殫故闇忽而滅不能自還也逮至大新受命。大新王莽也上帝還資。后土顧懷。言上帝迴還而資助后土顧眷而懷歸玄符靈契。黃瑞涌出。玄符天符也靈契地契也黃瑞謂王莽承黃虞之後黃氣之瑞也滭浡沕潏。川流海渟。雲動風偃。霧集雨散。言衆瑞之多也誕彌八圻。上陳天庭。八圻猶八埏言下終八圻上列天庭震聲日景。言威聲如雷光景若日也炎光飛響。盈塞天淵之間。炎光日景也飛響震聲也必有不可辭讓云爾。於是乃奉若天命。窮寵極崇。與天剖神符。地合靈契。分天之符合地之契言應錄而王也創億兆規萬世。創業經乎億兆規模至於萬世也奇偉倜儻譎詭。天祭地事。言衆瑞所以咸臻者由能祭天事地其異物殊怪。存乎五威將帥班乎天下者。四十有八章。漢書曰莽遣五威將王奇等班符命四十二篇於天下登假皇穹。鋪衍下土。假至也言衆瑞升至於皇天鋪衍於下土非新家其疇離之。離應也卓哉煌煌。眞天子之表也。表儀也若夫白鳩丹烏。素魚斷蛇。方斯蔑矣。吳錄曰孫策使張紘與袁紹書曰殷湯有白鳩之祥然古有此事未詳其本尚書帝驗曰太子發渡河中流火流爲烏其色赤素魚白魚也漢書高祖杖劍斬蛇受命甚易。格來甚勤。衆瑞咸至甚勤也昔帝纘皇。王纘帝。隨前踵古。或無爲而治。或損益而亡。豈知新室委心積意。儲思垂務。委亦積也旁作穆穆。明旦不寐。勤勤懇懇者。非秦之爲與。以秦之所爲爲非故欲勤修德政也夫不勤勤。則前人不當。不懇懇。則覺德不愷。愷和也是以發祕府。覽書林。遙集乎文雅之囿。翱翔乎禮樂之場。胎殷周之失業。紹唐虞之絕風。懿律嘉量金科玉條。神卦靈兆古文畢發。煥炳照曜靡不宣臻。宣徧也 式軨軒旂旗以示之。式用也 揚和鸞肆夏以節之。施黼黻衮冕以昭之。正嫁娶送終以尊之。親九族淑賢以穆之。夫改定神祇上儀也。欽修百祀咸秩也。明堂雍臺壯觀也。九廟長壽極孝也。文母長壽宮 制成六經。洪業也。漢書曰莽奏立樂經然經有五而又立樂故云六經也 北懷單于。廣德也。若復五爵度三壤。經井田。免人役。方甫刑。匡馬法。恢崇祇庸爍德懿和之風。懿爍美也 廣彼搢紳講習言諫箴誦之塗。振鷺之聲充庭。鴻鸞之黨漸階。俾前聖之緒。布濩流衍而不韞韣。韣與櫝古字通音讀 郁郁乎煥哉。天人之事盛矣。鬼神之望允塞。羣公先正。罔不夷儀。夷儀言有常儀也 姦宄寇賊。罔不振威。紹少典之苗。著黃虞之裔。帝典闕者已補。王綱弛者已張。炳炳麟麟。豈不懿哉。麟麟光明也麟與燐古字同用 厥被風濡化者。京師沈潛。甸內匝洽。侯衞厲揭。要荒濯沐。言風化所被近者逾深遠者稍淺故京師沈潛而要荒濯沐也 而術前典。巡四民。迄四嶽。言法術前典而巡四民至於四嶽也 增封泰山。禪梁父。斯受命者之典業也。典常也 蓋受命日不暇給。或不受命。然猶有事矣。受命謂高祖也言高祖受命而不封禪始皇不受命猶有事乎泰山言俱失也 況堂堂有新。正丁厥時。崇嶽渟海通瀆之神。咸設壇場。望受命之臻焉。言莽既受命故嶽瀆之神皆設壇場而望來祭也堂堂盛也 海外遐方。信延頸企踵。回面內嚮。喁喁如也。帝者雖勤。惡可以已乎。宜命賢哲作帝典一篇。舊三爲一。襲以示來人。摛之罔極。（言宣命賢智作帝典一篇足舊二典而成三典也謂堯典舜典）令萬世常戴巍巍。履栗栗。臭馨香。含甘實。鏡純粹之至精。聆清和之正聲。則百工伊凝。庶績咸喜。（喜與古熙字通）荷天衢。提地釐。（釐理也上荷天道而下提地理）斯天下之上則已。庶可試哉。

劇秦美新之作。或以子雲爲不得已。或以子雲露才耽寵。詭情懷祿。後來學者論之衆矣。獨洪邁以雄頌新莽之德。止能美於暴秦。其深意可知。所言配三冠五。開闢以來未之有者。其以之戲莽耳。使雄善諛佞。撰符命。稱功德。以徼爵位。當與國師公同列。豈固窮如是哉。洪氏之說。亦爲賢者諱之意。據子雲自稱相如作封禪以彰漢氏之休。此文殆欲擬之。子雲文章本好模擬。聊藉莽以發其詞。文人行誼是非。固有不足深求者。茲編惟就文學之價值而論。至於酌出處之常義。校委質之大節。於古既有異辭。在今尤難論定。蓋屬於倫理上之判斷。非此編所亟談矣。

漢志揚雄賦十二篇。訓纂一篇。蒼頡訓纂一篇。儒家有揚雄所序三十八篇。三十八篇者。太玄十九篇。法言十三篇。樂四篇。箴二篇也。今所傳又有揚雄絕代輶軒語。卽方言也。當時亦云殊言。諸書所引又有揚雄蜀王本紀。琴清英等。隋唐志並錄揚雄集五卷。其本久佚。宋譚愈仍輯爲五卷。文僅四十餘篇。明萬曆中鄭樸輯本則合太玄法言方言等。釐爲六卷。蓋子雲自詞賦之外、太玄法言方言。尤爲學者所重。爲之訓釋者。代有多家。不復悉述也。子雲所爲詞賦。及太玄法言之作。當次第論於後章。子雲當時以奇字教人。故尤邃小學。訓纂既不可見。今僅傳方言耳。方言前有子雲答劉歆書。古文苑藝文類聚皆錄之。書中頗見方言所以作。且多及子雲著述事蹟。漢書所不詳者。輒錄於後。

答劉歆書

雄叩頭。賜命謹至。又告以田儀事。事窮竟。白案顯出。甚厚甚厚。田儀與雄同鄉里。幼稚爲鄰。長艾相更。視覬動精采。似不爲非者。故舉至日。雄之任也。不意淫迹暴於官朝。令舉者懷赧而低眉。任者含聲而宛舌。知人之德。堯猶病諸。雄何慚焉。叩頭叩頭。又勑以殊言十五卷。君何由知之。謹歸誠底裏。不敢違信。雄少不師章句。亦於五經之訓所不解。嘗聞先代輶軒之使。奏籍之書。皆藏於周秦之室。及其破也。遺棄無見之者。獨蜀人有嚴君平臨邛林閭翁孺者。深好訓詁。猶見輶軒之使所奏言。翁孺與雄外家牽連之親。又君平過誤有以私遇少而與雄也。君平財有千言耳。翁孺梗概之法略有。翁孺經數歲死。婦蜀郡掌氏子。無子而去。而雄始能草文。先作縣邸銘。玉佴頌。階闥銘。及成都城四隅銘。蜀人有楊莊者爲郎。誦之於成帝。成帝好之。以爲似相如。雄遂以此得外見。一無外字 此數者皆都水君謂劉向常見也。故不復奏。雄爲郎之歲。自奏少不得學。而心好沈博絕麗之文。願不奉三歲之奉。且休脫直事之繇。得肆心廣意。以自克就。有詔可不奪奉。令尙書賜筆墨錢六萬。得觀書於石室。如是後一歲。作繡補靈節龍骨之銘詩三章。成帝好之。遂得盡意。故天下上計孝廉及內郡衞卒會者。雄常把三寸弱翰。齎油素四尺。以問其異語。歸卽以鉛摘次之於槧。二十七歲於今矣。而語言或交錯相反。方覆論思詳悉集之。燕其疑。張伯松不好雄賦頌之文。然亦有以奇之。嘗爲雄言其父及其先君憙典訓。屬雄以此篇目頗示其成者。伯松曰。是懸諸日月不刊之書也。又言恐雄爲太玄經。猶鼠坻之與牛場也。如其用則實五稼。飽邦民。否則爲牴糞棄之於道矣。而雄般之。（般樂也）伯松與雄獨何德慧。而君與雄獨何譖隟。而當匿乎哉。其不勞戎馬高車。令人君坐幃幕之中。知絕遐異俗之語。典流於昆嗣。言列於漢籍。誠雄心之所絕極。至精之所想遘也。扶聖朝遠照之明。使君求此。如君之意。誠雄散之會。死之日。則令之榮也。不敢有貳。不敢有愛。少而不以行立於鄉里。長而不以功顯於縣官。著訓於帝籍。但言詞博覽翰墨爲事。誠欲崇而就之。不可以遺。不可以急。卽君必欲脅之以威。陵之以武。欲令入之於此。此又未定。未可以見。今君又終之。則縊死以從命也。而可且寬假延期。必不敢有愛。雄之所爲。得使君輔貢於明朝。則雄無恨。何敢有匿。唯執事圖之長監所規縭之就死以爲小縭之猶輯成之雄敢行之。謹因還使雄叩頭叩頭。

劉歆欲觀子雲殊言而子雲答之如此其中所稱諸銘頌。他處未見其目昔人頗有以爲疑者。洪邁以爲漢魏之際好事者所爲莫能詳也。且末云必欲脅之以威陵之以武以及縊死從命之語何廹切至是。豈文人於己所著述過自矜重之恆態耶。

蜀之文章自相如後惟王褒稍顯至子雲益蔚成大宗。同時劉向父子尤能緣飾儒術。歆爲古學大師而七畧之作又開後世校讐集錄之風谷永杜欽長於筆札桓譚亦好古學尤與子雲相得皆並世之英也。

第二章　揚雄與屈原

揚雄於文章最好模擬故其始則慕楚詞。漢書稱其作書摭離騷文而反之。以弔屈原名曰反離騷。又旁離騷作重一篇名曰廣騷。又旁惜誦以下至懷沙一卷名曰畔牢愁。雄於屈原之詞。不啻篇篇而效之矣漢書僅著反離騷一篇廣騷與畔牢愁遂不可復見。竊怪王逸集楚詞下逮莊忌王褒劉向之徒而獨不及雄雄之詞豈遽不若諸子。抑以雄嘗仕新室類於柱下龍蛇之趣與屈原卷卷之志殊科故有所不取耶。子雲晚而悔詞賦法言吾子篇或問屈原智乎。曰如玉如瑩爰變丹靑。如其智。如其智。蓋謂智者達天命審行廢。如玉如瑩磨而不礙。今屈原放逐。感激爰變。雖有文彩。丹青之倫云爾。此猶反騷之意也。反騷之義。誠不同屈原而詞賓旁騷而作。惟子雲於屈原之文用功深。乃能效其體也。

漢書曰。先是蜀有司馬相如作賦甚弘麗溫雅。雄心壯之。每作賦嘗擬之以爲式。又怪屈原文過相如。至不容作離騷。自投江而死。悲其文。讀之未嘗不流涕也。以爲君子得時則大行。不得時則龍蛇。遇不遇命也。何必湛身哉。迺作書往往摭離騷文而反之。自峄山投諸江流。以弔屈原。名曰反離騷。其辭曰。

有周氏之蟬嫣兮。或鼻祖於汾隅。應劭曰蟬嫣連也言與周氏親連也劉德曰鼻始也師古曰雄自言系出周氏而食采於揚故云始祖於汾隅也

靈宗初諜伯僑兮。流于末之揚侯。應劭曰諜譜也言從伯僑以來可得而敍也

淑周楚之豐烈兮。超既離虖皇波。應劭曰淑善也言去汾隅從巫山得周楚之美烈也超速也晉灼曰離歷也皇大也

因江潭而淮記兮。欽弔楚之湘纍。鄧展曰淮往也李奇曰諸不以罪死曰纍屈原赴湘死故曰湘纍也師古曰記書記也謂弔文也言因江水之邊而投書記以往弔也

惟天軌之不辟兮。何純絜而離紛。師古曰天軌猶言天路辟開也離遭也紛難也言天路不開故使純善貞絜之人遭此難也

紛纍以其淟涊兮。暗纍以其繽紛。應劭曰淟涊穢濁也師古曰繽紛交雜也

漢十世之陽朔兮。招搖紀于周正。晉灼曰十世數高祖呂后至成帝也成帝八年迺稱陽朔蘇林曰言己以此時弔屈原也

正皇天之清則兮。度后土之方貞。師古曰自漢十世以下四句不道屈原也此乃雄自論己心所履行取法天地耳自圖纍以下乃方論屈原云也

圖纍承彼洪族兮。又覽纍之昌辭。師古曰圖纍案其本系之圖書也洪大也覽省視也昌美也帶鉤矩而佩衡兮。

隱欃槍以爲綦。欃槍妖星也此反屈原雖佩帶方平之行而蹤惡人跡以致放退也素初貯厥麗服兮。何文肆而質𪃿。應劭曰貯積也肆放也𪃿狹也如淳曰文肆者楚辭遠游乘龍之言也質𪃿者恨世不用己而自沈也資娵娃之珍髢兮。鬻九戎而索賴。師古曰娵娃皆美女也賴利也言屈原以高行仕楚亦猶資美女之髢賣於九戎而求其利必不得也鳳皇翔於蓬陼兮。豈駕鵝之能捷。應劭曰蓬陼蓬萊之陼騁驊騮以曲囏兮。驢騾連蹇而齊足。言使駿馬馳騖於屈曲艱阻之中則與驢騾齊足也枳棘之榛榛兮。蝯狖擬而不敢下。師古曰榛榛梗穢貌也蝯善攀援狖似猴卬鼻而長尾擬疑也靈修既信椒蘭之唼佞兮。吾纍忽焉而不蚤睹。服虔曰靈修楚王也蘇林曰椒蘭令尹子椒子蘭也師古曰唼佞譖言也唼音妾也芳酷烈而莫聞兮。固不如㜸而幽之離房。師古曰㜸疊衣也離房別房也㜸音壁閨中容競淖約兮相態以麗佳。師古曰淖約善容止也相態以麗佳言競爲佳麗之態以相傾也知衆嫭之嫉妒兮。何必颺纍之蛾眉。師古曰嫭美貌也蛾眉形若蠶蛾眉也此亦譏屈原自舉蛾眉令衆嫉之懿神龍之淵潛兮。竢慶雲而將舉。亡春風之被離兮。孰焉知龍之所處。師古曰懿美也竢待也龍以潛居待雲爲美以譏屈原不能隱德自取禍也被讀曰披愍吾纍之衆芬兮。颺爗爗之芳苓。遭季夏之凝霜兮。慶夭顇而喪榮。晉灼曰雄愍屈原光香奄先秋過凋生亦不辰也慶讀與羌同橫江湘以南淮兮。云走乎彼蒼梧。馳江潭之汎溢兮。將折衷虖重華。舒中情之煩或兮。恐重華之不纍與。陵陽侯之素波兮。豈吾纍之獨見許。言屈原襲陽侯之罪而欲折中求舜未必獨見然許之也精瓊靡與秋菊兮。將以延夫天年。臨汨羅而自隕兮。恐日薄於西山。應劭曰精細靡屑也瓊玉之華也師古曰此又譏屈原云瓊靡秋菊將以延年晻嵫忽迫奄於末暮何乃自投

（汨羅言行相反）解扶桑之總轡兮。縱令之遂奔馳。（晉灼曰離騷云總余轡於扶桑聊消搖以相羊屈原言結我車轡於扶桑以留日之入人年得不老日以喻君而反離朝自沈解轡縱君使遂奔馳也）鸞凰騰而不屬兮。豈獨飛廉與雲師。（晉灼曰縱其轡使之奔馳鸞凰迅飛亦無所及非獨飛廉雲師言莊嚴未具使君不適道也）卷薜芷與若蕙兮。臨湘淵而投之。棍申椒與菌桂兮。赴江湖而漚之。（師古曰離騷云貫薜荔之落蘂雜杜衡與芳芷又樹蕙之百畝雜申椒與菌桂皆以自喻德行芬芳也今何為自投江湘而喪此芳乎根大束也漚漬也今漚麻也）費椒稰以要神兮。又勤索彼瓊茅。違靈氛而不從兮。反湛身於江皐。纍既犾夫傅說兮。奚不信而遂行。（晉灼曰犾慕也師古曰犾古攀字既攀援傅說何不信其所行自見用而遂去）徒恐鷤鴂之將鳴兮。顧先百草為不芳。（師古曰離騷云鷤鴂之先鳴兮使夫百草為不芳雄言終以自沈何惜芳草而憂鷤鴂也）初纍棄彼虙妃兮。更思瑤臺之逸女。（此又譏其執心不定也）抨雄鴆以作媒兮。何百離而曾不壹耦。乘雲蜺之旖旎兮。望昆侖以樛流。覽四荒而顧懷兮。奚必云女彼高丘。（旖旎雲貌也樛流猶周流也女仕也何必要仕於楚也）既亡鸞車之幽藹兮。焉駕八龍之委蛇。（師古曰言既無鸞車則不得云駕八龍也幽藹猶晻藹也蛇音移）臨江瀕而掩涕兮。何有九招與九歌。（師古曰此又譏其哀樂不相副也招讀曰韶）夫聖哲之不遭兮。固時命之所有。雖增欷以於邑兮。吾恐靈脩之不纍改。昔仲尼之去魯兮。斐斐遲遲而周邁。（師古曰斐斐往來貌也）終回復於舊都兮。何必湘淵與濤瀨。（師古曰言孔子去其本邦遲遲系戀意在舊都斐回反覆屈原何獨不懷鄢郢而赴江湘也）溷漁父之餔歠兮。絜沐浴之振衣。棄由聃之所珍兮。蹠彭咸之所遺。（師古曰由許由也聃老聃也二人守道不為時俗所汙然保己全身無殘辱之醜彭咸殷之介士也不得其志投江而死此又非屈原不慕由聃高

蹤而遵彭咸遺蹟

子雲篤好離騷。乃至天問之屬。皆嘗爲之訓釋。反騷之作。雖撫屈原之詞而反之。其體勢實相依倣也。朱子楚詞後語。錄反離騷而咎雄之出仕莽朝。以爲屈原之罪人。而此文爲離騷之讒賊。是則專卽其志言之者也。

第三章　揚雄之賦與司馬相如

揚雄最服膺司馬相如之賦。西京雜記記其語曰。長卿賦不似從人間來。其神化所至耶。法言又謂使孔門用賦。則賈誼升堂。相如入室矣。其告桓譚。能讀千賦則善賦。子雲於文章。無不主於模擬。後雖以詞賦爲童子雕蟲篆刻。壯夫不爲。顧有太玄以效易。法言以效論語。何莫非模擬之故智乎。漢書論子雲曰。詞莫麗於相如。作四賦。又子雲自序。亦以蜀司馬相如作賦。甚弘麗溫雅。雄心壯之。每作賦。常擬之以爲式。是子雲賦皆以擬相如者也。漢書惟錄甘泉、河東、羽獵、長楊四賦。殆以四賦之擬相如尤工歟。文選僅載甘泉、羽獵、長楊三賦。而不及河東賦。今三賦依文選。河東賦依漢書。掇而著之。

甘泉賦 幷序

孝成帝時。客有薦雄文似相如者。上方郊祀甘泉泰畤汾陰后土以求繼嗣。善曰上謂成帝也召

雄待詔承明之庭。正月從上甘泉。還奏甘泉賦以風。善曰漢書曰永始四年正月行幸甘泉其辭曰。惟漢十
世。將郊上玄。善曰上玄天也定泰畤。雍神休。尊明號。晉灼曰雍祐也善曰言將祭泰畤冀神擁祐之以美祥因尊己之明號也雍音擁同
符三皇。錄功五帝。卹胤錫羨。拓迹開統。應劭曰卹憂也胤續也錫與也羨饒也拓廣也時成帝憂無繼嗣故修祠泰畤后土言神明饒與福
祥廣迹而開統也於是乃命羣僚。歷吉日。協靈辰。星陳而天行。詔招搖與太陰兮。伏鉤陳使當兵。
服虔曰鉤陳神名也紫微宮外營陳星也善曰當主也主謂典領也屬堪輿以壁壘兮。捎夔魖而抶獝狂。張晏曰堪輿天地總名也孟康曰木
石之怪曰夔如龍有角人面魖耗鬼也獝狂亦惡鬼也今皆捎而去之善曰抶擊也丑乙切八神奔而警蹕兮。振殷鱗而軍裝。張晏曰堪輿至
獝狂八神也善曰言上諸神各有職役夔魖之屬又捎去之故令八方之神奔走而警蹕殷鱗之盛而以軍裝也鱗栗忍切般鱗言盛多也軍裝如軍戎之裝者也蚩尤之
倫帶干將而秉玉戚兮。飛蒙茸而走陸梁。玉戚以玉爲戚秘也晉灼曰飛者蒙茸而亂走者陸梁而跳謂猛士之輩齊總總以
撙撙其相膠轕兮。猋駭雲迅奮以方攘。晉灼曰方攘半散也善曰總總撙撙束聚貌也撙子本切迅音信攘人羊切駢羅列布
鱗以雜沓兮。柴虒參差魚頡而鳥䀢。善曰駢猶併也柴虒不齊也頡䀢猶頡頏也柴初蟻切虒音豸頡胡結切䀢胡剛切翕赫曶霍
霧集而蒙合兮。半散昭爛粲以成章。善曰翕赫盛貌曶霍疾貌爾雅曰天氣下地氣不應曰霧霧與蒙同曶音忽於是乘輿迺
登夫鳳皇兮而翳華芝。韋昭曰鳳皇爲車飾也翳隱也服虔曰華芝華蓋也善曰言以華蓋自翳也駟蒼螭兮六素虯蠖略蕤
綏灕虖襂纚。善曰春秋命歷序曰皇伯駕六龍蠖略蕤綏龍行之貌也灕虖襂纚龍翰下垂之貌也蠖於鑊切灕音離襂音森纚所宜切帥爾陰閉。霅
然陽開。晉灼曰帥聚也霅散也霅於甲切騰清霄而軼浮景兮。夫何旟旐郅偈之旖旎也。張晏曰軼過雲與倒景也服虔

曰旝旌從風柔弱貌善曰鳥隼爲旟龜蛇爲旐郅偈竿之貌也郅音質偈音桀流星旄以電燭兮。咸翠蓋而鸞旗。善曰言星旄之流如電之光也
敦萬騎於中營兮。方玉車之千乘。善曰敦與屯同陳也方併也玉車以玉飾車也聲駍隱以陸離兮。輕先疾雷而
馺遺風。善曰陸離參差也馺馳也郭璞曰馺疾也馺先合切凌高衍之嵱嵷兮。超紆譎之清澄。孟康曰衍無崖岸也紆譎屈折也李奇曰
嵱音踊嵷音竦如淳曰嵱嵷上下衆多貌登椽欒而羾天門兮。馳閶闔而入凌兢。服虔曰椽欒甘泉南山也凌兢恐懼貌也李奇曰羾音貢
蘇林曰羾至也是時未轃夫甘泉也。迺望通天之繹繹。善曰轃與臻同至也通天臺名繹繹盛兒下陰潛以慘廩兮。上
洪紛而相錯。善曰慘廩寒貌直嶢嶢以造天兮。厥高慶而不可乎彌度。善曰言高不可終竟而度量也慶音羌平原
唐其壇曼兮。列新雉於林薄。唐道也新雉香草也雉夷聲相近草叢生曰薄攢并閭與茇葀兮。紛被麗其亡鄂。善曰
攢聚也并閭椶也茇葀草名也被麗分散貌也鄂垠鄂也茇步末切括音葀麗音隸崇丘陵之駊騀兮。深溝嶔巖而爲谷。蘇林曰駊騀音叵我
善曰駊騀高大貌也嶔巖深貌也迣迣離宮般以相燭兮。封巒石關施靡乎延屬。應劭曰言秦離宮三百武帝復往往脩理之也
善曰說文曰迣古文往字也般布也與班同甘泉有石關封巒觀施靡相連貌於是大廈雲譎波詭。摧嶉而成觀。孟康曰言廈屋變巧乃爲
雲氣水波相譎詭也摧嶉林木崇積貌也摧子罪切嶉子水切觀工喚切仰撟首以高視兮。目冥眴而亡見。撟舉也撟與矯同冥眴惛亂之貌眴
音縣正瀏濫以弘惝兮。指東西之漫漫。孟康曰瀏清也服虔曰惝大貌也音敞善曰瀏濫猶言清淨而汎濫也徒徊徊以徨徨
兮。魂眇眇而昏亂。據軨軒而周流兮。忽坱圠而亡垠。韋昭曰軨闌也軒檻板也善曰軮軋廣大貌也坱烏朗切圠烏黠切翠
玉樹之青蔥兮。璧馬犀之瞵㻞。善曰璧馬犀言作馬及犀爲璧飾也瞵㻞文貌也瞵音鄰㻞音豳金人仡仡其承鍾虡兮。

嵌巖巖其龍鱗。善曰佗佗壯勇之貌也嵌開張之貌也龍鱗似龍之鱗也揚光曜之燎燭兮。垂景炎之炘炘。景大也炘熱也配帝居之縣圃兮。象泰壹之威神。洪臺崛其獨出兮。撴北極之嶟嶟。應劭曰崛特貌也撴至也晉灼曰嶟嶟穊緻也列宿迺施於上榮兮。日月纔經於柍桭。韋昭曰榮屋翼也服虔曰柍中央也桭屋相也雷鬱律於巖窔兮。電儵忽於牆藩。善曰鬱律小聲也窔幽也儵忽疾貌也藩籬也鬼魅不能自逮兮。半長途而下顛。善曰逮及也顛隕也歷倒景而絕飛梁兮。浮蠛蠓而撇天。撇拂也左欃槍而右玄冥兮。前熛闕而後應門。晉灼曰熛闕赤色之闕也南方之帝曰赤熛怒應門正門在熛闕之內也蔭西海與幽都兮。涌醴汩以生川。如淳曰言闕之高乃蔭西海也善曰涌醴醴泉涌出也方言曰汩疾蛟龍連蜷於東厓兮。白虎敦圉于崑崙。善曰連蜷長曲貌也敦圉盛怒貌也覽樛流於高光兮。溶方皇於西清。服虔曰高光宮名也晉灼曰樛流猶繚繞善曰樛流高曲之貌也溶盛貌也方皇卽彷徨觀名也西清西廂清淨之處也前殿崔巍兮。和氏玲瓏。炕浮柱之飛榱兮。神莫莫而扶傾。善曰炕舉也言檐宇高峻若神清淨而扶其傾危也炕與抗古字同莫莫清淨也閌閬閬其寥廓兮。似紫宮之崢嶸。善曰閌高也說文曰閬閬高大之貌也寥廓虛靜貌駢交錯而曼衍兮。峻嶵隗乎其相嬰。善曰駢列也曼衍分布也埤蒼曰峻山長貌嶵隗高貌嬰繞也峻陁賄切嶵音皋乘雲閣而上下兮。紛蒙籠以棍成。蒙籠膠葛貌棍成言自然也棍與混同曳紅采之流離兮。颺翠氣之宛延。善曰言宮觀之高故紅采翠氣流離宛延在其側而曳颺之襲琁室與傾宮兮。若登高眇遠亡國肅乎臨淵。服虔曰襲繼也桀作琁室紂作傾宮以此微諫也應劭曰登高遠望當以亡國爲戒若臨深淵也回猋肆其碭駭兮。翍桂椒而鬱移楊。善曰肆疾也碭過也駭起也翍與披同棠棣移也楊楊樹也移音移香芬茀以穹隆兮。擊薄櫨而將榮。善曰言香氣芬菲鬱隆而盛乃拂擊薄櫨而及屋榮也說文曰薄櫨柱上栟也蕭呹肸以棍批兮。聲駍隱而歷鍾。善曰蕭亦香字也呹疾貌也肸蠁布也棍同也批擊也歷鍾經歷至頸也呹余日切肸許一切棍下本切批薄結切駍普耕切排玉戶而颺金鋪兮。發蘭蕙與穹窮。善曰言風飄香氣既排玉戶而颺金鋪又發揚蕙蘭與穹窮也帷弸彋其拂汨兮。稍暗暗而靚深。善曰弸彋風吹帷帳之聲也拂汨鼓動之貌靚卽靜字弸普萌切彋音宏陰陽清濁穆羽相和兮。若夔牙之調琴。張晏曰聲細不過羽穆然相和也般倕棄其剞劂兮。王爾投其鉤繩。應劭曰剞曲刀也劂曲鑿也雖方征僑與偓佺兮。猶彷彿其若夢。晉灼曰方常也征行也言宮觀之高峻雖使仙人行其上恐遽不識其形觀猶髣髴若夢也善曰鄭玄毛詩箋曰方且也征僑姓征名僑也於是事變物化。目駭耳回。駭驚也回謂回皇也蓋天子穆然珍臺閒館。琁題玉英。蜎蜎蠖濩之中。應劭曰題頭也榱椽之頭皆以玉飾言其英華相燭也張晏曰蜎蜎蠖濩刻鏤之形也惟夫所以澄心清魂。儲精垂恩。感動天地。逆釐三神者。善曰三神天地人也釐音熙迺搜逑索偶。皋伊之徒。冠倫魁能。韋昭曰搜擇也逑匹也索求也偶對也函甘棠之惠。挾東征之意。相與齊乎陽靈之宮。祭天之所故曰陽靈靡薜荔而爲席兮。折瓊枝以爲芳。善曰靡謂偃靡之藉地而爲席也吸清雲之流瑕兮。飲若木之露英。霞與瑕古字通集乎禮神之囿。登乎頌祇之堂。善曰禮神謂祭天也建光燿之長旓兮。昭華覆之威威。服虔曰昭明也華覆華蓋也善曰旓旌旗旓也威猶葳蕤也攀琁璣而下視兮。行遊目乎三危。善曰漢書曰北斗七星所謂琁璣玉衡陳衆車於東阬兮。肆玉軑而下馳。如淳曰東阬東海也晉灼曰軑車轄也軑音大漂龍淵而還九垠兮。窺地底而上回。風漎漎而扶轄兮。鸞鳳紛其銜蕤。善曰漎漎疾貌也音竦晉灼曰蕤綏也梁弱水之濎濴兮。躡不周之逶蛇。善曰濎濴小水貌也想西王母欣然而上壽兮。屏玉女而卻宓妃。善曰言既臻西極故想王母而上壽乃悟好色之敗德故屏除玉女而及宓妃亦以此微諫也玉女亡所眺其清矑兮。宓妃曾不得施其蛾眉。服虔曰矑目童子也方攬道德之精剛兮。侔神明與之爲資。於是欽柴宗祈。善曰恭敬燔柴尊崇所祈也尚書曰至于岱宗柴燎薰皇天。皋搖泰壹。如淳曰皋挈皋也積柴於挈皋頭置牲玉於其上舉而燒之欲近天也張晏曰招搖泰一皆神名善曰搖與遙同舉洪頤。服虔曰洪頤旗名也樹靈旗。樵蒸昆上。配藜四施。張晏曰配藜披離也善曰言燔燎之盛故樵蒸之光同上而披離四布也東燭滄海。西耀流沙。北熿幽都。南煬丹厓。熿與晃音義同方言曰煬炙也玄瓚觩醪。秬鬯泔淡。服虔曰以玄玉飾之故曰玄瓚應劭曰泔淡滿也肸蠁豐融。懿懿芬芬。善曰言秬鬯分布芬芳盛美也炎感黃龍兮。熛訛碩麟。韋昭曰碩大也善曰言燚熛熾盛感動神物也訛動也選巫咸兮叫帝閽。開天庭兮延羣神。儐暗藹兮降清壇。瑞穰穰兮委如山。儐贊也暗藹衆盛貌也於是事畢功弘。迴車而歸。度三巒兮偈棠黎。偈息也音憩天閫決兮地垠開。八荒協兮萬國諧。登長平兮雷鼓磕。天聲起兮勇士厲。長平坂名磕大聲也雲飛揚兮雨滂沛。于胥德兮麗萬世。善曰言恩澤之多若雲行雨施君臣皆有聖德故華麗至於萬世也亂曰。崇崇圜丘。隆隱天兮。登降峛崺。單埢垣兮。善曰登降上下也峛崺邪道也單大貌埢垣圜貌峛力爾切崺弋爾切單音蟬埢音拳增宮嵾差。嶸嵯峨兮。善曰嵾與參同岭巆嶙峋。洞無厓兮。善曰埤蒼曰岭巆嶙峋深無厓之貌上天之縡。杳旭卉兮。善曰縡事也杳深遠也旭卉幽昧之貌縡與載同聖皇穆穆。信厥對兮。李奇曰對配也能與天相對配也徠祇郊禋。神所依兮。徘徊招搖。靈迟迡兮。善曰招搖猶彷徨也迟迡即棲遲也迟音棲迡大夷反煇光眩耀。降厥福兮。子子孫孫。長無極兮。

漢書曰。甘泉本因秦離宮。既奢泰。而武帝復增通天、高光、迎風。宮外近則洪厓、旁皇、儲胥、弩陸。遠則石關、封巒、枝鵲、露寒、棠梨、師得。游觀屈奇瑰偉。非木摩而不彫。牆塗而不畫。周宣所考。般庚所遷。夏卑宮室。唐虞采椽三等之制也。且其爲已久矣。非成帝所造。欲諫則非時。欲默則不能已。故遂推而隆之。迺上比于帝室紫宮。若曰此非人力之所爲。黨鬼神可也。又是時趙昭儀方大幸。每上甘泉。常法從。在屬車間豹尾中。故雄聊言車騎之衆。參麗之駕。非所以感動天地。逆釐三神。又言屏玉女。却宓妃。以徵戒齋宿之事。賦成奏之。天子異焉。子雲初至漢廷。實首獻甘泉賦。故班固論其諷諫之意如此。

羽獵賦　幷序

孝成帝時羽獵。服虔曰士卒負羽也　雄從。以爲昔在二帝三王。宮館臺榭。沼池苑囿。林麓藪澤。財足以奉郊廟。御賓客。充庖廚而已。不奪百姓膏腴穀土桑柘之地。女有餘布。男有餘粟。國家殷富。上下交足。故甘露零其庭。醴泉流其唐。應劭曰爾雅曰廟中路謂之唐也　鳳凰巢其樹。黃龍游其沼。麒麟臻其囿。神爵棲其林。昔者禹任益虞而上下和。草木茂。成湯好田而天下用足。湯見網置四面湯拔其三面也　文王囿百里。民以爲尙小。齊宣王囿四十里。民以爲大。裕民之與奪民也。武帝廣開上林。東南至宜春、鼎湖、御宿、昆吾。晉灼曰鼎湖宮黃圖以爲在藍田昆吾地名　旁南山。西至長楊、五柞。北

繞黃河。濱渭而東周袤數百里。（南北曰袤）穿昆明池象滇河。營建章鳳闕神明馺娑。（馺娑殿名也建章宮名也神明臺名也）
漸臺泰液象海水周流方丈瀛洲蓬萊。（善曰漢書曰建章其北治太液也漸臺高二十餘丈名曰泰液中有蓬萊方丈瀛洲象海中仙山）
游觀侈靡。窮妙極麗。雖頗割其三垂以贍齊民。（善曰三垂謂西方南方東方武帝侵三垂以置郡故謂之割）
然至羽獵甲車戎馬器械儲偫禁禦所營。（善曰說文曰儲偫待也應劭曰禦禁也謂禁止往來營謂造作也）尚泰奢麗誇
詡。非堯舜成湯文王三驅之意也。又恐後世復脩前好。不折中以泉臺。（雄以宮觀之盛非成帝所造勿脩而已當以泉臺爲折中也）
故聊因校獵賦以風之。（善曰七略曰羽獵永始三年十二月上）其辭曰。
或稱羲農。豈或帝王之彌文哉。（善曰假爲或人之意言古之樸素而合禮者或稱羲農是則豈或謂後代帝王彌加文飾而不合禮哉故論者咨之於下）
論者云否。各以並時而得宜。奚必同條而共貫。則泰山之封。焉得七十而有二儀。是以
創業垂統者。俱不見其爽。遐邇五三。孰知其是非。（言創業垂統者各隨時立制皆不見其差爽故五帝三王誰知其是非乎但文質不同明無是非也）
遂作頌曰。麗哉神聖。處於玄宮。富既與地乎侔訾。貴正與天乎比崇。齊桓曾不
足使扶轂。楚嚴未足以爲驂乘。狹三王之阸僻。嶠高舉而大輿。（嶠舉也音矯）歷五帝之寥廓。涉
三王之登閎。（登高也閎大也）建道德以爲師。友仁義與之爲朋。於是玄冬季月。天地隆烈。萬物權
輿於內。徂落於外。帝將惟田於靈之囿。開北垠受不周之制。（謂不周風）以奉終始顓頊玄冥之
統。（顓頊玄冥皆北方之神）迺詔虞人典澤東延昆鄰西馳閶闔。儲積共偫。戍卒夾道。（偫具事也）斬叢棘夷

野草。禦自汧渭經營酆鎬。章皇周流出入日月。天與地沓。沓合也爾迺虎路三嵏以爲司馬。圍經百里而爲殿門。晉灼曰路音落落纍也服虔曰以竹虎落此山也應劭曰外門爲司馬門外則正南極海。邪界虞淵。應劭曰虞淵日所入也善曰極至也鴻濛沆茫。揭以崇山。韋昭曰鴻濛沆茫水草廣大貌也沆胡朗切茫音莽揭音竭也營合圍會。然後先置乎白楊之南。昆明靈沼之東。服虔曰白楊觀名也賁育之倫。蒙盾負羽。杖鏌邪而羅者以萬計。其餘荷垂天之畢。張竟壄之罘。靡日月之朱竿。曳彗星之飛旗。青雲爲紛。紅蜺爲繯。屬之乎崑崙之虛。繯旗上繫也渙若天星之羅。浩如濤水之波。淫淫與與。前後要遮。善曰淫淫與與皆行貌也欃槍爲闉。明月爲候。熒惑司命。天弧發射。鮮扁陸離。駢衍佖路。服虔曰鮮扁戰門軍陣貌也駢衍軍壘駢衍也扁音篇徽車輕武。鴻絧緁獵。晉灼曰徽疾貌也善曰廣雅曰武健也鴻絧相連貌也緁獵相次貌也殷殷軫軫。被陵緣阪。窮夐極遠者。相與列乎高原之上。善曰殷軫盛貌也殷或爲冥殷音隱羽騎營營。昈分殊事。蘇林曰昈明也善曰謂羽騎明白分別各殊其事也昈音戶繽紛往來。轠轤不絕。若光若滅者。布乎青林之下。孟康曰轠轤連屬貌也於是天子乃以陽晁始出乎玄宮。善曰陽朝陽明之朝晁古字同也撞鴻鍾。建九旒。六白虎。載靈輿。白虎馬名靈輿天子輿也蚩尤並轂。蒙公先驅。如淳曰蒙公髦頭也立歷天之旍。曳捎星之旃。韋昭曰歷於也捎拂也霹靂烈缺。吐火施鞭。應劭曰霹靂雷也烈缺閃隙也善曰言威德之盛役使百神故霹靂烈缺吐火施鞭而爲衛也萃從沇溶。淋離廓落。戲八鎮而開關。從走貌也沇溶盛多之貌也飛廉雲師。吸嚊潚率。鱗羅布烈。攢以龍翰。吸嚊息也嚊喘息聲也潚率吸嚊之貌鱗羅若鱗之羅也攢以龍翰若龍翰之聚也啾啾蹌蹌。入西園。切神光。張晏曰切近也神光宮名望平樂。徑竹林。張揖曰平樂館名蹂蕙圃。踐蘭唐。服虔曰蘭唐蘭生唐中也舉熢烈火。轡者施技。善曰轡者執轡之人也方馳千駟。狡騎萬師。方併也虓虎之陳。從橫膠輵。猋拉雷厲。驞駍駖礚。服虔曰虓音哮鄧展曰拉音獵善曰拉風聲也哮火交切輵音葛驞疋人切駍普萌切駖力莖切洶洶旭旭。天動地岋。善曰洶洶旭旭鼓動之聲也韋昭曰岋動貌也羨漫半散。蕭條數千里外。若夫壯士忼慨。殊鄉別趣。善曰鄉音向趣趨也東西南北。聘耆奔欲。善曰言各隨其耆欲也拕蒼豨。跋犀。犛蹶浮麋。韋昭曰跋蹋也應劭曰蹶頓也善曰廣雅曰拕引也音他浮麋過麋也斮巨狿。搏玄猨。韋昭曰斮斬也側略切服虔曰巨狿獸名騰空虛。距連卷。張晏曰連卷木也踔夭蟜。娭澗間。張晏曰踔夭蟜之枝也善曰踔踰也莫莫紛紛。山谷為之風猋。林叢為之生塵。善曰莫莫紛紛風塵之貌也及至獲夷之徒。蹶松柏。掌蒺藜。服虔曰獲夷能獲夷狄者善曰蹶踏也掌以掌擊之也獵蒙蘢。轔輕飛。輕飛輕獸飛禽也履般首。帶脩蛇。如淳曰般音班班首虎之頭也善曰履謂踐履之也鉤赤豹。摼象犀。韋昭曰摼扼也善曰摼古牽字跇巒阬。超唐陂。如淳曰跇超踰也音義曰巒山小而銳阬大坂也車騎雲會。登降闇藹。善曰闇藹衆盛貌泰華為旒。熊耳為綴。張晏曰旒幡綴旌也善曰綴亦旒也木仆山還。漫若天外。如淳曰還音旋言山為之回旋也儲與乎大浦。聊浪乎宇內。服虔曰儲與相羊貌也浦水涯也善曰聊浪放蕩也與音餘浪音琅於是天清日晏。逢蒙列眥。羿氏控弦。皇車幽輵。光純天地。服虔曰皇車君車也李奇曰純緣繞也善曰幽輵車聲也方言曰純文也望舒彌轡。服虔曰望舒月御也善曰彌轡按行貌也彌與弭古字通彌莫爾切翼乎徐至於上蘭。晉灼曰上蘭觀在上林中也移圍徙陣。浸淫蹵部。善曰部軍之部伍也蹵促也蹵古字通子育切曲隊堅重。各按行伍。壁壘天旋。神扶電擊。善曰言威之盛也扶笞擊也逢之則碎。

近之則破。鳥不及飛。獸不得過。軍驚師駭。刮野掃地。[言殺獲皆盡野地似乎刮掃也駭起也] 及至罕車飛揚。武騎聿皇。[善曰罕畢罕也聿皇輕疾貌也] 蹈飛豹。羂嘄陽。[善曰嘄陽即狒狒也] 追天寶。出一方。[應劭曰天寶陳寶也晉灼曰天寶雞頭而人身] 應駍聲。擊流光。野盡山窮。囊括其雌雄。[如淳曰陳寶神來下時駍然有聲又有光精應劭曰下時窮極山川天地之間然後得其雌雄也] 沇沇溶溶。遙噱乎紘中。[晉灼曰口之上下名為噱言禽獸奔走倦極皆遙張噱吐舌於紘網之中也善曰噱其略切] 三軍芒然。窮尤閼與。[孟康曰尤行也閼止也言三軍之盛窮閼禽獸使不得逸漏也如淳曰窮音穹尤者懈怠也晉灼曰閼與容貌也言三軍芒然懈倦容貌閼與而舒緩也] 亶觀夫剽禽之紲隃。犀兕之抵觸。[韋昭曰亶音但善曰古但字紲與跇同] 熊羆之挐玃。虎豹之淩遽。[韋昭曰挐玃惶遽也善曰淩越也遽窘也] 徒角槍題注。蹴竦讋怖。魂亡魄。觸輻關脰。[晉灼曰徒但也服虔曰獸以角觸地也善曰蹴與蹵同爾雅曰竦慴懼也讋與慴同觸輻關脰言觸車幅因關其頸也] 妄發期中。進退履獲。[善曰言矢雖妄發而期於必中進退之際必踐履而獲之也] 創淫輪夷。丘累陵聚。[張晏曰淫過也夷平也言獸被創過大血流與車輪平也] 於是禽殫中衰。[善曰中竹仲切] 相與集於靖冥之館。以臨珍池。[晉灼曰靖冥深閑之館也服虔曰珍池山下之流] 灌以岐梁。溢以江河。東瞰目盡。西暢無崖。隨珠和氏。焯爍其陂。[善曰焯古灼字] 玉石嶜崟。眩燿青熒。[嶜崟高大貌青熒光明貌] 漢女水潛。怪物暗冥。不可殫形。玄鸞孔雀。翡翠垂榮。王雎關關。鴻鴈嚶嚶。羣娛乎其中。噍噍昆鳴。[噍與啾同子由切昆同也] 鳧鷖振鷺。上下砰磕。聲若雷霆。乃使文身之技。水格鱗蟲。[服虔曰文身越人也能入水取物也] 凌堅冰。犯嚴淵。探巖排碕。薄索蛟螭。[薄迫也] 蹈獱獺。據黿鼉。[獱似狐青色居水中食魚音賓] 抾靈蠵。[抾捧也蠵觜蠵] 入洞穴。出蒼梧。[晉灼曰洞穴禹穴也] 乘巨鱗。騎京魚。

善曰京魚大魚也字或爲鯨鯨亦大魚也浮彭蠡。目有虞。有虞謂舜也方椎夜光之流離。剖明月之珠胎。鞭落水之宓妃。餉屈原於彭胥。彭咸也胥伍子胥也於茲乎鴻生鉅儒。俄軒冕雜衣裳。脩唐典匡雅頌。揖讓於前。昭光振燿。蠁曶如神。善曰蠁曶疾也仁聲惠於北狄。武誼動於南鄰。是以旃裘之王。胡貉之長。移珍來享。抗手稱臣。前入圍口。後陳盧山。孟康曰單于南庭山群公常伯陽朱墨翟之徒。喟然並稱曰。崇哉乎德。雖有唐虞大夏成周之隆。何以侈茲。夫古之觀東嶽。禪梁基。舍此世也。其誰與哉。上猶謙讓而未俞也。張晏曰俞然也方將上獵三靈之流。下決醴泉之滋。三靈日月星垂象之應也獵取也發黃龍之穴。窺鳳凰之巢。臨麒麟之囿。幸神雀之林。奢雲夢。侈孟諸。非章華。是靈臺。善曰言以楚章華爲非而以周之靈臺爲是罕徂離宮而輟觀游。土事不飾。木功不彫。丞民乎農桑。勸之以弗怠。善曰丞亦拯字也儕男女使莫違。恐貧窮者不徧被洋溢之饒。開禁苑。散公儲。創道德之囿。弘仁惠之虞。善曰虞與娛古字通馳弋乎神明之囿。覽觀乎群臣之有亡。善曰言馳弋神明之囿冀以齊其聖德觀其有無而加恩施放雉兔。收罝罘。麋鹿芻蕘與百姓共之。蓋所以臻茲也。於是醇洪鬯之德。豐茂世之規。加勞三皇。勗勤五帝。不亦至乎。乃祗莊雍穆之徒。立君臣之節。崇賢聖之業。未遑苑囿之麗。游獵之靡也。因回軫還衡。背阿房。反未央。

長楊賦 幷序

明年上將大誇胡人以多禽獸。善曰明年謂作羽獵賦之明年即校獵之年也班欲敍作賦之明年漢書成紀曰元延二年冬幸長楊宮縱胡客大校獵是也七畧曰羽獵賦永始三年十二月上然永始三年去校獵之前首尾四載謂之明年疑班固誤也秋命右扶風發民入南山。西自褒
斜。東至弘農。南敺漢中。張羅網罝罘。捕熊羆豪豬虎豹狖玃狐兔麋鹿。善曰山海經曰竹山有獸其狀如豚
白毛毛大如笄而黑端以毛射物名豪豪彘也廣雅曰狖蜼也尾長四五尺郭璞爾雅注玃似獮猴豹形如虎而圓文鄭玄曰鳥罟曰羅狖弋又切玃九縛切載以檻車。
善曰劉熙釋名曰檻車上施欄檻以格猛獸亦囚禁罪人之車也輸長楊射熊館。長楊宮有射熊館以網爲周陸。李奇曰陸遮禽獸圍陣也陸音
祛縱禽獸其中。令胡人手搏之。自取其獲。上親臨觀焉。服虔曰令胡客自取其得也是時農民不得收
歛。雄從至射熊館。還上長楊賦。聊因筆墨之成文章。故藉翰林以爲主人。子墨爲客卿以
風。其辭曰。
子墨客卿問於翰林主人曰。蓋聞聖主之養民也。仁霑而恩洽。動不爲身。今年獵長楊。先
命右扶風左太華而右褒斜。顏師古曰動不爲身言愛百姓也椓嶻嶭而爲弋。紆南山以爲罝。服虔曰嶻嶭山名也
顏師古曰巀嶭即今謂嵳峩也羅千乘於林莽。列萬騎於山隅。帥軍踤陸。錫戎獲胡。漢書音義曰踤聚也顏監曰踤足蹴也善
曰錫戎獲胡言以禽獸錫戎令胡自獲之搤熊羆。拖豪豬。木擁槍纍。以爲儲胥。顏師古曰胥須也言有儲畜以待所須也蘇林曰木擁柵其外
又以竹槍纍爲外儲胥也此天下之窮覽極觀也。雖然。亦頗擾於農人。三旬有餘。其廑至矣。而功不圖。
廑今勤字恐不識者外之則以爲娛樂之游。內之則不以爲乾豆之事。豈爲民乎哉。且人君以

玄默爲神。澹泊爲德。今樂遠出。以露威靈。數搖動以罷車甲。本非人主之急務也。蒙竊惑焉。翰林主人曰。吁。客何謂之茲耶。若客所謂知其一未睹其二。見其外不識其內者也。僕嘗倦談。不能一二其詳。請略舉凡。而客自覽其切焉。客曰。唯唯。主人曰。昔有彊秦。封豕其士。窫窳其民。鑿齒之徒。相與磨牙而爭之。應劭淮南子注云堯之時窫窳封豕鑿齒皆爲人害窫窳類貙虎爪食人服虔曰鑿齒齒長五尺似鑿亦食人李奇曰以喻秦貪婪殘食其人也晉灼曰鑿齒之徒謂六國窫烏黠切窳音庾豪俊麋沸。雲擾。羣黎爲之不康。於是上帝眷顧高祖。高祖奉命。順斗極。運天關。橫鉅海。漂昆侖。提劍而叱之。所過麾城摲邑。下將降旗。顏監曰摲舉手擬也善曰鄭玄禮記注曰摲之言芟也字林曰摲山檻切一日之戰。不可殫記。當此之勤。頭蓬不暇梳。飢不及餐。鞮鍪生蟣蝨。介冑被霑汗。鞮鍪首鎧也以爲萬姓請命乎皇天。迺展人之所詘。振人之所乏。規億載。恢帝業。七年之間。而天下密如也。密靜也逮至聖文。隨風乘流。方垂意於至寧。躬服節儉。綈衣不弊。革鞜不穿。鞜舄也音沓大廈不居。木器無文。於是後宮賤瑇瑁而疏珠璣。却翡翠之飾。除雕琢之巧。惡麗靡而不近。斥芬芳而不御。抑止絲竹晏衍之樂。憎聞鄭衛幼眇之聲。是以玉衡正而太階平也。其後熏鬻作虐。東夷橫畔。羌戎睚眥。閩越相亂。遐氓爲之不安。中國蒙被其難。韋昭曰氓音萌萌人也於是聖武勃怒。爰整其旅。迺命驃衛。應劭曰驃驃騎霍去病也衛衛青也汾沄沸渭。雲合電發。善曰汾沄沸渭衆盛貌也汾音紛沄音雲猋騰波流。機駭蠭軼。機駭蠭軼言其疾也疾如奔星擊如震霆。碎轒轀。破穹廬。應劭曰轒轀匈奴車也音義曰穹廬旃帳也服虔曰轒轀百二十步兵車或可寢處腦沙幕。髓余吾。服虔曰破其頭腦塗沙幕也余吾水名鄭氏曰折其骨使髓膏水也遂躐乎王庭。躐踐也毆橐駝。燒熐蠡。張晏曰熐蠡乾酪母燒之壞其養生之具也張揖曰熐蠡山名熐音覓蠡來戈切分勢單于。磔裂屬國。韋昭曰勢割也音如犁夷阬谷。拔鹵莽。刊山石。蹂屍輿厮。係累老弱。蹂尸踐尸也輿厮輪踐厮徒也係繫也累係也其曉鋋瘢耆。金鏃淫夷者數十萬人。如淳曰曉括也孟康曰瘢耆馬脊者創瘢處善曰如氏之說以爲箭括及鋋所中者爲創瘢於馬者孟氏以爲者被金鏃過傷者甚衆也服虔曰者鬣傷者或矛鑽內未出其瘡如含然或箭插其項未拔蒺若鬣焉皆稽顙樹頷扶服蛾伏。如淳曰叩頭時項下向則頷樹上向也韋昭曰頷音蛤蛾古蟻字二十餘年矣。尚不敢惕息。夫天兵四臨。幽都先加。迴戈邪指。南越相夷。靡節西征。羌僰東馳。是以遐方疏俗。殊鄰絕黨之域。自上仁所不化。茂德所不綏。莫不蹻足抗首。請獻厥珍。使海內澹然。永亡邊城之灾。金革之患。今朝廷純仁。遵道顯義。并包書林。聖風雲靡。英華沈浮。洋溢八區。普天所覆。莫不沾濡。士有不談王道者。則樵夫笑之。意者以爲事罔隆而不殺。物靡盛而不虧。故平不肆險。安不忘危。服虔曰肆弃也迺時以有年出兵。整輿竦戎。五穀皆熟爲有年方言曰西秦開相勸曰聳竦與聳古字通振師五柞。習馬長楊。簡力狡獸。校武票禽。簡擇也校考也票禽輕疾之禽也迺萃然登南山。瞰烏弋。西厭月蹈。東震日域。服虔曰蹈音窟月所生也日域日出之域也又恐後代迷於一時之事。常以此爲國家之大務。淫荒田獵。陵夷而不禦也。顏監曰禦止也是以車不安軔。日未靡旃。從者彷彿。骫屬而還。委屬而還謂委釋其事運屬而迴還也骫古委字亦所以奉太尊之烈。遵文武之度。(太尊高祖也) 復三王之田。反五帝之虞。使農不輟耰。工不下機。婚姻以時。男女莫違。出凱弟。行簡易。矜劬勞。休力役。見百年。存孤弱。帥與之同苦樂。然後陳鐘鼓之樂。鳴鞀磬之和。建碣磍之虡。(孟康曰碣磍之簴刻猛獸爲之故其形碣磍而盛怒也) 拮隔鳴球。掉八列之舞。(韋昭曰拮櫟也鳴球玉磬也古文隔爲擊賈逵國語注曰掉搖也八列八佾也) 酌允鑠。肴樂胥。(張揖曰允信也鑠美也言酌信美以當酒帥禮樂以爲肴) 聽廟中之雍雍。受神人之福祜。歌投頌。吹合雅。(服虔曰聲之相投也) 其勤若此。故眞神之所勞也。方將俟元符。(晉灼曰元符大瑞也) 以禪梁甫之基。增泰山之高。延光於將來。比榮乎往號。豈徒欲淫覽浮觀。馳騁杭稻之地。周流梨栗之林。蹂踐芻蕘。誇詡眾庶。盛狖玃之收。多麋鹿之獲哉。且盲者不見咫尺。而離婁燭千里之隅。客徒愛胡人之獲我禽獸。曾不知我亦已獲其王侯。言未卒。墨客降席再拜稽首曰。大哉體乎。允非小人之所能及也。(善曰體猶法也) 迺今日發矇。廓然已昭矣。

河東賦 并序

其三月。將祭后土。上迺帥羣臣。橫大河。湊汾陰。既祭。行游介山。回安邑。顧龍門。覽鹽池。登歷觀。陟西岳以望八荒。迹殷周之虛。眇然以思唐虞之風。雄以爲臨川羨魚。不如歸而結罔。還。上河東賦以勸。其辭曰。

伊年暮春。將瘞后土。師古曰伊是也祭地曰瘞故曰瘞后土禮靈祇。謁汾陰於東郊。因茲以勒崇垂鴻。發祥隤祉。欽若神明者。盛哉鑠乎。越不可載已。師古曰勒崇垂鴻勒崇名而垂鴻業也隤降也祉福也欽敬也若順也鑠美也越曰也已辭也言發祥降福敬順神明其事盛美不可盡載於是命羣臣齊法服。整靈輿。迺撫翠鳳之駕。六先景之乘。師古曰翠鳳之駕天子所乘車爲鳳形而飾以翠羽也先景爲馬行速疾常在景前也掉犇星之流旃。彏天狼之威弧。師古曰彏急張也音钁張燿日之玄旄。揚左纛。被雲梢。師古曰梢與旓同旓者旌旗之旒以雲爲旓也奮電鞭。驂雷輜。師古曰輜衣車也鳴洪鍾。建五旗。五旗蓋謂五色之旗義和司日。顏倫奉輿。師古曰倫古善御者也風發飈拂。神騰鬼趡。師古曰飈回風也趡走也飈音必遙反趡音子笑反千乘霆亂。萬騎屈橋。師古曰屈橋壯捷貌屈音其勿反橋音其召反嘻嘻旭旭。天地稠𡨴。服虔曰稠𡨴動搖貌師古曰嘻嘻旭旭自得之貌稠音徒弔反𡨴音五到反簸丘跳巒。涌渭躍涇。師古曰山小而銳曰巒言車騎之威訇隱之盛至於涌渭躍涇跳簸丘山者也秦神下讋。跖魂負沴。晉灼曰沴渚也師古曰跖蹈也言此神怖懾下入水中自蹈其處而負沴渚蓋戚懼之甚也跖音之亦反抵音直尸反河靈矍踢。爪華蹈衰。蘇林曰河靈巨靈也華華山也衰衰山也掌據之足蹈之也師古曰矍踢驚動之貌爪古掌字凡言此者以華車騎之衆羽旄之盛故秦神河靈莫不恐懼而自放也遂臻陰宮。穆穆肅肅。蹲蹲如也。師古曰陰宮汾陰之宮也蹲蹲行有節也蹲音千旬反靈祇既鄉。五位時敘。服虔曰五位五方之神絪縕玄黃。將紹厥後。言天地之氣大與發於祭祀之後於是靈輿安步。周流容與。師古曰靈輿天子之輿也以覽虖介山。嗟文公而愍推兮。勤大禹於龍門。灑沈菑於豁瀆兮。播九河於東瀕。師古曰灑分也菑古災字沈災洪水也豁開也瀆謂江河淮濟也播布也登歷觀而遙望兮。聊浮游以經營。樂往昔之遺風兮。喜虞氏之所耕。師古曰舜耕歷山故云然瞰帝唐之嵩高兮。眡隆周之大寧。師古曰瞰眡皆視也帝唐堯也嵩亦高也一曰堯嘗遊於陽城故於嵩高山瞰其遺蹟也眡即覓字汨低回而不能去兮。行睨陔下與彭城。晉灼曰陔下項羽敗處也師古曰汨往意也低回猶言徘徊也行且也意且欲往覩也濊南巢之坎坷兮。易豳岐之夷平。李奇曰南巢桀敗處也易樂也師古曰濊與穢同坎坷不平貌也乘翠龍而超河兮。陟西岳之嶢崝。師古曰翠龍穆天子所乘馬也西岳即華山也嶢崝謂嶕嶢而崝嶸也嶢音堯崝音士耕反雲霏霏而來迎兮。澤滲灕而下降。師古曰霏古霏字霏霏雲起貌滲灕流貌也鬱蕭條其幽藹兮。滃汎沛以豐隆。師古曰皆雲雨之貌吒風伯於南北兮。呵雨師於西東。參天地而獨立兮。廓盪盪其亡雙。師古曰天地曰二儀王者大位與之合德故曰參天地盪盪大貌遵逝虖歸來。師古曰遵路而旋京師也以函夏之大漢兮。彼曾何足與比功。服虔曰函夏函諸夏也師古曰函包容也彼謂堯舜殷周也函讀與合同建乾坤之貞兆兮。將悉總之以羣龍。麗鉤芒與驂蓐收兮。服玄冥及祝融。師古曰鉤芒東方神蓐收西方神玄冥北方神祝融南方神麗並駕也驂三馬也言皆役服也敦衆神使式道兮。奮六經以攄頌。隃於穆之緝熙兮。過清廟之雝雝。軼五帝之遐迹兮。躡三皇之高蹤。師古曰軼亦過也音逸既發軔於平盈兮。誰謂路遠而不能從。

古文苑及藝文類聚太平御覽等所引。尚有子雲蜀都賦、太玄賦、逐貧賦、酒賦。並爲完篇。其殘佚不完者有覈靈賦。蜀都賦爲左思所本。逐貧亦恢詭。然要未及四賦之瑰麗絕倫也。酒賦見漢書陳遵傳。作酒箴。御覽引漢書作酒賦。諸書多同。惟北堂書鈔引作都酒賦。都酒者。

酒器名也。玩其文要是賦之別體。今附著之。

酒賦 并序

漢孝成皇帝好酒。雄作酒賦以諷之。御覽引此爲酒賦序

子猶瓶矣。觀瓶之居。居井之眉。師古曰眉井邊地處高臨深。動常近危。酒醪不入口。臧水滿懷。不得左右。牽於纆徽。一旦叀礙。爲瓽所轠。師古曰纆徽井索也叀縣也瓽井以甎爲甃者也轠轠擊也言瓶忽縣礙不得下而爲井瓽所擊則破碎也。身提黃泉。骨肉爲泥。提擲也擲入黃泉之中也自用如此。不如鴟夷。師古曰鴟夷韋囊以盛酒鴟夷滑稽。腹如大壺。師古曰滑稽圜轉縱捨無窮之狀滑音骨盡日盛酒。人復借酤。常爲國器。託於屬車。出入兩宮。經營公家。繇是言之。酒何過乎。

第四章　太玄經

太玄之爲書。蓋出於渾天之術。明陰陽度數律歷之紀。與太初歷相應。亦有顓頊之歷焉。開以休咎。列以象類。錯以人事。文以五行。道德仁義。要合五經。雖云擬易。實揚子覃精一家之學也。故桓譚張衡之徒。以爲絕倫。豈徒其文章而已哉。函義廣大。非明於道術。殆莫能與於此。茲編所論。則不在究玄之義。但略述其文體。以見玄與文學之關係耳。

子雲之於文學。惟以模擬爲工。前既論之矣。始於詞賦。則模擬屈原相如。既而以爲非其至

也。乃緣飾儒術。有擬經之志。經莫大於易。遂作太玄以象之。太玄成。夫然後小屈原相如詞賦之道。以爲壯夫不爲也。自其著述之體而論之。要亦終於模擬而已。蓋詞賦之閎麗至屈原相如已極。子雲念終無以勝之。故惟參跡於經。言合道義。質以載文。則彬乎可以度越前人矣。此太玄法言之所以作也。而太玄尤與後世文人好以儒術緣飾。其子雲啟之歟。子雲之爲太玄。深以傲然自喜。將以遺棄爵位富貴而專心焉。方其草玄之時。則作解嘲以見其志。

解嘲 幷序

哀帝時丁傅董賢用事。諸附離之者。起家至二千石。時雄方草創太玄。有以自守。泊如也。人有嘲雄以玄之尚白。（服虔曰玄當黑而尚白將無可用）雄解之。號曰解嘲。其辭曰。客嘲楊子曰。吾聞上世之士。人綱人紀。不生則已。生必上尊人君。下榮父母。析人之珪。儋人之爵。懷人之符。分人之祿。（儋荷也）紆青拖紫。朱丹其轂。今吾子幸得遭明盛之世。處不諱之朝。與羣賢同行。歷金門。上玉堂有日矣。曾不能畫一奇。出一策。上說人主。下談公卿。目如燿星。舌如電光。一從一橫。論者莫當。顧默而作太玄五千文。枝葉扶疎。獨說數十餘萬言。（以樹喻文也）深者入黃泉。高者出蒼天。大者含元氣。細者入無間。然而位不過侍郎。擢纔給事黃門。意者玄得無

倘白乎何爲官之拓落也。拓落猶遼落不諧偶也 楊子笑而應之曰。客徒朱丹吾轂。不知一跌將赤
吾之族也。往昔周網解結。羣鹿爭逸。服虔曰鹿喻在爵位者 離爲十二。合爲六七。四分五剖。並爲戰
國。士無常君。國無定臣。得士者富。失士者貧。矯翼厲翮。恣意所存。故士或自盛以橐。或鑿
坏以遁。范雎入秦藏於橐中顏闔魯君欲相之而不肯鑿坏而遁之坏普來切 是故鄒衍以頡頏而取世資。孟軻雖連蹇
猶爲萬乘師。今大漢左東海。右渠搜。前番禺。後椒塗。東南一尉。西北一候。徽以糾墨。制以
鑕鈇。說文曰糾三合繩也又曰墨索也鈇鑕斬罪之刑也 散以禮樂。風以詩書。曠以歲月。結以倚廬。應劭曰漢律以爲親行三年服不得選舉結爲倚廬以結其心 天下之士。雷動雲合。魚鱗雜襲。咸營於八區。家家自以爲稷契。人人自以
爲皐陶。戴縰垂纓而談者。皆擬於阿衡。五尺童子。羞比晏嬰與夷吾。當塗者升青雲。失路
者委溝渠。旦握權則爲卿相。夕失勢則爲匹夫。譬若江湖之崖。渤澥之島。乘雁集不爲之
多。雙鳧飛不爲之少。四鴈曰乘 昔三仁去而殷墟。二老歸而周熾。子胥死而吳亡。種蠡存而越
霸。五羖入而秦喜。樂毅出而燕懼。范雎以折摺而危穰侯。蔡澤以噤吟而笑唐舉。故當其
有事也。非蕭曹子房平勃樊霍則不能安。當其無事也。章句之徒相與坐而守之。亦無所
患。故世亂則聖哲馳騖而不足。世治則庸夫高枕而有餘。夫上世之士。或解縛而相。或釋
褐而傅。或倚夷門而笑。應劭曰侯嬴也 或橫江潭而漁。服虔曰漁父也 或七十說而不遇。應劭曰孔丘也 或立談

而封侯。史記曰虞卿說趙孝成王再見爲趙上卿故號爲虞卿或枉千乘於陋巷。或擁篲而先驅。擁篲鄒衍也是以士頗得信其舌而奮其筆。窒隙蹈瑕而無所詘也。當今縣令不請士。郡守不迎師。羣卿不揖客。將相不俛眉。言奇者見疑。行殊者得辟。爾雅曰辟罪也是以欲談者卷舌而同聲。欲步者擬足而投跡。欲談者卷舌不言待彼發而同其聲欲行者擬足不前待彼行而投其跡也嚮使上世之士。處乎今世。策非甲科。行非孝廉。舉非方正。獨可抗疏。時道是非。高得待詔。下觸聞罷。又安得青紫。言抗疏有所觸犯者帝報以聞而罷之言不任用也且吾聞之。炎炎者滅。隆隆者絕。觀雷觀火。爲盈爲實。雷極則爲水火之光炎炎不可久天收其聲。地藏其熱。高明之家。鬼瞰其室。攫挐者亡。默默者存。位極者宗危。自守者身全。是故知玄知默。守道之極。爰清爰靜。游神之庭。惟寂惟漠。守德之宅。世異事變。人道不殊。彼我易時。未知何如。今子乃以鴟梟而笑鳳皇。執蝘蜓而嘲龜龍。不亦病乎。子之笑我玄之尚白。吾亦笑子病甚不遇俞跗與扁鵲也。悲夫。客曰。然則靡玄無所成名乎。范蔡以下。何必玄哉。楊子曰。范雎。魏之亡命也。折脅摺髂。免於徽索。埤蒼曰髂膂骨也口亞切脅肩蹈背。扶服入橐。脅肩悚體也激卬萬乘之主。介涇陽。抵穰侯而代之。當也。激卬怒也介者閒其兄弟使疎也抵側擊也音紙蔡澤。山東之匹夫也。顩頤折頞。涕唾流沫。西揖彊秦之相。搤其咽而亢其氣。捬其背而奪其位。時也。韋昭曰曲上曰顩欺甚切說文曰頞鼻莖也於達切沬洒面也呼憒切廣雅曰咽嗌也嗌音益天下已定。金革已平。都於洛陽。婁敬委輅脫輓。掉三寸之舌。建不拔之策。舉中國徙之長安適也。（應劭曰輅謂以木當胷以輓車也）五帝垂典。三王傳禮。百世不易。叔孫通起於枹鼓之間。解甲投戈。遂作君臣之儀。得也。呂刑靡敝。秦法酷烈。（鄧展曰靡音靡）聖漢權制。而蕭何造律。宜也。故有造蕭何之律於唐虞之世則悖矣。（服虔曰悖猶繆也悖布迷切悖或作繆）有作叔孫通儀於夏殷之時則惑矣。有建婁敬之策於成周之世則乖矣。有談范蔡之說於金張許史之間則狂矣。（金日磾張安世許廣漢史恭史高也）夫蕭規曹隨。留侯畫策。陳平出奇。功若泰山。響若坻隤。（應劭曰天水有大坂名曰隴坻其山堆傍着崩落作聲聞數百里故曰坻隤坻丁禮切韋昭坻音若是理之是字書曰巴蜀名山堆落曰坻）雖其人之膽智哉。亦會其時之可爲也。故爲可爲於可爲之時則從。爲不可爲於不可爲之時則凶。若夫藺生收功於章臺。四皓采榮於南山。（采榮采取榮名也）公孫創業於金馬。驃騎發跡於祁連。司馬長卿竊貲於卓氏。東方朔割炙於細君。僕誠不能與此數子並。故默然獨守吾太玄。

太玄既成。其文艱深。觀之者難知。學之者難成。客有難玄太深。衆人不之好也。子雲於是乂作解難以應之。

解難

客難揚子曰。凡著書者。爲衆人之所好也。美味期乎合口。工聲調於比耳。（師古曰比和也）今吾子迺抗辭幽說。閎意眇指。師古曰眇讀曰妙獨馳騁於有亡之際。而陶冶大鑪。旁薄羣生。師古曰旁薄猶言磅薄也歷覽者茲年矣。而殊不寤。師古曰茲益也茲年言其久也亶費精神於此。而煩學者於彼。師古曰亶讀曰但譬畫者畫於無形。弦者放於無聲。殆不可乎。師古曰放依也揚子曰俞。師古曰俞然也若夫閎言崇議幽微之塗。蓋難與覽者同也。昔人有觀象於天。視度於地。察法於人者。天麗且彌。地普而深。師古曰麗著也日月星辰之所著也彌廣也普遍也昔人之辭。迺玉迺金。彼豈好爲艱難哉。勢不得已也。獨不見夫翠虯絳螭之將登虖天。必聳身於蒼梧之淵。不階浮雲。翼疾風。虛舉而上升。則不能撠膠葛。騰九閎。師古曰撠揭也膠葛上清之氣也騰升也九閎九天之門撠音戟揭音居足反日月之經。不千里則不能燭六合。燿八紘。泰山之高。不嶕嶢則不能浡滃雲而散歊烝。師古曰嶕嶢高貌也浡滃盛也滃雲氣貌歊烝氣上出也嶕嶢音樵堯浡音勃滃音一孔反歊音許昭反是以宓犧氏之作易也。緜絡天地。經以八卦。文王附六爻。孔子錯其象而彖其辭。然後發天地之臧。定萬物之基。典謨之篇。雅頌之聲。不溫純深潤。則不足以揚鴻烈而章緝熙。蓋胥靡爲宰。張晏曰胥相也靡無也言相師以無爲作宰者也寂寞爲尸。大味必淡。大音必希。大語叫叫。大道低回。師古曰叫叫遠聲也低回紆衍也是以聲之眇者不可同於衆人之耳。形之美者不可棍於世俗之目。師古曰棍亦同也音胡本反辭之衍者。不可齊於庸人之聽。今夫弦者高張急徽。追趨逐者。則坐者不期而附矣。追趨逐者隨所趨嚮愛嗜而追逐之也試爲之施咸池。揄六莖。發簫韶。詠九成。則莫有和也。

（師古曰揄引也和應也）是故鍾期死。伯牙絕弦破琴。而不肯與衆鼓。獿人亡。則匠石輟斤而不敢妄斲。（服虔曰獿古之善塗塈者也施廣領大袖以仰塗而領袖不汙有小飛泥誤著其鼻因令匠石揮斤而斲知匠石之善斲故敢使之也師古曰塈即今之仰泥也獿抆拭也故謂塗者爲獿人獿音乃高反乂音迺回反）師曠之調鍾。竢知音者之在後也。孔子作春秋。幾君子之前睹也。老聃有遺言。貴知我者希。此非其操與。

解嘲解難之外。古文苑所載。尚有太玄賦。其卒章曰。屈子慕清。葬魚腹兮。伯姬曜名。焚厥身兮。孤竹二子。餓首山兮。斷跡屢婁。何足稱兮。辟斯數子。智若淵兮。我異於此。執太玄兮。蕩然肆志。不拘攣兮。蓋子雲之以玄自喜如此。太玄之要。已略舉於第一章中。大抵玄首八十有一。（首以當卦）曰中曰周曰礥曰閑曰少曰戾曰上曰干曰狩曰羨曰差曰童曰增曰銳曰達曰交曰耎曰傒曰從曰進曰釋曰格曰夷曰樂曰爭曰務曰事曰更曰斷曰毅曰裝曰衆曰密曰親曰斂曰彊曰晬曰盛曰居曰法曰應曰迎曰遇曰竈曰大曰廓曰文曰禮曰逃曰唐曰常曰度曰永曰昆曰減曰唫曰守曰翕曰聚曰積曰飾曰疑曰視曰沈曰內曰去曰晦曰瞢曰窮曰割曰止曰堅曰成曰闋曰失曰劇曰馴曰將曰難曰勤曰養。更有玄測玄衝玄錯玄攡玄瑩玄數玄文玄棿玄圖玄告。以擬十翼。司馬光說玄曰。易與太玄大抵道同而法異。易畫有二。曰陽曰陰。玄畫有三。曰一曰二曰三。易有六位。玄有四重。易以八卦相重爲六十四卦。

玄以一二三錯於方州部家爲八十一首。易每卦六爻合爲三百八十四爻。玄每首九贊合爲七百二十九贊。皆當朞以日。易有元亨利貞。玄有罔直蒙酋冥。（五者太玄之德罔北方也于易爲貞直東方也于易爲元蒙南方也于易爲亨酋西方也于易爲利冥者未有形也故玄文曰罔蒙相極直酋相勑出冥入冥新故更代玄首起冬至故分貞以爲罔冥罔者冬至以後冥者大雪以前也）易大衍之數五十。其用四十有九。玄天地之策各十有八。合爲三十六策。地則虛三用三十三策。易揲之以四。玄揲之以三。易有七九八六。謂之四象。玄有一二三。謂之三摹。易有象。玄有首。易有爻。玄有贊。易有象。玄有測。易有文言。玄有文。易有繫辭。玄有攡瑩掜圖告。易有說卦。玄有數。易有序卦。玄有衝。易有雜卦。玄有錯。殊塗而同歸。百慮而一致。皆本於太極兩儀三才四時五行。而歸於道德仁義禮也。司馬氏論玄所以擬易之跡。可謂詳矣。太玄之稱經。由來已舊。故史以雄非聖人而作經。猶吳楚之君僭號稱王。蓋誅絕之罪也。按法言解嘲等書。止云太玄。然則經非子雲自稱。殆弟子侯芭之徒。從而尊之。遂立經名耳。玄之爲文最詰屈難讀。後世樊宗師之奇澀。未必不取乎此也。今錄中養二首以見其體。今本並以玄測附贊下。茲仍之。

𝌆 一方一州一部一家 中

陽氣潛萌於黃宮。信無不在乎中。初一。昆侖旁薄幽。測曰。昆侖旁薄。思之貞也。（昆侖天之象旁薄地）

形之○次二神戰於玄其陳陰陽○測曰神戰於玄○善惡并也○次三龍出於中首尾信可以爲庸○測曰龍出於中見其造也○造作也次四庫虛无因大受性命否○測曰庫虛之否不能大受也○次五日正於天利用其辰作主○測曰日正於天○貴當位也○次六月闕其摶不如開明於西○測曰月闕其摶○賤始退也○摶與團同次七酋酋火魁頤水包貞○測曰酋酋之包○任臣則也○酋就也魁斗之首也頤養也火烈人畏民鮮死故頤水浮天載地無不包然不可黜而失正次八黃不黃覆秋常○測曰黃不黃失中德也○黃中之德失位覆敗秋之常道上九顛靈氣形反○測曰顛靈之反時不克也顛隕也靈心之主也有生之終靈既隕矣則形氣各反其本也

三方三州三部三家　養

陰弸於野○陽藴萬物赤之於下○弸滿也藴隱也物之初生其色赤謂是時陰氣盛極于田野陽隱藏萬物赤之于下初一藏心於淵○美厥靈根○測曰藏心於淵○神不外也○次二墨養邪元函匪貞○測曰墨養邪中心敗也○墨與默同默然養其邪辟之道元始也謂邪端內函也次三糞以肥丘育厥根英○測曰糞以肥丘○中光大也○次四燕食扁扁其志傴傴利用征賈○測曰燕食扁扁○志在賴也○扁扁傴傴獵食之貌次五黃心在腹白骨生肉孚德不復○測曰黃心在腹上德天也○次六次次一日三饘祗牛之兆肥不利○測曰次次之饘○肥無身也○次次與趑同不安貌已卜之牛待肥則用故無身次七小子牽象婦人徽猛○君子養病○測曰牽象養病○不相因也○徽大索猛猛獸次八鯁不脫毒疾發○鬼上壟○測曰鯁疾之發○歸於墳也○上九星如歲如復繼

之初。測曰。星如歲如。終養始也。星回于天歲終則始

西京雜記謂揚雄作太玄。夢白鳳凰集其上。子雲平生覃精之書。莫過於此。法言問神曰。或曰。述而不作。玄何以作。曰其事則述。其書則作。育而不苗者。吾家之童烏乎。九齡而與我玄文。註家以童烏子雲之子。九齡而與子雲論玄。惜其早卒。故傷之也。玄之成。當時惟桓譚好之。侯芭尙從而受焉。王充張衡。亦以爲絕倫。漢五業主事宋衷。始爲玄作解詁。吳鬱林太守陸績作釋正。晉尙書郎范望作解贊。唐門下侍郎平章事王涯注經及首測。宋都官郎中直昭文館宋爲幹。通爲之注。秦州天水尉陳漸作演玄。司封員外郎吳秘作音義。及司馬光始采諸家爲集注。今惟行集注本。光又有潛虛以擬玄。後之擬玄者數家。要依放其詞句之艱深者云。

第五章　法言

漢書曰。雄見諸子各以其知舛馳。大氐詆訾聖人。卽爲怪迂析辯詭詞。以撓世事。雖小辯。終破大道而惑衆。使溺於所聞而不自知其非也。及太史公記六國。歷楚漢。訖麟止。不與聖人同。是非頗謬於經。故人時有問雄者。常用法應之。譔以爲十三卷。象論語。號曰法言。蓋自衰周以來。百家爭鳴。子雲法言出。而一一爲之評論。咸折衷於孔氏。故法言實評論之宗也。王

充以持論自負所許者惟子雲法言及桓譚新論而已。法言所論尤多關於文學。其文體奧約可爲不苟作者。當時侯芭宋衷註並亡。今存者最古惟李軌解較詳。則司馬光集註。今先著法言序目。

法言序目 依漢書

天降生民。倥侗顓蒙。恣於情性。聰明不開。訓諸理。譔學行第一。

降周迄孔。成於王道。然後誕章乖離。諸子圖微。師古曰言其後澆末詭誕益章乖于七十弟子所謀微妙之言 譔吾子第二。

事有本眞。陳施於億。李奇曰布陳于億萬事也 動不克咸。本諸身。譔修身第三。

芒芒天道。在昔聖考。過則失中。不及則不至。不可姦罔。譔問道第四。

神心忽恍。經緯萬方。事繫諸道德仁義禮。譔問神第五。

明哲煌煌。旁燭亡疆。遜於不虞。以保天命。李奇曰常行遜順以保不虞 譔問明第六。

假言周於天地。贊於神明。師古曰假至也 幽弘橫廣。絕於邇言。譔寡見第七。

聖人聰明淵懿。繼天測靈。冠於羣倫。經諸范。師古曰經常也范法也 譔五百第八。

立政鼓衆。動化天下。莫上於中和。中和之發。在於哲民情。譔先知第九。

仲尼以來。國君將相卿士名臣。參差不齊。壹概諸聖。譔重黎第十。

仲尼之後。訖於漢道。德行顏閔。股肱蕭曹。爰及名將。尊卑之條。稱述品藻。（師古曰品藻者定其差品及文質）譔淵騫第十一。

君子純終領聞。蠢迪檢押。（師古曰蠢動也迪道也由也檢押猶隱括也言動由檢押也）旁開聖則。譔君子第十二。

孝莫大於寧親。寧親莫大於寧神。寧神莫大於四海之驩心。譔孝至第十三。

法言中關於倫理哲學者。茲不具述。惟畧采其關於文學之評論如下。

或問吾子少而好賦。曰然。童子雕蟲篆刻。俄而曰。壯夫不爲也。或曰。賦有以諷乎。諷則已。不已。吾恐不免於勸也。或曰。霧縠之組麗。曰女工之蠹矣。（霧縠蠹害女工詞賦惑亂聖典）劍客論曰。劍可以愛身。（言擊劍可以護身辭賦可以諷喻）曰。狴犴使人多禮乎。（言狴犴使人多禮詞賦使人放蕩）或問景差唐勒宋玉枚乘之賦也益乎。曰必也淫。淫則奈何。曰詩人之賦麗以則。辭人之賦麗以淫。如孔氏之門用賦也。則賈誼升堂。相如入室矣。如其不用何。

或曰。女有色。書亦有色乎。曰有。女惡華丹之亂窈窕也。書惡淫辭之淈法度也。或問屈原智乎。曰如玉如瑩。爰變丹青。如其智。如其智。或問君子尚辭乎。曰君子事之爲尚。事勝辭則伉。辭勝事則賦。事辭稱則經。足言足容。德之藻矣。或問公孫龍詭詞數萬以爲法。法與曰斷木爲棊。梡革爲鞠。亦皆有法焉。不合乎先王之法者。君子不法也。觀書者譬諸觀山及水。升東岳而知衆山之峛崺也。況介丘乎。浮滄海而知江河之惡沱也。況枯澤乎。舍舟航而濟乎瀆者。末矣。舍五經而濟乎道者。末矣。棄常珍而嗜異饌者。惡覩其識味也。委大聖而好乎諸子者。惡覩其識道也。山嶭之蹊。不可勝由矣。向牆之戶。不可勝入矣。曰惡由入。曰孔氏。孔氏者戶也。曰子戶乎。曰戶哉戶哉。吾獨有不戶者矣。或欲學蒼頡史篇。曰史乎史乎。愈於妄闕也。

好書而不要諸仲尼。書肆也。好說而不要諸仲尼。說鈴也。

古者楊墨塞路。孟子辭而闢之。廓如也。後之塞路者有矣。竊自比於孟子。或曰人各是其所是。而非其所非。將誰使正之。曰萬物紛錯。則懸諸天。衆言淆亂。則折諸聖。或曰惡覩乎聖而折諸。曰在則人。亡則書。其統一也。已上並吾子

或問人有倚孔子之牆。弦鄭衛之聲。誦韓莊之書。則引諸門乎。曰在夷貉則引之。倚門牆則麾之。修身

或曰申韓之法非法與。曰法者謂唐虞成周之法也。如申韓。如申韓。莊周申韓不乖寡聖人而漸諸篇。則顏氏之子。閔氏之孫。其如台。或曰莊周有取乎。曰少欲。鄒衍有取乎。曰自

持。問道

或曰經可損益與。曰易始八卦而文王六十四。其益可知也。詩書禮春秋。或因或作。而成於仲尼。其益可知也。

昔以說書者序以百。而酒誥之篇俄空焉。今亡。夫虞夏之書渾渾爾。深大 商書灝灝爾。夷曠 周書噩噩爾。不阿借也 下周者。其書譙乎。下周者秦 言酷烈也

言不能達其心。書不能達其言。難矣哉。惟聖人得言之解。得書之體。白日以照之。江河以滌之。灝灝乎其莫之禦也。面相之。辭相適。捈中心之所欲。通諸人之嚍嚍者。莫如言。彌綸天下之事。記久明遠。著古昔之㗄㗄。傳千里之忞忞者。莫如書。故言心聲也。書心畫也。聲畫形。君子小人見矣。聲畫者。君子小人之所動情乎。聖人之辭渾渾若川。順則便。逆則否者。其惟川乎。或曰仲尼聖者與。何不能居世也。曾范蔡之不若。曰聖人。范蔡乎。若范蔡。其如聖何。或曰淮南太史公者。其多知與。曷其雜也。曰雜乎雜。人病以多知為雜。惟聖人為不雜。書不經。非書也。言不經。非言也。言書不經。多多贅矣。已上並問神

或曰良玉不彫。美言不文。何謂也。曰玉不彫。璵璠不作器。言不文。典謨不作經。

或問司馬子長有言曰。五經不如老子之約也。當年不能極其變。終身不能容其業。曰若

是則周公惑。孔子賊。古者之學。耕且養。三年通一經。今之學也。非獨爲之華藻也。又從而繡其鞶帨。惡在其老不老也。或曰。學者之說可約耶。曰。可約解科。（已上寡見）

或問周官。曰。立事。左氏。曰。品藻。太史遷。曰。實錄。（重黎）

或問儀秦學乎鬼谷術。而習乎縱橫言。安中國者各十餘年。是夫。曰。詐人也。聖人惡諸。曰孔子讀而儀秦行。何如也。曰。甚矣。鳳鳴而鷙翰也。然則子貢不爲與。曰。亂而不解。子貢恥諸。說而不富貴。秦儀恥諸。

或問公孫弘董仲舒孰邇。曰。仲舒欲爲而不可得者也。弘容而已矣。

或問東方生名過實者何也。曰。應諧不窮。正諫穢德。應諧似優。不窮似哲。正諫似直。穢德似隱。請問名。曰。詼達。惡比。曰。非夷齊而是柳下惠。戒其子以尚容。首陽爲拙。柱下爲工。飽食安坐。以仕易農。其滑稽之雄乎。（已上淵騫）

子雲之爲法言。頗見重於學者。蓋皆傳儒術以折衆家。韓退之以子雲與荀卿並稱。司馬光則謂揚子大儒。孔子既沒。知聖人之道者。非揚子而誰。孟與荀殆不足擬。況其餘乎。程朱以來。力倡理學。而於子雲。皆有所取。惟貶其仕新室而已。後世爲文章者。必稱仁義。述孔子之道。蓋子雲持論已如此。異於相如之倫。徒誇閎麗者。故文人而緣飾儒術。此風自子雲始成也。

第六章　雄揚之雜文體

漢書論揚雄箸述。於太玄、法言、訓纂、反騷、四賦之外。又曰州莫大於虞箴作州箴。後漢書胡廣傳稱雄依虞箴作十二州二十五官箴。其九箴亡闕。後涿郡崔駰及子瑗又臨邑侯劉騊駼增補十六篇。胡廣復繼作四篇。范曄嘗合四十八篇號百官箴。爲之註釋。今曄註已不傳。是雄諸箴在漢世即多闕佚不具矣。羣書所引於駰等所補亦有引爲雄作者。要其完篇頗存在古文苑諸書中。後世諸箴皆依子雲作也。茲錄十二州箴中之益州牧箴。其詞曰。

巖巖岷山。古曰梁州。華陽西極。黑水南流。茫茫洪波。鯀堙降陸。於時八都。厥民不隩。禹導江沱。岷嶓啟乾。遠近底貢。磬錯砮丹。絲麻條暢。有粳有稻。自京徂畛。民攸溫飽。帝有桀紂。湎沈頗僻。遏絕苗民。滅夏殷績。三苗之國境接梁州爰周受命。復古之常。幽厲夷業。破絕爲荒。幽厲陵夷此州復絕爲荒服秦作無道。三方潰叛。義兵征暴。遂國於漢。拓開疆宇。恢梁之野。列爲十二。光羨虞夏。牧臣司梁。是職是圖。經營盛衰。敢告士夫。

任昉文章緣起曰連珠揚雄作。沈約上連珠表曰竊尋連珠之作。始自子雲。放易象論。動模經誥。班固謂之命也。桓譚以爲絕倫。連珠者蓋謂辭句連續。互相發明。若珠之結排也。文心雕龍曰。揚雄覃思文閣。碎文瑣語。肇爲連珠。然則連珠之原。雖自韓非淮南之書。而標名定體實始子雲。後之學者。依效而作。文選但錄陸機之作。子雲創體反致擯逸。茲錄藝文類聚太平御覽子雲連珠二條如下。

臣聞明君取士。貴拔衆之所遺。忠臣薦善。不廢格而（而當作之）所排。是以巖穴無隱。而側陋章顯也。（藝文類聚五十七）

臣聞天下有三樂。有三憂焉。陰陽和調。四時不忒。年豐物遂。無有夭折。災害不生。兵戎不作。天下之樂也。聖明在上。祿不遺賢。罰不偏罪。君子小人。各處其位。衆人之樂也。吏不苟暴。役賦不重。財力不傷。安土樂業。民之樂也。亂則反焉。故有三憂。（御覽四百六十八）

漢書趙充國傳。成帝時。西羌常有警。上思將師之臣。追美充國。乃召黃門郎揚雄。卽充國圖畫而頌之。按頌之爲體。本詩六義之一。漢世如董仲舒山川頌。王子淵聖主得賢臣頌。其體並與古異。子雲爲之。乃協詩雅。後作頌者。並宗子雲。體趙充國頌。旣見漢書文選。亦錄之。其詞曰。

明靈惟宣。戎有先零。先零猖狂。侵漢西疆。漢命虎臣。惟後將軍。整我六師。是討是震。旣臨其域。諭以威德。有守矜功。謂之弗克。請奮其旅。於罕之羌。天子命我。從之鮮陽。營平守節屢奏封章。（充國封營平侯）料敵制勝。威謀靡亢。遂克西戎。還師於京。鬼方賓服。罔有不庭。昔周之宣。有方有虎。詩人歌功。乃列於雅。在漢中興。充國作武。赳赳桓桓。亦紹厥後。

漢書元后傳莽篡漢國號新。更命太皇太后爲新室文母。年八十四崩。莽詔大夫揚雄作誄。藝文類聚古文苑載其全詞。雖其中不乏美新之意。然文體整贍。後來曹潘之誄。大抵用子雲體也。羣書所引又有子雲蜀王本紀。琴清英等。則以傳記而兼近小說。或云出自依託。然流傳已久。子雲偶以餘日爲之。未可知也。今略著其一二條。

蜀王本紀

蜀之先稱王者。有蠶叢、柏濩、魚鳧、蒲澤、開明。是時人萌椎髻左衽。不曉文字。未有禮樂。從開明已上至蠶叢。積三萬四千歲。（文選蜀都賦劉注）

秦惠王時。蜀王不降秦。秦亦無道出於蜀。蜀王從萬餘人。東獵褒谷。卒見秦惠王。秦王以金一笥遺蜀王。蜀王報以禮物。禮物盡化爲土。秦王大怒。臣下皆再拜賀曰。土者地也。秦當得蜀矣。（御覽三十七）

於是秦王知蜀王好色。乃獻美女五人於蜀王。蜀王愛之。遣五丁迎女。還至梓潼。見一大虵入山穴中。一丁引其尾不出。五丁共引虵。山乃崩。壓五丁。五丁踏地大呼。秦王五女及

迎送者皆上山。化爲石。蜀王登臺望之不來。因名五婦侯臺。蜀王親埋作冢。皆致萬石。以誌其墓。初學記五

琴清英

尹吉甫子伯奇至孝。後母譖之。自投江中。衣苔帶藻。忽夢見水仙。賜其美藥。思惟養親。揚聲悲歌。船人聞而學之。吉甫聞船人之聲。疑似伯奇。援琴作子安之操。水經注三十三

晉王謂孫息曰。子鼓琴能令寡人悲乎。息曰。今處高臺邃宇。連屋重戶。藿肉漿酒。倡樂在前。難可使悲者。乃謂少失父母。長無兄嫂。當道獨坐。暮無所止。於此者乃可悲耳。乃援琴而鼓之。晉王酸心哀涕曰。何子來遲也。御覽五百七十七

子雲於古所有文學諸體。無不模擬。且拓而大之。不惟富於詞藻。且推本德義。所謂文質並茂。兼擅衆長。其意固欲度越前人。獨標勝詣。眞文章之豪伯。後世之宗師也。故凡詞賦論義箴頌序記雜體。無所不具。深湛博大。直差肩於相如。而冠冕兩京者矣。

中國六大文豪卷三終

中國六大文豪 卷四

第四編 李白

第一章 李白傳略

自相如子雲以後。世之爲文章者。但獵其詞采。仰其閎麗。莫敢加焉。東京文人。如班張崔蔡。皆希揚馬而不逮者也。建安之際。五言大盛。江左而還。儷詞競作。文筆分途。體求美麗。然賦頌不出於緣襲。書詞惟貴於清華。比事襞積。漸傷蕪累。至永明益究聲律。文勝其質。雖體備於宮商。而義牽於藻繢。後世追論。以爲文章之衰。其說容有未盡。顧當時作者。並能追摩風氣。爲組繡之詞。未有囊括衆家。獨爲雄伯者。固亦難於優劣矣。至於唐興而後。李杜集詩人之成。韓愈開古文之宗。李杜實能盡有前古詩體。韓愈則後之爲古文者所不能外也。懿此三豪。並興唐世。故敍之於屈原揚馬之後焉。

太白豪情盛概。詩雜仙心。絕塵逷騖。追跡爲難。惟子美兼包衆家。好古而不遺近。故丁晉公以子美集開詩世界。後人法杜者多。法李者少。要其才力相埒。未易高下也。李陽冰序太白詩曰。自三代以來。風騷之後。馳驅屈宋。鞭撻揚馬。千載獨步。惟公一人。此其說雖若過當。然若樂府長句縱橫萬變。無不如意。實爲詩人以來未有之奇。今先述太白略傳於下。
李白字太白。蜀之彰明人也。惟舊唐書文苑傳。以爲山東人。元稹杜甫墓志亦云山東人李白然據李陽冰魏顥劉全白范傳正諸人之文皆以太白爲蜀人古今辨此者衆不詳述此殆據杜子美詩近來海內爲長句汝與山東李白好之句然子美詩當以太白時寓山東而言。別本亦有作東山者。以太白嘗自號東山也。考太白詩亦多自稱蜀爲故鄉。新書謂太白爲興聖皇帝九世孫。其先隋末以罪徙西域。神龍初遁還客巴西。此當較爲可信。太白生於唐長安元年。生之夕。母夢長庚星。因字之曰太白。五歲誦六甲。十歲而通詩書。觀百家。其上韓荊州書曰。十五好劍術。徧干諸侯。贈張相鎬詩曰。十五觀奇書。作賦凌相如。今集中明堂賦。或曰卽十五時作也。至開元八年而太白年二十。性倜儻任俠。蘇頲爲益州長史。太白於路中投刺。頲待以布衣之禮。因謂羣僚曰。此子天才英麗。下筆不休。雖風力未成。且見專車之骨。若廣之以學。可以相如比肩。逸人東巖子者。隱於岷山之陽。太白從之游。巢居數年。不跡城市。養奇禽千計。呼皆就掌取食。了無驚猜。郡守聞而異之。詣廬親覩。因舉二人以有道科。並不起。未幾出游襄漢。至金陵維揚。還憩雲夢。故相許圉家以孫女妻之。遂留安陸。其三十歲時。上安州裴長史書曰。常橫經枕籍。制作不倦。迄於今三十春矣。以爲士生則桑弧蓬矢。射乎四方。故知大丈夫必有四方之志。乃杖劍去國。辭親遠游。南窮蒼梧。東涉溟海。見鄉人相如。大誇雲夢之事。云楚有七澤。遂來觀焉。而許相公家見招。妻以孫女。憩跡於此。至移三霜焉。曩昔東游維揚。不踰一年。散金三十餘萬。有落魄公子。悉皆濟之。又昔與蜀中友人吳指南同游於楚。指南死於洞庭之上。白伏屍慟哭。若喪天倫。行路聞者。悉皆傷心。猛虎前臨。堅守不動。遂權殯於湖側。便之金陵。數年來觀。筋肉尚在。雪泣持刃。躬申洗削。裹骨徒步。寢興攜持。丐貸營葬於鄂城之東。又曰。前此郡督馬公朝野豪彥。一見盡禮。許爲奇才。因謂長史李京之曰。諸人之文。猶山無烟霞。春無草樹。李白之文。清雄奔放。名章俊語。絡繹間起。光明洞澈。句句動人。故交元丹親接斯議。此皆太白自述其二十至三十間之事蹟也。

開元二十三年。太白游太原。識郭子儀於行伍中。言於主帥。脫其刑責。已後子儀亦救太白。蓋以報也。已而去之齊魯。寓家任城。與孔巢父、韓準、裴政、張叔明、陶沔會徂徠山。酣飲縱酒。號竹溪六逸。至天寶元年。而游會稽。時年四十二 與道士吳筠共居剡中。會筠以召赴闕。薦之於朝。玄宗乃下詔徵之。至京師。與太子賓客賀知章遇於紫極宮。一見賞之曰。此天上謫仙人也。因解金龜換酒爲樂。言於玄宗。召見金鑾殿。論當世務。草答蕃書。辯若懸河。筆不停綴。又上宣唐鴻猷一篇。帝嘉之。以七寶牀賜食。御手調羹以飯之。謂曰。卿是布衣。名爲朕知。非素畜道義。何以得此。命供奉翰林。專掌密命。至是太白居長安凡三年。與賀知章、汝陽王璡、崔宗之、裴周南、李適之、蘇晉、張旭、焦遂。日縱酒。時號爲酒中八仙人。杜甫爲作歌。天寶三載。太白在翰林。代草王言。然嗜酒沈飲。有時召令撰述。方在醉中。不可待。左右以水沃面。稍解。卽令秉筆。頃之而成。帝甚才之。數侍宴飲。因沈醉。引足令高力士脫靴。力士恥之。因摘其詩句以激太眞妃。帝三欲官太白。妃輒沮之。又爲張垍讒譖。太白自知不爲親近所容。懇求還山。帝乃賜金放歸。松窗錄云。開元中。禁中初重木芍藥。卽今牡丹也。得四本紅紫淺紅通白者。上移植於興慶池東沈香亭前。會花方繁開。上乘照夜白。太眞妃以步輦從。詔特選梨園弟子中尤者。得樂十六部。李龜年以歌擅一時之名。手捧檀板。押衆樂前。將歌之。上曰。賞名花。對妃子。焉用舊樂詞。遂令龜年持金花箋。宣賜翰林供奉李白。立進清平調辭三章。白欣然承旨。猶苦宿酲未解。因援筆賦之。其辭曰。

雲想衣裳花想容。春風拂檻露華濃。若非羣玉山頭見。會向瑤臺月下逢。

一枝紅艷露凝香。雲雨巫山枉斷腸。借問漢宮誰得似。可憐飛燕倚新粧。

名花傾國兩相歡。長得君王帶笑看。解釋春風無限恨。沈香亭北倚闌干。

龜年遽以辭進。上命梨園弟子。約略調撫絲竹。遂促龜年以歌。太眞妃持玻璃七寶盞。酌西涼州蒲桃酒。笑領歌意甚厚。上因調玉笛以倚曲。每曲徧將換。則遲其聲以媚之。太眞妃飲罷。斂繡巾重拜上。龜年常語於五王。獨憶以歌得自勝者。無出於此。抑亦一時之極致耳。上自是顧李翰林尤異於他學士。會高力士終以脫靴爲深恥。異日太眞妃重吟前詞。力士戲曰。比以妃子怨李白深入骨髓。何反拳拳如是。太眞妃驚曰。何翰林學士能辱人如斯。力士曰。以飛燕指妃子。是賤之甚矣。太眞妃深然之。上嘗三欲命李白官。卒爲宮中所捍而止。松窗錄（唐韋叡撰今亡、此則自太平廣記中錄出樂史別集序中所載蓋本此書）本事詩又謂太白以草宮中行樂五言律詩十首。爲玄宗所禮異。蓋當時應詔之作當甚多也。

李陽冰草堂集序曰。醜正同列。害能成謗。格言不入。帝用疏之。公乃浪跡縱酒。以自昏穢。詠歌之際。屢稱東山。天子知其不可留。乃賜金歸之。蓋太白之去。不僅由於宮掖之讒沮。並遭同列之搆謗。於是就從祖陳留採訪大使彥允。請北海高天師授道籙於齊州紫極宮。自是浮游四方。北抵趙魏燕晉。西涉邠岐。歷商於。至洛陽。南遊淮泗。再入會稽。而家寓魯中。故時往來齊魯間。自天寶三載以後。十三載以前。十年之中。惟遊梁宋最久。此其略可考者也。其贈蔡舍人詩云。一朝去京國。十載客梁園。又梁園吟曰。我浮黃河去京闕。挂席欲進波連山。天長水闊厭遠涉。訪古始及平臺間。是去長安之後。卽爲梁宋之遊矣。中間雖往來不定。而

家在東魯。與杜甫高適過汴州。酒酣登吹臺。慷慨懷古。人莫能測。亦在此時。杜甫寄太白詩
有云。乞歸優詔許。遇我宿心親。是其與子美納交。正在賜金放歸之後也。至天寶十三載。游
廣陵。與魏萬相遇。（萬後更名顥）遂同舟入秦淮。上金陵。與萬相別。復往來宣城諸處。時太白年五
十四矣。留宣城幾一年。肅宗至德元載。（即天寶十五載七月肅宗即位改元至德）太白自宣城之溧陽。又之剡中。
遂入廬山。永王璘爲江陵府都督。充山南東路及嶺南黔中江南西路四道節度使。重其才
名。辟爲府僚佐。及璘擅引舟師東下。脅以偕行。明年二月永王璘兵敗。太白亡走彭澤。坐繫
尋陽獄。宣慰大使崔渙。及御史中丞宋若思爲之推覆清雪。若思率兵赴河南。釋其囚。使參
謀軍事。并上書薦太白才可用。不報。執法者猶以太白附璘。當坐死。郭子儀請解官以贖。乃
詔長流夜郎。時乾元元年也。乃泛洞庭。上三峽。明年未至夜郎。遇赦得釋。
太白既免罪。又游金陵。往來宣城歷陽二郡間。寶應元年。從叔李陽冰爲當塗令。太白往依
之。十一月以疾卒。年六十二。范傳正新墓碑曰。晚歲渡牛渚磯。至姑熟。悅謝家青山。有終焉
之志。盤桓利居。竟卒於此。李華墓志云。年六十二。不偶。賦臨終歌而卒。（集中作臨路歌）劉全白碣記
云。偶游至此。遂以疾終。代宗卽位。廣拔淹滯。時君亦拜拾遺。聞命之後。君亦逝矣。撫言曰。李
白著宮錦袍。游采石江中。傲然自得。旁若無人。因醉入水中。捉月而死。容齋隨筆曰。世俗多

言李太白在當塗采石。因醉泛舟於江。見月影俯而取之。遂溺死。故其地有捉月臺。予按李陽冰作太白草堂集序云。陽冰試絃歌於當塗。公疾亟。草稿萬卷。手集未修。枕上授簡。俾予爲序。乃知俗傳良不足信。方輿勝覽曰。李白初葬采石。後遷靑山。去舊墳九里。

宋楊天惠彰明遺事稱太白生蜀彰明縣淸廉鄉。遺地尙在。廢爲寺。名隴西院。有唐梓州刺史碑。失其名。（按太平寰宇記云刺史于卲文）及綿州刺史高祝記。太白有子曰伯禽。女曰平陽。皆生太白去蜀後。有妹月圓。前嫁邑子。留不去。以故葬邑下。墓蓋太白去蜀後。始更娶於許氏也。而其後人亦居當塗。范傳正李公新墓碑曰。廉問宣池。按圖得公之墳墓在當塗屬邑。因令禁樵採。備灑掃。訪公之子孫。欲申慰薦。凡三四年。乃獲孫女二人。一爲陳雲之室。一爲劉勸之妻。皆編戶甿也。因召至郡庭。相見與語。衣服村落。形容朴野。而進退閑雅。應對詳諦。且祖德如在。儒風宛然。問其所以。則曰。公伯禽以貞元八年不祿而卒。有兄一人。出游一十二年。不知所在。父存無官。父歿爲民。有兄不相保。爲天下之窮人。無桑以自蠶。非不知機杼。無田以自力。非不知稼穡。況婦人不任布裙糲食。何所仰給。儷於農夫。救死而已。久不敢聞於縣官。懼辱祖考。鄉閭逼迫。忍耻來告。言訖淚下。余亦對之泫然。因告二女。將改適於士族。皆曰。夫妻之道。命也。亦分也。在孤窮既失身於下俚。仗威力。乃求援於他門。生縱偷安。死何面目見大父於地下。欲敗其類所不忍聞。余亦嘉之。不奪其志。復井稅免徭役而已。

太白遺事見於說部諸書者。略引數則於下。

天寶遺事曰。李太白少時。夢所用之筆頭上生花。後天才贍逸。名聞天下。又曰。李白有天才俊逸之譽。每與人談論。皆成句讀。如春葩麗藻。粲於齒牙之下。時人號曰李白粲花之論。又曰。李白嗜酒。不拘小節。然沈酣中所撰文章。未嘗錯誤。而與不醉之人相對議事。皆不出太白所見。時人號爲醉聖。

雲仙雜記。李白登華山落雁峯。曰。此山最高。呼吸之氣。想通天帝座矣。恨不攜謝朓驚人詩來。搔首問青天耳。

侯鯖錄曰。李白開元中謁宰相。封一板上題云。海上釣鰲客李白。相問曰。先生臨滄海。釣巨鰲。以何物爲鉤線。白曰。以風浪逸其情。乾坤縱其志。以虹蜺爲絲。明月爲鉤。相曰。何物爲餌。曰。以天下無義氣丈夫爲餌。時相悚然。

酉陽雜俎曰。李白前後三擬文選。不如意。悉焚之。惟留恨別賦。

合璧事類曰。李白游華陰。縣令開門方決事。白乘醉跨驢過門。宰怒。引至庭下。汝何人。輒敢無禮。白乞供狀曰。無姓名。曾用龍巾拭吐。御手調羹。力士脫靴。貴妃捧硯。天子殿前。尚容走馬。華陰縣裏。不得騎驢。

新唐書藝文志。李白草堂集二十卷。李陽冰錄。然樂史李翰林別集序。曰李翰林歌詩。李陽冰纂爲草堂集十卷。史又別收歌詩十卷。與草堂集互有得失。因校勘排爲二十卷。號曰李翰林集。今於三館中得李白賦序表讚書頌等。亦排爲十卷。號曰李翰林別集。則陽冰先錄僅十卷。樂史乃集歌爲二十卷。又以雜文爲別集十卷也。至宋敏求益廣爲搜輯。其李太白文集後序曰。唐李陽冰序李白草堂集十卷。云當時著述。十喪其九。咸平中。樂史別得白歌詩十卷。合爲李翰林集二十卷。凡七百七十六篇。史又纂雜著爲別集十卷。治平元年。得王文獻公溥家藏白詩集上中二帙。凡廣一百四篇。惜遺其下帙。熙寧元年。得唐魏萬所纂白詩集二卷。凡廣四十四篇。因裒唐類詩諸編。洎刻石所傳。別集所載者。又得七十七篇。無慮千篇。（曾鞏序以爲歌詩千有一篇）沿舊目而釐正其彙次。使各相從。以別集附於後。凡賦表書序碑頌記銘讚文六十五篇。合爲三十卷。太白集滋多於是矣。然其中眞僞不免雜見。曾子固嘗卽宋敏求本。考次其作之先後。元豐初。晏處善刻之蘇州。後言李集者。大抵據此本。其註之善者。則宋有楊齊賢集註。元蕭士贇刪補。楊蕭二家之外。又有明林兆珂胡震亨之註。而淸乾隆間。錢唐王琦字琢崖。又爲集註。別有附錄六卷。較以前諸家爲詳云。

自來詩家。於太白咸有所評論。不可具述。姑掇其要者。至關於李杜之優劣。則載之於次編焉。

吳融禪月集序曰。國朝能為歌詩者不少。獨李太白為稱首。蓋氣骨高舉。不失頌詠風刺之道。皮日休劉棗強碑文曰。歌詩之風。蕩來久矣。大抵喪於南朝。壞於陳叔寶。然今之業是者。苟不能求古於建安。卽江左矣。苟不能求麗於江左。卽南朝矣。或過為艷傷麗病者。卽南朝之罪人也。吾唐來有業是者。言出天地外。思出鬼神表。讀之則神馳八極。測之則心懷四溟磊磊落落。眞非世間語者。有李太白。唐詩紀事曰。張碧貞元中人。自序其詩云。碧嘗讀李長吉集。謂春拆紅翠。闢開蟄戶。其奇峭者不可攻也。及覽李太白辭。天與俱高。青且無際。鵾觸巨海。瀾濤怒翻。則觀長吉之篇。若陟嵩之巓。視諸阜者耶。

珊瑚鉤詩話曰。李唐群英。唯韓文公之文。李太白之詩。務去陳言。多出新意。至於盧仝貫休輩。效其聲。張籍皇甫湜輩。學其步。則怪且醜。僵且仆矣。

嚴滄浪詩話曰。觀太白詩者。要識眞太白處。太白天才豪逸。語多卒然而成者。學者於每篇中。要識其安身立命處可也。又曰。太白發句。謂之開門見山。

黃山谷曰。太白歌詩。度越六代。與漢魏樂府爭衡。詩人玉屑載臞翁詩評曰。李太白如劉安雞犬。遺響白雲。覈其歸存。恍無定處。釋德洪跋蘇養直詩曰。李太白詩語帶烟霞。肺腑纏錦繡。

朱子語類曰。鮑明遠才健。其詩乃選之變體。李太白專學之。又曰。李太白詩。非無法度。乃從容於法度之中。蓋聖於詩者也。古風兩卷。多效陳子昂。亦有全用其句處。太白去子昂不遠。其尊慕之如此。然多爲人所亂。有一篇分爲三篇者。有二篇合爲一篇者。

陳繹曾詩譜曰。李白詩祖風騷。宗漢魏。下至鮑照。徐庾。亦時用之。善掉弄。造出奇怪。驚動心目。忽然撇出。妙入無聲。其詩家之仙者乎。格高於杜。變化不及。

韻語陽秋曰。李白跌宕不羈。鍾情於花酒風月則有矣。而肯自縛於枯禪。則知淡泊之味。賢於膾炙遠矣。白始學於白眉空。得大地了徹。鏡廻旋寄輪風之旨。中謁泰山君。得冥機發天光。獨照謝世氛之旨。晚見道崖。則此心豁然。更無凝滯矣。所謂啟開八窗牖。託宿掣雷霆。又有談玄之作云。茫茫大夢中。惟我獨先覺。騰轉風火來。假合作容貌。問語前後際。始知金仙妙。則所得於佛氏者益邃。按太白詩文中多有讚頌佛法之作。則太白不惟好道。晚又好佛。故其詩歌超逸如此。

王穉登合刻李杜詩集序曰。李詩之極。如羅幃舒卷。似有人開。明月直入。無心可猜。按蘇子由亦以此語爲不可及見灤城集。莫捲龍鬚席。從他生網絲。且留琥珀枕。或有夢來時。東風爾來爲阿誰。蝴蝶忽然滿芳草。江上相逢借問君。笑語未了風吹斷。若其言猶含霞吸月。火食腹腸。疇能貯此仙與聖頓與漸之分。何俟更僕數耶。

第二章　李白與前世之詩體

古今詩體。至李杜而集其大成。亦以所淵源者衆矣。李杜皆能兼前古諸體。太白尤以復古爲任。故其論詩曰。梁陳以來。艷薄斯極。沈休文又尚以聲律。將復古道。非我而誰。古風曰。大雅久不作。吾衰竟誰陳。王風委蔓草。戰國多荆榛。龍虎相啖食。干戈逮狂秦。正聲何微茫。哀怨起騷人。揚馬激頹波。開流蕩無垠。廢興雖萬變。憲章亦已淪。自從建安來。綺麗不足珍。又曰。希聖如有立。絕筆於獲麟。是太白之志。惟在擬跡風騷。以揚馬開流。憲章已淪。建安而降。每下愈況。李陽冰序太白集曰。不讀非聖之書。恥爲鄭衛之作。故其言多似天仙之詞。凡所著述。言多諷興。自三代以來。風騷之後。馳驅屈宋。鞭撻揚馬。千載獨步。惟公一人。陽冰與太白晚年相處。故能道其懷抱之深也。大抵太白爲詩。其豪情逸氣。在與古人爭長而勝之。於近時綺靡之聲。有所不屑。杜子美則好古而不遺近。使古今諸體。盡爲我用。端莊流麗。各極其變。與太白之專標復古者不同。是以李杜並總前古之菁英。李詩務絕塵飄忽。鬼出神入。

爲後人所不能效。杜詩則洪纖具備。獨開後世詩人之宗。此李杜二家所以異也。然並光焰千古。莫可優劣。太白雖不數建安以下。顧於二謝極所傾倒。子美又以比諸鮑參軍庾開府陰鏗諸人。且在唐世。固自上與陳拾遺齊名。蓋伯玉亦以復古爲詩者也。然則不僅子美盡有古今諸體。卽太白亦非自建安後一無所取矣。今於此章。綜敘李杜以前詩體之變遷。覶其格勢相承。庶於集大成之說。有所考而無疑云。

魏顥李翰林集序曰。伏羲造書契。後文章濫觴者六經。六經糟粕離騷。離騷糠粃建安七子。蓋詩之爲體。本導源風騷。五言七字。漢來始盛。而揚馬不爲。大抵建安時乃具體矣。然古詩中雜有枚乘傅毅之作。蘇李贈答。詞人以爲絕倫。故論詩之流變。最著者古詩及蘇李爲一體。建安爲一體。正始爲一體。太康爲一體。元嘉爲一體。永明爲一體。徐庾爲一體。此皆唐以前也。至於唐世。則有上官體。四傑體。沈宋體。又有陳子昂體。並是李杜所承者矣。今一一略述諸體大概。俾覽者有以見其淵源。至於諸體與子美關係。則當在次編論之焉

一古詩與蘇李　任昉文章緣起。以五古始自李陵蘇武。然文選錄古詩十九首。編在李陵之前。不列作者姓氏。玉臺新詠錄枚乘詩九首。其八首正在十九首中。是十九首中有枚乘詩矣。或謂其中雜有傅毅諸人之作。要與蘇李並爲五言之原。其風調亦相近。

皆所謂驚心動魄。一字千金者也。今錄古詩前五首。及蘇李詩各一首如下。

古詩

行行重行行。與君生別離。相去萬餘里。各在天一涯。道路阻且長。會面安可知。胡馬依北風。越鳥巢南枝。相去日已遠。衣帶日以緩。浮雲蔽白日。游子不顧反。思君令人老。歲月忽已晚。弃捐勿復道。努力加餐飯。玉臺以此首枚乘作

青青河畔草。鬱鬱園中柳。盈盈樓上女。皎皎當窗牖。娥娥紅粉妝。纖纖出素手。昔爲倡家女。今爲蕩子婦。蕩子行不歸。空牀難獨守。枚乘

青青陵上柏。磊磊澗中石。人生天地間。忽如遠行客。斗酒相娛樂。聊厚不爲薄。驅車策駑馬。游戲宛與洛。洛中何鬱鬱。冠帶自相索。長衢羅夾巷。王侯多第宅。兩宮遙相望。雙闕百餘尺。極宴娛心意。戚戚何所迫。

今日良宴會。歡樂難具陳。彈箏奮逸響。新聲妙入神。令德唱高言。識曲聽其眞。齊心同所願。含意俱未申。人生寄一世。奄忽若飆塵。何不策高足。先據要路津。無爲守窮賤。轗軻長苦辛。

西北有高樓。上與浮雲齊。交疏結綺牕。阿閣三重階。上有絃歌聲。音響一何悲。誰能爲

此曲。無乃杞梁妻。淸商隨風發。中曲正徘徊。一彈再三歎。慷慨有餘哀。不惜歌者苦。但傷知音稀。願爲雙黃鵠。奮翅起高飛。 枚乘

與蘇武詩　　李陵

攜手上河梁。游子暮何之。徘徊蹊路側。悢悢音亮不能辭。行人難久留。各言長相思。安知非日月。弦望自有時。努力崇明德。皓首以爲期。

別詩　　蘇武

骨肉緣枝葉。結交亦相因。四海皆兄弟。誰爲行路人。况我連枝樹。與子同一身。昔爲鴛與鴦。今爲參與辰。昔者長相近。邈若胡與秦。惟念當乖離。恩情日以新。鹿鳴思野草。可以喩嘉賓。我有一罇酒。欲以贈遠人。願子留斟酌。敍此平生親。

二　建安體　建安詩人七子爲盛。七子者孔融、王粲、徐幹、陳琳、阮瑀、應瑒、劉楨也。然曹氏父子。實主持風氣。就中陳思王植。尤骨氣奇高。詞彩華茂。情兼雅怨。體被文質。鍾嶸詩評以爲源出國風者也。七子要非其匹。

雜詩　　曹植

高臺多悲風。朝日照北林。之子在萬里。江湖迥且深。方舟安可極。離思故難任。孤鴈飛

南游過庭長哀吟。翹思慕遠人。願欲託遺音。形影忽不見。翩翩傷我心。轉蓬離本根。飄颻隨長風。何意迴飆舉。吹我入雲中。高高上無極。天路安可窮。類此游客子。捐軀遠從戎。毛褐不掩形。薇藿常不充。公去莫復道。沈憂令人老。

七哀詩　同上

明月照高樓。流光正徘徊。上有愁思婦。悲歎有餘哀。借問歎者誰。言是宕子妻。君行踰十年。孤妾常獨棲。君若清露塵。妾若濁水泥。浮沈各異勢。會合何時諧。願爲西南風。長逝入君懷。君懷良不開。賤妾當何依。

三正始體　魏正始以來。崇尚道論。王何始標名理。老莊之書。盛於儒術。阮嵇並稱放達。有文其詩猶含正始玄風。而籍是元瑜之子。承建安之遺格。導太康之先路。詠懷八十餘首。神致超邁。顏延年沈約并爲作註。太白古風五十九首。頗有十九首遺意。然固近希伯玉。而遙宗思五步兵者也。

詠懷　阮籍

夜中不能寐。起坐彈鳴琴。薄帷鑑明月。清風吹我衿。孤鴻號外野。朔鳥號北林。徘徊將何見。憂思獨傷心。

二妃游江濱。逍遙順風翔。交甫懷環珮。婉孌有芬芳。猗靡情歡愛。千載不相忘。傾城迷下蔡。容好結中腸。感激生憂思。萱草樹蘭房。膏沐爲誰施。其雨怨朝陽。如何金石交。一朝更離傷。

嘉樹下成蹊。東園桃與李。秋風吹飛藿。零落從此始。繁華有憔悴。堂上生荊杞。驅馬舍之去。去上西山趾。一身不自保。何況戀妻子。凝霜被野草。歲暮亦云已。

四太康體　晉太康中三張（載協亢）二陸（機雲）兩潘（岳尼）一左（思）爲文章中興雕龍所謂張潘左陸比肩詩衢采縟於正始力柔於建安者也。

招隱詩　陸機

明發心不夷。振衣聊躑躅。躑躅欲安之。幽人在浚谷。朝採南澗藻。夕息西山足。輕條象雲構。密葉成翠幄。激楚佇蘭林。回芳薄秀木。山溜何泠泠。飛泉漱鳴玉。哀音附靈波。頹響赴曾曲。至樂非有假。安事澆醇樸。富貴苟難圖。稅駕從所欲。

詠史　左思

皓天舒白日。靈景耀神州。列宅紫宮裏。飛宇若雲浮。峨峨高門內。藹藹皆王侯。自非攀龍客。何爲欻來游。被褐出閶闔。高步追許由。振衣千仞岡。濯足萬里流。

雜詩　張協

秋夜涼風起。清氣蕩暄濁。蜻蛚吟階下。飛蛾拂明燭。君子從遠役。佳人守煢獨。離居幾何時。鑽燧忽改木。房櫳無行跡。庭草萋以綠。青苔依空牆。蜘蛛網四屋。感物多所懷。沈憂結心曲。

五元嘉體　謝靈運爲元嘉之雄。顏延年鮑明遠爲輔。太白有時興慕康樂。而罕稱延年。蓋謝多游山曠夷之詠。顏詩好雕琢。宜非太白所尙。明遠樂府俊邁。工部嘗以擬太白者也。

石壁精舍還湖中作一首　謝靈運

昏旦變氣候。山水含淸暉。淸暉能娛人。游子憺忘歸。出谷日尙早。入舟陽已微。林壑斂暝色。雲霞收夕霏。芰荷迭映蔚。蒲稗相因依。披拂趨南徑。愉悅偃東扉。慮澹物自輕。意愜理無違。寄言攝生客。試用此道推。

詠史　鮑照

五都矜財雄。三川養聲利。千金不市死。明經有高位。京城十二衢。飛甍各鱗次。仕子彯華纓。游客竦輕轡。明星晨未稀。軒蓋已雲至。賓御紛颯沓。鞍馬光照地。寒暑在一時。繁華及春媚。君平獨寂寞。身世兩相棄。

六永明體　齊永明中。始尙聲律。而沈約、謝朓、王融。實爲之主。太白後游宣州。于玄暉尤所傾倒。最愛其澄江如練之句。

晚登三山還望京邑　謝朓

灞涘望長安。河陽視京縣。白日麗飛甍。參差皆可見。餘霞散成綺。澄江淨如練。喧鳥覆春洲。雜英滿芳甸。去矣方滯淫。懷哉罷歡宴。佳期悵何許。淚下如流霰。有情知望鄉。誰能鬒不變。

早發定山　沈約

夙齡愛遠壑。晚莅見奇山。標峰綵虹外。置嶺白雲間。傾壁忽斜豎。絕頂復孤圓。歸流海漫漫。出浦水濺濺。野棠開未落。山櫻發欲然。忘歸屬蘭杜。懷祿寄芳荃。眷言采三秀。徘徊望九仙。

七徐庾體　庾信、徐陵。在梁陳之際。文並綺艷。號徐庾體。蓋承永明之風。聲律彌精。情詞增麗。信後入仕北周。陵獨在南國。江總、陰鏗諸人。莫非徐庾體之化也。子美以信及陰鏗擬太白。茲各綴其體如下。

擬詠懷　庾信

蕭條亭障遠。悽愴風塵多。關門臨白狄。城影入黃河。秋風別蘇武。寒水送荊軻。誰言氣蓋世。晨起帳中歌。

出自薊北門行　徐陵

薊北聊長望。黃昏心獨愁。燕山猶古刹。代郡隱城樓。屢戰橋恆斷。長冰塹不流。天雲如地陣。漢月帶胡秋。漬土泥函谷。挼繩縛涼州。平生燕頷相。會自得封侯。

開善寺　陰鏗

鷲嶺春光遍。王城野望通。登臨情不極。蕭散趣無窮。鶯隨入戶樹。花逐下山風。棟裏歸雲白。牕外落暉紅。古石何年臥。枯樹幾春空。淹留昔未及。幽桂在芳叢。

八　上官體　唐初詩人。緣陳隋遺風。先是沈約為詩。拘四聲八病。後來作者並遵之。至太宗時上官儀復立六對之目。其詩益綺錯婉媚。人多效法。謂之上官體。沈宋之先驅也。

安德山池宴集一首　上官儀

上路抵平津。後堂羅薦陳。締交開狎賞。麗席展芳辰。密樹風煙積。迴塘荷芰新。雨霽虹橋晚。花落鳳臺春。翠釵低舞席。文杏散歌塵。方惜流觴滿。夕鳥已城闉。

九四傑體　王勃、楊炯、盧照鄰、駱賓王、四人。號初唐四傑、制旨華麗。稍有風骨。盧駱長歌。滔滔洪遠。然屬對錯采宜非太白所取。惟照鄰間有奇氣耳。

獄中學騷體　盧照鄰

夫何秋夜之無情兮。皎晶幽幽而太長。圜戶杳其幽邃兮。愁人披此嚴霜。見河漢之西落。聞鴻雁之南翔。山有桂兮桂有芳。心思君兮君不將。憂與憂兮相積。歡與歡兮兩忘。風嫋嫋兮木紛紛。凋綠葉兮吹白雲。寸步千里兮不相聞。思公子兮日將曛。林已暮兮鳥羣飛。重門掩兮人徑稀。萬族皆有所託兮。蹇獨淹留而不歸。

豔情代郭氏答盧照鄰　駱賓王

迢迢芊（一作芋）路望芝田。眇眇函關恨（一作限）蜀川。歸雲已落涪江外。還雁應過洛水瀍。洛水傍連帝城側。帝宅層甍垂鳳翼。銅駝路上柳千條。金谷園中花幾色。柳葉園花處處新。洛陽桃李應芳春。妾向雙流窺石鏡。君住三川守玉人。此時離別那堪道。此日空牀對芳沼。芳沼徒遊比目魚。幽徑還生拔心艸。流風回雪儻便娟。驥子魚文實可憐。擲果河陽君有分。貨（一作貰）酒成都妾亦然。莫言貧賤無人重。莫言富貴應須種。綠珠猶得石崇憐。飛燕曾經漢皇寵。良人何處醉縱橫。直如衔默守空名。倒提新縑成慊慊。翻將故劍作平平。離前吉夢成蘭兆。別後啼痕上竹生。別日分明相約束。已取宜家成誠勗。當時擬弄掌中珠。豈謂先摧庭際玉。悲鳴五里無人問。腸斷三聲誰爲續。思君欲上望夫臺。端居懶聽將雛曲。沈沈落日向山低。簷前歸燕竝頭栖。抱膝當窗看夕兔。側耳空房聽曉雞。舞蝶臨階秪自舞。啼鳥逢人亦助啼。獨坐傷孤枕。春來悲更甚。峨眉山上月如眉。濯錦江中霞似錦。錦字回文欲贈君。劍壁層峰自糺紛。平江淼淼分清浦。長路悠悠間白雲。也知京洛多佳麗。也知山岫遙虧蔽。無那短封卽疎索。不在長情守期契。傳聞織女對牽牛。相望重河隔淺流。誰分迢迢經兩歲。誰能脈脈待三秋。情知唾井終無理。情知覆水也難收。不復下山能借問。更向盧家字莫愁。

十沈宋體　沈佺期宋之問詩。較四傑尤爲華美。實集宮體之成。而武后時珠英學士之冠冕也。此宜太白所薄。然其回忌聲病。屬對精密。如錦繡成文。當時學者宗之。號曰沈宋。語曰。蘇李居前。沈宋比肩。蘇李謂蘇武李陵也。

古意呈補闕喬知之　沈佺期

盧家少婦鬱金堂。海燕雙棲玳瑁梁。九月寒砧催木葉。十年征戍憶遼陽。白狼河北音書斷。丹鳳城南秋夜長。誰謂含愁獨不見。更教明月照流黃。

明河篇　　宋之問

八月涼風天氣晶。一作清 萬里無雲河漢明。昏見南樓清且淺。曉落西山縱復橫。洛陽城闕天中起。長河夜夜千門裏。複道連甍共蔽虧。畫堂瓊戶特相宜。雲母帳前初泛濫。水精簾外轉逶迤。倬彼昭回如練白。復出東城接南陌。南陌征人去不歸。誰家今夜擣寒衣。鴛鴦機上疎螢度。烏鵲橋邊一雁飛。雁飛螢度愁難歇。坐見明河漸微沒。已能舒卷任浮雲。不惜光輝讓流月。明河可望不可親。願得乘槎一問津。更將織女支機石。還訪成都賣卜人。

十一　陳子昂體　與沈宋同時。而獨標復古之幟。不屑爲齊梁以來綺麗之體者。惟陳伯玉子昂。故太白於唐初上官四傑沈宋諸體。咸所鄙薄。獨有契於伯玉也。李陽冰序太白詩曰。陳拾遺橫制頹波。天下質文翕然一變。此係盧藏用語 至今朝詩體。尙有梁陳宮掖之風。至公大變。掃地併盡。今古文集。遏而不行。唯公橫被六合。可謂力敵造化歟。是陽冰亦稱太白於伯玉之後。知其詩格宗尙相同。至太白始益雄偉廣大耳。伯玉與東方虬脩竹篇序曰。文章道弊五百年矣。漢魏風骨。晉宋莫傳。然而文獻有可徵者。僕嘗暇時觀齊梁詩。彩麗競繁。而興寄都絕。每以永歎。竊思古人。常恐逶迤頹靡。風雅不作。以耿耿也。伯玉感遇三十八章學古詩。太白古風近之。

感遇　陳子昂

微月生西海。幽陽始代昇。圓光正東滿。陰魄已朝凝。太極生天地。三元更廢興。至精諒斯在。三五誰能徵。

蘭若生春夏。芊蔚何青青。幽獨空林色。朱蕤冒紫莖。遲遲白日晚。嫋嫋秋風生。歲華盡搖落。芳意竟何成。

蒼蒼丁零塞。今古緬荒途。亭堠何摧兀。暴骨無全軀。黃沙漠南起。白日隱西隅。漢甲三十萬。曾以事匈奴。但見沙場死。誰憐塞上孤。

樂羊爲魏將。食子殉軍功。骨肉且相薄。他人安得忠。吾聞中山相。乃屬放麑翁。孤獸猶不忍。況以奉君終。

市人矜巧智。於道若童蒙。傾奪相夸侈。不知身所終。曷見玄眞子。觀世玉壺中。窅然遺天地。乘化入無窮。

太白於已上各體。固皆兼取其所長。而自蘇李至太康以前諸家。尤其平日服膺所在。唐世則心折於陳伯玉四傑沈宋諸人。非其所屑也。至其豪放奔逸之氣。往往見於樂府長句。則直俯視千古非前人所及矣。

第三章　李白之擬古詩

五言之美者如古詩十九首。建安諸子。及阮嗣宗詠懷。陳伯玉感遇。太白古風五十九首。實欲兼有諸人之體勢。而其俊邁之氣尤不自失其本色故太白五言之菁華。當以古風爲最。今具錄之。

古風五十九首（朱子語類曰李太白詩不專是豪放亦有雍容和緩的如首篇大雅久不作多少和緩）

大雅久不作。吾衰竟誰陳。王風委蔓草。戰國多荊榛。龍虎相啖食。干戈逮狂秦。正聲何微茫。哀怨起騷人。揚馬激頹波。開流蕩無垠。廢興雖萬變。憲章亦已淪。自從建安來。綺麗不足珍。聖代復元古。垂衣貴清眞。羣才屬休明。乘運共躍鱗。文質相炳煥。衆星羅秋旻。我志在刪述。垂輝映千春。希聖如有立。絕筆于獲麟。

蟾蜍薄太清。蝕此瑤臺月。圓光虧中天。金魄遂淪沒。螮蝀入紫微。大明夷朝暉。浮雲隔兩曜。萬象昏陰霏。蕭蕭長門宮。昔是今已非。桂蠹花不實。天霜下嚴威。沈歎終永夕。感我涕沾衣。

秦王掃六合。虎視何雄哉。揮劍決浮雲。諸侯盡西來。明斷自天啓。大略駕羣才。收兵鑄金人。函谷正東開。銘功會稽嶺。騁望琅邪臺。刑徒七十萬。起土驪山隈。尚採不死藥。茫然使心哀。連弩射海魚。長鯨正崔嵬。額鼻象五岳。揚波噴雲雷。鬐鬣蔽青天。何由覩蓬萊。徐市載秦女。樓船幾時回。但見三泉下。金棺葬寒灰。（三泉三重之泉言其深也）

鳳飛九千仞。五章備綵珍。銜書且虛歸。空入周與秦。橫絕歷四海。所居未得鄰。吾營紫河車。千載落風塵。藥物秘海嶽。採鉛青溪濱。時登大樓山。舉首望仙眞。（青溪大樓山並在池州）羽駕滅去影。飆車絕回輪。尚恐丹液遲。志願不及申。徒霜鏡中髮。羞彼鶴上人。桃李何處開。此花非我春。惟應清都境。長與韓衆親。（韓衆古仙人）

太白何蒼蒼。星辰上森列。去天三百里。邈爾與世絕。中有綠髮翁。披雲臥松雪。不笑亦不語。冥棲在巖穴。我來逢眞人。長跪問寶訣。粲然啟玉齒。授以鍊藥說。銘骨傳其語。竦身已電滅。仰望不可及。蒼然五情熱。吾將營丹砂。永與世人別。

代馬不思越。越禽不戀燕。情性有所習。風土固其然。昔別雁門關。今戍龍庭前。沙驚亂海日。飛雪迷胡天。蟣虱生虎鶡。心魂逐旌旃。苦戰功不賞。忠誠難可宣。誰憐李飛將。白首沒三邊。

客有鶴上仙。飛飛凌太清。揚言碧雲裏。自道安期名。兩兩白玉童。雙吹紫鸞笙。去影忽不見。回風送天聲。舉首遠望之。飄然若流星。願餐金光草。壽與天同傾。

咸陽二三月。宮柳黃金枝。綠幘誰家子。賣珠輕薄兒。日暮醉酒歸。白馬驕且馳。意氣人所仰。冶游方及時。子雲不曉事。晚獻長楊辭。賦達身已老。草玄鬢若絲。投閣良可嘆。但爲此輩嗤。

莊周夢胡蝶。胡蝶爲莊周。一體更變易。萬事良悠悠。乃知蓬萊水。復作淸淺流。青門種瓜人。舊日東陵侯。富貴故如此。營營何所求。

齊有倜儻生。魯連特高妙。明月出海底。一朝開光曜。却秦振英聲。後世仰末照。意輕千金贈。顧向平原笑。吾亦澹蕩人。拂衣可同調。

黃河走東溟。白日落西海。逝川與流光。飄忽不相待。春容捨我去。秋髮已衰改。人生非寒松。年貌豈長在。吾當乘雲螭。吸景駐光彩。

松栢本孤直。難爲桃李顏。昭昭嚴子陵。垂釣滄波間。身將客星隱。心與浮雲閑。長揖萬乘君。還歸富春山。淸風灑六合。邈然不可攀。使我長嘆息。冥棲巖石間。

君平既棄世。世亦棄君平。觀變窮太易。探元化羣生。寂寞綴道論。空簾閉幽情。騶虞不虛來。鸑鷟有時鳴。安知天漢上。白日懸高名。海客去已久。誰人測沈冥。

胡關饒風沙。蕭索竟終古。木落秋草黃。登高望戎虜。荒城空大漠。邊邑無遺堵。白骨橫千霜。嵯峨蔽榛莽。借問誰陵虐。天驕毒威武。赫怒我聖皇。勞師事鼙鼓。陽和變殺氣。發卒騷中土。三十六萬人。哀哀淚如雨。且悲就行役。安得營農圃。不見征戍兒。豈知關山苦。李牧今不在。邊人飼豺虎。

燕昭延郭隗。遂築黃金臺。劇辛方趙至。鄒衍復齊來。奈何青雲士。棄我如塵埃。珠玉買歌笑。糟糠養賢才。方知黃鶴舉。千里獨徘徊。

寶劍雙蛟龍。雪花照芙蓉。精光射天地。雷騰不可衝。一去別金匣。飛沈失相從。風胡歿已久。所以潛其鋒。吳水深萬丈。楚山邈千重。雌雄終不隔。神物會當逢。

金華牧羊兒。乃是紫煙客。我願從之游。未去髮已白。不知繁華子。擾擾何所迫。崑山採瓊蘂。可以鍊精魄。

天津三月時。千門桃與李。朝爲斷腸花。暮逐東流水。前水非後水。古今相續流。新人非舊人。年年橋上游。雞鳴海色動。謁帝羅公侯。月落西上陽。餘輝半城樓。衣冠照雲日。朝下散皇州。鞍馬如飛龍。黃金絡馬頭。行人皆辟易。志氣橫嵩丘。入門上高堂。列鼎錯珍羞。香風引趙舞。清管隨齊謳。七十紫鴛鴦。雙雙戲庭幽。行樂爭晝夜。自言度千秋。功成身不退。自古多愆尤。黄犬空歎息。綠珠成釁讎。何如鴟夷子。散髮棹扁舟。

西上蓮花山。迢迢見明星。素手把芙蓉。虛步躡太清。霓裳曳廣帶。飄拂昇天行。邀我登雲臺。高揖衛叔卿。古仙人 恍惚與之去。駕鴻凌紫冥。俯視洛陽川。茫茫走胡兵。流血塗野草。豺狼盡冠纓。

昔我游齊都。登華不注峯。茲山何峻秀。綠翠如芙蓉。蕭颯古仙人。了知是赤松。借予一白鹿。自挾兩青龍。含笑凌倒景。欣然願相從。泣與親友別。欲語再三咽。勗君青松心。努力保霜雪。世路多險艱。白日欺紅顏。分手各千里。去去何時還。在世復幾時。倏如飄風度。空聞紫金經。白首愁已誤。撫己忽自笑。沈吟爲誰故。名利徒煎熬。安得閒余步。終留赤玉舄。東上蓬萊路。秦帝如我求。蒼蒼但煙霧。

郢客吟白雪。遺響飛青天。徒勞歌此曲。舉世誰爲傳。試爲巴人唱。和者乃數千。吞聲何足道。歎息空悽然。

秦水別隴首。幽咽多悲聲。胡馬顧朔雪。躞蹀長嘶鳴。感物動我心。緬然含歸情。昔視秋蛾飛。今見春蠶生。嫋嫋桑結葉。萋萋柳垂榮。急節謝流水。羇心搖懸旌。渾涕且復去。惻愴何時平。

秋露白如玉。團團下庭綠。我行忽見之。寒早悲歲促。人生鳥過目。胡乃自結束。景公一何愚。牛山淚相續。物苦不知足。得隴又望蜀。人心若波瀾。世路有屈曲。三萬六千日。夜夜當秉燭。

大車揚飛塵。亭午暗阡陌。中貴多黃金。連雲開甲宅。路逢鬬雞者。冠蓋何輝赫。鼻息干虹蜺。行人皆怵惕。世無洗耳翁。誰知堯與跖。

世道日交喪。澆風散淳源。不采芳桂枝。反棲惡木根。所以桃李樹。吐花竟不言。大運有興沒。羣動爭飛奔。歸來廣成子。去入無窮門。

碧荷生幽泉。朝日豔且鮮。秋花冒綠水。密葉羅青煙。秀色空絕世。馨香誰爲傳。坐看飛霜滿。凋此紅芳年。結根未得所。願託華池邊。

燕趙有秀色。綺樓青雲端。眉目豔皎月。一笑傾城歡。常恐碧草晚。坐泣秋風寒。纖手怨玉琴。清晨起長歎。焉得偶君子。共乘雙飛鸞。

容顏若飛電。時景如飄風。草綠霜已白。日西月復東。華鬢不耐秋。颯然成衰蓬。古來賢聖人。一一誰成功。君子變猿鶴。小人爲沙蟲。不及廣成子。乘雲駕輕鴻。

三季分戰國。七雄成亂麻。王風何怨怒。世道終紛拏。至人洞玄象。高舉凌紫霞。仲尼欲浮海。吾祖之流沙。聖賢共淪沒。臨歧胡咄嗟。

玄風變太古。道喪無時還。擾擾季葉人。雞鳴趨四關。但識金馬門。誰知蓬萊山。白首死羅綺。笑歌無休閑。淥酒哂丹液。青娥凋素顏。大儒揮金椎。琢之詩禮間。蒼蒼三珠樹。冥目焉能攀。

鄭客西入關。行行未能已。白馬華山君。相逢平原里。璧遺鎬池君。明年祖龍死。秦人相謂曰。吾屬可去矣。一往桃花源。千春隔流水。

蓐收肅金氣。西陸弦海月。秋蟬號階軒。感物憂不歇。良辰竟何許。大運有淪忽。天寒悲風生。夜久衆星沒。惻惻不忍言。哀歌達明發。

北溟有巨魚。身長數千里。仰噴三山雪。橫吞百川水。憑陵隨海運。燀赫因風起。吾觀摩天飛。九萬方未已。

羽檄如流星。虎符合專城。喧呼救邊急。群鳥皆夜鳴。白日曜紫微。三公運權衡。天地皆得一。澹然四海清。借問此何爲。答言楚徵兵。渡瀘及五月。將赴雲南征。怯卒非戰士。炎方難遠行。長號別嚴親。日月慘光晶。泣盡繼以血。心摧兩無聲。困獸當猛虎。窮魚餌奔鯨。千去不一回。投軀豈全生。如何舞干戚。一使有苗平。

醜女來效顰。還家驚四鄰。壽陵失本步。笑殺邯鄲人。一曲斐然子。雕蟲喪天眞。棘刺造沐猴。三年費精神。功成無所用。楚楚且華身。大雅思文王。頌聲久崩淪。安得郢中質。一揮成風斤。

抱玉入楚國。見疑古所聞。良寶終見棄。徒勞三獻君。直木忌先伐。芳蘭哀自焚。盈滿天所損。沈冥道爲羣。東海汎碧水。西關乘紫雲。魯連及柱史。可以躡清芬。

燕臣昔慟哭。五月飛秋霜。庶女號蒼天。震風擊齊堂。精誠有所感。造化爲悲傷。而我竟何辜。遠身金殿旁。一本無此二句 浮雲蔽紫闥。白日難回光。羣沙穢明珠。衆草淩孤芳。古來共歎息。流淚空沾裳。

孤蘭生幽園。衆草共蕪沒。雖照陽春暉。復悲高秋月。飛霜早淅瀝。綠豔恐休歇。若無清風吹。香氣爲誰發。

登高望四海。天地何漫漫。霜被羣物秋。風飄大荒寒。榮華東流水。萬事皆波瀾。白日掩徂暉。浮雲無定端。梧桐巢燕雀。枳棘棲鴛鸞。且復歸去來。劍歌行路難。

鳳飢不啄粟。所食唯琅玕。焉能與羣雞。刺蹙爭一飡。朝鳴崑丘樹。夕飲砥柱湍。歸飛海路遠。獨宿天霜寒。幸遇王子晉。結交青雲端。懷恩未得報。感別空長歎。

朝弄紫泥海。夕披丹霞裳。揮手折若木。拂此西日光。雲臥游八極。玉顏已千霜。飄飄入無倪。稽首祈上皇。呼我游太素。玉杯賜瓊漿。一飡歷萬歲。何用還故鄉。永隨長風去。天外恣飄揚。

搖裔雙白鷗。鳴飛滄江流。宜與海人狎。豈伊雲鶴儔。寄影宿沙月。沿芳戲春洲。吾亦洗心者。忘機從爾游。

周穆八荒意。漢皇萬乘尊。淫樂心不極。雄豪安足論。西海宴王母。北宮邀上元。瑤水聞遺歌。玉杯竟空言。靈跡成蔓草。徒悲千載魂。

綠蘿紛葳蕤。繚繞松柏枝。草木有所託。歲寒尚不移。奈何夭桃色。坐嘆葑菲詩。玉顏豔紅彩。雲髮非素絲。君子恩已畢。賤妾將何爲。嚴滄浪曰不言棄絕但言恩畢斯得怨而不怒之意欲言難言而又不能無言將何爲三字無限深情

八荒馳驚飆。萬物盡凋落。浮雲蔽頹陽。洪波振大壑。龍鳳脫罔罟。飄颻將安託。去去乘白駒。空山詠場藿。

一百四十年。國容何赫然。隱隱五鳳樓。峨峨橫三川。王侯象星月。賓客如雲煙。鬭雞金宮裏。蹴踘瑤臺邊。舉動搖白日。指揮回青天。當塗何翕忽。失路長棄捐。獨有揚執戟。閉關草

太玄。

桃花開東園。含笑誇白日。偶蒙春風榮。生比豔陽質。豈無佳人色。但恐花不實。宛轉龍火飛。零落早相失。詎知南山松。獨立自蕭飔。

秦皇按寶劍。赫怒震威神。逐日巡海右。驅石駕滄津。徵卒空九寓。作橋傷萬人。但求蓬島藥。豈思農扈春。（少昊之世置九扈之官即九扈也）力盡功不贍。千載為悲辛。

美人出南國。灼灼芙蓉姿。皓齒終不發。芳心空自持。由來紫宮女。共妒青娥眉。歸去瀟湘沚。沈吟何足悲。

宋國梧臺東。野人得燕石。誇作天下珍。却哂趙王璧。趙璧無緇磷。燕石非貞真。流俗多錯誤。豈知玉與珉。

殷后亂天紀。楚懷亦已昏。夷羊滿中野。菉葹盈高門。比干諫而死。屈平竄湘源。虎口何婉孌。女嬃空嬋娟。彭咸久淪沒。此意與誰論。

青春流驚湍。朱明驟回薄。不忍看秋蓬。飄揚竟何託。光風滅蘭蕙。白露灑葵藿。美人不我期。草木日零落。

戰國何紛紛。兵戈亂浮雲。趙倚兩虎鬬。晉為六卿分。姦臣欲竊位。樹黨自相羣。果然田成子。一旦殺齊君。

倚劍登高臺。悠悠送春目。蒼榛蔽層丘。瓊草隱深谷。鳳鳥鳴西海。欲集無珍木。鸒斯得所居。蒿下盈萬族。晉風日已頹。窮途方慟哭。

齊瑟彈東吟。秦絃弄西音。慷慨動顏魄。使人成荒淫。彼美佞邪子。婉孌來相尋。一笑雙白璧。再歌千黃金。珍色不貴道。詎惜飛光沈。安識紫霞客。瑤臺鳴素琴。

越女採明珠。提攜出南隅。清輝照海月。美價傾皇都。獻君君按劍。懷寶空長吁。魚目復相哂。寸心增煩紆。

羽族禀萬化。小大各有依。啁啁亦何辜。六翮掩不揮。願銜衆禽翼。一向黃河飛。飛者莫我顧。歎息將安歸。

我行巫山渚。尋古登陽臺。天空綵雲滅。地遠清風來。神女去已久。襄王安在哉。荒淫竟淪沒。樵牧徒悲哀。

惻惻泣路歧。哀哀悲素絲。路歧有南北。素絲易變移。萬事固如此。人生無定期。田竇相傾奪。賓客互盈虧。世途多翻覆。交道方嶮巇。斗酒强然諾。寸心終自疑。張陳竟火滅。蕭朱亦星離。衆鳥集榮柯。窮魚守枯池。嗟嗟失歡客。勤問何所規。

劉克莊曰。太白古風。與陳子昂感遇之作。筆力相上下。唐之詩人皆在下風。胡震亨曰。太白古風。其篇富于子昂之感遇。儉于嗣宗之詠懷。其抒發性靈。寄托規諷。實相源流也。但嗣宗詩旨淵放。而文多隱避。歸趣未易測求。子昂淘洗過潔。韻不及阮。而渾穆之象。尚多包含。太白六十篇中。非指言時事。卽感傷己遭。循徑而窺。又覺易盡。此則役于風氣之遞盛。不得不以才情相勝。宣洩見長。律之往製。未免言表繫外。尚有可議。亦時會使然。非後賢果不及前哲也。宋漫堂詩說。阮嗣宗詠懷。陳子昂感遇。李太白古風。韋蘇州擬古。皆有十九首遺意。竊嘗論之。太白擬古。每以才氣標舉見長。其樂府長句所以制勝。亦在于此。胡震亨以爲律之往製。尚有可議。是猶求似于形跡之間。而未察及太白之所獨到處也。

第四章　李白之樂府及長句

太白之詩。以樂府及長句。尤能度越前代。蓋其壯浪縱恣。神出鬼入。誠非其餘詩家所能企及。本事詩曰。李太白初自蜀至京師。舍于逆旅。賀監知章聞其名。首訪之。旣奇其姿。復請所爲文。出蜀道難以示之。讀未竟。稱歎者數四。號爲謫仙。解金龜換酒。與傾盡醉。期不間日。由是稱譽光赫。賀又見其烏棲曲。（或言是烏夜啼）歎賞苦吟曰。此詩可以泣鬼神矣。蜀道難烏棲曲並太白之樂府也。唐詩紀事曰。韋渠年少警悟。工爲詩。李白異之。授以古樂府。（稽載之序稱授以古樂府之學）

是太白於樂府尤長。且嘗以其學授人。今畧擇錄太白樂府及長句之尤者如下。

蜀道難

噫吁嚱。危乎高哉。蜀道之難。難於上青天。蠶叢及魚鳧。開國何茫然。爾來四萬八千歲。不與秦塞通人煙。西當太白有鳥道。可以橫絕峨眉巔。地崩山摧壯士死。然後天梯石棧相鉤連。上有六龍回日之高標。下有衝波逆折之回川。黃鶴之飛尙不得過。猿猱欲度愁攀援。青泥何盤盤。百步九折縈巖巒。捫參歷井仰脅息。以手撫膺坐長歎。問君西游何時還。畏途巉巖不可攀。但見悲鳥號古木。雄飛雌從繞林間。又聞子規啼夜月。愁空山。蜀道之難。難於上青天。使人聽此凋朱顏。連峯去天不盈尺。枯松倒挂倚絕壁。飛湍瀑流爭喧豗。砯崖轉石萬壑雷。（砯水擊巖之聲也）其險也若此。嗟爾遠道之人。胡爲乎來哉。劍閣崢嶸而崔嵬。一夫當關。萬夫莫開。所守或匪親。化爲狼與豺。朝避猛虎。夕避長蛇。磨牙吮血。殺人如麻。錦城雖云樂。不如早還家。蜀道之難。難於上青天。側身西望長咨嗟。

新唐書嚴武傳曰。武在蜀放肆。房琯以故宰相爲巡內刺史。武慢倨不爲禮。最厚杜甫。然欲殺甫數矣。李白作蜀道難者。乃爲房與杜危之也。此說出自雲溪友議。而新書據之。洪駒父詩話。以太白天寶初因吳筠被召。亦至長安。而蜀道難一篇。已以此時見賞賀知章。與嚴武師蜀。歲月懸遠。因謂嘗見李集一本。於蜀道難題下。註諷章仇兼瓊也。考其年月近之矣。沈存中亦主此說。蕭士贇註則以天寶初天下乂安。四郊無警。劍閣長安入蜀之道。太白乃拳拳然欲嚴劍閣之守。以此知其不爲章仇兼瓊作。以詩意考之。蓋太白初聞祿山亂華。天子幸蜀時作也。然玄宗幸蜀。亦在天寶末。若初見賀監之前。已爲此詩。則上數說年歲皆不合。要之蜀道難是古相和歌辭。梁陳間擬者不乏。非必盡有爲而作。太白以蜀人自爲蜀詠。言其險以著其戒。風人之義自深。不必故爲強解也。

烏夜啼

黃雲城邊烏欲棲。歸飛啞啞枝上啼。機中織錦秦川女。碧紗如煙隔窗語。停梭悵然憶遠人。獨宿孤房淚如雨。

烏棲曲

姑蘇臺上烏棲時。吳王宮裏醉西施。吳歌楚舞歡未畢。青山猶啣半邊日。銀箭金壺漏水多。起看秋月墜江波。東方漸高奈樂何。

梁甫吟

長嘯梁甫吟。何時見陽春。君不見朝歌屠叟辭棘津。八十西來釣渭濱。寧羞白髮照清水。

逢時壯氣思經綸。廣張三千六百釣。風期暗與文王親。大賢虎變愚不測。當年頗似尋常人。君不見高陽酒徒起草中。長揖山東隆準公。入門不拜騁雄辯。兩女輟洗來趨風。東下齊城七十二。指揮楚漢如旋蓬。狂客落魄尚如此。何況壯士當羣雄。我欲攀龍見明主。雷火砰訇（大聲也）震天鼓。帝旁投壺多玉女。三時大笑開電光。倏爍晦冥起風雨。閶闔九門不可通。以額扣關閽者怒。白日不照吾精誠。杞國無事憂天傾。猰貐磨牙競人肉。騶虞不折生草莖。手接飛猱搏彫虎。側足焦原未言苦。智者可卷愚者豪。世人見我輕鴻毛。力拔南山三壯士。齊相殺之費二桃。吳楚弄兵無劇孟。亞夫咍爾爲徒勞。（咍嗤笑也）梁甫吟。聲正悲。張公兩龍劍。神物合有時。風雲感會起屠釣。大人嵲屼當安之。（嵲屼不安貌此章亦感士不遇之意韻語陽秋謂太白悼楊妃而去國所謂玉女起風雨者乃怨懟妃子之詞也）

上雲樂（原註老胡文康辭或云范雲及周捨所作今擬之）

金天之西。白日所沒。康老胡雛。生彼月窟。（上雲樂本舞名樂人扮作老胡之狀爲胡舞以歌後稱文康即胡之名也）巉巖容儀。戍削風骨。碧玉炅炅（一作皎皎）雙目瞳。黃金拳拳兩鬢紅。華蓋垂下睫。嵩岳臨上脣。不睹詭譎貌。豈知造化神。（戍削言如刻畫炅炅言眼碧而有光黃金拳拳言其髮黃而稍卷華蓋眉也言其眉長而下覆于目嵩岳鼻也言其鼻巨而上壓于脣）大道是文康之嚴父。元氣乃文康之老親。撫頂弄盤古。推車轉天輪。云見日月初生時。鑄冶火精與水銀。陽烏未出谷。顧兔半藏身。女媧戲黃土。團作愚下人。散在六合間。濛濛若沙塵。生死了不盡。誰明此胡是仙眞。西海栽若木。東溟植扶桑。別來幾多時。枝葉萬里長。中國有七聖。（七聖指唐高祖至玄宗六君其一則武后也）半路頹鴻荒。陛下（謂肅宗）應運起。龍飛入咸陽。赤眉立盆子。白水興漢光。（光武起於舂陵白水鄉）叱咤四海動。洪濤爲簸揚。舉足踏紫微。天關自開張。老胡感至德。東來進仙倡。五色師子。九苞鳳皇。是老胡雞犬。鳴舞飛帝鄉。淋漓颯沓。進退成行。能胡歌。獻漢酒。跪雙膝。並兩肘。散花指天舉素手。拜龍顏。獻聖壽。北斗戾。南山摧。天子九九八十一萬歲。長傾萬歲杯。

將進酒

君不見黃河之水天上來。奔流到海不復回。君不見高堂明鏡悲白髮。朝如青絲暮成雪。人生得意須盡歡。莫使金樽空對月。天生我材必有用。千金散盡還復來。烹羊宰牛且爲樂。會須一飲三百杯。岑夫子。丹丘生。進酒君莫停。與君歌一曲。請君爲我側耳聽。鐘鼓饌玉不足貴。但願長醉不用醒。古來聖賢皆寂寞。惟有飲者留其名。陳王昔時宴平樂。斗酒十千恣歡謔。主人何爲言少錢。徑須沽酒對君酌。五花馬。千金裘。呼兒將出換美酒。與爾同銷萬古愁。

行路難

金樽清酒斗十千。玉盤珍羞直萬錢。停杯投筯不能食。拔劍四顧心茫然。欲渡黃河冰塞川。將登太行雪滿山。閑來垂釣碧溪上。忽復垂舟夢日邊。行路難。行路難。多歧路。今安在。長風破浪會有時。直挂雲帆濟滄海。

大道如青天。我獨不得出。羞逐長安社中兒。赤雞白狗賭梨栗。彈劍作歌奏苦聲。曳裾王門不稱情。淮陰市井笑韓信。漢朝公卿忌賈生。君不見昔時燕家重郭隗。擁篲折節無嫌猜。劇辛樂毅感恩分。輸肝剖膽效英才。昭王白骨縈蔓草。誰人更掃黃金臺。行路難。歸去來。

有耳莫洗潁川水。有口莫食首陽蕨。含光混世貴無名。何用孤高比雲月。吾觀自古賢達人。功成不退皆殞身。子胥既棄吳江上。屈原終投湘水濱。陸機雄才豈自保。李斯稅駕苦不早。華亭鶴唳詎可聞。上蔡蒼鷹何足道。君不見吳中張翰稱達生。秋風忽憶江東行。且樂生前一杯酒。何須身後千載名。

楊叛兒

君歌楊叛兒。妾勸新豐酒。何許最關人。烏啼白門柳。烏啼隱楊花。君醉留妾家。博山爐中沈香火。雙煙一氣淩紫霞。楊升庵曰古楊叛曲僅二十字太白衍之爲四十四字而樂府之妙思益顯其筆力似烏獲扛龍文之鼎其精光似光弼領子儀之軍矣

白頭吟　集中白頭吟有二篇其一是改定之作今仍錄初稿

錦水東流碧波蕩。雙鴛鴦。雄巢漢宮樹。雌弄秦草芳。相如去蜀謁武帝。赤車駟馬生輝光。一朝再覽大人作。萬乘忽欲淩雲翔。聞道阿嬌失恩寵。千金買賦要君王。相如不憶貧賤日。位高金多聘私室。茂陵姝子皆見求。文君歡愛從此畢。淚如雙泉水。行墮紫羅襟。五起雞三唱。清晨白頭吟。長吁不整綠雲鬢。仰訴青天哀怨深。城崩杞梁妻。誰道土無心。東流不作西歸水。落花辭枝羞故林。頭上玉燕釵。是妾嫁時物。贈君表相思。羅袖幸時拂。莫卷龍鬚席。從他生網絲。且留琥珀枕。還有夢來時。鷫鸘裘在錦屏上。自君一挂無由披。妾有秦樓鏡。照心勝照井。願持照新人。雙對可憐影。覆水卻收不滿杯。相如還謝文君回。古來得意不相負。祇今惟有青陵臺。

猛虎行

朝作猛虎行。暮作猛虎吟。腸斷非關隴頭水。淚下不爲雍門琴。旌旗繽紛西河道。戰鼓驚山欲傾倒。秦人半作燕地囚。胡馬翻銜洛陽草。一輸一失關下兵。朝降夕叛幽薊城。巨鰲

未斬海水動。魚龍奔走安得寧。頗似楚漢時。翻覆無定止。朝過博浪沙。暮入淮陰市。張良未遇韓信貧。劉項存亡在兩臣。暫到下邳受兵略。來投漂母作主人。賢哲栖栖古如此。今時亦棄青雲士。有策不敢犯龍鱗。竄身南國避胡塵。寶書玉劍挂高閣。金鞍駿馬散故人。昨日方爲宣城客。掣鈴交通二千石。有時六博快壯心。遶牀三匝呼一擲。楚人每道張旭奇。心藏風雲世莫知。三吳邦伯莫顧盼。四海雄俠兩追隨。蕭曹曾作沛中吏。攀龍附鳳當有時。漂陽酒樓三月春。楊花茫茫愁殺人。胡雛碧眼吹玉笛。吳歌白紵飛梁塵。丈夫相見且爲樂。槌牛撾鼓會衆賓。我從此去釣東海。得魚笑寄情相親。

太白七言長句。豪縱與樂府相埒。亦掇錄數章。以見其體。

襄陽歌

落日欲沒峴山西。倒著接䍦花下迷。襄陽小兒齊拍手。攔街爭唱白銅鞮。傍人借問笑何事。笑殺山公醉似泥。鸕鷀杓。鸚鵡杯。百年三萬六千日。一日須傾三百杯。遙看漢水鴨頭綠。恰似葡萄初醱醅。此江若變作春酒。壘麴便作糟邱臺。千金駿馬換小妾。笑坐雕鞍歌落梅。車旁側挂一壺酒。鳳笙龍管行相催。咸陽市中歎黃犬。（李斯事）何如月下傾金罍。君不見晉朝羊公一片石。龜頭剝落生莓苔。淚亦不能爲之墮。心亦不能爲之哀。清風朗月不用一錢買玉山自倒非人推。舒州杓力士鐺。（新唐書地理志舒州同安郡土貢酒器鐵器又韋堅傳有豫章力士甕飲器茗鐺釜）李白與爾同死生。襄王雲雨今安在。江水東流猿夜聲。

西岳雲臺歌送丹丘子

西岳崢嶸何壯哉。黃河如絲天際來。黃河萬里觸山動。盤渦轂轉秦地雷。榮光休氣紛五彩。千年一淸聖人在。巨靈咆哮擘兩山。洪波噴流射東海。三峯却立如欲摧。翠崖丹谷高掌開。白帝金精運元氣。石作蓮華雲作臺。雲臺閣道連窈冥。中有不死丹丘生。明星玉女備灑掃。（郭璞山海經註太華山上有明星玉女持玉漿得上服之即仙）麻姑搔背指爪輕。我皇手把天地戶。丹丘談天與天語。九重出入生光輝。東　蓬萊復西歸。玉漿儻惠故人飲。騎二茅龍天上飛。

扶風豪士歌（蕭士贇曰此太白避亂東土時詩扶風乃三輔郡意豪士亦必同時避亂於東吳而與太白啣杯酒接殷勤之驩者）

洛陽三月飛胡沙。洛陽城中人怨嗟。天津流水波赤血。白骨相撐如亂麻。我亦東奔向吳國。浮雲四塞道路賒。東方日出啼早鴉。城門人開掃落花。梧桐楊柳拂金井。來醉扶風豪士家。扶風豪士天下奇。意氣相傾山可移。作人不倚將軍勢。飲酒豈顧尙書期。雕盤綺食會衆客。吳歌趙舞香風吹。原嘗春陵六國時。開心寫意君所知。堂中各有三千士。明日報恩知是誰。撫長劍。一揚眉。淸水白石何離離。脫吾帽。向君笑。飲君酒。爲君吟。張良未逐赤松去。橋邊黃石知我心。

鳴臯歌送岑徵君（原註時梁園三尺雪在清冷池作）

若有人兮思鳴臯。（河南通志鳴臯山在河南府嵩縣東北五十里）阻積雪兮心煩勞。洪河凌競不可以徑度。冰龍鱗兮難容舸。邈仙山之峻極兮聞天籟之嘈嘈。霜崖縞皓以合沓兮。若長風扇海湧滄溟之波濤。玄猿綠羆。舔談崟岌。（舔音餂　談音演　舔談吐舌貌）危柯振石。駭膽慄魄。羣呼而相號。峰崢嶸以路絕。挂星辰於巖嶅。（山多小石曰嶅）送君之歸兮動鳴臯之新作。交鼓吹兮彈絲。觴清冷之池閣。君不行兮何待。若返顧之黃鶴。掃梁園之羣英。振大雅於東洛。巾征軒兮歷阻折。尋幽居兮越巘崿。盤白石兮坐素月。琴松風兮寂萬壑。望不見兮心氛氳。蘿冥冥兮霰紛紛。水橫洞以下淥。波小聲而上聞。虎嘯谷而生風。龍藏溪而吐雲。冥鶴清唳。飢鼯嚬呻。塊獨處此幽默兮。愀空山而愁人。雞聚族以爭食。鳳孤飛而無鄰。蝘蜓嘲龍。魚目混珠。嫫母衣錦。西施負薪。若使巢由桎梏於軒冕兮。亦奚異於夔龍蹩躠（旋行貌）於風塵。哭何苦而救楚。笑何誇而却秦。吾誠不能學二子沽名矯節以耀世兮。固將棄天地而遺身。白鷗兮飛來。長與君兮相親。

右鳴臯歌本騷體也。楚詞後語中錄之。今亦附著於此。晁補之曰。李白天才俊麗。不可矩矱。

然要長於詩而文非其所能也。賦近於文。故白大鵬賦。辭非不壯。不若其詩盛行於世。至鳴皐歌一篇本末楚辭也。而世誤以爲詩因爲出之。其畧曰蝘蜓嘲龍。魚目混珍。嫫母衣錦。西施負薪。此諄諄放屈原卜居及賈誼弔屈原語。而白才自逸蕩。故或離而去之云。楚辭後語曰。白天才絕出。尤長於詩。而賦不能及晉魏。獨此篇近楚辭。然歸來子猶以爲白才自逸蕩。故或離而去之。亦爲知言云。

憶舊游寄譙郡元參軍

憶昔洛陽董糟邱。爲余天津城南造酒樓。黃金白璧買歌笑。一醉累月輕王侯。海內賢豪青雲客。就中與君心莫逆。迴山轉海不作難。傾情倒意無所惜。我向淮南攀桂枝。君留洛北愁夢思。不忍別。還相隨。相隨迢迢訪仙城。三十六曲水迴縈。一溪初入千花明。萬壑度盡秋風聲。銀鞍金絡到平地。漢東太守來相迎。紫陽之眞人。邀我吹玉笙。飡霞樓上動仙樂。嘈然宛似鸞鳳鳴。袖長管催欲輕舉。漢中太守醉起舞。手持錦袍覆我身。我醉橫眠枕其股。當筵意氣淩九霄。星離雨散不終朝。分飛楚關山水遙。余既還山尋故巢。君亦歸家度渭橋。君家嚴君勇貔虎。作尹幷州遏戎虜。五月相呼度太行。摧輪不道羊腸苦。行來北涼歲月深。感君貴義輕黃金。瓊杯綺食靑玉案。使我醉飽無歸心。時時出向城西曲。晉祠流水如碧玉。涼舟弄水簫鼓鳴。微波龍鱗莎草綠。興來攜妓恣經過。其如楊花似雪何。紅妝欲醉宜斜日。百尺清潭寫翠娥。翠娥嬋娟初月輝。美人更唱舞羅衣。清風吹歌入空去。歌曲自繞行雲飛。此時行樂難再遇。西游因獻長楊賦。北闕青雲不可期。東山白首還歸去。渭橋南頭一遇君。酇臺之北又離羣。問余別恨今多少。落花春暮爭紛紛。言亦不可盡。情亦不可及。呼兒長跪緘此辭。寄君千里遙相憶。

唐仲言曰。寄元參軍詩。歷敘舊游之事。凡合而離者四焉。在洛則我就君游。適淮則君隨我往。并州戎馬之地。而攜妓相過。西游落魄之餘。而不忘晤對。敘事四轉。語若貫珠。絕非初唐牽合之比。

廬山謠寄盧侍御虛舟

我本楚狂人。鳳歌笑孔丘。手持綠玉杖。朝別黃鶴樓。五岳尋仙不辭遠。一生好入名山游。廬山秀出南斗傍。屏風九疊雲錦張。影落明湖青黛光。金闕前開二峯長。銀河倒挂三石梁。香爐瀑布遙相望。迴崖沓嶂淩蒼蒼。翠影紅霞映朝日。鳥飛不到吳天長。登高壯觀天地間。大江茫茫去不還。黃雲萬里動風色。白波九道流雪山。好爲廬山謠。興因廬山發。閑窺石鏡清我心。謝公行處蒼苔沒。早服還丹無世情。琴心三疊道初成。遙見仙人綵雲裏。

手把芙蓉朝玉京。先期汗漫九垓上。願接盧敖游太清。

夢游天姥吟留別

海客談瀛洲。煙濤微茫信難求。越人語天姥。雲霞明滅或可覩。天姥連天向天橫。勢拔五岳掩赤城。天台四萬八千丈。對此欲倒東南傾。我欲因之夢吳越。一夜飛度鏡湖月。湖月照我影。送我至剡溪。謝公宿處今尙在。淥水蕩漾清猿啼。脚著謝公屐。身登青雲梯。半壁見海日。空中聞天鷄。千巖萬轉路不定。迷花倚石忽已暝。熊咆龍吟殷巖泉。慄深林兮驚層巔。雲青青兮欲雨。水澹澹兮生煙。列缺霹靂。邱巒崩摧。洞天石扇。訇然中開。青冥浩蕩不見底。日月照耀金銀臺。霓爲衣兮風爲馬。雲之君兮紛紛而來下。虎鼓瑟兮鸞回車。仙之人兮列如麻。忽魂悸以魄動。怳驚起而長嗟。惟覺時之枕席。失向來之煙霞。世間行樂亦如此。古來萬事東流水。別君去兮何時還。且放白鹿青崖間。須行卽騎訪名山。安能摧眉折腰事權貴。使我不得開心顏。范德機云夢吳越以下夢之源也以次諸節夢之波瀾也其間顯而晦晦而顯至失向來之烟霞夢極而與人接矣非太白之胷次筆力亦不能發此枕席烟霞二句最有力結語平衍亦文勢當如此

魯郡堯祠送竇明府薄華還西京　時久病初起作

朝策犁眉騧。舉鞭力不堪。强扶愁疾向何處。角巾微服一作步堯祠南。長楊掃地不見日。石

門噴作金沙潭。笑誇故人指絕境。山光五色青於藍。廟中往往來擊鼓。堯本無心爾何苦。門前長跪雙石人。有女如花日歌舞。銀鞍繡轂往復迴。簸林蹶石鳴風雷。遠煙空翠時明滅。白鷗歷亂長飛雪。紅泥亭子赤欄干。碧流環轉青錦湍。深沈百尺洞海底。那知不有蛟龍蟠。君不見綠珠潭水流東海。綠珠紅粉沈光彩。綠珠樓下花滿園。今日曾無一枝在。昨夜秋聲閶闔來。洞庭木落騷人哀。遂將三五少年輩。登高遠望形神開。生前一笑輕九鼎。魏武何悲銅雀臺。我歌白雲倚窗牖。爾聞其聲但揮手。長風吹月渡海來。遙勸仙人一杯酒。酒中樂酣宵向分。舉觴酹堯堯可聞。何不令皐繇擁篲橫八極。直上青天掃浮雲。高陽小飲眞瑣瑣。山公酩酊何如我。竹林七子去道賒。蘭亭雄筆安足誇。堯祠笑殺五湖水。至今憔悴空荷花。爾向西秦我東越。暫向瀛州訪金闕。藍田太白若可期。爲余掃灑石上月。

宣州謝脁樓餞別校書叔雲

棄我去者昨日之日不可留。亂我心者今日之日多煩憂。長風萬里送秋雁。對此可以酣高樓。蓬萊文章建安骨。中間小謝又清發。俱懷逸興壯思飛。欲上青天覽明月。抽刀斷水水更流。舉杯銷愁愁更愁。人生在世不稱意。明朝散髮弄扁舟。

金陵酒肆留別

風吹柳花滿店香。吳姬壓酒勸客嘗。金陵子弟來相送。欲行不行各盡觴。請君試問東流水。別意與之誰短長。

漁隱叢話曰。詩眼云。山谷言學者若不見古人用意處。但得其皮毛。所以去之愈遠。若風吹柳花滿店香。若人能爲此語。亦未是太白。至於吳姬壓酒勸客嘗。壓字他人亦難及。（雲麓漫抄以壓酒是吳人方言）金陵子弟來相送。欲行不行各盡觴。益不同。請君試問東流水。別意與之誰短長。此乃眞太白妙處。當潛心焉。故學者先以識爲主。禪家所謂正法眼。直須具此眼目。方可入道。陳傅良曰。近讀古樂府。始知後作者皆有所本。至李謫仙絕出衆作。眞詩豪也。然古詞務協律而猶未工。周紫芝古今諸家樂府序曰。予嘗評諸家之作。李太白最高而微短於韻。王世貞藝苑巵言曰。太白古樂府杳冥惝恍。縱橫變幻。極才人之致。然自是太白樂府。李詩緯曰。樂府體不尙論宗而敍事。故每以緩失之。故杜少陵無樂府也。太白篇什雖繁。而自放者多矣。然有出乎唐人之上者。似晉雜曲而淸雋過之。天實生才。豈易言哉。吾定古唐諸樂府。考其正變。則其人與世可知矣。而獨於太白尤低徊三復云。又曰。太白慍於羣小。乃放還山。而縱酒以浪游。豈得已哉。夫怨生於情。而情每於兒女間爲切切焉。讀者勿以辭害意可矣。唐詩品彙曰。詩至開元天寶間。神秀聲律。粲然大備。李翰林天才縱逸。軼蕩人羣。上薄曹劉。下該沈鮑。其樂府古調。能使儲光義王昌齡失步。高適岑參絕倒。況其下乎。又曰。太白天仙之詞。語多率然而成者。故樂府歌詞咸善。或謂其始以蜀道難一篇見賞於知音。爲明主所愛重。此豈淺材者徼幸際其時而馳騁哉。不然也。白之所蘊。非止是。今觀其遠別離、長相思、烏棲曲、鳴皐歌、梁園吟、天姥吟、廬山謠等作。長篇短韻。驅駕氣勢。殆與南山秋氣並高可也。雖少陵猶有讓焉。餘子瑣瑣矣。

第五章　李白之近體詩及其他雜著

太白嘗云。齊梁以來。豔薄斯極。沈休文又尙以聲律。將復古道。非我而誰。故當時太白與陳伯玉齊名。陳李集中律詩至少。然太白偶爲律詩。屬對穩切。氣勢渾厚。蓋以餘力及之耳。本事詩記玄宗命太白爲宮中行樂五言律詩十首。知其薄聲律。謂非所長。時太白已醉。取筆抒思。略不停綴。十篇立就。更無加點。筆跡遒利。鳳跌龍拏。律度對屬。無不精絕。宮中行樂詩摭言作宮辭十首。今集中僅八首。錄其四首於下。

宮中行樂詞

小小生金屋。盈盈在紫微。山花插寶髻。石竹繡羅衣。每出深宮裏。幸隨步輦歸。只愁歌舞散。化作綵雲飛。

柳色黃金嫩。梨花白雪香。玉樓巢翡翠。珠殿鎖鴛鴦。選伎隨雕輦。徵歌出洞房。宮中誰第一。飛燕在昭陽。

盧橘爲秦樹。蒲桃出漢宮。烟花宜落日。絲管醉春風。笛奏龍吟水。簫鳴鳳下空。君王多樂事。還與萬方同。

玉樹春歸日。金宮樂事多。後庭朝未入。輕輦夜相過。笑出花間語。嬌來燭下歌。莫敎明月去。留著醉嫦娥。

李詩緯曰。吾讀五言律一體。知唐人反正之功爲多。云靡麗如南五季。文敝甚矣。文質彬彬。唐人有之。向使唐人無所取裁。其不流爲宋元未尙也。幾希。然或失之矜持。蓋從齊梁而變也。若太白五律。猶爲古詩之遺。情深而詞顯。又出乎自然。要其旨趣所歸。開鬱宣滯。特於風騷爲近。焉唐詩品彙曰。盛唐五言律之妙。李翰林氣象雄逸。茲更錄數首。

贈孟浩然

吾愛孟夫子。風流天下聞。紅顏棄軒冕。白首臥松雲。醉月頻中聖。迷花不事君。高山安可仰。徒此揖清芬。

謝公亭

謝公離別處○風景每生愁○客散青天月○山空碧水流○池花春映日○窗竹夜鳴秋○今古一相接○長歌懷舊游○

夜泊牛渚懷古

牛渚西江夜○青天無片雲○登舟望秋月○空憶謝將軍○余亦能高詠○斯人不可聞○明朝挂帆席○楓葉落紛紛○王漁洋以此詩與襄陽詩並色相俱空如羚羊挂角無跡可求畫家所謂逸品是也

聽蜀僧濬彈琴

蜀僧抱綠綺○西下峨眉峯○爲我一揮手○如聽萬壑松○客心洗流水○遺響入霜鐘○不覺碧山暮○秋雲暗幾重○

太白集中七律最少○今錄登金陵鳳凰臺及鸚鵡洲二首○

登金陵鳳凰臺

鳳凰臺上鳳凰游○鳳去臺空江自流○吳宮花草埋幽境○晉代衣冠成古邱○三山半落青天外○二水中分白鷺洲○總爲浮雲能蔽日○長安不見使人愁○

珊瑚鉤詩話曰○金陵鳳凰臺○在城之東南○四顧江山○下窺井邑○古今題詠○惟謫仙爲絕唱○劉後村曰○古人服善○李白登黃鶴樓○有眼前有景道不得○崔顥題詩在上頭之語○至金陵乃作

鳳凰臺詩以擬之。今觀二詩。眞敵手棊也。瀛奎律髓。太白此詩。與崔顥黃鶴樓相似。格律氣勢。未易甲乙。此詩以鳳凰臺爲名。不過起兩句已盡之矣。下六句乃登臺而觀望之景也。三四懷古人之不見。五六七八。詠今日之景而慨帝都之不可見。登臺而望所感深矣。

鸚鵡洲

鸚鵡來過吳江水。江上洲傳鸚鵡名。鸚鵡西飛隴山去。芳洲之樹何青青。煙開蘭葉香風暖。岸夾桃花錦浪生。遷客此時徒極目。長洲孤月向誰明。

瀛奎律髓曰。太白此詩。乃是效崔顥體。皆於五六加工。尾句寓感歎。是時律詩猶未甚拘偶也。

李詩緯曰。小樂府之遺。唐人裁爲絕句。體之流變。蓋微有辨焉。惟李白所製。猶得其遺。篇什雖簡。而如入思婦勞人之心。何婉曲可諷耶。濟南李氏曰。李白五七言絕句。實唐三百年一人。蓋以不用意得之。卽太白亦不自知其所至。而至者。屈紹隆粵游雜咏序曰。詩以神行。使人得其意於言之外。若遠若近。若無若有。若雲之於天。月之於水。心得而會之。口不得而言之。斯詩之神者也。而五七言絕。尤貴以此道行之。昔之擅其妙者。在唐有太白一人。蓋非摩詰龍標之所及。吾嘗以太白爲五七言絕之聖。所謂鼓之舞之以盡神。緜神入化。爲盛德之至也。蓋太白於五七言絕最工。昔已有定論矣。

王阮亭曰。五言絕句。李太白氣體高妙。徐而菴說唐詩曰。五言絕句。惟太白擅場。杜子美詩曰。李侯有佳句。往往似陰鏗。陰工此體。子美之稱太白在是。唐詩品彙曰。五言絕句。開元後李白王維尤勝諸人。宋漫堂說詩曰。五言絕句。起自古樂府。至唐而盛。李白崔輔國號爲擅場。茲略錄太白五言絕句數章。

秋浦歌

白髮三千丈。緣愁似箇長。不知明鏡裏。何處得秋霜。

陪侍郎叔游洞庭醉後有作

剗却君山好。平鋪湘水流。巴陵無限酒。醉煞洞庭秋。

獨坐敬亭山

衆鳥高飛盡。孤雲獨去閑。相看兩不厭。只有敬亭山。

勞勞亭

天下傷心處。勞勞送客亭。春風知別苦。不遣柳條青。

唐詩品彙曰。七言絕句。太白高於諸人。王少伯次之。蓋七言絕唐人中惟太白與王昌齡最勝也。王世貞藝苑巵言亦云。七言絕句。王少伯與太白爭勝毫釐。俱是神品。盧世漼紫房餘論曰。天生太白少伯。以主絕句之席。勿論有唐三百年。兩人爲政。亘古今來。無復有驂乘者矣。詩辨坻曰。七言絕起忌矜勢。太白多直抒旨。兩言後。只用溢思作波掉。唱歎有餘響。拙手往往安排起法。欲留佳思在後。作好首。既嚼蠟。後十四字中。地窄而舞拙。意滿而詞滯。茲掇錄數章。

早發白帝城

朝辭白帝彩雲間。千里江陵一日還。兩岸猿聲啼不住。輕舟已過萬重山。

峨眉山月歌

峨眉山月半輪秋。影入平羌江水流。夜發清溪向三峽。思君不見下渝州。王世貞曰此是太白佳境二十八字中有峨眉山平羌江清溪三峽渝州使後人爲之不勝痕跡矣益見此老鑪錘之妙

黃鶴樓送孟浩然之廣陵

故人西辭黃鶴樓。煙花三月下揚州。孤帆遠影碧山盡。唯見長江天際流。

游洞庭

洞庭西望楚江分。水盡南天不見雲。日落長沙秋色遠。不知何處弔湘君。

南湖秋水夜無煙。耐可乘流直上天。且就洞庭賖月色。將船買酒白雲邊。

望天門山

天門中斷楚江開。碧水東流至北迴。兩岸青山相對出。孤帆一片日邊來。

客中作

蘭陵美酒鬱金香。玉椀盛來琥珀光。但使主人能醉客。不知何處是他鄉。

與史郎中欽聽黃鶴樓上吹笛

一爲遷客去長沙。西望長安不見家。黃鶴樓中吹玉笛。江城五月落梅花。

長門怨

桂殿長愁不記春。黃金四屋起秋塵。夜懸明鏡青天上。獨照長門宮裏人。

草堂詩餘載太白菩薩蠻憶秦娥二闋。黃玉林絕妙詞選以此二詞爲百代詞曲之祖。蓋明皇之世。聲樂已甚。太白妙於樂府。固宜偶出餘技。製此別體也。

菩薩蠻

平陵漠漠煙如織。寒山一帶傷心碧。暝色入高樓。有人樓上愁。　玉堦空竚立。宿鳥歸飛急。何處是歸程。長亭更短亭。

憶秦娥

簫聲咽。秦娥夢斷秦樓月。秦樓月。年年柳色。灞陵傷別。　樂游原上清秋節。咸陽古道音塵絕。音塵絕。西風殘照漢家陵闕。

右二詞蕭士贇始以附入太白集中。胡應麟筆叢。辨爲非太白作。蓋據杜陽雜編。以爲菩薩蠻之名。自晚唐始當有之。不應太白已制此詞。且謂太白以風雅自任。或不屑爲此。詳其語意。絕似溫方城。指爲草堂僞題。近人蓮子居詞話。則謂西風殘照漢家陵闕等語。意致雄渾。非金荃手筆所能。按元瑞謂草堂僞題太白名。亦未審。蓋考湘山野錄。及楊繪本事曲子。則在北宋時。久傳菩薩蠻爲太白之作。當時編集者偶未采入耳。

太白集中雜文僅六十餘篇。今本別以賦一卷。冠於卷首。而雜文則載在詩歌之後。太白少時而誦子虛賦。故慕相如之文采。及長嘗三擬文選。皆不如意。焚之。惟留別限賦。今觀其賦。雖時有奇致。然究其體勢。尚不得比魏晉之作者。其不逮詩歌遠矣。雜文多率爾之詞。若與裴長史韓荊州諸書。溧陽瀨水貞義女碑銘。亦卓犖俊偉。自成一家。要非其至者。故不錄也。集中比干碑是李翰作

中國六大文豪卷四終

中國六大文豪 卷五

第五編 杜甫

第一章 杜甫傳略

杜甫。字子美。襄陽人也。後徙河南鞏縣。唐書杜甫傳及元稹所爲墓志。載杜氏譜系。晉當陽成侯預。下十世而生依藝。以監察御史。令於河南府之鞏縣。依藝生審言。審言善詩。官至修文館學士。尙書膳部員外郎。審言生閑。京兆府奉天縣令。閑生甫。左拾遺。尙書工部員外郎。蓋子美爲審言之孫。審言當武后朝。與崔融、李嶠、蘇味道。號文章四友。列在珠英學士之間。其詩華藻整栗。子美世其學。而詩道以大。自宋呂微仲大防始爲子美詩年譜。後踵作者數家。所記各有出入。今據本傳。正其所誤。參諸譜。而述其略於此。

子美生於唐睿宗先天元年。幼穎悟。蓋七歲而能賦詩。十五而成章。見者以爲班揚之倫也。進鵰賦表曰。自七歲所綴詩筆。向四十載矣。約千有餘篇。又壯游詩曰。七齡思卽壯。開口詠鳳凰。九齡書大字。有作成一囊。又曰。往昔十四五。出游翰墨場。斯文崔魏徒。以我似班揚。二十而游吳越。開元十九年 開元二十三年。赴京兆貢舉不第。游齊趙。留滯東都者踰年。子美年三十矣。及天寶三四載之間。李白自翰林放歸。客游梁宋齊魯。因與子美及高達夫適相從賦詩。過汴州登吹臺。慷慨懷古。人莫測也。是時子美詩益進。與白齊名。時號李杜。旋游齊州。天寶五載而歸長安。十載而進三大禮賦。時年四十。魯訔曰公奏三大禮賦史集皆以爲十三載按帝紀十載行三大禮十三載未嘗郊況表稱臣生長陛下淳朴之俗行四十年矣故今定爲十載 玄宗奇之。命待制集賢院。十三載進封西岳賦。明年授河西尉不拜。改右衛率府胄曹參軍。十一月往奉先。明年而祿山亂。玄宗入蜀。肅宗卽位靈武。時子美在鄜州。羸服欲趨行在。爲賊所得。至德二載。亡走鳳翔。上謁拜左拾遺。房琯者與子美布衣交。時琯爲宰相。請自帥師討賊。是年十月。琯兵敗於陳濤斜。明年春琯罷相。子美上疏言琯有才不宜罷免。帝怒。詔三司推問。宰相張鎬曰。甫若抵罪。絕言者路。帝乃解。貶琯爲刺史。出子美爲華州司功參軍。時關輔亂離。穀食踊貴。子美寓居成州同谷縣。自負薪採梠。兒女餓莩者數人。自後惟依嚴武於蜀中最久。

子美在成都。卜居浣花溪。營草堂。蓋在上元元年。子美詩所謂經營上元始。又云頻來語燕定新巢。則三月堂成也。明年而子美年五十。自草堂至蜀州之新津青城。寶應元年代宗卽位。七月送嚴武還朝。到綿州。未幾西川兵馬使徐知道反。因入梓州。冬復歸成都。迎家至梓。廣德元年。自梓州往漢州。旋如閬州。是歲召補京兆功曹不赴。二年。嚴武再鎭蜀。遂歸成都草堂。武表爲節度參謀。檢校工部員外郎。永泰元年正月。辭幕府歸草堂。四月嚴武卒。武與子美世舊。待遇甚隆。子美嘗憑醉放恣。登武之牀。瞪視武曰。嚴挺之乃有此兒。武外若不爲忤。中深銜之。一日欲殺子美及梓州刺史章彝。集吏於門。武將出。冠鉤於簾三。左右白其母。奔救得止。獨殺彝。此說見於雲溪友議。而新書因之。子美成都草堂。背郭枕江。種竹植樹。縱酒嘯咏。與田夫野老相狎。嚴武過之。子美有時不冠。其傲誕如此。

嚴武既卒。郭英乂鎮成都。英乂武人。麤暴無能。刺謁會崔寧殺英乂。楊子琳攻西川。蜀中大亂。子美遂盡室南下。永泰元年秋。至雲安居之。明年爲大歷元年。自雲安如夔州。大歷三年正月。始出峽。三月至江陵。秋移居公安。旋至岳州。明年正月。之潭州。因入衡州。未幾復還潭州。大歷五年夏四月。避臧玠。既如郴州。依舅氏崔偉。及耒陽而卒。年五十九。舊書以子美寓居耒陽。嘗游岳廟。爲暴水所阻。旬日不得食。耒陽聶令知之。自櫂舟迎之而還。新書又以令嘗饋牛肉白酒。大醉。一夕卒。又有以子美游耒陽江上。宿酒家。是夕江水泛漲。爲水漂沒。聶令堆空土爲墳。昔人皆辨其不可信。故不復詳云。子美有子宗武。亦流落卒於湖湘。元和中宗武子嗣業。始自耒陽遷子美柩。歸葬偃師西北首陽山之前。

新唐書曰。甫曠放不自檢。好論天下大事。高而不切。數嘗寇亂。挺節無所汙。爲歌詩傷時撓弱。情不忘君。人憐其忠云。又贊曰。唐興。詩人承陳隋風流。浮靡相矜。至宋之問沈佺期等。研揣聲音。浮切不差。而號律詩。競相沿襲。開元時。稍裁以雅正。然恃華者質反。好麗者壯違。人得一槩。皆自名所長。至甫渾涵汪茫。千彙萬狀。兼古今而有之。他人不足。甫乃厭餘殘膏賸馥。沾丐後人多矣。故元稹謂詩人以來。未有如子美者。又善陳時事。律切精深。至千言不少衰。世號詩史。韓愈於文章慎許可。至歌詩獨推曰。李杜文章在。光燄萬丈長。誠可信云。

子美詩集。至王原叔裒輯略備。當時亦據多本。其序曰。甫集初六十卷。今祕府舊藏。通人家所有。稱大小集者。皆亡逸之餘。人自編摭。非當時第次矣。蒐裒中外書。凡九十卷。古本二卷　蜀本二十卷　集略十五卷　樊晃序小集六卷　孫光憲序二十卷　鄭文寶序少陵集二十卷　別題小集二卷　孫僅一卷　雜編三卷　除其重複。定取千四百有五篇。凡古詩三百九十有九。近體千有六。起太平時。終湖南所作。視居行之次。與歲時先後。分十八卷。又別錄賦筆雜著二十九篇。爲二卷。合二十卷。自原叔以後。校註杜集者多家。黃長睿校本。遂有詩千四百四十七篇。自郭知達集九家注。其後遂有千家註。晚近以來。註者猶不絕。蓋杜集註家。視太白集爲尤衆云。

子美既出。詩人莫不宗之。宋孫僅嘗敍子美以後詩體。分爲六宗。而六家皆出子美。丁晉公亦謂子美集開詩世界。江西詩派。推杜甫爲一祖。黃庭堅陳與義陳師道爲三宗。漁洋詩話曰。宋明以來詩人學杜子美者多矣。予謂退之得杜神。子瞻得杜氣。魯直得杜意。獻吉得杜體。鄭繼之得杜骨。他如李義山、陳無己、陸務觀、袁海叟輩又其次也。陳簡齋最下。此蓋推本宋明以來詩體而皆謂之出於子美者矣。

當時李杜並稱。惟元稹李杜優劣論推子美獨至。後當於李杜優劣別出一章。後人專論子美。能得其允者如秦少游云。杜子美之於詩實積衆流之長。適當其時而已。昔蘇武李陵之詩。長於高妙。曹植劉公幹之詩長於豪逸。陶潛阮籍之詩長於沖澹。謝靈運鮑照之詩長於峻潔。徐陵庾信之詩長於藻麗。於是子美窮高妙之格。極豪逸之氣。包沖澹之趣。兼峻潔之姿。備藻麗之態。而諸家之作所不及焉。然不集諸家之長。子美亦不能獨至於斯也。豈非適當其時故耶。孟子曰。伯夷聖之清者也。伊尹聖之任者也。柳下惠聖之和者也。孔子聖之時者也。孔子之所謂集大成。嗚呼。子美亦集詩之大成者與。

王彥輔詩話曰。唐興承陳隋之遺風。浮靡相矜。莫崇理致。開元之間。去雕篆。黜浮華。稍裁以雅正。雖飾句繪章。人既一槩。各爭所長。如大羹玄酒者。薄滋味。如孤峯絕岸者。駭廊廟。穠華可愛者乏風骨。爛然可珍者多玷缺。逮至子美之詩。周情孔思。千彙萬狀。茹古涵今。無有涯涘。森嚴昭煥。若在武庫。見戈戟布列。蕩人耳目。非特語意天然。尤工用字。故卓然爲一代冠。

而歷世千百。膾炙人口。予每讀其文。竊苦其難曉。如義鶻行巨顙老拳之句。劉夢得初亦疑之。後覽石勒傳方知其所自。蓋其引物連類。掎摭前事。往往如是。韓退之謂光燄萬丈長。而世號詩史信哉。

然子美雖綜合衆長。又承審言之家學。後山陳無已詩話曰。黃魯直言杜子美之詩法出審言。句法出庾信。但過之耳。苕溪胡元任曰。老杜亦自言吾祖詩冠古。則其詩法又家學所傳矣。

葛立方韻語陽秋曰。子美高自稱許。有乃祖之風。上書明皇云。臣之述作。沈鬱頓挫。揚雄枚臯可跂及。壯游詩則自比於班揚。又云氣劘屈賈壘。目短曹劉牆。贈韋左丞則曰。賦料揚雄敵。詩看子建親。甫以詩雄於時。自比諸人。誠未爲過。至竊比稷與契則過矣。唐史氏稱甫好論天下大事。高而不切。豈自比稷契而然耶。

黃山谷詩話又曰。子美作詩。退之作文。無一字無來處。蓋後人讀書少。故謂韓杜自作此語耳。古人之爲文章。眞能陶冶萬物。雖取古人陳言入翰墨。如靈丹一粒。點鐵成金也。

呂氏童蒙訓曰。陸士衡文賦立片言以居要。乃一篇之警策。此要論也。文章無警策。則不足以傳世。蓋不能竦動世人。如杜子美及唐人諸詩。無不如此。但晉宋諸人。專致力於此。故失於綺靡而無高古氣味。子美詩云。語不驚人死不休。所謂驚人語卽警策也。捫蝨新語。老杜詩當是詩中六經。他人詩乃諸子之流也。杜詩有高妙語。云王侯與螻蟻同盡。隨丘墟願聞第一義。回向心地初。可謂深入理窟。晉宋以來詩人無此句也。心地初乃莊子所謂游心於淡。合氣於漠之義也。按宋以來詩話論子美詩者甚衆。茲但掇一二要者於此。其餘則略散見諸章中。然固不能備舉也。

子美雜文亦時見俊瑰。蓋當開元天寶之間世方重古文。故子美所作。已嬌然無復儷偶之習。終未及其詩歌之絕倫也。惟呂東萊嘗好三大禮賦。至爲之注。要非其至。故此編僅論詩而不及其文焉。

第二章　杜甫之古體

說者謂太白歌行古體尤長。而子美聖於近體。然觀子美歌行變化縱恣。何遽不若太白。至其他古體。卓犖踈宕。各臻妙格。茲析而論之。

(甲)五言古體

太白集中樂府至三卷。皆擬古之作。子美不屑擬古。然五言中如新婚別諸篇。七言中如兵車行等。固樂府之流也。胡元瑞詩藪以少陵樂府嗣跡風雅。兵車行新婚別等作。述情陳事。

懇惻如見。新婚別作於華州。遭値兵戍繁興。感事而發。與新安吏、潼關吏、石壕吏、垂老別、無家別、等篇同作。茲著石壕吏、新婚別二篇。

石壕吏　石壕在陝州城東七十里草堂詩箋謂北狄嘗侵太王及此故築城壕以禦之因名石壕

暮投石壕村。有吏夜捉人。老翁踰牆走。老婦出門看。吏呼一何怒。婦啼一何苦。聽婦前致詞。三男鄴城戍。一男附書至。二男新戰死。存者且偸生。死者長已矣。室中更無人。惟有乳下孫。孫有母未去。出入無完裙。老嫗力雖衰。請從吏夜歸。急應河陽役。猶得備晨炊。夜久語聲絕。如聞泣幽咽。天明登前途。獨與老翁別。

此詩響悲意苦。最近漢魏。王深父曰。驅民之丁壯。盡置死地。而復急其老弱。雖秦爲閭左之戍。不堪也。嗚呼其時急矣哉。蔡夢弼以此詩作於至德二載。秋子美往鄜迎家。夜投宿於石壕村。因感吏捉人以守河陽。傷之而作是詩也。

新婚別

兔絲附蓬麻。引蔓故不長。嫁女與征夫。不如棄路傍。結髮爲君妻。席不煖君牀。暮婚晨告別。無乃太匆忙。君行雖不遠。守邊赴河陽。妾身未分明。何以拜姑嫜。父母養我時。日夜令我藏。生女有所歸。雞狗亦得將。舊註女子之嫁雖雞狗猥細之物亦得將去言無所吝也　君今往死地。沈痛迫中腸。

誓欲隨君去。形勢反蒼黃。勿爲新婚念。努力事戎行。婦人在軍中。兵氣恐不揚。自嗟貧家女。久致羅襦裳。羅襦不復施。對君洗紅妝。仰視百鳥飛。大小必雙翔。人事多錯迕。與君永相望。

草堂詩箋曰。采綠刺怨曠。幽王之時。兵革不息。故男女怨曠。今肅宗遣九節度圍相州。敗而還。以至捉老嫗以供軍之役。是窮民無告者不得其所。豈知文王發政施仁。必先於斯乎。又新婚不得安其匹偶。豈非幽王之時男女多怨曠。采綠之詩所由作也。男女居室。人之大欲存焉。是時雖有所怨。猶止乎禮義。不以私恩而害公義。其與殷其雷能勸以義。此所以爲仲尼之所取也。趙傁曰。石壕吏新婚別有詩采薇之旨。按新婚別一篇。草箋論其義旨是矣。要其風調尤近建安。漁隱叢話。謂子美早年學建安。則此類殆逼眞者。

劉後村謂子美前後出塞筆力高古。可與十九首並傳。范杼曰。前後出塞皆傑作。有古樂府之聲而理勝。今錄前出塞九首。

前出塞　朱鶴齡曰。天寶末哥舒翰貪功於吐蕃。安祿山搆禍於契丹。於是徵調半天下。前出塞爲哥舒翰發。後出塞爲祿山發。按九首皆代從征者之言

戚戚去故里。悠悠赴交河。公家有程期。亡命嬰禍羅。君已富土境。開邊一何多。棄絕父母恩。吞聲行負戈。

出門日已遠。不受徒旅欺。骨肉恩豈斷。男兒死無時。二句言骨肉之恩豈能遽絕今所以決然舍去者以男兒死地無常不如死綏爲烈耳此承上末二句復作徘徊轉戀語走馬脫轡頭。手中挑青絲。捷下萬仞岡。俯身試搴旗。

磨刀嗚咽水。水赤刃傷手。欲輕腸斷聲。心緒亂已久。言本不欲以此嗚咽之聲動心無如心亂已久故聞水聲觸耳而不覺手傷也

丈夫誓許國。憤惋復何有。功名圖麒麟。戰骨當速朽。

送徒既有長。遠戍亦有身。生死向前去。不勞吏怒嗔。路逢相識人。附書與六親。哀哉兩決絕。不復同苦辛。

迢迢萬里餘。領我赴三軍。軍中異苦樂。主將寧盡聞。隔河見胡騎。倏忽數百羣。我始爲奴僕。幾時樹功勳。

挽弓當挽強。用箭當用長。射人先射馬。擒賊先擒王。殺人亦有限。立國自有疆。苟能制侵陵。豈在多殺傷。

驅馬天雨雪。軍行入高山。逕危抱寒石。指落曾冰間。已去漢月遠。何時築城還。浮雲暮南征。可望不可攀。

單于寇我壘。百里風塵昏。雄劍四五動。彼軍爲我奔。虜其名王歸。繫頸授轅門。潛身備行列。一勝何足論。

從軍十年餘。能無分寸功。衆人貴苟得。欲語羞雷同。中原有鬬爭。況在狄與戎。丈夫四方志。安可辭固窮。

子美五言不專法漢魏。且多效鮑謝者。信其兼包衆體。不主一家也。如渼陂西南臺一首。極似康樂。其餘此類甚多。不能備述也。

渼陂西南臺

高臺面蒼陂。六月風日冷。蒹葭離披去。天水相與永。懷新目似擊。接要心已領。仿像識鯨人。空濛辨漁艇。錯磨終南翠。顛倒白閣影。崷崒增光輝。乘陵惜俄頃。勞生愧嚴鄭。（嚴君平 鄭子眞）外物慕張邴。（張良 邴漢）世復輕驊騮。吾甘雜鼃黽。知歸俗可忽。取適事莫並。身退豈待官。老來苦便（平聲）靜。況資菱芡足。庶結茅茨迥。從此具扁舟。彌年逐淸景。

朱鶴齡曰。此詩中間句多本謝康樂。如懷新目似擊。卽謝懷新道轉迴也。乘陵惜俄頃。卽謝佩充俄頃用也。外物慕張邴。卽謝偶與張邴合。知歸俗可忽。卽謝適己物可忽也。取適事莫並。卽謝萬事難並歡也。身退豈待官。卽謝辭滿豈多秩。謝病不待年也。老來苦便靜。卽謝拙疾相倚薄。還得靜者便也。公云精熟文選理。豈欺我哉。

子美詩當時以爲詩史。故多感諷時事之作。其慷慨述志。以明勸戒者。蓋有之矣。亦有寄興微婉。卒不易見。誠詩人之妙旨也。如登慈恩寺塔。玉華宮等。

同諸公登慈恩寺塔 原注時高適薛據先有作

高標跨蒼穹。烈風無時休。自非曠士懷。登茲翻百憂。方知象教力。足可追冥搜。仰穿龍蛇窟。謂塔間磴道屈曲而升如穿龍蛇之窟也 始出枝撑幽。七星在北戶。河漢聲西流。羲和鞭白日。少昊行清秋。秦山忽破碎。涇渭不可求。俯視但一氣。焉能辨皇州。迴首叫虞舜。蒼梧雲正愁。惜哉瑤池飲。日晏一作宴非 崑崙邱。黃鵠去不息。哀鳴何所投。君看隨陽雁。各有稻粱謀。

草堂詩話引三山老人胡氏語錄曰。子美慈恩寺塔詩。乃譏天寶時事也。山者人君之象。秦山忽破碎。則人君失道矣。賢不肖混殽。而清濁不分。故曰涇渭不可求。天下無綱紀文章。而上都亦然。故曰俯仰但一氣。焉能辨皇州。於是思古之賢君不可得。故曰迴首叫虞舜。蒼梧雲正愁。是時明皇方耽於淫樂而不已。故曰惜哉瑤池飲。日晏崑崙邱。賢人君子多去朝廷。故曰黃鵠去不息。哀鳴何所投。惟小人貪竊祿位者在朝。故曰君看隨陽雁。各有稻粱謀。

玉華宮 宮為貞觀二十一年所作

溪回松風長。蒼鼠竄古瓦。不知何王殿。遺構絕壁下。陰房鬼火青。梅聖俞云玉華宮近有晉苻堅墓 壞道哀湍瀉。萬籟眞笙竽。秋色正瀟灑。美人為黃土。況乃粉黛假。謂殉葬木偶人 當時侍金輿。故物獨石馬。憂來藉草坐浩歌淚盈把。冉冉征途間。誰是長年者。

此亦感時憑弔之詞。而張文潛兼賞其音節。容齋隨筆曰。張文潛暮年在宛丘。何大圭方弱冠往謁之。凡三日見其吟哦老杜玉華宮詩不絕口。大圭請其故。曰此章乃風雅鼓吹。未易爲子言。大圭曰。先生所賦何必減此。曰平生極力模寫。僅有一篇稍似之。然未可同日語也。遂誦其離黃州詩。此其音響節奏。固似之矣。

崔德符曰。少陵八哀詩。可以表裏雅頌。中古作者莫及也。兩紀行詩。發秦州至鳳凰臺。發同谷縣至成都府二十四首。皆以經行爲先後。無復差舛。昔韓子蒼嘗論此詩筆力變化。當與太史公諸贊並駕。學者宜常諷誦之。朱文公曰。杜詩初年甚精細。晚年横逸不可當。如自秦州入蜀諸詩。分明如畫。乃其少作也。然秦州紀行諸詩。在乾元間。已非少作。惟八哀詩作於大曆中居夔州時。是晚年詩。今錄發秦州及八哀詩之一首。

發秦州 原注乾元二年自秦州赴同谷縣紀行

我衰更懶拙。生事不自謀。無食問樂土。無衣思南州。同谷在秦州南漢源十月交。唐書漢源縣屬成州天氣涼如秋。草木未黃落。況聞山水幽。此言同谷風土之煖利於無衣栗亭名更嘉。九域志栗亭在成州東五十里下有良田疇。充腸多薯蕷。崖蜜亦易求。石蜜卽崖蜜其蜂黑色作房於巖崖高峻處或石窟中以長竿刺令蜜出承取之此言同谷物產之佳利於無食密竹復冬笋。淸池可方舟。雖傷旅寓遠。庶遂平生遊。此邦俯要衝。實恐人事稠。應接非本性。登臨未銷憂。谿谷無異名。塞田始微收。豈復慰老夫。惆然難久留。日色隱孤戍。鳥啼滿城頭。中宵驅車去。飮馬寒塘流。磊落星月高。蒼茫雲霧浮。大哉乾坤內。吾道長悠悠。

哀故著作郎貶台州司戶滎陽鄭公虔（八哀詩之一）

鶢鶋至魯門。不識鐘鼓饗。孔翠望赤霄。愁思雕籠養。滎陽冠衆儒。早聞名公賞。地崇士大夫。況乃精氣爽。天然生知姿。學立游夏上。神農或闕漏。黃石愧師長。藥纂西極名。兵流指諸掌。貫穿無遺恨。薈蕞何技癢。圭臬星經奧。蟲篆丹青廣。子雲窺未遍。方朔諧太枉。神翰顧不一。（顧野王通蟲篆奇字又善丹青故曰不一）體變鍾兼兩。（鍾繇兼擅草隸）文傳天下口。大字猶在牓。昔獻書畫圖。新詩亦俱往。滄洲動玉陛。寡鶴誤一響。（滄洲二句美其畫）三絕自御題。四方尤所仰。嗜酒益疏放。彈琴視天壤。形骸實土木。親近惟几杖。未曾寄官曹。突兀倚書幌。晚就芸香閣。胡塵昏坱莽。反覆歸聖朝。點染無滌盪。老蒙台州掾。泛泛浙江槳。履穿四明雪。饑拾楢溪橡。空聞紫芝歌。不見杏壇丈。天長眺東南。秋色餘魍魎。別離慘至今。斑白徒懷曩。春深秦山秀。葉墜淸渭朗。劇談王侯門。野稅林下鞅。操紙終夕酣。時物集遐想。詞場竟疏闊。平昔濫吹獎。百年見存歿。牢落吾安放。蕭條阮咸在。出處同世網。他日訪江樓。含悽述飄蕩。

子美五言之本領。尤在自述諸作。縱橫跌蕩。雄奇俊拔。如贈韋見素。赴奉先詠懷。北征諸篇。皆是古今絕作也。讀之可盡五言之變。而子美之素抱。亦於此見之。

奉贈韋左丞丈二十二韻（范温以爲韋見素。趙傁以爲韋濟。今從范說）

紈袴不餓死。儒冠多誤身。丈人試靜聽。賤子請具陳。甫昔少年日。早充觀國賓。（公遊吳越。歸赴鄉舉。時方二十三歲）讀書破萬卷。下筆如有神。賦料揚雄敵。詩看子建親。李邕求識面。（甫少貧不自振。客齊趙間。李邕奇其才。先往見之）王翰願卜鄰。（王翰并州晉陽人。及進士第。張說輔政。召爲祕書正字。終道州司馬）自謂頗挺出。立登要路津。致君堯舜上。再使風俗淳。此意竟蕭條。行歌非隱淪。騎驢三十載。旅食京華春。朝扣富兒門。暮隨肥馬塵。殘杯與冷炙。到處潛悲辛。主上頃見徵。欻（許勿切。忽也）然欲求伸。青冥卻垂翅。蹭蹬無縱鱗。（天寶六載。詔天下有一藝詣轂下。李林甫命尚書省試。皆下之。公應詔退下）甚愧丈人厚。甚知丈人眞。每於百僚上。猥誦佳句新。竊效貢公喜。難甘原憲貧。焉能心怏怏。祇是走踆踆。（踆踆走貌。二句乃心口問答進退徘徊之狀）今欲東入海。卽將西去秦。尙憐終南山。回首清渭濱。常擬報一飯。況懷辭大臣。白鷗沒浩蕩。萬里誰能馴。

范元實詩眼曰。黃魯直謂文章必謹布置。以此槩考古人法度。如杜子美贈韋見素詩云。紈袴不餓死。儒冠多誤身。此一篇立意也。故使人靜聽而具陳之耳。自甫昔年少日。至再使風俗淳。皆言儒冠事業也自此意竟蕭條。至蹭蹬無縱鱗。言誤身事也。則意舉而文備。故已有是詩矣。然必言其所以見韋者於是有厚愧眞知之句所以眞知者。謂傳誦其詩也然宰相職在薦賢。不當徒愛人而已。士固不能無望。故曰竊效貢公喜。難甘原憲貧果不能薦賢則去之可也。故曰焉能心怏怏。祇是走踆踆。又將入海而去秦也。然其去也。必有遲遲不忍之意。故曰尙憐終南山。回首淸渭濱。則所知不可以不別。故曰常擬報一飯況懷辭大臣夫如此是可以相忘於江湖之外雖見素亦不得而見矣。故曰白鷗沒浩蕩萬里誰能馴也。此詩布置最得正體如官府甲第廳堂房屋各有定處。不可亂也。又云詩有一篇命意有句中命意。如老杜上韋見素詩布置如此。是一篇命意也。至其道遲遲不忍去之意。則曰尙憐終南山。回首淸渭濱。其道欲與見素別則曰常擬報一飯。況懷辭大臣此句中命意也。蓋如此然後可以頓挫高雅矣。

自京赴奉先縣詠懷五百字公赴奉先玄宗時正在華淸宮故詩中言驪山事特詳

杜陵有布衣。老大意轉拙。許身一何愚。竊比稷與契。居然成濩落。白首甘契音挈闊。契闊勤苦也蓋棺事則已。此志常覬豁。窮年憂黎元。歎息腸內熱。取笑同學翁。浩歌彌激烈。非無江海志。蕭灑送日月。生逢堯舜君。不忍便永訣。當今廊廟具。構廈豈云缺。葵藿傾太陽。物性固莫奪。顧惟螻蟻輩。但自求其穴。指瑣瑣事干謁者猶解非胡爲慕大鯨。輒擬偃溟渤。以茲誤生理。獨恥事干謁。兀兀遂至今。忍甘也爲塵埃沒。因不求穴故不干謁遂至塵沒也終愧巢與由。未能易其節。言不能起而隱去沈飲聊自遣。放歌破一作頗愁絕。歲暮百草零。疾風高岡裂。公赴奉先在十一月初天衢陰崢嶸。客子中夜發。霜嚴衣帶斷。指直不得結。淩晨過驪山。御榻在嵽嵲。徒結切蚩尤塞寒空。蹴踏崖谷滑。二句言衞士之苦瑤池氣鬱律。羽林相摩戛。君臣留懽娛。樂動殷音隱膠葛。賜浴皆長纓。明皇雜錄上嘗於華清宮中置長湯數十賜從臣浴與宴非短褐。彤庭所分帛。本自寒女出。鞭撻其夫家。聚斂貢城闕。聖人筐篚恩。實欲邦國活。臣如忽至理。君豈棄此物。在位者如其佚豫不恤國事則厚賜爲虛擲矣此責臣以諷君多士盈朝廷。仁者宜戰慄。況聞內金盤。盡在衞霍室。衞霍皆漢內戚以比國忠中堂有神仙。指貴妃及諸姨煙霧蒙玉質。煖客貂鼠裘。悲管逐清瑟。勸客駝蹄羹。霜橙壓香橘。朱門酒肉臭。路有凍死骨。榮枯咫尺異。惆悵難再述。北轅就涇渭。官渡又改轍。過驪山向北往奉先羣水從西下。極目高崒兀。疑是崆峒來。恐觸天柱折。河梁幸未坼。言未爲水所毁枝撐聲窸窣。窸窣聲不安也行李相攀援。川廣不可越。老妻寄異縣。指奉先十口隔風雪。誰能久不顧。庶往共饑渴。入門聞號咷。幼子已餓卒。浦云卒字複下當作殁吾寧捨一哀。里巷亦嗚咽。所愧爲人父。無食致夭折。音哲豈知秋禾登。貧窶有倉卒。音猝生常免租稅。名不隸征伐。撫跡猶酸辛。平人固騷屑。默思失業徒。租稅失業卽指前出帛者言因念遠戍卒。憂端齊終南。澒洞不可掇。

庚溪詩說曰。觀赴奉先詠懷五百言。乃聲律中老杜心迹論一篇也。自杜陵有布衣。老大意
轉拙。許身一何愚。竊比稷與契。其心術祈嚮。自是稷契等人。窮年憂黎元。歎息腸內熱。與飢
渴由己者何異。然常爲不知者何病。故曰取笑同學翁。世不我知。而所守不變。故曰浩歌彌
激烈。又曰非無江海志。瀟灑送日月。當今廊廟具。構廈豈云缺。葵藿傾太陽。物性固莫奪。言
非不知隱遁爲高也。亦非以其國人也。特廢義亂倫。有所不可以茲悞生理。獨恥事干謁。言
志大術踈。未始阿附以借勢也。爲下士所笑。而浩歌自若。皇皇慕君。而雅志棲遁。既不合時。
而又不爲低屈。皆設疑互答。屢致意焉。非巨刃有餘。孰能之乎。中間鋪敍間關艱辛。宜不勝
其戚戚。而默思失業途。因念遠戍卒。所謂憂在天下。而不爲小己失得也。禹稷顏子不害同
道。少陵之迹江湖。而心稷契。豈爲過哉。孟子曰。窮則獨善其身。達則兼善天下。其窮也未嘗
無志於國與民。其達也未嘗不抗其易退之節。蚤謀先定。出處一致矣。是詩先後周復。正合
乎此。故余特目此詩爲心迹論也。張上若曰。文之至者。但見精神。不見語言。此五百字眞懇
切至。淋漓沈痛。俱是精神。何處見有語言。豈有唐諸家所能及。李安溪以此篇金聲玉振。爲
杜集壓卷。

北征（至德二年子美自賊中竄歸鳳翔謁肅宗授左拾遺時家在鄜州八月徒步至三川迎妻子故作是詩）

皇帝二載秋。閏八月初吉。杜子將北征。蒼茫問家室。維時遭艱虞。朝野少暇日。顧慙恩私被。詔許歸蓬蓽。拜辭詣闕下。怵惕久未出。雖乏諫諍姿。恐君有遺失。君誠中興主。經緯固密勿。東胡反未已。（謂安慶緒）臣甫憤所切。揮涕戀行在。道途猶恍惚。乾坤含瘡痍。憂虞何時畢。靡靡踰阡陌。人烟眇蕭瑟。所遇多被傷。呻吟更流血。回首鳳翔縣。旌旗晚明滅。前登寒山重。屢得飲馬窟。邠郊入地底。（入地底正顯四面之高）涇水中蕩潏。猛虎立我前。蒼崖吼時裂。菊垂今秋花。石戴古車轍。青雲動高興。幽事亦可悅。山果多瑣細。羅生雜橡栗。（橡櫟實也似栗而小）或紅如丹砂。或黑如點漆。雨露之所濡。甘苦齊結實。緬思桃源內。益歎身世拙。坡陀望鄜時。巖谷互出沒。我行已水濱。我僕猶木末。鴟鳥鳴黃桑。野鼠拱亂穴。夜深經戰場。寒月照白骨。潼關百萬師。往者散（一作敗）何卒。（哥舒翰傳翰率兵出關次靈寶縣之西原爲賊所乘自相踐蹋墜黃河死者數萬人）遂令半秦民。殘害爲異物。況我墮胡塵。及歸盡華（音花）髮。經年至茅屋。妻子衣百結。慟哭松聲迴。悲泉共幽（一作鳴）咽。平生所嬌兒。顏色白勝雪。見耶背面啼。垢膩脚不襪。牀前兩小女。補綻才過膝。海圖拆波濤。舊繡移曲折。天吳及紫鳳。顛倒在裋褐。老夫情懷惡。數日臥嘔泄。那無囊中帛。救汝寒凜慄。粉黛亦解包。衾裯稍羅列。瘦妻面復光。癡女頭自櫛。學母無不爲。曉妝隨手抹。

移時施朱鉛。狼籍畫眉闊。生還對童稚。似欲忘饑渴。問事競挽鬚。誰能卽嗔喝。翻思在賊愁。甘受雜亂聒。新歸且慰意。生理焉得說。至尊尙蒙塵。幾日休練卒。仰觀天色改。坐覺妖氛豁。陰風西北來。慘澹隨回紇。其王願助順。其俗善馳突。送兵五千人。驅馬一萬匹。此輩少爲貴。四方服勇決。所用皆鷹騰。破敵過箭疾。聖心頗虛佇。時議氣欲奪。伊洛指掌收。（指東京）西京不足拔。官軍請深入。蓄銳可（一作同）俱發。此舉開青徐。（二州更在伊洛東）旋瞻略恆碣。昊天積霜露。正氣有肅殺。禍轉亡胡歲。勢成擒胡月。胡命其能久。皇綱未宜絕。憶昨狼狽初。事與古先別。姦臣竟葅醢。同惡隨蕩析。不聞夏殷（胡仔云當作殷周）衰。中自誅褒妲。（褒姒妲己比貴妃）周漢獲再興。宣光果明哲。桓桓陳將軍。仗鉞奮忠烈。微爾人盡非。於今國猶活。淒涼大同殿。寂寞白獸闥。都人望翠華。佳氣向金闕。園林固有神。灑掃數不缺。（言收京之後掃灑園陵禮數可以不缺）煌煌太宗業。樹立甚宏達。

蘇子瞻謂北征詩忠義之氣。與秋風爭高。黃魯直曰。此書一代之事。與國風雅頌相爲表裏也。按赴奉先詠懷及北征二篇。實見子美平生大本領。所謂巨刃摩天。乾坤雷硠者。惟此種足以當之。蓋前人五古。多以質厚淸遠勝。少陵出而沈鬱頓挫。每多大篇。遂爲詩道中另闢一門徑。無一語蹈襲漢魏。正深得漢魏之神理者也。自贈韋見素及詠懷北征。並自述志事。

此外尙有壯游一章。敍平生所歷尤詳。然壯游是晚年之作。奇采略遜。故不復著焉。

(乙)七言古體

王漁洋謂七言古詩。惟杜甫橫絕古今。同時大匠。無敢抗行。蓋子美之作。出入風雅。兼該齊梁。其波瀾開合。則用初唐之體勢。而行以縱橫沈鬱之氣。雖有時險怪峻絕。仍從容於法度之中。氣槩筆力。眞已盡七古之變矣。故子美七古中。富有衆體。開後來詩人諸派。今約而論之。如兵車行等篇。則最近古樂府者也。

兵車行 玄宗季年窮兵吐蕃征戍繹騷內郡幾遍詩故託爲從征者自愬之辭

車轔轔。馬蕭蕭。行人弓箭各在腰。耶孃妻子走相送。塵埃不見咸陽橋。牽衣頓足攔道哭。哭聲直上干雲霄。道旁過者問行人。行人但云點行頻。或從十五北防河。便至四十西營田。去時里正與裹頭。歸來頭白還戍邊。邊庭流血成海水。武皇開邊意未已。君不聞漢家山東二百州。千村萬落生荊杞。縱有健婦把鋤犁。禾生隴畝無東西。此概天下言況復秦兵耐苦戰。被驅不異犬與雞。此指今點行者長者雖有問。役夫敢伸恨。且如今年冬。未休關西卒。縣官急索租。租稅從何出。名隸征伐則生當免其租稅矣今以遠戍之身復督其家之輸賦豈可得哉此承上更進一層語亦與上村落荊杞相應信知生男惡。反是生女好。生女猶得嫁比鄰。生男埋沒隨百草。君不見靑海頭。古來白骨無人收。

新鬼煩冤舊鬼哭。天陰雨溼聲啾啾。

蔡寬夫曰。齊梁以來。文士喜爲樂府詞。往往失其命題本意。惟老杜兵車行悲靑坂無家別等篇。皆因時事自出己意立題。略不更蹈前人陳跡。眞豪傑也。胡元瑞以兵車行與新婚別並稱。謂其述情陳事。懇惻如見。邵子湘則以兵車行是唐詩史。亦古樂府也。然子美固亦有時效齊梁樂府者。如白絲行等篇。實上擬叔庠。而下開方城。子美集中眞不拘一體也。

白絲行（即墨子悲素絲之意。歎士人媚時徒失其身。終歸棄置。故有志者寧守貧賤也）

繅絲須長不須白。（首句乃有激之詞。喩奔競之徒但希榮進。不須名節也）越羅蜀錦金粟尺。象牀玉手亂殷紅。萬草千花動凝碧。已悲素質隨時染。裂下鳴機色相射。（食亦切）美人細意熨貼平。裁縫滅盡針線跡。春天衣著（陟略切）爲君舞。蛺蝶飛來黃鸝語。落絮游絲亦有情。隨風照日宜輕舉。香汗清塵汙顏色。開新合故置何許。君不見才士汲引難。恐懼棄捐忍羇旅。

子美七古亦有自初唐四家體格變化而來。如洗兵馬古柏行之類。多用偶句。對仗工整。然其氣骨沈雄。識議俊偉。則自子美本色。此眞能學初唐而又異於初唐者也。唐仲言曰。洗兵馬一篇。有典有則。雄渾闊大。足稱唐雅。至古柏行。則因弔武侯。兼感士不遇之意。以其體勢相近。比錄之。

洗兵馬（原注收京後作按時慶緒圍困官軍勢張公在東都作此詩以鼓其氣多欣喜願望之語當在相州未潰時作）

中興諸將收山東。（山東河北也）捷書夜報清晝同。河廣傳聞一葦過。胡危命在破竹中。祇殘鄴城不日得。獨任朔方無限功。（是時命九節度討安慶緒又以魚朝恩爲觀軍容使雖圍相州而兵柄不一此曰獨任朔方無限功蓋舉前事以諷之欲其專任子儀也）京師皆騎汗血馬。回紇餧肉蒲萄宮。（是年八月回紇遣驍騎三千助討安慶緒）已喜皇威清海岱。常思仙仗過崆峒。三年笛裏關山月。萬國兵前草木風。成王功大心轉小。（唐書廣平王俶進爵楚王徙封成王乾元元年四月立爲皇太子）郭相謀深古來少。（子儀時進中書令）司徒清鑒懸明鏡。（李光弼先加檢校司徒）尚書氣與秋天杳。（王思禮時遷兵部尚書）二三豪俊爲時出。整頓乾坤濟時了。東走無復憶鱸魚。南飛覺有安巢鳥。青春復隨冠冕入。紫禁正耐煙花繞。鶴駕通宵鳳輦備。雞鳴問寢龍樓曉。攀龍附鳳勢莫當。天下盡化爲侯王。汝等豈知蒙帝力。時來不得誇身強。（二句即介之推貪天功以爲己力意）關中既留蕭丞相。（蕭丞相謂房琯自蜀奉冊留相肅宗一說蔡夢弼謂指杜鴻漸）幕下復用張子房。（謂張鎬也至德二載琯罷相以張鎬代）張公一生江海客。身長九尺鬚眉蒼。徵起適遇風雲會。扶顛始知籌策良。（舊唐書張鎬風儀魁岸廓落有大志自褐衣拜左拾遺元宗幸蜀徒步扈從元宗遣赴行在至鳳翔奏議多有宏益拜諫議大夫尋代房琯爲相）青袍白馬更何有。後漢今周喜再昌。（以漢光周宣比肅宗言能專用鎬則餘寇不足平而太平可坐致也）寸地尺天皆入貢。奇祥異瑞爭來送。不知何國致白環。復道諸山得銀甕。（瑞應圖王者宴不及醉刑罰中則銀甕出焉）隱士休歌紫芝曲。（當指李泌泌時歸衡山）詞人解撰清河頌。（鮑照作河淸頌田家望望惜雨乾。布穀處處催春種。淇上健兒歸莫懶。指圍鄴之兵也歸莫懶蓋速其成功城南思婦愁多夢。城南謂長安城南安得壯士挽天河。淨洗甲兵長不用。

古柏行

孔明廟前有古柏。柯如青銅根如石。霜皮溜雨四十圍。黛色參天二千尺。君臣已與時際會。樹木猶爲人愛惜。雲來氣接巫峽長。月出寒通雪山白。憶昨路繞錦亭東。先主武侯同閟宮。崔嵬枝幹郊原古。窈窕丹青戶牖空。落落盤踞雖得地。冥冥孤高多烈風。扶持自是神明力。正直元因造化功。大厦如傾要梁棟。萬牛回首丘山重。不露文章世已驚。未辭翦伐誰能送。苦心豈免容螻蟻。香葉終經宿鸞鳳。志士幽人莫怨嗟。古來才大難爲用。

子美多感諷時事之言。玄宗幸於楊氏姊妹兄弟。淫侈專國。以致祿山之亂。子美每於詩中致其意。而麗人行哀江頭等篇。尤微婉悱惻。深得詩人怨而不怒之旨。至於詞調淸麗。節奏雍容。實會梁陳之神。致奪初唐之骨。格後來元白詠事。深切朗潤。大抵皆出於此。

麗人行刺貴妃姊妹而作

三月三日天氣新。長安水邊多麗人。此刺諸楊遊宴曲江也態濃意遠淑且眞。淑眞婦人美德公反言以刺之也肌理細膩骨肉勻。繡羅衣裳照暮春。蹙金孔雀銀麒麟。頭上何所有。翠爲㔩音罨烏合切葉垂鬢

脣。劉綵婦人頭花髻飾 背後何所見。珠壓腰衱穩稱身。爾雅衱謂之裾注衣後裾也蓋衣裾以珠綴之 就中雲幕椒房親賜

名大國虢與秦。唐書太眞姊三人皆有才貌並封國夫人長姨韓國三姨虢國八姨秦國同日拜命 紫駝之峯出翠釜。水精之盤行素鱗。犀筯厭飫久未下。鸞刀縷切空紛綸。黃門飛鞚不動塵。謂閹人在內給事者 御廚絡繹送八珍。簫鼓一作管 哀吟感鬼神。賓從雜遝實要津。後來鞍馬何逡巡。當軒下馬入錦茵。楊花雪落覆白蘋。樂府楊白花歌曰楊花飄蕩落南家又曰願銜楊花入窠裏此胡太后淫辭用之亦以託諷楊氏也 青鳥飛去銜紅巾。炙手可熱勢絕倫。愼莫近前丞相嗔。

哀江頭 此公在賊中時覩江水江花哀思而作因帝與貴妃常遊幸曲江故以哀江頭爲名

少陵野老吞聲哭。春日潛行曲江曲。江頭宮殿鎖千門。細柳新蒲爲誰綠。言無主也 憶昔霓旌下南苑。苑中萬物生顏色。昭陽殿裏第一人。指貴妃也 同輦隨君侍君側。輦前才人帶弓箭。白馬嚼齧黃金勒。翻身向天仰射雲。一作 一笑一作箭 正墜一作墮 雙飛翼。明眸皓齒今何在。血汙遊魂歸不得。清渭東流劍閣深。去住彼此無消息。清渭貴妃縊處劍閣明皇入蜀所經彼此無消息即長恨歌所謂一別音容兩渺茫也 人生有情淚霑臆。江水一作草 江花豈終極。黃昏胡騎塵滿城。欲往城南向城北。一作忘南北 舊注公家居城南往城南乃向城北亦不能記南北之意

蘇子由謂哀江頭詩詞氣如百金戰馬。注坡蓦澗。如覆平地也。張戒歲寒堂詩話。則謂江水

江花豈終極句。無窮之恨。寄于言外。其詞婉而雅。可謂得風人之旨。元白數十百言。竭力摹寫。不如子美一句也。

七古之體。至子美而備。如同谷歌等。並子美自創體。李廌師友記聞曰。太白遠別離蜀道難。與子美寓居同谷七歌。皆風騷極致。不在屈宋之下。朱晦庵則謂同谷作歌七章。豪宕奇崛。兼取九歌四愁十八拍諸調。而變化出之。遂成創體。

乾元中寓居同谷縣作歌七首

有客有客字子美。白頭亂（一作短）髮垂過耳。歲拾橡栗隨狙公。（莊子狙公賦芧芧即橡子狙公謂畜狙之人）天寒日暮山谷裏。中原無書歸不得。手脚凍皴（七倫切）皮肉死。（說文皴皮細起也）嗚呼一歌兮歌已哀。悲風為我從天來。（浦二田云七詩章法本極整密舊解每於第六首若贅疣然今按第一首係總攝諸章白頭肉死乃作客傷老本旨故應在末章其曰拾橡栗則二章之家計也天寒山谷則五章之流寓也中原無書則三章四章之弟妹也歸不得則六章之値亂也下各章一一承說條理井然結獨逗一哀字悲字以下諸歌不復言悲哀則而聲悲哀矣每章結句亦多貼定）

長鑱長鑱白木柄。我生託子以為命。黃獨（一作精）無苗山雪盛。（山谷別集黃獨狀如芋子蔡夢弼引別注歲飢土人掘以充糧根惟一顆而色黃故謂之黃獨）短衣數挽不掩脛。此時與子空歸來。男呻女吟四壁靜。（張溍曰既曰呻吟又曰靜言除呻吟外別無所有別無所聞也）嗚呼二歌兮歌始放。隣（一作閭）里為我色惆悵。

有弟有弟在遠方。三人各瘦何人強。公四弟曰潁曰觀曰豐曰占潁觀豐各在他郡惟占從入蜀後有舍弟占歸草堂詩生別展轉不相見。胡塵暗天道路長。前飛駕鵝後鶖鶬。安得送我置汝旁。二句特言道路阻絕欲假翼飛鳥耳鳥名不必泥嗚呼三歌兮歌三發。汝歸何處收兄骨。

有妹有妹在鍾離。良人早歿諸孤癡。公有元日寄韋氏妹詩時已嫠居矣長淮浪高蛟龍怒。十年不見來何時。扁舟欲往箭滿眼。杳杳南國多旌旗。嗚呼四歌兮歌四奏。林猿爲我啼清晝。猿多夜啼今啼清晝極言其悲也舊作竹林解穿鑿難信

四山多風溪水急。寒雨颯颯枯樹溼。黃蒿古城雲不開。白狐跳梁黃狐立。言無人也我生何爲在窮谷。中夜起坐萬感集。嗚呼五歌兮歌正長。魂招不來歸故鄉。言欲招魂同歸故鄉而驚魂欲散故招之不來也

南有龍兮在山湫。王道俊曰同谷萬丈潭有龍此借以起興古木巃嵷枝相樛。木葉黃落龍正蟄。蝮蛇東來水上游。我行怪此安敢出。拔劍欲斬且復休。嗚呼六歌兮歌思遲。溪壑爲我迴春姿。浦二田云此章慨世亂乃作客之由也不敢斥言在位故借南湫之龍爲比蓋龍蟄山湫主威不振也蝮蛇東來史孽寇偪也我安敢出所以遠避也欲斬且休力不能殄也舊注牽扯元肅父子固爲不倫卽泛咏龍湫亦屬無謂

男兒生不成名身已老。三年饑走荒山道。長安卿相多少年。富貴應須致身早。山中儒生

舊相識。時必有舊交寓同谷者 但話夙昔傷懷抱。嗚呼七歌兮悄終曲。仰視皇天白日速。

長短句亦七古之變。子美集中罕長短句。李東陽嘗稱其桃竹杖引爲長短句之有節者。懷麓堂詩話曰古律詩各有音節。然皆限於字數。求之不難。惟樂府長短句初無定數。最難調疊。然亦有自然之聲。古所謂聲依永者。謂有長短之節。非徒永也。故隨其長短。皆可以播之律呂。而太長太短之無節者。則不足以爲樂。若反復諷咏。久而自有所得。得之於心。而發之乎聲。則雖千變萬化。如珠之走盤。自不越乎法度之外矣。如李太白遠別離。杜子美桃竹杖。皆極其操縱。曷嘗按古人聲調。而和順委曲乃如此。固初學所未到。然學而未至於是。亦未可與言詩。

桃竹杖引贈章留後

江心蟠石生桃竹。蒼波噴浸尺度足。斬根削皮如紫玉。江妃水仙惜不得。梓潼使君開一束。滿堂賓客皆歎息。憐我老病贈兩莖。出入爪甲鏗有聲。言其堅勁 老夫復欲東南征。乘濤鼓枻白帝城。時有下峽之志 路幽必爲鬼神奪。拔劍或與蛟龍爭。重爲告曰。杖兮杖兮。爾之生也甚正直。愼勿見水踴躍學變化爲龍。使我不得爾之扶持。滅跡於君山江上之青峰。噫、風塵澒洞兮豺虎咬人。忽失雙杖兮吾將曷從。

子美七古。善於體物盡事。其敘述處變化不測。雖題畫亦每爲歌行長篇。感寓悲壯。如丹青引。曹將軍畫馬歌。筆力排奡如史記。皆世人所膾炙。其餘亦多馳驟生動。沈確士曰題畫詩自少陵開出異境。後人往往宗之。今錄劉少府山水障歌一篇。

奉先劉少府新畫山水障歌

堂上不合生楓樹。怪底江山起煙霧。聞君掃卻赤縣圖。劉爲奉先尉先寫其邑之山水爲圖 乘興遣畫滄洲趣。即指本畫障 畫師亦無數。好手不可遇。對此融心神。知君重毫素。豈但祁岳與鄭虔。筆跡遠過楊契丹。張彥遠名畫記隋楊契丹官至上儀同畫在閻立本下 得非元圃裂。毋乃瀟湘翻。悄然坐我天姥下。耳邊已是聞淸猿。反思前夜風雨急。乃是蒲城鬼神入。蒲城即奉先 元氣淋漓障猶溼。眞宰上訴天應泣。野亭春還雜花遠。漁翁暝踏孤舟立。滄浪水深靑且闊。欹岸側島秋毫末。不見湘妃鼓瑟時。至今斑竹臨江活。劉侯天機精。愛畫入骨髓。自有兩兒郎。揮灑亦莫比。大兒聰明到。能添老樹巓崖裏。小兒心孔開。貌音莫得山僧及童子。若耶溪。雲門寺。吾獨何爲在泥滓。靑鞋布襪從此始。

蘇子瞻解茅屋爲秋風所破歌。以爲古之封諸侯。分之以茅土。所謂茅屋者。制節之方州也。風號令也。所以鼓舞萬民。和四方之義也。天寶十四載。安祿山起漁陽之師。詭言奉詔誅楊國忠。是謂義兵。號令天下。詔河北郡縣。是謂茅屋破也。子瞻於句中各爲解釋。似近於附會。不知是否。子美眞意。然玩此詩以樸勝。實已開宋派也。（邵子湘說）

茅屋爲秋風所破歌

八月秋高風怒號。卷我屋上三重茅。茅飛渡江灑江郊。高者掛罥長林梢。下者飄轉沈塘坳。南村羣童欺我老無力。忍能對面爲盜賊。公然抱茅入竹去。脣焦口燥呼不得。歸來倚杖自歎息。俄傾風定雲墨色。秋天漠漠向昏黑。布衾多年冷似鐵。嬌兒惡臥（烏臥切）踏裏裂。牀牀（一作頭）屋漏無乾處。雨脚如麻未斷絕。自經喪亂少睡眠。長夜霑溼何由徹。安得廣廈千萬間。大庇天下寒士俱歡顏。風雨不動安如山。嗚呼。何時眼前突兀見此屋。吾廬獨破受凍死亦足。

蘇子瞻以三重茅。爲三郡。言是時方詔三郡。謂南村羣童欺我老無力。忍能對面爲盜賊者。南明也。村鄙也。童無知也。明明鄙野無知之輩。以我國家師老而莫能爲之敵。所以盜吾疆土。賊吾善良。風定喩號令無所施。雲黑喩法度不明。餘皆用史事比附。以明子美憂憤願治之情。蔡夢弼草堂詩箋全取之。今從畧焉。

子美始爲歌行。或效古樂府。或有取於梁陳初唐之體。後乃務自出奇創格。其馳騁騰躍激楚悲狀變化而不可測者。蓋往往見之矣。至晚年則又歸於平淡。雖神境自深。而不專以字句鬭奇。操縱取勢。黃山谷愛子美夔州以後諸作。意或慕此耶。茲錄子美夔州以後七言古體數首。

寄韓諫議注 韓諫議不可考。其人大似李泌。或曰此詩爲李泌隱衡山而作。

今我不樂思岳陽。身欲奮飛病在牀。美人娟娟隔秋水。濯足洞庭望八荒。鴻飛冥冥日月白。青楓葉赤天雨霜。玉京羣帝集北斗。或騎麒麟翳鳳皇。芙蓉旌旗烟霧落。影動倒景搖瀟湘。星宮之君醉瓊漿。羽人稀少不在旁。似聞昨者赤松子。恐是漢代韓張良。昔隨劉氏定長安。帷幄未改神慘傷。國家成敗吾豈敢。色難腥腐餐風香。周南留滯古所惜。南極老人應壽昌。美人胡爲隔秋水。焉得置之貢玉堂。

寄裴施州

廟廊之具裴施州。宿昔一逢無此流。金鐘大鏞在東序。冰壺玉衡懸清秋。自從相遇減多病。三歲爲客寬邊愁。堯有四岳明至理。漢二千石眞分憂。幾度寄書白鹽北。苦寒寄我青羔裘。霜雪迴光避錦袖。龍蛇動篋蟠銀鉤。紫衣使者辭復命。再拜故人謝佳政。將老已失子孫憂。後來況接才華盛。按前二首山谷七古多效之

觀公孫大娘弟子舞劍器行并序

大曆二年十月十九日。夔州別駕元持宅。見臨潁李十二娘舞劍器。壯其蔚跂。問其所師。曰余公孫大娘弟子也。開元三載。余尙童稚。記於郾城觀公孫氏舞劍器渾脫。瀏灕頓挫。獨出冠時。自高頭宜春梨園二伎坊內人洎外供奉。曉是舞者。聖神文武皇帝初。公孫一人而已。玉貌錦衣。況余白首。今玆弟子。亦匪盛顏。既辨其由來。知波瀾莫二。撫事慷慨。聊爲劍器行。昔吳人張旭善草書帖。數嘗於鄴縣見公孫大娘舞西河劍器。自此草書長進。豪蕩感激。卽公孫氏可知矣。

昔有佳人公孫氏。一舞劍器動四方。觀者如山色沮喪。天地爲之久低昂。㸌如羿射九日落。㸌戶沃反灼也 嬌如羣帝驂龍翔。來如雷霆收震怒。罷如江海凝清光。絳脣珠袖兩寂寞。晚有弟子傳芬芳。臨潁美人在白帝。妙舞此曲神揚揚。與余問答既有以。感時撫事增惋傷。先帝侍女八千人。公孫劍器初第一。五十年間似反掌。風塵澒洞昏王室。梨園弟子散如烟。女樂餘姿映寒日。金粟堆南木已拱。瞿唐石城草蕭瑟。玳筵急管曲復終。樂極哀來月東出。老夫不知其所往。足繭荒山轉愁疾。

第三章　杜甫之近體

王元美藝苑卮言曰。杜子美五七言律。廣大悉備。上自垂拱。下逮元和。宋人之蒼。元人之綺靡。不兼總。辟疆園杜詩註解序曰。畢忠吉曰。予觀唐三百年以二律並稱擅長者。獨子美一人。供奉長於五而短於七。然則子美近體。實獨步前後。有時藻贍精工。有時橫厲悲壯。備具衆體。故獨爲後世所宗也。

自沈休文尙聲律。梁陳之際。作者競考論聲病。高以華豔。唐太宗好宮體。上官之徒。製貴輕綺。四傑並興。沈宋嗣作。律體之變斯極。至於子美。兼蓄衆家之長。而詩律益精切深細。故子美於律詩。實卽前人之體。拓而大之。非盡變格見奇。此其所以爲妙也。范元實詩眼曰。世俗喜綺麗。知文者能輕之。後生好風花。老大卽厭之。然文章論當理不當理耳。苟當於理。則綺麗風花。同入於妙。苟不當理。則一切皆爲長語。上自齊梁諸公。下至劉夢得輩。往往以綺麗風花。累其正氣。其過在於理不勝而詞有餘也。子美云。綠垂風折筍。紅綻雨肥梅。岸花飛送客。檣燕語留人。亦極綺麗。其模寫景物。意自親切。所以妙絕古今。其言春容閑適。則有穿花蛺蝶深深見。點水蜻蜓欵欵飛。游絲落花白日盡。鳴鳩乳燕青春深。其言秋景悲壯。則有藍水遠從千澗落。玉山高並兩峯寒。無邊落木蕭蕭下。不盡長江滾滾來。其富貴之詞。則有香回合殿春風轉。花覆千官淑景移。麒麟不動爐煙轉。孔雀徐開扇影移。其弔古則有映階碧草自春色。隔葉黃鸝空好音。竹送淸溪月。苔移玉座春。然窮理盡性。移奪造化。自古詩人巧卽不莊。莊卽不巧。巧而能莊。如是也夫。

葉夢得詩話曰。詩語固忌用巧太過。然緣情體物。自有天然工巧。而不見其刻削之痕。老杜細雨魚兒出。微風燕子斜。此十字殆無一字虛設。細雨著水面爲漚。魚常上浮而淰。若大雨則伏而不出。燕體輕弱。風猛則不能勝。惟微風乃受以爲勢。故又有輕燕受風斜之句。至若穿花蛺蝶深深見。點水蜻蜓款款飛。深深字若無穿字。款款字若無點字。皆無以見其精微如此。然讀之渾然。全似未嘗用力。此所以不礙其氣格超勝。唐末諸子爲之。便當入魚躍練江抛玉尺。鶯梭絲柳織金梭體矣。

子美律詩下字最工。王介甫曰。老杜云。詩人覺來往。下得覺字大好。暝色赴春愁。下得赴字大好。若下見字起字。卽小兒言語。足見吟詩要一字兩字功夫也。黃常明詩話曰。杜甫有用一字凡數十處不易者。如緣江路熟俯靑郊。傲睨俯峭壁。展席俯長流。杖藜俯沙渚。此邦俯要衝。四顧俯層巓。旎頭俯澗瀍。層臺俯風渚。游目俯大江。江檻俯鴛鴦。其餘一字屢用若此類多。不可具述。上所擧不盡律詩　螢雪叢說曰。老杜詩詞。酷愛下受字。蓋自得之妙。不一而足。如修竹不受暑。輕燕受風斜。吹面受和風。野航恰受兩三人。誠用字之工也。然其所以大過人者無他。只是平易。雖曰似俗。其實眼前事耳。老妻畫紙爲碁局。稚子敲鍼作釣鉤。以老對稚。以其妻對其子。無如此之親切。又是閨門之事。宜與智者道。呂居仁曰。詩每句中須有一兩字響。響字乃妙指。如子美身輕一鳥過。雙燕受風斜。過字受字。皆一句響字也。

葛立方韻語陽秋曰。子美詩以後二句續前二句處甚多。如喜弟觀到詩曰。待爾嗔烏鵲。拋書示鶺鴒。枝間喜不去。原上急曾經。晴詩云。啼烏爭引子。鳴鶴不歸林。下食遭泥去。高飛恨久陰。江閣臥病詩云。滑憶彫菰飯。香聞錦帶羹。溜匙兼暖腹。誰欲致盃罂。寄張山人詩云。曹植休前輩。張芝更後身。數篇吟可老。一字買堪貧。如此之類多矣。此格起於謝靈運廬陵王墓下詩云。延州協心許。楚老惜蘭芳。解劍竟何及。撫墳徒自傷。李太白亦時有此格。毛遂不墮井。曾參寧殺人。虛言誤公子。投杼感慈親是也。

又曰。五言律詩。於對聯中十字作一意。詩家謂之十字格。如老杜放船詩云。直愁騎馬滑。故作泛舟迴。對雨詩云。不愁巴道路。恐溼漢旌旗。江月詩云。天邊長作客。老去一霑巾。

王彥輔塵史曰。子美善用故事及常語。多倒其句而用之。蓋如此則語峻而體健。如露從今夜白。月是故鄉明之類是也。

漁隱叢話曰。律詩有扇對格。第一與第三句對。第二與第四句對。如少陵哭台州鄭司戶蘇少監詩云。得罪台州去。時危棄碩儒。移官蓬閣後。穀貴沒潛夫。蘇子瞻和鬱孤臺詩曰。邂逅陪車馬。尋芳謝朓州。淒涼望鄉國。得句仲宣樓之類是也。

杜律中多以雙聲疊韻屬對。海寗周春著杜詩雙聲疊韻譜。王鳴盛以爲得未曾有。序之曰。夫所謂雙聲者同母之字也。疊韻則同韻字也。杜何將軍山林詩。卑枝低結子。接葉暗巢鶯。卑枝接葉。是疊韻矣。贈鮮于京兆詩。奮飛超等級。容易失沈淪。奮飛容易。是雙聲矣。至送鄭司戶虔云。蒼惶已就長途往。邂逅無端出餞遲。蒼惶爲疊韻。邂逅爲雙聲。則以二者作對矣。評注杜詩者。古今亡慮數十家。曾無先覺。蓋子美精於聲律。故詩中以雙聲疊韻作對者甚多也。

子美詩云。老去漸於詩律細。故子美晚年律對。益爲精切細熨。惟聲色不若先時之沈雄。故有好子美夔州以後詩者。亦有嫌其近弱。不及中年以來諸作者。茲略依時序。擇錄子美五七言律詩各如干章。可觀覽焉。

(甲)五言律詩

子美天寶間在東都及長安。所爲五言律詩未多也。而游何將軍山林十首。最閎壯警麗。且首尾相貫。恰如游記。王右仲以其中間或賦景。或寫情。經緯錯綜。奇正互用。不可方物。連章律詩。他人集中所少。子美爲之。每於章法嚴整中。寓其變化。游何將軍山林及秦州雜詩。皆可熟玩取法者也。

陪鄭廣文游何將軍山林十首

不識南塘路。今知第五橋。名園依綠水。野竹上青霄。谷口舊相得。濠梁同見招。平生爲幽興。未惜馬蹄遙。

百頃風潭上。千章夏木清。卑枝低結子。接葉暗巢鶯。鮮鯽銀絲鱠。香芹碧澗羹。翻疑柂樓底。晚飯越中行。（公年二十時嘗遊吳越見鱠羹而思越亦猶聞吳詠而思吳也）

萬里戎王子。（獨活一名戎王使者此花當是其類）何年別月支。異花開絕域。滋蔓匝清池。漢使徒空到。神農竟不知。（神農本草不載也不知謂）露翻兼雨打。開拆漸離披。（漸一作日）

旁舍連高竹。疏籬帶晚花。碾渦深沒馬。（碾渦碨磑間水渦漩也當指水磨）藤蔓曲藏蛇。詞賦工無益。山林迹未賒。（賒遠也時方在獻賦不遇之後）盡捻書籍賣。來問爾東家。

賸水滄江破。殘山碣石開。綠垂風折筍。紅綻雨肥梅。銀甲彈箏用。金魚換酒來。興移無灑掃。隨意坐莓苔。

風磴吹陰雪。雲門吼瀑泉。酒醒思臥簟。衣冷欲裝緜。野老來看客。河魚不取錢。只疑淳樸處。自有一山川。

棘（一作棟音色）樹寒雲色。茵蔯春藕香。（茵蔯蒿類經冬不死更因舊苗而生故云）脆添生菜美。陰益食單涼。野鶴清晨出。山精白日藏。石林蟠水府。百里獨蒼蒼。

憶過楊柳渚。走馬定昆池。（唐書安樂公主傳嘗請昆明池爲私沼不得乃自鑿定昆池定言可抗訂之也）醉把青荷葉。狂遺白接羅。（郞達切）船思郢客。解水乞吳兒。（解水識水性也郢客善操舟吳兒善泅水國本以水勝顯氏謂此遊有馬無舟故欲思而求之也）坐對秦山晚。江湖興頗隨。

牀上書連屋。階前樹拂雲。將軍不好武。稚子總能文。醒酒微風入。聽詩靜夜分。絺衣挂蘿薜。涼月白紛紛。

幽意忽不愜。歸期無奈何。出門流水住。回首白雲多。自笑燈前舞。誰憐醉後歌。祇應與朋好。風雨亦來過。

陳秋田云。十首已盡連章之法。而鍊字鍊句之法。亦盡。語語切時景。無一字落空。世以潦草湊才。架屋疊牀徒誇繁富耳。

秦州雜詩二十首（乾元中公客秦州作）

滿目悲生事。因人作遠遊。（時公以關輔大饑棄官西去）遲迴度隴怯。浩蕩及關愁。水落魚龍夜。山空鳥鼠秋。渭水出隴西首陽縣渭谷亭南鳥鼠山 西征問烽火。時吐蕃未靖 心折此淹留。

秦州城北寺。勝跡一作傳是隗囂宮。苔蘚山門古。丹青野殿空。月明垂葉露。雲逐度溪風。清渭無情極。愁時獨向東。渭水在秦州東流於長安嘆己之不得趨朝也

州圖領同谷。驛道出流沙。降虜兼千帳。居人有萬家。馬驕朱汗落。胡舞白題斜。薛夢符曰題者額也其俗以白塗堊其額因名舞則首偏故曰白題斜 年少臨洮子。西來亦自誇。

鼓角緣邊郡。川原欲夜時。秋聽殷上聲地發。風散入雲悲。上句見聲之深入此句見聲之高舉 抱葉寒蟬靜。歸山獨鳥遲。萬方同一槩。吾道竟何之。言本因避亂而來到此仍無寧字亦更有何地可託足耶

南使宜天馬。由來萬匹强。浮雲連陣沒。秋草徧山長。聞說眞龍種。仍殘老驌驦。哀鳴思戰鬭。迥立向蒼蒼。

城上胡笳奏。山邊漢節歸。指徵兵之使 防河赴滄海。奉詔發金微。唐地理志羈縻州有金微都督府隸安北都護府時發金微之卒防禦河北途經秦州故賦其所見 士苦形骸黑。林疏鳥獸稀。那堪往來戍。恨解鄴城圍。末句點明徵兵之由圍不曰潰而曰解諱之也。

莽莽萬重山。孤城山谷間。無風雲出塞。不夜月臨關。山多故無風而雲常出塞城迥故不夜而月先臨關 屬國歸何晚。樓蘭斬未還。烟塵一獨一作長望。衰颯正摧顏。

聞導尋源使。從天此路回。牽牛去幾許。宛馬至今來。一望幽燕隔。何時郡國開。（時河北幽薊諸州皆陷史思明）東征健兒盡。羌笛暮吹哀。（趙汸曰因秦州爲西域驛道歎漢以一使窺河源且通大宛如此其易而今以天下之力不能定幽燕至使壯士殲盡一何難耶是可哀也）

今日明人眼。臨池好驛亭。叢篁低地碧。高柳半天青。稠疊多幽事。喧呼閱使星。老夫如有此。不異在郊坰。（此間直可作幽人別墅其奈何爲倥傯之區何反看亦好）

雲氣接崑崙。涔涔塞雨繁。羌童看渭水。（看者測其淺深有窺覦秦州意）使節向河源。烟火軍中幕。牛羊嶺上村。（二句言其地軍民雜處）所居秋草靜。正閉小蓬門。

蕭蕭古塞冷。漠漠秋雲低。黃鵠翅垂雨。蒼鷹饑啄泥。薊門誰自北。（指思明）漢將獨征西。（指吐蕃）不意書生耳。臨衰厭鼓鼙。

山頭南郭寺。水號北流泉。老樹空庭得。清渠一邑傳。（謂傳注於一邑也）秋花危石底。晚景臥鐘邊。俛仰悲身世。溪風爲颯然。

傳道東柯谷。深藏數十家。對門藤蓋瓦。映竹水穿沙。瘦地翻宜粟。陽坡可種瓜。（陽坡坡之向日者）船人近相報。但恐失桃花。

萬古仇池穴。潛通小有天。（仇池有九十九泉萬山環之可以避世如桃源）神魚今不見。（世傳仇池穴出神魚食之者仙）福地語眞傳。近接西南境。長懷十九泉。按舊志仇池上有田百頃泉九十九眼此云十九泉豈舉其最勝者耶 何當一作時一茅屋。送老白雲邊。

未暇泛滄海。悠悠兵馬間。塞門風落木。客舍雨連山。阮籍行多興。龐公隱不還。東柯遂疏懶。休鑷鬢毛斑。謂無心出仕也

東柯好崖谷。不與衆峯羣。落日邀雙鳥。晴天卷一作養片雲。野人矜險絕。水竹會平分。採藥吾將老。兒童未遣聞。

邊秋陰易夕。不復辨晨光。簷雨亂淋幔。山雲低度牆。鸕鷀窺淺井。蚯蚓上深堂。車馬何蕭索。門前百草長。

地僻秋將盡。山高客未歸。塞雲多斷續。邊日少光輝。警急烽常報。傳聞檄屢飛。西戎外甥國。何得迕天威。

鳳林戈未息。鳳林山名 魚海路常難。魚海地在河州之西屬吐蕃境 候火雲峯一作烽峻。言烽火多在山上 懸軍幕井乾。二句指官軍深入 風連西極動。月過北庭寒。唐書北庭大都護府屬隴右道 故老思飛將。何時議築壇。

唐堯眞自聖。野老復何知。曬藥能無婦。應門亦一作幸有兒。言欲攜家而來二句見心口相商意 藏書聞禹穴。讀記憶仇池。爲報鴛行舊。鷦鷯在一作寄一枝。

張上若曰。是詩二十首首章敍來秦之由。其餘皆至秦所見所聞也。或游覽。或感懷。或卽事間有帶慨河北處。亦由本地觸發。大約在西言西。反復於吐蕃之驕橫。使節之絡繹。無能爲朝廷效一籌者。結以唐堯自聖。無須野人。惟有以家事付之婦與兒。此身訪道探奇。窮愁卒歲。寄語諸友。無復有立朝之望矣。公之志可知也。

子美入蜀後。及居夔州以來。多爲五言律。雖微物瑣事。輒見吟詠。緣情藻麗。時有名章。要不可勝載。雖錄居夔州時作秋野五首。

秋野五首

秋野日疏蕪。寒江動碧虛。繫舟蠻井絡。（一作路）卜宅楚村墟。棗熟從人打。葵荒欲自鋤。盤飧老夫食。分減及溪魚。

易識浮生理。難敎一物違。水深魚極樂。林茂鳥知歸。吾老甘貧病。榮華有是非。秋風吹几杖。不厭北山薇。

禮樂攻吾短。山林引興長。掉頭紗帽側。曝背竹書光。（竹書竹簡書也執書以曝日故云竹書光）風落收松子。天寒割蜜房。（密房蜂窠房也）稀疏小紅翠。駐屐近微香。

遠岸秋沙白。連山晚照紅。潛鱗輸駭浪。歸翼會高風。砧響家家發。樵聲箇箇同。飛霜任靑女。賜被隔南宮。
身許麒麟畫。年衰鴛鷺羣。大江秋易盛。空峽夜多聞。徑隱千重石。帆留一片雲。兒童解蠻語。不必作參軍。

子美五言律晚年較平近入理。集中多長律。投贈敍懷之作。選言述事。聲情蔚茂。變幻閎深。質而不至於陋。文而不嫌於靡。故長律亦惟子美獨步。後人往往效之。茲不復著焉。

(乙)七言律詩

子美在天寶間。七言律詩已自工麗。而後人所極稱者。尤在晚年之作。子美七律所以不可及者。亦在清新穠麗。纏綿悲壯。各備其體。後人沾丐不盡。集中七律甚多。茲僅列其早年作一二首。後則錄夔州已後諸作數首而已。

鄭駙馬宅宴洞中

主家陰洞細烟霧。留客夏簟青琅玕。春酒杯濃琥珀薄。冰漿椀碧瑪瑙寒。悞疑茅堂過江麓。已入風磴霾雲端。自是秦樓壓鄭谷。時聞雜佩聲珊珊。

贈田九判官梁邱 在哥舒翰幕

崆峒使節上青霄。河隴降王欵聖朝。宛馬總肥春苜蓿。將軍只數漢嫖姚。陳留阮瑀誰爭長。京兆田郎早見招。麾下賴君才並美。獨能無意向漁樵。

右二首並天寶中作。前一首拗體有蒼秀之致。後一首用事典切。風格高渾。律詩正法眼藏也。此後七律。時多懷慨雄俊之作。入蜀以來。尤愴惻沈鬱。懷麓堂詩話曰。文章如精金美玉。經百鍊歷萬選而後見。今觀昔人所選。雖互有得失。至其盡善盡美。則所謂鳳皇芝草。人人皆以爲瑞。閱數千百年。經千萬人而莫有異議焉。因舉子美七律如秋興、諸將、咏懷古跡等篇。皆終日誦之不厭者也。按此並居夔州之作。後來詩人。無不推美此諸首者。今錄之如下。

諸將五首

漢朝陵墓對南山。胡虜千秋尙入關。昨日玉魚蒙葬地。早時金盌出人間。見愁汗馬西戎逼。曾閃朱旗北斗殷。多少材官守涇渭。將軍且莫破愁顏。此以吐蕃侵逼責諸將也前四句追言祿山破潼關時玉魚金盌發掘往事以戒之也下遂言祿山之禍未已吐蕃又屢告警急曾不思朱旗閃斗軍容何盛而但任其深入內地涇渭戒嚴爾諸將獨不憂陵墓耶

韓公本意築三城。擬絕天驕拔漢旌。豈意盡煩回紇馬。翻然遠救朔方兵。胡來不覺潼關隘。龍起猶聞晉水清。獨使至尊憂社稷。諸君何以答昇平。此責諸將之借助於回紇也自回紇助順肅宗之復兩京雍王之討朝義皆用回紇兵力卒之恃功侵擾反合吐蕃入寇公故追感晉陽起義之盛而嘆諸將之不能爲天子分憂也

洛陽宮殿化爲烽。休道秦關百二重。滄海未全歸禹貢。薊門何處盡堯封。朝廷袞職雖多

預。天下軍儲不自供。稍喜臨邊王相國。肯銷金甲事春農。此責諸將坐視河北淪棄不修屯營之制而猶有取於王相國曰稍喜者亦不滿之辭

迴首扶桑銅柱標。冥冥氛祲未全銷。越裳翡翠無消息。南海明珠久寂寥。殊錫曾爲大司馬。總戎皆插侍中貂。炎風朔雪天王地。只在忠良翊聖朝。此因南荒不靖責諸將名位益崇不思銷氛祲以報聖朝也

錦江春色逐人來。巫峽清秋萬壑哀。正憶往時嚴僕射。共迎中使望鄉臺。主恩前後三持節。軍令分明數舉杯。西蜀地形天下險。安危須仗出羣材。此言蜀中將帥也時杜鴻漸帥蜀譏其姑息無威

秋興八首

玉露凋傷楓樹林。巫山巫峽氣蕭森。江間波浪兼天湧。塞上風雲接地陰。叢菊兩開他日淚。孤舟一繫故園心。寒衣處處催刀尺。白帝城高急暮砧。

夔府孤城落日斜。每依北斗望京華。聽猿實下三聲淚。奉使虛隨八月槎。畫省香爐違伏枕。山樓粉堞隱悲笳。請看石上藤蘿月。已映洲前蘆荻花。

千家山郭靜朝暉。日日江樓坐翠微。信宿漁人還泛泛。清秋燕子故飛飛。匡衡抗疏功名薄。劉向傳經心事違。同學少年多不賤。五陵衣馬自輕肥。

聞道長安似奕棊。百年世事不勝悲。王侯第宅皆新主。文武衣冠異昔時。直北關山金鼓

震。征西車馬羽書遲。魚龍寂寞秋江冷。故國平居有所思。(此歎長安之游經喪亂也金鼓羽書謂吐蕃頻年入寇前三章俱主夔州言此章以下皆及長安之事)

蓬萊宮闕對南山。承露金莖霄漢間。西望瑤池降王母。東來紫氣滿函關。雲移雉尾開宮殿。日繞龍鱗識聖顏。一臥滄江驚歲晚。幾回青瑣點朝班。(此憶獻三賦蓬萊宮之事王母指貴妃)

瞿唐峽口曲江頭。萬里風煙接素秋。花萼夾城通御氣。芙蓉小苑入邊愁。珠簾繡柱圍黃鵠。錦纜牙檣起白鷗。回首可憐歌舞地。秦中自古帝王州。(此歎曲江歌舞之盛不可復覩)

昆明池水漢時功。武帝旌旗在眼中。織女機絲虛夜月。石鯨鱗甲動秋風。波漂菰米沈雲黑。露冷蓮房墜粉紅。關塞極天惟鳥道。江湖滿地一漁翁。(此歎昆明荒涼)

昆吾御宿自逶迤。紫閣峯陰入渼陂。香稻啄餘鸚鵡粒。碧梧棲老鳳皇枝。佳人拾翠春相問。仙侶同舟晚更移。綵筆昔曾干氣象。白頭吟望苦低垂。(此記游渼陂之事仙侶同舟指岑參兄弟)

詠懷古跡五首

支離東北風塵際。漂泊西南天地間。三峽樓臺淹日月。五溪衣服共雲山。羯胡事主終無賴。詞客哀時且未還。庾信平生最蕭瑟。暮年詩賦動江關。

搖落深知宋玉悲。風流儒雅亦吾師。悵望千秋一灑淚。蕭條異代不同時。江山故宅空文藻。雲雨荒臺豈夢思。最是楚宮俱泯滅。舟人指點到今疑。

羣山萬壑赴荊門。生長明妃尚有村。一去紫臺連朔漠。獨留青塚向黃昏。畫圖省識春風面。環珮空歸月夜魂。千載琵琶作胡語。分明怨恨曲中論。

蜀主窺吳幸三峽。崩年亦在永安宮。翠華想像空山裏。玉殿虛無野寺中。古廟杉松巢水鶴。歲時伏臘走村翁。武侯祠屋常鄰近。一體君臣祭祀同。

諸葛大名垂宇宙。宗臣遺像肅清高。三分割據紆籌策。萬古雲霄一羽毛。伯仲之間見伊呂。指揮若定失蕭曹。運移漢祚終難復。志決身殲軍務勞。

子美於詩。各體皆善。而五七絕最遜。不若太白之五七絕。爲天授神詣也。屈紹隆以杜絕如窗含西嶺千秋雪。門泊東吳萬里船。本七律壯語。而以爲絕句。則斷錦裂繒類矣。蓋子美七絕惟江南逢李龜年云。正是江南好風景。落花時節又逢君。此大有風情耳。今附錄其論文數絕於此。

戲爲六絕句

庾信文章老更成。淩雲健筆意縱橫。今人嗤點流傳賦。不覺前賢畏後生。

王楊盧駱當時體。輕薄爲文哂未休。爾曹身與名俱滅。不廢江河萬古流。

縱使盧王操翰墨。劣於漢魏近風騷。龍文虎脊皆君馭。歷塊過都見爾曹。
才力應難跨數公。凡今誰是出羣雄。或看翡翠蘭苕上。未掣鯨魚碧海中。
不薄今人愛古人。清詞麗句必爲鄰。竊攀屈宋宜方駕。恐與齊梁作後塵。
未及前賢更勿疑。遞相祖述復先誰。別裁僞體親風雅。轉益多師是汝師。

錢牧齋曰。作詩以論文而題云戲爲六絕句。蓋寓言以自況也。韓退之詩。李杜文章在光焰萬丈長。不知羣兒愚。那用故謗傷。蚍蜉撼大樹。可笑不自量。然則當公之世。羣兒之謗傷亦不少矣。故借庾信四子以發其意。嗤點流傳。輕薄爲文。皆指並時之人也。一則曰爾曹。再則曰爾曹。正退之所謂羣兒也。盧王之文。劣於漢魏。而能江湖萬古者。以其近於風騷也。況其上薄風騷。而又不劣於漢魏者乎。凡今誰是出羣雄。公所以自命也。蘭苕翡翠。指當時研揣聲病。尋摘章句之徒。鯨魚碧海。則所謂渾涵汪洋。千彙萬狀。兼古人而有之者也。亦退之所謂橫空盤硬。妥貼排奡。垠崖崩豁。乾坤雷硠者也。論至於是。非李杜誰足以當之乎。不薄今人一章。自明作者之苦心也。齊梁以下。對屈宋言。皆今人也。於古人則愛之。於今人則不敢薄。清詞麗句。必與爲鄰。惟恐目長足短。自謂竊攀屈宋。而轉作齊梁之後塵也。則又正告之曰。今人之未及前賢。無怪其然。以其遞相祖述。沿流失源。而不知誰爲之先也。騷雅有眞騷雅。漢魏有眞漢魏。等而下之。至於齊梁唐初。莫不有眞面目焉。舍是則皆僞體也。能別裁僞體。則近於風雅矣。自風雅而下。至於庾信四子。孰非吾師。雖欲爲嗤點輕薄之流。其可得乎。故曰轉益多師是汝師。呼之曰汝。所謂爾曹也。哀其身與名俱滅。諄諄然呼而寤之也。題之曰戲。亦見通懷商榷。不欲自以爲是。後人之知此意者鮮矣。按虞山之論。可謂得間。惟引韓公謗傷之言。則昔人以爲是因元微之李杜優劣論而發。指謗傷太白。然當時子美固亦宜有人謗傷者。詩意本通說二家也。

第四章　杜甫與李白

李杜當時本自齊名。自元微之始爲李杜優劣論。優杜而劣李。韓退之爲詩斥之。以爲二公不可優劣。固足爲定論矣。然後人猶紛紛未已。或以李勝。或以杜勝。各持之有故。且謂李杜詩中卽已互有相輕之語。故欲知李杜優劣論之如何。宜先考二公之交際。而後及於衆說。庶可以知所辨矣。

李之譏杜。舊唐書信之。其於子美傳曰。天寶末詩人。甫與李白齊名。而白自負文格放達。譏甫齷齪。有飯顆山頭之嘲誚。此蓋出於孟棨本事詩。嘗紀太白戲杜云。飯顆山頭逢杜甫。頭戴笠子日卓午。借問別來太瘦生。總爲從前作詩苦。蓋譏其拘束也。酉陽雜俎亦云。衆言李白惟戲杜考功飯顆山頭之句。按此詩太白集不載。柯古所言。特據流俗傳聞。又子美未嘗爲考功。其誣可不攻而破。劉昫以之入史。謬也。洪容齋胡元任皆謂飯顆山頭之嘲。爲好事者所託。是李之譏杜。不足信也。

或云子美譏李者。以子美詩云。李侯有佳句。往往似陰鏗。又憶李白云。白也詩無敵。飄然思不羣。清新庾開府。俊逸鮑參軍。渭北春天樹。江東日暮雲。何時一樽酒。重與細論文。說者見子美以庾鮑陰鏗比太白。又有重與細論文之句。遂謂爲譏太白之詞。漁隱叢話。學林新編曰。或云杜甫李白同時。以詩名相軋。不能無毀譽。甫贈白詩云。李侯有佳句。往往似陰鏗。此句乃所以鄙白也。某按子美夔州咏懷寄鄭監李賓客詩曰。鄭李光時論。文章並我先。陰何尙清省。沈宋欻連翩。蓋謂陰鏗何遜沈佺期宋之問也。四人皆能詩文。爲時所稱者。而子美又以陰鏗居四人之首。則知贈太白之詩。非鄙之也。乃深美之也。陳書阮卓傳曰。武威陰鏗字子堅。五歲能誦詩。日賦千言。及長。博涉史傳。尤善五言詩。爲當時所重。以此觀之。則子美乃美太白善爲五言詩似陰鏗也。朱鶴齡杜詩註曰。公與太白之詩。皆學六朝。既以李侯佳句。比之陰鏗。又比庾鮑。蓋舉平生所最慕者以相方也。王荊公謂少陵於太白。僅比於庾鮑。陰鏗則又下矣。或遂以細論文譏其才疏。此眞瞽說。公詩云。頗學陰何苦用心。又云。庾信文章老更成。又云流傳江鮑體相顧免無兒。公之推服諸家甚至則其推服太白爲何如哉。荆公所云。必是俗子僞託耳。又子美蘇端薛復筵簡薛華醉歌曰坐中薛華能醉歌。歌辭自作風格老。近來海內爲長句汝與山東李白好。何劉沈謝力未工。才兼鮑照愁絕倒。計東曰長句謂七言歌行。太白所擅場者太白長句。其源出於鮑照。故言何劉沈謝但能五言。於七言則力有未工。必若鮑照七言樂府如行路難之類。方爲妙絕耳。公嘗以俊逸鮑參軍稱太白詩。正稱其長也。至於稱太白爲白也。輒呼其名。柳亭詩話以爲是忘年之交。不妨爾汝。非有他意。然則杜之輕李。又不足信也。

說者又謂子美贈太白詩甚多。而太白無一首贈子美者。漁隱叢話曰。藝苑雌黃云。洪駒父詩話。言子美集中贈太白詩最多。而李白初無一篇與杜者。按段成式酉陽雜俎云。李集有堯祠贈補闕者。卽老杜也。其詩云。我覺秋興逸。誰云秋氣悲。山將落日去。水與晴空宜。雲歸碧海少。雁度青天遲。相失各萬里。茫然空爾思。又不獨飯顆山頭之句也。予嘗考之太白集中。有沙邱城下寄杜甫云。我來竟何事。高臥沙邱城。城邊有古樹。日夕連秋聲。魯酒不可醉。齊歌空復情。思君若汶水。浩蕩寄南征。又有魯郡東石門送杜二甫云。醉別復幾日。登臨徧池臺。何時石門路。重有金樽開。秋波落泗水。海色明徂徠。飛蓬各自遠。且盡手中杯。洪駒父

略不見此何耶。按上所引太白寄子美詩神似陰鏗且有類庾鮑之句子美低徊太白見寄之章嘆其工力大近古人因以爲比耳

子美集中贈太白詩凡十餘篇。情誼最篤。滄浪詩話曰。少陵與太白獨厚於諸公詩中。凡言太白可十四處。至謂世人皆欲殺。吾意獨憐才。醉眠秋共被。攜手日同行。三夜頻夢君。情親見君意。其情好可想。遯齋閒覽謂二人名既相逼。不能無忌。是以庸俗之見而度賢哲之心。予故不得不辨。容齋四筆曰。李太白杜子美在布衣時。同游梁宋。爲詩酒會心之友。按太白識子美在入翰林放歸之後洪說未審以杜集考之。其稱太白及贈懷之篇甚多。如李侯金閨彥。脫身事幽討。南尋禹穴見李白。道甫問訊今何如。李白一斗詩百篇。自稱臣是酒中仙。近來海內爲長句。汝與山東李白好。昔者與高李。晚登單父臺。李侯有佳句。往往似陰鏗。憶與高李輩。論交入酒壚。白也詩無敵。飄然思不羣。昔年有狂客。號爾謫仙人。落月滿屋梁。猶疑照顏色。三夜頻夢君。情親見君意。秋來相顧尚飄蓬。未就丹砂愧葛洪。寂寞書齋裏。終朝獨爾思。涼風起天末。君子意如何。不見李生久。佯狂眞可哀。凡十四五篇。觀滄浪容齋所引子美贈太白詩。已可見二公相厚意。故不復著其全篇云。

李杜優劣之論。自元稹作子美墓志。其敘曰。余讀詩至杜子美。而知大小之有總萃焉。始堯舜時君臣以賡歌相和。是後詩繼作。歷夏殷周千餘年。仲尼緝拾選練。取其干預教化之尤

者三百篇。其餘無聞焉。騷人作而怨憤之態繁。然猶去風雅日近。尚相比擬。秦漢以還。採詩之官既廢。天下俗謠民謳歌頌諷賦曲度嬉戲之詞。亦隨時間作。至漢武帝賦柏梁詩。而七言之體興。蘇子卿李少卿之徒。尤工爲五言。雖句讀文律各異。雅鄭之音亦雜。而詞意簡遠。指事言情。自非有爲而爲。則文不妄作。建安之後。天下文士遭罹兵戰。曹氏父子鞍馬間爲文。往往橫槊賦詩。其遒壯抑揚冤哀悲離之作。尤極於古。晉時風概稍存。宋齊之間。教失根本。士子以簡慢歙習舒徐相尚。文章以風容色澤放蕩精清爲高。蓋吟寫性靈流連光景之文也。意義格力固無取焉。陵遲至於梁陳。淫豔刻飾佻巧小碎之詞劇。又宋齊之所不取也。唐興、學官大振。歷世之文能者互出。而又沈宋之流。研練精切。穩順聲勢。謂之爲律詩。由是而後文體之變極焉。然而莫不好古者遺近。務華者去實。效齊梁則不逮於魏晉。工樂府則力屈於五言。律切則骨格不存。閒暇則纖濃莫備。至於子美。蓋所謂上薄風雅。下該沈宋。言奪蘇李。氣吞曹劉。掩顏謝之孤高。雜徐庾之流麗。盡得古人之體勢。而兼今人之所獨專矣。使仲尼考鍛其旨要。尚不知貴其多乎哉。苟以爲能所不能。無可無不可。則詩人以來。未有如子美者。是時山東人李白。亦以奇文取稱。時人謂之李杜。余觀其壯浪縱恣。擺去拘束。模寫物象。及樂府歌詩。誠亦差肩於子美矣。至若鋪陳終始。排比聲韻。大或千言。次猶數百。辭氣豪邁。而風調清深。屬對律切。而脫棄凡近。則李尚不能歷其藩翰。況堂奧乎。（元遺山論詩絕句云排比鋪張特一途。藩籬如此亦區區。少陵自有連城璧。爭奈微之識碔砆。蓋元白長篇以排比屬對爲工。故尤稱此爲李所不能。遺山已譏之矣。）微之之論。既出。韓退之作詩以譏之。韓集調張籍曰。李杜文章在。光燄萬丈長。不知羣兒愚。那用故謗傷。蚍蜉撼大樹。可笑不自量。伊我生其後。舉頸遙相望。夜夢多見之。晝思反微茫。徒觀斧鑿痕。不矚治水航。想當施手時。巨刃磨天揚。垠崖劃崩豁。乾坤擺雷硠。惟此兩夫子。家居率荒涼。帝欲長吟哦。故遣起且僵。翦翎送籠中。使看百鳥翔。平生千萬篇。金薤垂琳瑯。仙官勅六丁。雷電下取將。流落人間者。泰山一毫芒。我願生兩翅。捕逐出八荒。精誠忽交通。百我入我腸。刺手拔鯨牙。舉瓢酌天漿。騰身跨汗漫。不著織女襄。顧語地上友。經營無太茫。乞君飛霞佩。與我高頡頏。漁隱叢話。隱居詩話云。元稹作李杜優劣論。先杜而後李。韓愈不以爲然。作詩云。李杜文章在。光燄萬丈長。不知羣兒愚。那用相謗傷。蚍蜉撼大樹。可笑不自量。爲微之發也。然退之以李杜並稱者。尙不止此。容齋四筆曰。新唐書杜甫傳贊曰。昌黎韓愈。於文章慎許可。至歌詩獨推曰。李杜文章在。光燄萬丈長。誠可信云。予讀韓詩。其稱李杜者數端。石鼓歌曰。少陵無人謫仙死。才薄將奈石鼓何。酬盧雲夫曰。高揖羣公謝名譽。遠追甫白感至誠。薦士曰。國朝盛文章。子昂始高蹈。勃興得李杜。萬類困凌暴。醉留東野曰。昔年因讀李白杜甫詩。長恨二人不相從。感春曰。近憐李杜無檢束。爛漫長醉多文辭。并唐書所引。蓄六用之。

夫李杜不當優劣有退之之詩。已可爲定論矣。而世俗之人。多是丹非素。劉子玄嘗謂文章有貌同心異者。有貌異心同者。太白之於子美。政是貌異心同之類。說者以其形跡求之。無怪乎抑揚出入。終不得決。今不可悉引。姑舉一二持平之論於後。庶可以考爾。

黃山谷曰。予評李白詩。如黃帝張樂於洞庭之野。無首無尾。不主故常。非墨工槧人所可議擬。吾友黃介讀李杜優劣論曰。論文正不當如此。余以爲知言。

嚴滄浪詩話曰。李杜二公。正不當優劣。太白有一二妙處。子美不能道。子美有一二妙處。太白不能作。又曰。子美不能爲太白之飄逸。太白不能爲子美之沈鬱。太白夢游天姥吟。遠別離等。子美不能道。子美北征兵車行垂老別等。太白不能作。論詩以李杜爲準。挾天子以令諸侯也。

朱子語類曰。作詩先看李杜。如士人治本經。本既立。方可看蘇黃以次諸家。

王元美藝苑卮言曰。李杜光燄千古。人人知之。滄浪並極推尊。而不能致辨。元微之獨重子美。宋人以爲談柄。近是楊用修爲李左袒。輕俊之士。往往耳傳。要其所得。俱影響之間。五言選體及七言歌行。太白以氣爲主。以自然爲宗。以俊逸高暢爲貴。子美以意爲主。以獨造爲宗。以奇拔沈雄爲貴。其歌行之妙。咏之使人飄飄欲仙者太白也。使人慷慨激烈歔欷欲絕者。子美也。選體太白多露語率語。子美多穉語累語。置之陶謝間。便覺傖父面目。乃欲使之奪曹氏父子位耶。五言律七言歌行。子美神矣。七言律聖矣。五七言絕。太白神矣。七言歌行聖矣。五言次之。太白之七言律。子美之七言絕。皆變體。間爲之可耳。不足多法也。又曰。太白不成語者少。老杜不成語者多。如無食無兒。一婦人舉家聞若顚及麻鞋見天子垢膩脚不襪之類。凡看二公詩。不必病其累句。亦不必曲爲之護。正使瑕瑜不掩。亦是大家。又曰。太白筆力變化。極於歌行。少陵筆力變化。極於近體。李變化在調與詞。杜變化在意與格。然歌行無常矱。易於錯綜。近體有定規。難於伸縮。詞調超逸。驟如駭耳。索之易窮。意格精深。始若無奇。繹之難盡。此其微不同者也。

胡元瑞詩藪曰。才超一代者李也。體兼一代者杜也。李若星懸日揭。照耀太虛。杜若地負海涵。包羅萬彙。李唯超出一代。故高華莫並。色相難求。杜唯兼綜一代。故利鈍雜陳。巨細咸蓄。又曰。李才高氣逸而調雄。杜體大思精而格渾。超出唐人而不離唐人者李也。不盡唐調而兼得唐調者杜也。又曰。備諸體於建安者陳王也。集大成於開元者工部也。靑蓮才之逸並駕陳王。氣之雄齊驅工部。可謂擅勝二家。第古風既乏溫醇。律體微乖整栗。故今評者不無軒輊。詩辨坻曰。工部老而或失於俚。趙宋藉爲帡幪。翰林逸而或流於滑。朔元拾爲香草。又曰。歌行李飄逸而失之輕率。杜沈雄而失之粗硬。選家辨其兩短。斯爲失之。

第五章　杜甫與並世詩人

唐當開元天寶之間。詩人輩出。號曰盛唐。而李杜爲稱首。餘人多與李杜往還相知。或卽聲氣未嘗相接。而其風格渾厚。類非大歷以下所及。子美與太白交誼最篤。已見前論。此外常與岑參高適諸人唱和。又亟稱孟浩然王摩詰。解悶詩云。曹劉不待薛郎中。指薛據。孟子論文更不疑。指孟雲卿。皮日休孟亭記云。明皇世章句之風。大得建安體。論者推李翰林杜工部爲尤。介其間能不愧者。惟吾鄉之孟先生也。此謂孟浩然。王漁洋評盛唐詩。以李杜爲二聖。王維爲一賢。王孟以外。當推高岑。餘如王昌齡、崔顥、儲光羲、常建、李頎、賈至、王之渙、綦毋潛等。並一時之選也。孟雲卿與元結篋中集諸人。又別爲一體。又賀知章、包融、張旭、劉眘虛號吳中四傑。而李嘉祐、皇甫曾、韋應物、劉長卿之流。亦嘗及開天之盛。盛唐詩人何其多乎。然高岑與子美尤厚。王摩詰、孟浩然、孟雲卿等。並子美所推。故今僅述數人詩體及其與子美交際贈答者如下。

王維字摩詰。河東人。與弟縉並有名。時議云。論詩則王維崔顥。論筆則王縉李邕。祖詠張說。不得與焉。維乾元中轉尙書右丞。晚年得宋之問藍田別墅。墅在輞川。水周於舍下。竹洲花塢。與裴迪浮舟往來。嘯詠終日。子美與維兄弟並善。亦嘗與裴迪贈答。集中奉贈王中允維曰。中允聲名久。如今契濶深。共傳收庾信。不得比陳琳。一病緣明主。三年獨此心。窮愁應有作。試誦白頭吟。又解悶曰。不見高人王右丞。藍田丘壑漫寒藤。最傳秀句寰區滿。未絕風流相國能。原注右丞弟今相國縉 解悶詩是在夔州。亦見晚年相憶之意矣。

孟浩然。襄陽人。早隱鹿門山。游京師。賦詩。爲張九齡王維所稱。終於處士。皮日休嘗稱浩然介於李杜間而不愧。又曰。北齊美蕭愨芙蓉露下落。楊柳月中疎。先生則有微雲淡河漢。疎雨滴梧桐。美王融日霽沙嶼明。風動甘泉燭。先生則有氣蒸雲夢澤。波撼岳陽城。謝朓之詩句精者。有露溼寒塘草。月映清淮流。先生則有荷風送香氣。竹露滴清聲。此與古人爭勝於毫釐間也。子美與孟公交際如何。今無可考。遺興詩云。吾憐孟浩然。短褐卽長夜。賦詩何必多。往往淩鮑謝。又解悶有云。復憶襄陽孟浩然。清詩句句盡堪傳。卽今耆舊無新語。漫釣槎頭縮項鯿。按孟集鳥泊隨陽雁。魚藏縮項鯿。又試垂竹竿釣。果得槎頭鯿。此或用其詩中語。

解悶十二首中所稱如薛據、孟雲卿、王維等。皆平生相契之人。其於浩然。寄慕亦深也。

杜集於並世詩人自李白以外。惟與高岑贈答最多。高適字達夫。渤海蓨人。官至劍南西川節度使。適喜功名。尙節義。年過五十。始學爲詩。以氣質自高。每吟一篇。已爲好事者傳誦。開寶以來詩人之達者。惟適而已。唐書子美本傳謂嘗從李白高適過汴州。酒酣登吹臺。慷慨懷古。人莫測也。故昔游詩曰。昔者與高李。原注高適李白晚登單父臺。寒蕪際碣石。萬里風雲來。又遣懷曰。憶與高李輩。論交入酒壚。兩公壯藻思。得我色敷腴。氣酣登吹臺。懷古視平蕪。卽紀其事也。茲略錄杜集寄達夫詩。可以考焉。

送高三十五書記十五韻 時達夫爲哥舒翰掌書記從翰入朝

崆峒小麥熟。且願休王師。請公問主帥。焉用窮荒爲。饑鷹未飽肉。側翅向人飛。高生跨鞍馬。有似幽幷兒。脫身簿尉中。始與捶楚辭。邵氏聞見錄曰唐參軍簿尉有罪加撻罰如今之胥吏或曰捶楚是捶有罪者非身受杖之謂借問今何官。觸熱向武威。答云一書記。所媿國士知。人實不易知。更須愼其儀。十年出幕府。自可持旌麾。此行旣特達。足以慰所思。男兒功名遂。亦在老大時。常恨結驩淺。各在天一涯。又如參與商。慘慘中腸悲。驚風吹鴻鵠。不得相追隨。黃塵翳沙漠。念子何當歸。邊城有餘力。早寄從軍詩。

寄高三十五書記

歎息高生老。新詩日又多。美名人不及。佳句法如何。主將收才子。崆峒足凱歌。聞君已朱紱。且得慰蹉跎。

因崔五侍御寄高彭州一絕時高剌彭州旋剌蜀州

百年已過半。秋至轉饑寒。爲問彭州牧。何時救急難。

奉簡高三十五使君

當代論才子。如公復幾人。驊騮開道路。鷹隼出風塵。行色秋將晚。交情老更親。天涯喜相見。披豁對吾眞。

酬高使君相贈

古寺僧牢落。空房客寓居。故人供祿米。鄰舍與園蔬。雙樹容聽法。三車肯載書。草玄吾豈敢。賦或似相如。

（附）贈杜二拾遺　　高適

傳道招提客。詩書自討論。佛香時入院。僧飯屢過門。聽法還應難。尋經賸欲翻。草玄今已畢。此後更何言。

奉寄高常侍（唐書高適傳爲西川節度亡松維等州以嚴武代還爲刑部侍郎左散騎常侍）

汶上相逢年頗多。飛騰無那故人何。總戎楚蜀應全未。方駕曹劉不啻過。今日朝廷須汲黯。中原將帥憶廉頗。天涯春色催遲暮。別淚遙添錦水波。（時高赴召而子美在成都故有末句）

追酬故高蜀州人日見寄 幷序

開文書帙中。檢所遺忘。因得故高常侍適。往居在成都時。高任蜀州刺史。人日相憶見寄詩。淚灑行間。讀終篇末。自枉詩已十餘年。莫記存沒。又六七年矣。老病懷舊。生意可知。今海內忘形故人。獨漢中王瑀。與昭州敬使君超先在。愛而不見。情見乎辭。大曆五年正月二十一日。却追酬高公此作。因寄王及敬弟。

自蒙蜀州人日作。不意淸詩久零落。今晨散帙眼忽開。迸淚幽吟事如昨。嗚呼壯士多慷慨。合沓高名動寥廓。歎我悽悽求友篇。感君鬱鬱匡時略。錦里春光空爛熳。瑤墀侍臣已冥寞。瀟湘水國傍黿鼉。鄠杜秋天失鵰鶚。東西南北更堪論。白首扁舟病獨存。遙拱北辰纏寇盜。欲傾東海洗乾坤。邊塞西羌最充斥。衣冠南渡多崩奔。鼓瑟至今悲帝子。曳裾何處覓王門。文章曹植波瀾濶。服食劉安德業尊。長笛誰能亂愁思。昭州詞翰與招魂。

（附）人日寄杜二拾遺　　高適

人日題詩寄草堂。遙憐故人思故鄉。柳條弄色不忍見。梅花滿枝空斷腸。身在南蕃無所預。心懷百憂復千慮。今年人日空相憶。明年人日知何處。一臥東山三十春。豈知書劍與風塵。龍鍾還忝二千石。愧爾東西南北人。

岑參南陽人。代宗時爲嘉州刺史。杜鴻漸鎭西川。表參爲從事。後終於蜀。參詩辭意清切。迥拔孤秀。多出佳境。每一篇出。人競傳寫。比之吳均何遜。子美爲左拾遺時。嘗與韋少游等薦參識度清遠。議論雅正。佳名蚤上。時輩所仰。其集中贈答之作如下。

九日寄岑參

出門復入門。兩脚但如舊。所令泥活活。思君令人瘦。沈吟坐西牕。飲食錯昏晝。寸步曲江頭。難爲一相就。吁嗟乎蒼生。稼穡不可救。安得誅雲師。疇能補天漏。大明韜日月。曠野號禽獸。君子强逶迤。小人困馳驟。維南有崇山。恐與川浸溜。是節東籬菊。紛披爲誰秀。采采黃金花。何由滿衣袖。

奉答岑參補闕見贈

窈窕清禁闥。罷朝歸不同。君隨丞相後。我往日華東。參爲補闕屬中書省公爲拾遺屬門下居左署 冉冉柳枝碧。娟娟花蕊紅。故人得佳句。獨贈白頭翁。

（附）寄左省杜拾遺　岑參

聯步趨丹陛。分曹限紫微。曉隨天仗入。暮惹御香歸。白髮悲花落。青雲羨鳥飛。聖朝無闕事。自覺諫書稀。

寄岑嘉州

不見故人十年餘。不道故人無素書。願逢顏色關塞遠。豈意出守江城居。外江三峽此相接。斗酒新詩終自疎。謝脁每篇堪諷誦。馮唐已老聽吹噓。泊船秋夜經春草。伏枕青楓限玉除。眼前所寄選何物。贈子雲安雙鯉魚。（時子美在雲安）

子美與高岑甚相契。乾元中在秦州有寄高岑二公長律一首。中有云海內知名士。雲端各異方。高岑殊緩步。沈鮑得同行。沈鮑謂沈約鮑照。以擬二子也。

孟雲卿河南人。或云武昌人。元結篋中集錄沈千運、王季友、于逖、孟雲卿、張彪、趙微明、七人之詩。以沈千運爲冠。而序之曰。近世作者。更相沿襲。拘限聲病。喜尙形似。且以流易爲辭。不知喪於雅正。然哉。彼則指逕時物。會諸絲竹。與歌兒舞女生汚惑之聲於私室可矣。若令方直之士。大雅君子。聽而誦之。則未見其可矣。吳興沈千運。獨挺於流俗之中。强攘於已溺之後。窮老不惑。五十餘年。凡所爲文。皆與時異。故朋友後生。稍見師效。能似類者。有五六人。然則雲卿爲詩。似效沈千運。觀次山所序。凡篋中集詩。並不屑爲當世綺麗之體。而有志雅聲。亦豪傑之士也。子美頗與篋中集諸人往還。嘗稱豐城客王季友。又有贈張十二山人彪詩。於雲卿推服尤至。故與李白猶有重與細論文之句。至雲卿則云孟子論文更不疑。其心許可知矣。集中有二詩。

酬孟雲卿

樂極傷頭白。更長愛燭紅。相逢難衮衮。告別莫匆匆。但恐天河沒。寧辭酒盞空。明朝牽世務。揮淚各西東。

解悶之一

李陵蘇武是吾師。孟子（原注校書孟雲卿）論文更不疑。一飯未曾留俗客。數篇今見古人詩。

觀元結篋中集序。其論詩一主雅正。則其自爲詩。故當與千運雲卿諸人同風。子美嘗和其春陵行。深寓傾慕之志。

同元使君春陵行有序

覽道州元使君結春陵行。兼賊退後示官吏作二首。志之曰。當天子分憂之地。效漢官良吏之目。今盜賊未息。知民疾苦。得結輩十數公。落落然參錯天下爲邦伯。萬物吐氣。天下少安可待矣。不意復見比興體制。微婉頓挫之詞。感而有詩。增諸卷軸。簡知我者。不必寄元。

遭亂髮盡白。轉衰病相嬰。沈緜盜賊際。狼狽江漢行。歎時藥力薄。爲客羸瘵成。吾人詩家秀。博采世上名。粲粲元道州。前聖畏後生。觀乎舂陵作。歘見俊哲情。復覽賊退篇。結也實國楨。賈誼昔流慟。匡衡嘗引經。道州憂黎庶。詞氣浩縱橫。兩章對秋月。一字偕華星。致君唐虞際。純朴憶大庭。何時降璽書。用爾爲丹青。獄訟永衰息。豈惟偃甲兵。悽惻念誅求。薄斂近休明。乃知正人意。不苟飛長纓。涼飆振南嶽。之子寵若驚。色沮金印大。興含滄浪清。我多長卿病。日夕思朝廷。肺枯渴太甚。漂泊公孫城。呼童具紙筆。隱几臨軒楹。作詩呻吟內。墨淡字欹傾。感彼危苦詞。庶幾知者聽。

(附) 舂陵行有序　　元結

癸卯歲。漫叟授道州刺史。道州舊四萬餘戶。經賊已來。不滿四千。大半不勝賦稅。到官未五十日。承諸使徵求符牒二百餘封。皆曰失其限者。罪至貶削。嗚呼。若悉應其命。則州縣破亂。刺史欲焉逃罪。若不應命。又卽獲罪戾。必不免也。吾將守官。靜以安人。待罪而已。此州是舂陵故地。故作舂陵行以達下情。

軍國多所需。切責在有司。有司臨郡縣。刑法競欲施。供給豈不憂。徵斂又可悲。州小經亂亡。遺人實困疲。大鄉無十家。大族命單羸。朝餐是草根。暮食仍木皮。出言氣欲絕。意速行步遲。追呼尙不忍。況乃鞭撲之。郵亭急傳符。來往跡相追。更無寬大恩。但有迫促期。欲令鬻兒女。言發恐亂隨。悉使索其家。而又無生資。聽彼道路言。怨傷復誰知。去冬山賊來。殺奪幾無遺。所願見王官。撫養以惠慈。奈行重驅逐。不使存活爲。安人天子命。符檄我所持。州縣忽亂亡。得罪復是誰。逋緩違詔令。蒙責固其宜。前賢重守分。惡以禍福移。亦云貴守官。不愛能適時。顧惟孱弱者。正直當不虧。何人采國風。吾欲獻此詞。

(又)賊退示官吏并序　元結

癸卯歲。西原賊入道州。焚燒殺掠。幾盡而去。明年。賊又攻永破邵。不犯此州邊鄙而退。豈力能制敵歟。蓋蒙其傷憐而已。諸使何爲忍苦徵斂。故作詩一篇以示官吏。

昔歲逢太平。山林二十年。泉源在庭戶。洞壑當門前。井稅有常期。日晏猶得眠。忽然遭世變。數歲親戎旃。今來典斯郡。山夷又紛然。城小賊不屠。人貧傷可憐。是以陷鄰境。此州獨見全。使臣將王命。豈不如賊焉。今彼徵斂者。迫之如火煎。誰能絕人命。以作時世賢。思欲委符節。引竿自刺船。將家就魚麥。歸老江湖邊。

其餘如李邕、賈至、蘇源明、薛據、鄭虔、諸人。多爲子美所稱。此外酬答之篇。推挹之語。及於並世之英者。每見集中。不可盡載。輒就其最著。且於當時詩體尤有關者。略考而錄之如此。

中國六大文豪卷五終

中國六大文豪 卷六

第六編 韓愈

第一章 韓愈傳略

自宋至今、為古文者、皆稱出自韓退之氏。故杜詩韓文。實為近古詩文之正統。兼併前代衆家。而宰制後世作者、其勢力至今未替也。退之名愈。鄧州南陽人。生於唐大歷三年。新唐書傳曰。王父仲卿、為武昌令、有美政。既去、縣人刻石頌德。終祕書郎。愈生三歲而孤。隨伯兄會貶官嶺表。會卒。嫂鄭鞠之。愈自知讀書、日記數百千言、比長、盡能通六經百家學。擢進士第。會董晉為宣武節度使、表署觀察推官。晉卒。愈從喪出、不四日、汴軍亂。乃去依武寧節度使張建封。建封辟府推官。操行堅正。鯁言無所忌。調四門博士。遷監察御史。上書極論宮市。德宗怒。貶陽山令。有愛在民。民生子多以其姓字之。改江陵法曹參軍。元和初、權知國子博士、分司東都。三歲為眞。改都官員外郎。即拜河南令。遷職方員外郎。華陰令柳澗有罪。前刺史劾奏之。未報而刺史罷。澗諷百姓遮索軍頓役直。後刺史惡之。按其獄。貶澗房州司馬。愈過華。以刺史陰相黨。上疏治之。既御覆問。得澗贓。再貶封溪尉。愈坐是復為博士。既才高數黜。

官又下遷。乃作進學解以自諭。執政覽之。奇其才。改比部郎中。史館修撰。轉考功。知制誥。進中書舍人。初憲宗將平蔡。令御史中丞裴度使諸軍按視。及還。且言賊可滅。與宰相議不合。愈亦奏言淮西連年備器械防守。金帛糧畜耗於給賞。執兵之卒。四向侵掠。農夫織婦餉於其後。得不償費。比聞畜馬皆上槽櫪。此譬有十夫之力。自朝抵夕。跳躍叫呼。勢不支久。必自委頓。當其已衰。三尺童子。可制其命。況以三州殘弊困劇之餘。而當天下全力。其敗可立而待也。然未可知者。在陛下斷與不斷耳。夫兵不多不足以取勝。必勝之師。利在速戰。兵多而戰不速。則所費必廣。疆場之上。日相攻劫。近賊州縣。賦役百端。小遇水旱。百姓愁苦。方此時。人人異議。以惑陛下。陛下持之不堅。半途而罷。傷威損費。爲弊必深。所要先決於心。詳度本末。事至不惑。乃可圖功。又言諸道兵羈旅單弱。不足用。而界賊州縣。百姓習戰鬬。知賊深淺。若募以內軍。教不三月。一切可用。又欲四道置兵。道率三萬。畜力伺利。一日俱縱。則蔡首尾不救。可以責功。執政不喜。會有人詆愈在江陵時爲裴均所厚。均子鍔素無狀。愈爲文章字命鍔。謗語囂暴。由是改太子右庶子。及度以宰相節度。新義軍宣慰淮西。奏愈行軍司馬。愈請乘遽先入汴。說韓弘使叶力。元濟平。遷刑部侍郎。憲宗遣使者往鳳翔迎佛骨入禁中。三日乃送佛祠。王公士人奔走膜唄。至爲夷法灼體膚委珍貝。騰沓係路。愈聞惡之。乃上表曰。

伏以佛者夷狄之一法耳。自後漢時流入中國。上古未嘗有也。昔者黃帝在位百年。年百一十歲。少昊在位八十年。年百歲。顓頊在位七十九年。年九十八歲。帝嚳在位七十年。年百五歲。帝堯在位九十八年。年百一十八歲。帝舜及禹年皆百歲。此時天下太平。百姓安樂壽考。然而中國未有佛也。其後殷湯亦年百歲。湯孫太戊在位七十五年。武丁在位五十九年。書史不言其年壽所極。推其年數。蓋亦俱不減百歲。周文王年九十七歲。武王年九十三歲。穆王在位百年。此時佛法亦未入中國。非因事佛而致然也。漢明帝時始有佛法。明帝在位纔十八年耳。其後亂亡相繼。運祚不長。宋齊梁陳元魏已下。事佛漸謹。年代尤促。惟梁武帝在位四十八年。前後三度捨身施佛。宗廟之祭。不用牲牢。晝日一食。止於菜果。其後竟爲侯景所逼。餓死臺城。國亦尋滅。事佛求福。乃更得禍。由此觀之。佛不足事。亦可知矣。高祖始受隋禪。則議除之。當時羣臣材識不遠。不能深知先王之道。古今之宜。推闡聖明。以救斯弊。其事遂止。臣常恨焉。伏惟睿聖文武皇帝陛下。神聖英武。數千百年已來。未有倫比。卽位之初。卽不許度人爲僧尼道士。又不許創立寺觀。臣常以爲高祖之志。必行於陛下之手。今縱未能卽行。豈可恣之轉令盛也。今聞陛下令羣僧迎佛骨於鳳翔。御樓以觀。舁入大內。又令諸寺遞迎供養。臣雖至愚。必知陛下不惑於佛。作此崇奉以祈福祥也。直以年豐人樂、徇人之心。爲京都士庶。設詭異之觀。戲翫之具耳。安有聖明若此。而肯信此等事哉。然百姓愚冥。易惑難曉。苟見陛下如此。將謂眞心事佛。皆云天子大聖。猶一心敬信。百姓何人。豈合更惜身命。焚頂燒指。百十爲羣。解衣散錢。自朝至暮。轉相倣效。惟恐後世。老少奔波。棄其業次。若不卽加禁遏。更歷諸寺。必有斷臂臠身以爲供養者。傷風敗俗。傳笑四方。非細事也。夫佛本夷狄之人。與中國言語不通。衣服殊製。口不言先王之法言。身不服先王之法服。不知君臣之義。父子之情。假如其身至今尙在。奉其國命。來朝京師。陛下容而接之。不過宣政一見。禮賓一設。賜衣一襲。衞而出之於境。不令惑衆也。況其身死已久。枯朽之骨。凶穢之餘。豈宜令入宮禁。孔子曰。敬鬼神而遠之。古之諸侯。行弔於其國。尙令巫祝先以桃茢祓除不祥。然後進弔。今無故取朽穢之物。親臨觀之。巫祝不先。桃茢不用。羣臣不言其非。御史不舉其失。臣實恥之。乞以此骨付之有司。投諸水火。永絕根本。斷天下之疑。絕後代之惑。使天下之人。知大聖人之所作爲。出於尋常萬萬也。豈不盛哉。豈不快哉。佛如有靈。能作禍祟。凡有殃咎。宜加臣身。上天鑒臨。臣不怨悔。

表中字句新書間有刪節今依本集

表入。帝大怒。持示宰相。將抵以死。裴度崔羣曰。愈言訐牾。罪之誠宜。然非內懷至忠。安能及此。願少寬假。以來諫爭。帝曰。愈言我奉佛太過。猶可容。至謂東漢奉佛以後。天子咸夭促。言何乖剌耶。愈人臣。狂妄敢爾。固不可赦。於是中外駭懼。雖戚里諸貴。亦爲愈言。乃貶潮州刺史。既至潮。以表哀謝曰

臣以狂妄戇愚。不識禮度。上表陳佛骨事。言涉不敬。正名定罪。萬死猶輕。陛下哀臣愚忠。恕臣狂直。謂臣言雖可罪。心亦無他。特屈刑章。以臣爲潮州刺史。既免刑誅。又獲祿食。聖恩宏大。天地莫量。破腦刳心。豈足爲謝。臣某誠惶誠恐。頓首頓首。臣以正月十四日。蒙恩除潮州刺史。即日奔馳上道。經涉嶺海。水陸萬里。以今月二十五日到州上訖。與官吏百姓等相見。具言朝廷治平。天子神聖。威武慈仁。子養億兆人庶。無有親疏遠邇。雖在萬里之外。嶺海之陬。待之一如畿甸之間。輦轂之下。有善必聞。有惡必見。早朝晚罷。兢兢業業。惟恐四海之內。天地之中。一物不得其所。故遣刺史面問百姓疾苦。苟有不便。得以上陳。國家憲章完具。爲治日久。守令承奉詔條。違犯者鮮。雖在蠻荒。無不安泰。聞臣所稱聖德。惟知鼓舞讙呼。不勞施爲。坐以無事。臣某誠惶誠恐。頓首頓首。臣所領州。在廣府極東界上。去廣府雖云纔二千里。然來往動皆經月。過海口。下惡水。濤瀧壯猛。難計程期。颶風鱷魚。患禍不測。州南近界。漲海連天。毒霧瘴氛。日夕發作。臣少多病。年纔五十。髮白齒落。理

不久長。加以罪犯至重。所處又極遠。惡憂惶慙悸。死亡無日。單立一身。朝無親黨。居蠻夷之地。與魑魅爲羣。苟非陛下哀而念之。誰肯爲臣言者。臣受性愚陋。人事多所不通。惟酷好學問文章。未嘗一日暫廢。實爲時輩所見推許。臣于當時之文。亦未有過人者。至於論述陛下功德。與詩書相表裏。作爲歌詩。薦之郊廟。紀泰山之封。鏤白玉之牒。鋪張對天之閎休。揚厲無前之偉績。編之乎詩書之策而無愧。措之乎天地之間而無虧。雖使古人復生。臣亦未肯多讓。伏以大唐受命有天下。四海之內。莫不臣妾。南北東西。地各萬里。自天寶之後。政治少懈。文致未優。武尅不剛。孼臣姦隸。蠹居棊處。搖毒自防。外順內悖。父死子代。以祖以孫。如古諸侯。自擅其地。不貢不朝。六七十年。四海傳序。以至陛下。陛下卽位以來。躬親聽斷。旋乾轉坤。關機闔開。雷厲風飛。日月清照。天戈所麾。莫不寧順。大宇之下。生息理極。高祖創制天下。其功大矣。而治未太平也。太宗太平矣。而大功所立。咸在高祖之代。非如陛下承天寶之後。接因循之餘。六七十年之外。赫然興起。南面指麾。而致此巍巍之治功也。宜定樂章。以告神明。東巡泰山。奏功皇天。具著顯庸。明示得意。使永永年代。服我成烈。當此之際。所謂千載一時不可逢之嘉會。而臣負罪嬰釁。自拘海島。戚戚嗟嗟。日與死迫。曾不得奏薄伎於從官之內。隸御之間。窮思畢精。以贖罪過。懷痛窮天。死不閉目。

瞻望宸極。魂神飛去。伏惟皇帝陛下。天地父母。哀而憐之。無任感恩戀闕慚惶懇迫之至。

謹附表陳謝以聞。（依本集）

帝得表。頗感悔。欲復用之。持示宰相曰。愈前所論。是大愛朕。然不當言天子事佛乃年促耳。皇甫鎛素忌愈直。卽奏言愈終疏狂。可且內移。乃改袁州刺史。初愈至潮州。問民疾苦。皆曰惡溪有鱷魚。食民畜產且盡。民以是窮。數日。愈自往視之。令其屬秦濟以一羊一豚投谿水而祝之。祝之夕。暴風震雷起谿中。數日水盡涸。西徙六十里。自是潮無鱷魚患。袁人以男女爲隸。過期不贖。則沒入之。愈至。悉計庸得贖所沒。歸之父母七百餘人。因與約。禁其爲隸。召拜國子祭酒。轉兵部侍郎。鎭州亂。殺田弘正而立王廷湊。詔愈宣撫。既行。衆皆危之。元稹言韓愈可惜。穆宗亦悔。詔愈度事從宜。無必入。愈至。廷湊嚴兵迓之。甲士陳廷。既坐。廷湊曰。所以紛紛者。乃此士卒也。愈大聲曰。天子以公有將帥材。故賜以節。豈意同賊反耶。語未終。士前奮曰。先太師爲國擊朱滔。血衣猶在。此軍何負。乃以爲賊乎。愈曰。以爲爾不記先太師也。若猶記之。固善。天寶以來。安祿山、史思明、李希烈等。有子若孫在乎。亦有居官者乎。衆曰。無。愈曰。田公以魏博六州歸朝廷。官中書令。父子受旗節。劉悟、李祐皆大鎭。此爾軍所共聞也。衆曰。弘正刻。故此軍不安。愈曰。然爾曹亦害田公。又殘其家矣。復何道。衆讙曰。善。廷湊慮衆變。疾麾使去。因曰。今欲廷湊何所爲。愈曰。神策六軍將。如牛元翼者爲不乏。但朝廷顧大體。不可棄之。公久圍之何也。廷湊曰。即出之。愈曰。若爾則無事矣。會元翼亦潰圍出。廷湊不追。愈歸奏其語。帝大悅。轉吏部侍郎。時宰相李逢吉惡李紳。欲逐之。遂以愈爲京兆尹兼御史大夫。特詔不臺參。而除紳中丞。紳果劾奏愈。愈以詔自解。其後文刺紛然。宰相以臺府不協。遂罷愈爲兵部侍郎。而除紳江西觀察使。紳見帝得留。愈亦復爲吏部侍郎。長慶四年卒。年五十七。贈禮部尚書。諡曰文。愈性明銳不詭隨。與人交始終不少變。成就後進士。往往知名。經愈指授。皆稱韓門弟子。愈官顯稍謝遣。凡內外親若交友無後者。爲遣嫁孤女而卹其家。嫂鄭喪。爲服朞以報。每言文章自漢司馬相如太史公劉向揚雄後。作者不世出。故愈深探本元。卓然樹立成一家言。其原道原性師說等數十篇。皆奧衍閎深。與孟軻揚雄相表裏而佐佑六經云。至他文造端置辭。要爲不襲蹈前人者。然惟愈爲之沛然若有餘。至其徒李翺李漢皇甫湜。從而效之。遽不及遠甚。從愈游者若孟郊張籍。亦皆自名於時。贊曰。唐興承五代剖分。王政不綱。文弊質窮。䖸俚混幷。天下已定。治荒剔蠹。討究儒術。以興典憲。薰醲涵浸。殆百餘年。其後文章稍稍可述。至貞元元和間。愈遂以六經之文爲諸儒倡。障隄末流。反刓以樸。剗僞以眞。然愈之才自視司馬遷揚雄班固以下不論也。當其所得粹然一出於正。刊落陳言。横鶩別驅。汪洋大肆。要之無牴牾聖人者。其道蓋自比孟軻。以荀況揚雄爲未淳。寧不信然。至進諫陳謀。排難卹孤。矯拂媮末。皇皇於仁義。可謂篤道君子矣。自晉訖隋。老佛顯行。聖道不斷如帶。諸儒倚天下正議。助爲怪神。愈獨喟然引聖。爭四海之惑。雖蒙訕笑。跆而復奮。始若未之信。卒大顯於時。昔孟軻距楊墨。去孔子才二百年。愈排二家。乃去千餘歲。撥衰反正。功與齊而力倍之。所以過況雄爲不少矣。自愈沒。其言大行。學者仰之如泰山北斗云。

凡退之事蹟之大者。略已具於新書宋祁本傳。退之之文。故其贊推之甚至。退之年譜。有呂大防、程俱、洪興祖、三家所撰。（程俱所撰名韓文公歷官記）而洪譜最詳。宋魏仲舉刊韓集。併載三譜。共七卷。名曰韓文類譜。中有附錄六十餘條。或云方崧卿所增。於退之行事及作文歲月。考證尤備矣。退之既卒。門人李漢集其文。得賦四。古詩二百五。聯句十。律詩一百七十三。雜著六十四。書啟序八十六。哀辭祭文三十八。碑誌七十六。筆硯鱷魚文三。表狀四十七。總七百。幷目錄。合爲四十一卷。漢序稱收拾遺文。無所失墜。又有注論語十卷。傳學者。順宗實錄五卷。列於史書。不在集中。（後人刻韓文亦有附載順宗實錄者劉昫唐書曰時謂愈有史筆及撰順宗實錄繁簡不當敍事拙於取舍頗爲當代所非穆宗文宗嘗詔史臣添改時愈壻李漢蔣係在顯位諸公難之而韋處厚竟別撰順宗實錄三卷）愈集在當時已大行。宋時集註韓文。其議論所采。已及五百家。先是唐末至五季。文章中衰。宋興。柳開穆修蘇舜欽之徒。始復倡古文。皆以韓集爲法。及歐陽修出。厥流彌廣。後人嘗集退之與柳宗元、歐陽修、曾鞏、蘇洵、蘇軾、蘇轍、王安石八家古文。宋獨有六家。行文矩矱。並宗退之。更元明至清。爲古文者代有。要其淵源。莫能外云。

第二章　六朝駢體之反動及古文之淵源

文章之原。出於五經。至於揚馬而極麗。揚馬之文。並爲古文駢文之宗。其詞旨閎贍。而氣足以副之。至谷永蠶漸趨於對偶。而古文始衰矣。生朱晦庵廣伯並有此說東京以下。日就萎弱。至於齊梁而極矣。韓退之爲文。雖號起八代之衰。然於西京。極稱子長相如子雲。蓋上規三代。下逮揚馬。外此則無取矣。後來爲古文者。其趣尙亦大抵如此。故退之進學解曰。上規姚姒渾渾無涯。周誥殷盤。佶屈聱牙。春秋謹嚴。左氏浮誇。易奇而法。詩正而葩。下逮莊騷。太史所錄。子雲相如。同工異曲。先生之於文。可謂閎其中而肆其外矣。嘗考晉宋以下。始重文筆之分。史傳之類。皆謂之筆。其所爲辭達而已。昭明文選。缺而不載。若夫爲文。則必以縟藻爲工。永明之間。聲律大盛。不僅施於詞賦。卽議對書翰之屬。莫不宮羽相變。低昂舛節。以見其美。徐庾嗣出。韻調彌精。但以浮豔相夸。而經典古文之遺。則杳不復存。雖始以文筆分途。卒且以文變筆。及夫古文盛行。則又往往以筆爲文。此則至退之其體始大。故言古文者必自退之。要亦駢體萎弱之弊日甚。不得不革。其機動於北朝。盛於唐開元天寶之間。退之不過集其成耳。茲輒略論其淵源。可以考焉。

蓋駢文屬對之精切巧麗。實在齊永明以後。亦學者研求聲律之效也。然此風本倡於江左。北朝文士雖雅慕南邦。而風氣究有所不同。故北史文苑傳序曰。暨永明天監之際。太和天保之間。洛陽江左。文雅尤盛。彼此好尚。雅有異同。江左宮商發越。貴於清綺。河朔詞氣貞剛。重乎氣質。氣質則理勝其詞。清綺則文過其意。理深者便於時用。文華者宜於詠歌。此其南北詞人得失之大較也。由斯以談。則北朝文學重氣質而理勝。又主便於時用。後來爲古文之所致意。亦在於此。顏之推曰。文章當以理致爲心腎。氣調爲筋骨。事義爲皮膚。華麗爲冠冕。今世相承。趨末棄本。率多浮豔。辭與理競。辭勝而理伏。事與才爭。事繁而才損。放逸者流宕而忘歸。穿鑿者補綴而不足。時俗如此。安能獨違。但務去泰去甚耳。之推之說。固若近於折衷。然亦歸本理致。以辭爲末。之推雖南人而久居北方。故亦標慕於氣質耳。要之古文改革之動機。始見於北周。時蘇綽之言復古。繼見於隋文之抑黜浮華。皆駢體之反動也。今略述之。

先是北周文帝創業之際。頗欲革士習之浮靡。於是蘇綽倡言古文。及後南士北來。如王褒庾信。並以側豔爲宗。當世復靡然宗之。言古文者謂王庾爲今文。互相非詆。周書柳虬傳曰。
時人論文體者有今古之異。綽以爲時有古今。非文有古今。乃爲文質論。以和二派之爭。又
蘇綽傳曰。自有晉之季。文章競爲浮華。遂以成俗。周文欲革其弊。因魏帝祭廟。羣臣畢至。乃
命綽爲大誥奏行之。大誥文繁。茲錄其前段。其詞曰。

惟中興十有一年。仲夏。庶邦百辟。咸會於王庭。柱國泰洎羣公列將。罔不來朝。時迺大稽
百憲。敷於庶邦。用綏我王度。皇帝若曰。昔堯命羲和。允釐百工。舜命九官。庶績咸熙。武丁
命說。克號高宗。時休哉。朕其欽若。格爾有位。胥暨我太祖之庭。朕將丕命女以厥官。六月
丁巳。皇帝朝格於太廟。凡厥具僚。罔不在位。皇帝若曰。咨我元輔羣公列將百辟卿士庶
尹御事。朕惟夤敷祖宗之靈命。稽於先王之典訓。以大誥乎爾在位。昔我太祖神皇。肇膺
明命。以創我皇基。烈祖景宗。廓開四表。底定武功。暨乎文祖。誕敷文德。龔惟孝武。不賓其
舊。自時厥後。陵夷之弊。用興大難於彼東土。則我黎庶。或墜塗炭。惟台一人。纘戎下武。夙
夜祇畏。若涉大川。罔識攸濟。是用稽於帝典。揆於王度。拯我人瘼。惟彼哲王。示我通訓。曰。
天生黎蒸。罔克自乂。上帝降鑒叡聖。植元后以乂之。時惟元后弗克獨乂。博求明德。命百
辟羣吏以佐之。肆天子命辟。辟之命官。惟以卹人。弗惟逸豫。辟惟元首。庶黎惟趾。股肱惟

弼上下一體。各勤攸司。茲用克臻於皇極。故皇其彝訓曰。后克艱厥后。臣克艱厥臣。政乃乂。今台一人膺天之嘏。旣陟元后。股肱百辟。乂服我國家之命。罔不咸守厥職。嗟后弗艱厥后。臣弗艱厥臣。政於何弗繹。嗚呼艱哉。凡爾在位。其敬聽命。(下略)

綽此文作於魏世。頗效尚書典謨之體。及宇文建國。綽參贊機密。文筆皆依此體。周書以爲綽建言務存質樸。遂糠粃魏晉。憲章虞夏。雖屬辭有師古之美。矯枉非適時之用。故莫能嘗行焉。綽字令綽。武功人。其文體雖未大行於時。然復古文之功。當推綽爲首也。

隋書文苑傳序曰。梁自大同之後。雅道淪缺。漸乖典則。爭馳新巧。簡文湘東。啟其淫放。徐陵庾信。分路揚鑣。其意淺而繁。其文匿而彩。詞尚輕險。情多哀思。格以延陵之聽。蓋亦亡國之音也。隋文初統萬幾。每念斲彫爲樸。發號施令。咸去浮華。然時俗詞藻。猶多淫麗。故憲臺執法。屢飛霜簡。煬帝初習藝文。有非輕側之論。曁乎卽位。一變其風。與越公書。建東都詔。冬至受朝詩。及擬飲馬長城窟。並存雅體。歸於典制。雖意在驕淫。而詞無浮蕩。故當時綴文之士。遂得依而取正焉。然則隋文御極。頗惡江左輕華。故煬帝蚤年。亦研習雅體。李諤上文帝論文體輕薄書曰。及大隋受命。聖道聿興。屏黜浮詞。遏止華僞。自非懷經抱質。志道依仁。不得引預搢紳。參厠纓冕。開皇四年。普詔天下。公私文翰。並宜實錄。其年九月。泗州刺史司馬幼之。文表華豔。付所司推罪。自是公卿大臣。咸知正道。莫不鑽仰墳素。棄絕華綺。是當時於釐正文體。制法頗嚴。惜煬帝卽位。又變而崇尙浮詞。故古文未能盛也。若夫草野之間。則有龍門王通。講學河汾之間。述作多依經典。亦爲古文之先導。中說論六代文士曰。

子謂荀悅史乎史乎。謂陸機文乎文乎。皆思過半矣。子謂文士之行可見。謝靈運小人哉。其文傲。君子則謹。沈休文小人哉。其文冶。君子則典。鮑照江淹。古之狷者也。其文急以怨。吳均孔珪。古之狂者也。其文怪以怒。謝莊王融。古之纖人也。其文碎。徐陵庾信。古之夸人也。其文誕。或問孝綽兄弟。子曰。鄙人也。其文淫。或問湘東王兄弟。子曰。貪人也。其文繁。謝朓淺人也。其文捷。江總詭人也。其文虛。皆古之不利人也。子謂顏延之王儉任昉有君子之心焉。其文約以則。房玄齡問文。子曰。古之文也約以達。今之文也繁以塞。

文體浮靡。至永明以後而極。沈謝徐庾。實爲之巨子。中說皆深貶之。卒乃謂古之文約以達。此後之言古文者所不能外也。王氏之門。多顯於唐初。其遺說往往而在。故古文雖盛於唐。而其淵源。實自周隋之際矣。

唐時言古文。始自陳子昂。至開元天寶之間而彌甚。今考而述之。蓋有數家。並退之之所淵源者也。

（一）陳子昂

唐書陳子昂傳曰。唐興文章承徐庾餘風。天下祖尚。子昂始變雅正。故退之詩曰。國朝盛文章。子昂始高蹈。柳子厚楊評事文集序。亦謂張說工著述。張九齡善比興。兼備者子昂而已。蓋子昂並爲韓柳所推如此。盧藏用序子昂集曰。孔子沒二百歲而騷人作。於是怨麗浮侈之法行焉。漢興二百年。賈誼馬遷爲之傑。憲章禮樂。有老成之風。長卿子雲之儔。瑰詭萬變。亦奇特之士也。惜其王公大人之言。溺於流靡而不顯。其後班張崔蔡曹劉潘陸。隨波而作。雖大雅不足。其遺餘烈。尚有典刑。宋齊之末。蓋顦顇矣。逶迤陵頹。流靡忘反。至於徐庾。天之將喪斯文也。後進之士。若上官儀者。繼踵而生。於是風雅之道。掃地盡矣。易曰。物不可以終否。故受之以泰。道喪五百歲而得陳君。君諱子昂。字伯玉。蜀人也。崛起江漢。虎視函夏。卓立千古。橫制頹波。天下翕然。質文一變。非夫岷峨之精。王巫之靈。則何以生此。蓋子昂詩文皆以復古爲志。是以李杜韓柳。咸推重之。今錄其文一首於下。以見其體。

我府君有周居士文林郎陳公墓志銘　陳子昂

公諱元敬。字某。其先陳國人。五世祖太樂。梁大同中爲新城郡司馬。生高祖王方慶。方慶好道。得墨子五行秘書白虎七變法。遂隱於郡武東山。生曾祖湯。湯爲郡主簿。湯生祖通。

通早卒。生皇考辯爲郡豪傑。公河目海口。欽頤虎頭。性英雄而尚玄默。羣書秘學。無所不覽。年弱冠。早爲州閭所服。耆長童幼見之若大賓。二十二。鄉貢明經擢第。拜文林郎。屬憂艱不仕。潛道育德。穆其淸風。邦人馴致。如衆鳥之從鳳也。時有決訟。不取州郡之命。而信公之言。四方豪俊。望風景附。朝廷聞名。或以爲西南大豪。而不知深慈恭懿。敬讓以得也。州將縣長。時或陳議。靑龍癸未。唐歷之微。公乃山棲絕穀。放息人事。餌雲母以怡其神。居十八年。玄圖大象。無所不達。嘗宴坐。謂其嗣子子昂曰。吾幽觀大運。賢聖生有萌芽。時發乃茂。不可以智力圖也。氣同萬里而合。不同造膝而悖。古之合者。百無一焉。嗚呼。昔堯與舜合。舜與禹合。天下得之。四百餘年。湯與伊尹合。天下歸之。五百餘年。文王與太公合。天下順之。四百餘年。幽厲板蕩。天紀亂也。賢聖不相逢。老聃仲尼。淪溺溷世。不能自昌。彌四百餘年。戰國如縻。至於赤龍。赤龍之興。四百年。天紀復亂。胡夷奔突。賢聖淪亡。至於今四百年矣。天意其將周復乎。於戲。吾老矣。汝其志之。太歲己亥。享年七十有四。七月七日己未。隱化於私宮。孤子子昂。愚昧鞠然在疚。不知所從。乃祇馴聖人卜宅之義。是歲十月己酉。遂開拭舊塋。奉寧神於此山。石仙谷之中岡也。銘曰。

賢者避地。邈其往兮。鳳兮鳳兮。誰能象兮。嗚呼我君。懷寶不試。孰知其深廣兮。悠悠白雲。

自怡養兮。大運不齊。聖賢圖兮。南山四君。不遭漢天子。亦商丘之遺壞兮。

（二）　蕭穎士

子昂蚤卒。其體未大。燕許繼作。猶雜駢偶之詞。及蕭李諸人出。而後古文復盛。李丹獨孤常州集序曰。天后朝廣漢陳子昂獨泝頹波。以趣清源。自茲作者。稍稍而出。先大夫嘗因講文謂小子曰。吾友蘭陵蕭茂挺趙郡李遐叔長樂賈幼幾洎所知河南獨孤至之。皆憲章六藝。能探古人述作之旨。然惟蕭李在當時齊名。獨孤至之則出於李華之門者也。

蕭穎士字茂挺。開元二十三年進士。官至揚州功曹參軍。時號蕭夫子。門人共諡曰文元先生。茂挺好古文。於當世所許可者。惟陳子昂富嘉謨盧藏用之文章。子存字伯誠。亦能文辭。退之少時。爲存所知。自袁州還。過存廬山故居。而諸子前死。惟二女在。因賦詩曰。中郎有女能傳業。伯道無兒可主家。今日匡山過舊隱。空將衰淚對煙霞。留百縑以拯之。退之既受知於存。則必獲茂挺之緒論矣。

送門人劉太眞詩序　蕭穎士

記有之。尊道成德。嚴師。其難哉。故在三之禮。極乎君親而師也參焉。無犯與隱。義斯貫矣。孔聖稱顏子有視余猶父歎。其至歟。今吾於太眞也然乎爾。且後進而余師者。自賈邕盧冀之後。比歲舉進士登科。名與實皆相望騰遷。凡數子。其他自京畿太學。踰於淮泗。行東脩以上。而未及門者。亦云倍之。余弗敏。曷云當乎。而莫之讓。蓋有來學。徼往教。蒙匪余求若之何其拒哉。猗爾之所以求我。之所以誨。學乎文乎。學也者。非云徵辨說。摭文字。以扇夫談端。糅厥詞意。其於識也。必鄙而近矣。所務乎憲章典法。膏腴德義而已。文也者。非云尚形似。牽比類。以局夫儷偶。其於言也。必淺而乖矣。所務乎激揚雅訓。彰宣事實而已。衆之言文學者。或不然。於戲。彼以我為僻。爾以我為正。同聲相求。爾後我先。安得而不問哉。問而教。教而從。從而達。欲辭師也得乎。孔門四科。吾是以竊其一矣。然夫德行政事非學不言。言而無文。行之不遠。豈相異哉。四者一夫正而已矣。故曰詩三百。一言以蔽之。曰思無邪。不正之謂也。吾嘗謂門弟子。有尹徵之學。劉太眞之文。首其選焉。今茲春連茹甲乙。淑問休聞。為時之冠。浹旬有詔。俾徵典核秘書。且馳傳隴首。領元戎書記之事。四牡騑騑。薄言旋歸。聲動日下。浹於寰外。而太眞元昆。前已甲科。未始間歲。嗣連舉。謂予不信。豈其然乎。夏五月。迴棹京洛。告歸江表。岵兮屺兮。歡既萃矣。兄矣弟矣。榮斯繼矣。搢紳之徒。習禮聞詩者。僉曰劉氏二子。可謂立乎身。光乎親。蹈極致於人倫者矣。上京餞別。庭闈望歸。從古已來。未之聞也。余羈宦此都。色斯云舉。彼吳之丘。曾是昔遊。心乎往矣。有懷伊阻。行矣風帆。載飛載揚。爾思不及。黯然以泣。先師孝弟謹信。汎愛親仁。餘力學文之訓。爾其志之南條北岡。朱方舊里。昔與太眞初會於茲。余之門人有柳幷者。前是一歲。亦嘗覲茲地。其請業也。必始乎此。焉幷也有尹之敏。劉之工。其少且疾。故莫之逮。太眞亦嘗曰何敢望幷。幷與眞。難乎其相奪矣。緬彼江陰。京皐是臨。言念二子。從予於此。爾之過之。其可忘諸。同是餞者。賦江有歸舟。以寵夫嘉慶焉。爾詩曰。江有歸舟。亦亂其流。之子言旋。嘉名孔修。揚於王庭。允焯其休。舟旣歸止。人亦榮止。兄矣弟矣。孝斯踐矣。稱觴燕喜。於岵於屺。彼游惟帆。匪風不揚。有彬伊父。匪學不彰。予其懷爾。勉爾無忘。

（三）李華

李華。字遐叔。趙州贊皇人。天寶中嘗爲監察御史。晚去官。客隱山陽。勤子弟力農。安於窮槁。慕浮圖法。不甚著書。文章與蕭穎士齊名。天下士大夫家傳墓版文及州縣碑頌。時時齎金帛往請。乃强應之。生平愛獎士類。名隨以重。所知如獨孤及、韓雲卿、柳識、李紓、皇甫冉。後並顯達。宗子翰。從子觀。皆有名。退之嘗稱翰文章。而尤與觀善者也。

唐揚州功曹蕭穎士文集序　李華

開元天寶間。詞人以德行著於時者。曰河南元君德秀。字紫芝。其行事。趙郡李華爲墓碣已書之矣。以文學著於時者。曰蘭陵蕭君穎士。字茂挺。梁國鄱陽忠烈王之後。曾祖某官。大父某官。考諱某。莒縣丞。咸有德不至尊位。君七歲能誦數經。背碑覆局。十歲以文章知名。十五譽滿天下。十九進士擢第。歷金壇尉。桂一作揚州參軍。秘書正字。河南參軍。辭官避地江左。永王修書請君。君遁逃不與相見。淮南連帥表君爲揚州功曹參軍。相國諸道租庸使第五琦請君爲介。君以先世寄殯嵩條。因之遷祔。終事至汝南而殁。春秋若干。嗚呼。天下儒林。爲之憔悴。君爲金壇尉也。會官不成。爲揚州參軍也。丁家艱去官。爲正字也。親故請君著書。未終篇。御史府以君爲慢官離局。奏謫罷職。爲河南參軍也。僚屬多嫉君才名。上司以吏事責君。君拂衣渡江。遇天下多故。其高節深識。皎皎如此。君謂六經之後。有屈原宋玉。文甚雄壯。而不能經。厥後有賈誼。文辭詳正。近於理體。枚乘司馬相如。亦瓌麗才士。然而不近風雅。揚雄用意頗深。班彪識理。張衡宏曠。曹植豐贍。王粲超逸。嵇康標舉。此外皆金相玉質。所尚或殊。不能備舉。左思詩賦。有雅頌遺風。干寶著論。近乎王化根源。此外皆復絕無聞焉。近日陳拾遺子昂。文體最正。以此而言。見君之述作矣。君以文章制度爲己任。時人咸以此許之。不幸沒於旅次。有文十卷。行於世。其篇目雖存。章句遺逸。古所謂有其義而無其辭者也。後之爲文者。取以爲法焉。今海內至廣。人民至衆。求君之比。

不可復得難乎哉。君有子一人曰存。爲蘇州常熟縣主簿。雅有家風。知名於世。以華平生最深。見託爲序。力疾直書云爾。

（四）獨孤及梁肅

晁公武讀書志引唐實錄謂韓退之學獨孤及之文。舊唐書韓愈傳曰。大歷貞元之間文字多尚古學。效揚雄董仲舒之述作。而獨孤及梁肅最稱淵奧。儒林推重。愈從其徒游。愈意鑽仰。欲自振於一代。洎舉進士投文於公卿間。故相鄭餘慶頗爲之延譽。由是知名於時。北夢瑣言。葆光子曰。唐代韓愈柳宗元洎李翺李觀皇甫湜數君子之文。凌轢荀孟。糠粃顏謝。其所宗仰者。惟梁補闕一人而已。乃諸人之龜鑑。而梁之聲采寂寂。豈陽春白雪之流乎。是知俗譽喧喧者。宜鑑其濫吹也。按獨孤及字至之。河南人。梁肅字敬之。陸渾人。自蕭穎士李華同倡古文。相友善。而獨孤及之學出於華。梁肅則又及之門人也。其淵源相承。有可考者。退之雖罕稱獨孤與梁。然見於史傳。當不誣矣。

游雲門序　　梁　肅

上德以汗漫爲友。無江海之閑。其次則仁智相從。山水爲樂。故合志同方。賢者有柴桑之隱。游道同趣。吾徒有雲門之會。其造適一也。先會一日。沙門釋去諠命我友相與探玉笥上會稽。然後泝若耶。過鳳林而南。意欲脫人世之羈鞅。窮林泉之遐奧。於是捨舟清灟。反策閑原。遞杳靄而歷嶇嶔。入深翠以泛迴環。遂至雲門。觀其羣山疊翠。秦望拔起。五峯巉巉。列壑沈沈。上摩碧落。旁湧金界。其下則百泉會流。蓄爲澄潭。涵虛鏡徹。鳴瀨玉漱。泠泠之聲。與地籟唱和。不待笙磬而五音迭作。眺聽不足。則凝思宴息。怳然疑諸天樓觀。列在咫步。庭衢之中。別有日月。既而動步眞境。靜聆法音。合漆園一指之喩。詣淨名無住之本。萬慮如洗。百骸坐空。視松喬爲弱喪。輕世界於棗葉。蓋道由境深。理自外奬故也。昔之遠公紀廬山。謝客題石門。道流勝賞。古今一貫。曷可不賦。貽雲山羞。乃各爲詩。以誌斯會。同乎道者。有隴西李公受高陽齊霞舉。約會未至。亦請同賦。此篇用廣夫游衍之致云。

（五）　元結

元結。字次山。河南人。天寶間進士。官至道州刺史。容管經略使。爲詩文。戞戞自異。變綺麗之習。蘇源明。尤善杜甫鄭虔。而於文章。則稱梁肅及結。或謂退之以前爲古文者。實當推結。餘人不及也。結雖與退之不見有相淵源之跡。要亦蕭李之流。在退之前而能爲古文者也。皇甫湜題其浯溪中興頌曰。次山有文章。可惋只在碎。然長於指敍。約結有餘態。心語適相應。出句多分外。於諸作者間。拔戟成一隊。其品題亦近實也。

自釋　　　　　　　　　　　　　　　　　　　　　　元結

河南元氏。元姓也左傳衛大夫元咺又後魏孝文改拓拔爲元氏望在河南也望也。結元子名也。次山結字也。世業載國史。世系在家牒。少居商餘山。著元子十篇。故以元子爲稱。天下兵興。逃亂入猗玗洞。玗雲俱反玉名始稱猗玗子。後家瀼濱。乃自稱浪士。及有官。人以爲浪者亦漫爲官乎。呼爲漫郎。既客樊上。漫遂顯。樊左右皆漁者。少長相戲。更曰聱叟。聱午交反語不入也彼誚以聱者。爲其不相從聽。不相鉤加。帶笭箵而盡畫船。笭郎丁反箵蘇挺反笭箵籠簺先代反說文曰行棊相塞謂之簺又玉篇笭盈也籠也舟中牀也獨聱齖而揮車。五加反不平也酒徒得此。又曰。公之漫其猶聱乎。公守著作。不帶笭箵乎。又漫浪於人間。得非聱齖乎。公漫久矣。可以漫爲叟。於戲。吾不從聽於時俗。不鉤加於當世。誰是聱者。吾欲從之。彼聱叟不慙帶乎笭箵。吾又安能薄乎箸作。彼聱叟不羞聱齖於鄰里。吾又安能慙漫浪於人間。取而醉人議。當以漫叟爲稱。直荒浪其情性。誕漫其所爲。使人知無所存有無所將待。乃爲語曰。能帶笭箵。全獨而保生。能學聱齖。保宗而全家。聱也如此。漫乎非邪。

綜而論之。自周隋以來。學者漸厭駢儷之詞。而思復古文。然蘇綽之擬典誥。但剽竊其字句形似而已。唐興。陳子昂出。氣體始歸於雅正。蕭李諸人嗣起。抑其亞也。要之至於退之。乃盡掩前後。獨成大家。退之雖與獨孤及梁肅之門人游。而於當世惟許子昂以諸人才力子昂

爲尤高蓋究其淵源所自而退之益爲不可及矣

第三章　韓愈之儒術

新書稱退之之原道原性師說等數十篇皆奧衍閎深與孟軻揚雄相表裏而佐佑六經蓋自漢歷告終經籍道息正始以來玄風大盛永嘉之後義學漸興及羅什廣譯釋書遠公開社江左宋齊梁陳之交上自人主公卿下逮文人隱士莫不耽玩內典相習成風唐興雖重五經詔學者撰定正義爲儒學之洪績顧以同姓之故特尊老子又遣玄奘躬至西域傳法相宗所譯經論益衆於前華嚴慈恩諸派名師遞出講會迭啟猶復借勢帝王辯動士林天寶間言古文者如李華梁肅之倫並棲心梵籍修習禪觀陽儒陰釋所在多有退之獨以斯道爲任昌言闢之佛骨之表既具於傳略中矣先是張籍嘗勸退之著書以自揚子雲作法言至今近千載莫有言聖人之道者言之者惟執事焉耳習俗者聞之多怪而不信徒相爲訾終無裨於教也執事聰明文章與孟軻揚雄相若盍爲一書以興存聖人之道使時之人後之人知其去絕異學之所爲乎退之始雖謝以爲不可後卒出原道諸篇自比於孟軻之距楊墨宋人以退之有與於斯道之傳亦以其作原道也故退之既雄於文材又同時爲言理學者所尙在當時佛老最隆退之獨卓然不惑亦可爲豪傑之士已

原道

博愛之謂仁。行而宜之之謂義。由是而之焉之謂道。足乎己無待於外之謂德。仁與義爲定名。道與德爲虛位。故道有君子有小人。而德有凶有吉。老子之小仁義。非毀之也。其見者小也。坐井而觀天。曰天小者。非天小也。彼以煦煦爲仁。孑孑爲義。其小之也則宜。其所謂道。道其所道。非吾所謂道也。其所謂德。德其所德。非吾所謂德也。凡吾所謂道德云者。合仁與義言之也。天下之公言也。老子之所謂道德云者。去仁與義言之也。一人之私言也。周道衰。孔子沒。火於秦。黃老於漢。佛於晉宋齊梁魏隋之間。其言道德仁義者。不入於楊。則入於墨。不入於墨。則入於老。不入於老。則入於佛。入於彼。必出於此。入者主之。出者奴之。入者附之。出者汙之。噫。後之人其欲聞仁義道德之說。孰從而聽之。老者曰。孔子吾師之弟子也。佛者曰。孔子吾師之弟子也。爲孔子者。習聞其說。樂其誕而自小也。亦曰吾師亦嘗師之云爾。不惟舉之於口。而又筆之於書。噫。後之人雖欲聞仁義道德之說。其孰從而求之。甚矣人之好怪也。不求其端。不訊其末。惟怪之欲聞。古之爲民者四。今之爲民者六。古之教者處其一。今之教者處其三。農之家 一而食粟之家六。工之家 一而用器之家六。賈之家 一而資焉之家六。奈之何民不窮且盜也。古之時。人之害多矣。有聖人者立。

然後教之以相生相養之道。爲之君。爲之師。驅其蟲蛇禽獸而處之中土。寒然後爲之衣。饑然後爲之食。木處而顛。土處而病也。然後爲之宮室。爲之工以贍其器用。爲之賈以通其有無。爲之醫藥以濟其夭死。爲之葬埋祭祀以長其恩愛。爲之禮以次其先後。爲之樂以宣其湮鬱。爲之政以率其怠勌。爲之刑以鋤其强梗。相欺也。爲之斗斛權衡以信之。相奪也。爲之城郭甲兵以守之。害之而爲之備。患生而爲之防。今其言曰。聖人不死。大道不止。掊斗折衡而民不爭。嗚呼。其亦不思而已矣。如古之無聖人。人之類滅久矣。何也。無羽毛鱗介以居寒熱也。無爪牙以爭食也。是故君者。出令者也。臣者。行君之令而致之民者也。民者。出粟米麻絲。作器皿。通貨財。以事其上者也。君不出令。則失其所以爲君。臣不能行君之令而致之民。民不出粟米絲麻。作器皿。通貨財以事其上。則誅。今其法曰。必棄而君臣。去而父子。禁而相生養之道。以求其所謂清淨寂滅者。嗚呼。其亦幸而出於三代之後。不見黜於禹湯文武周公孔子也。其亦不幸而不出於三代之前。不見正於禹湯文武周公孔子也。帝之與王。其號各殊。其所以爲聖一也。夏葛而冬裘。渴飲而饑食。其事雖殊。其所以爲智一也。今其言曰。曷不爲太古之無事。是亦責冬之裘者曰。曷不爲葛之之易也。責饑之食者曰。曷不爲飲之之易也。傳曰。古之欲明明德於天下者。先治其國。欲治其國者。先齊其家。欲齊其家者。先修其身。欲修其身者。先正其心。欲正其心者。先誠其意。然則古之所謂正心而誠其意者。將以有爲也。今也欲治其心。而外天下國家。滅其天常。子焉而不父其父。臣焉而不君其君。民焉而不事其事。孔子之作春秋也。諸侯用夷禮則夷之。夷而進於中國則中國之。經曰。夷狄之有君。不如諸夏之亡。詩曰。戎狄是膺。荆舒是懲。今也舉夷狄之法。而加之先王之敎之上。幾何其不胥而爲夷也。夫所謂先王之敎者何也。博愛之謂仁。行而宜之之謂義。由是而之焉之謂道。足乎己無待於外之謂德。其文詩書易春秋。其法禮樂刑政。其民士農工賈。其位君臣父子師友賓主昆弟夫婦。其服絲麻。其居宮室。其食粟米蔬果魚肉。其爲道易明。而其爲敎易行也。是故以之爲己。則順而祥。以之爲人。則愛而公。以之爲心。則和而平。以之爲天下國家。無所處而不當。是故生則得其情。死則盡其常。郊焉而天神假。廟焉而人鬼饗。曰。斯道何道也。曰。斯吾所謂道也。非向所謂老與佛之道也。堯以是傳之舜。舜以是傳之禹。禹以是傳之湯。湯以是傳之文武周公。文武周公傳之孔子。孔子傳之孟軻。軻之死。不得其傳焉。荀與揚也。擇焉而不精。語焉而不詳。由周公而上。上而爲君。故其事行。由周公而下。下而爲臣。故其說長。然則如之何其可也。曰。不塞不流。不止不行。人其人。火其書。廬其居。明先王之道以道之。鰥寡孤獨廢疾者有養也。其庶乎其可也。

退之之原道。若自哲學上之價值言之。固不免於淺薄。其所以闢釋老。蓋僅論其粗而未及其精也。昔人固多論之者。蘇子由曰。愈之學。朝夕從事於仁義禮智刑名度數之間。自形而上者。愈所不知也。原道之作。遂指道德爲虛位。而斥佛老與楊墨同。習豈爲知道。張芝叟曰。張籍嘗勸愈排佛老。不若著書。愈亦嘗以書反復之。既而原道原性等篇。皆緣籍而作。其原道也。大抵言教。其原性也。大抵言情。要之其文章自工。大似孟子。而法度森然。黃山谷曰。文章必謹布置。每見後學。多告以原道命意曲折。後以此概求古人法度。至於所論道統相傳及闢異端之意。宋世固極多稱之者。如石徂徠曰。孔子之易春秋。自聖人以來未有也。吏部原道、原人、原毀、行難、禹問、佛骨表、爭臣論。自諸子以來未有也。蘇子瞻曰。自孟子後。能將許大見識。尋求古人。其斷然曰。孟子醇乎醇。荀與揚也擇焉而不精。語焉而不詳。若非有見識。豈千餘年後。便斷得如此分明。程伊川亦曰。退之晚年作文。所得甚多。如曰軻之死不得其傳。似此言語。非是蹈襲前人。又非鑿空撰得。必有所見。自道學既興。其言理雖視退之爲密。而論道統之傳。實本諸退之原道云。

中國倫理學者。必論人性之善惡。於是孟子道性善。荀卿言性惡。揚雄言善惡混。至退之則言性有三品。三品之說。自劉向荀悅已發之。而退之原性。獨爲學者所重。要之言性者至張橫渠二程分別天地之性與氣質之性而後始備。退之之論猶有所未晰也。故退之於儒術上之偉績。(一)在闢佛老。(二)在論荀楊之未醇。(三)在言道統自孟軻後不得其傳。此三者既爲道學派之所取。又爲古文家之所宗。宋明以來爲古文。無不緣飾儒術。莫不致意於退之所論三者。蓋自六朝聲律藻麗之體而文章極於藝。至退之因文貫道。則文由藝而進與道合。斯固文學之巨變。而世之治文章者。所由奉退之之言以爲金科玉律者也。推退之之於文詞。未必如屈原司馬相如。而切於實用過之。退之之於儒術。未必如揚雄。而其說平近易曉過之。此近古以來退之於文學上之勢力所以獨盛歟。蘇子由謂形而上之道。退之不知。然原人原鬼諸篇。亦似非無意於形上之學者。見有審不審耳。茲特著之。

原人

形於上者謂之天。形於下者謂之地。命於其兩間者謂之人。形於上日月星辰皆天也。形於下草木山川皆地也。命於其兩間夷狄禽獸皆人也。曰然則吾謂禽獸曰人可乎。曰非也。指山而問焉曰山乎。曰山可也。山有草木禽獸皆舉之矣。指山之一草問焉曰山乎。曰山則不可。故天道亂而日月星辰不得其行。地道亂而草木山川不得其平。人道亂而夷狄禽獸不得其情。天者日月星辰之主也。地者草木山川之主也。人者夷狄禽獸之主也。主而暴之。不得其爲主之道矣。是故聖人一視而同仁。篤近而舉遠。

原鬼

有嘯於梁。從而燭之無見也。斯鬼乎。曰非也。鬼無聲。有立於堂。從而視之無見也。斯鬼乎。曰非也。鬼無形。有觸吾躬。從而執之。無得也。斯鬼乎。曰非也。鬼無氣。鬼無聲與形。安有氣。曰鬼無聲也。無形也。無氣也。果無鬼乎。曰有形而無聲者。物有之矣。土石是也。有聲而無形者。物有之矣。風霆是也。有聲與形者。物有之矣。人獸是也。無聲與形者。物有之矣。鬼神是也。曰然則有怪而與民物接者何也。曰是有二說。漠然無形與聲者。鬼之常也。人有忤於天。有違於民。有爽於物。逆於倫而感於氣。於是乎鬼有託於形。有憑於聲以應之。而下殃禍焉。皆民之爲也。其既也。又反乎其常。曰何謂物。曰成於形與聲者。土石風霆人獸是也。不能有形與聲。不能無形與聲者。物怪是也。故其作而接於民也無恆。故有動於民而爲禍。亦有動於民而爲福。亦有動於民而莫之爲禍福。適丁民之有是時也。作原鬼。

李石曰。退之作原鬼。與晉阮千里相表裏。然阮瞻無鬼之論。實本於王充。退之贊後漢三賢。充實與焉。則退之殆有取於論衡訂鬼之說而爲之文者爾。然退之作羅池碑。明鬼之威德。

與原鬼異。其他謂孔墨必相用。不相用不足爲孔墨。又好博簺爲游戲諛墓之文。治儒術者或非之。茲不具論。

第四章　韓愈擬古文及其心得

退之之文。擬三代兩漢。至其後則西京以下。蓋不道也。大抵以力去陳言爲始。而終之以養氣。及夫沛然而皆醇。則放之如長江大河。渾浩流轉。杳乎不知其所際焉。說者謂退之潮州以後之文。皆不煩繩削而自合。蓋其養而致之。非一朝一夕之故矣。夫善擬古者。不擬其貌而擬其神。擬其貌者。卽不免勦襲其陳言。故有時貌合而神離。擬其神者。惟陳言之務去。而用心於氣之清濁。聲之高下。故有時貌離而神合。退之擬六經先漢。可謂遺其神而得其貌。然早年亦未必遽至於此也。故退之之擬古及其心得。見於答李翊一書。其辭曰。

六月二十六日愈白李生足下。生之書辭甚高。而其問何下而恭也。能如是。誰不欲告生以其道。道德之歸也有日矣。況其外之文乎。抑愈所謂望孔子之門牆而不入於其宮者。焉足以知是且非邪。雖然。不可不爲生言之。生所謂立言者是也。生所爲者與所期者甚似而幾矣。抑不知生之志。蘄勝於人而取於人邪。將蘄至於古之立言者邪。蘄勝於人而取於人。則固勝於人而可取於人矣。將蘄至於古之立言者。則無望其速成。無誘於勢利。

養其根而俟其實。加其膏而希其光。根之茂者其實遂。膏之沃者其光曄。仁義之人。其言藹如也。抑又有難者。愈之所爲。不自知其至猶未也。雖然。學之二十餘年矣。始者非三代兩漢之書不敢觀。非聖人之志不敢存。處若忘。行若遺。儼乎其若思。茫乎其若迷。當其取於心而注於手也。惟陳言之務去。戛戛乎其難哉。其觀於人。不知其非笑之爲非笑也。如是者亦有年。猶不改。然後識古書之正僞。與雖正而不至焉者。昭昭然白黑分矣。而務去之。乃徐有得也。當其取於心而注於手也。汩汩然來矣。其觀於人也。笑之則以爲喜。譽之則以爲憂。以其猶有人之說者存也。如是者亦有年。然後浩乎其沛然矣。吾又懼其雜也。迎而距之。平心而察之。其皆醇也。然後肆焉。雖然。不可以不養也。行之乎仁義之途。游之乎詩書之源。無迷其途。無絕其源。終吾身而已矣。氣、水也。言、浮物也。水大而物之浮者大小畢浮。氣之與言猶是也。氣盛則言之短長與聲之高下者皆宜。雖如是。其敢自謂幾於成乎。雖幾於成。其用於人也奚取焉。雖然。待用於人者。其肖於器邪。用與舍屬諸人。君子則不然。處心有道。行己有方。用則施諸人。舍則傳諸其徒。垂諸文而爲後世法。如是者其亦足樂乎。其無足樂也。有志乎古者希矣。志乎古必遺乎今。吾誠樂而悲之。亟稱其人。所以勸之。非敢褒其可褒而貶其可貶也。問於愈者多矣。念生之言不志乎利。聊相爲言之。

愈白。

呂居仁曰。退之此書。最見其爲文養氣妙處。蓋此書自言用功爲文之道。其漸進之序有四。非三代兩漢之書不觀。而務去陳言。此一時也。已能去陳言。得心應手。而猶有人之見者存。此第二時也。迎而距之。皆醇焉而後肆。此第三時也。能養氣使盛。言之短長與聲之高下皆宜。此第四時也。然退之擬古之文。今觀其集中猶有轍跡可見。特錄數首以見必如退之而後可以言擬古也。

唐宋間文士。多謂退之能以六經爲文。殆指原道等作。而平淮西碑。乃欲希詩書。其猶在相如子雲之間乎。李商隱爲韓碑詩。直曰點竄堯典舜典字。塗改淸廟生民詩。又曰湯盤孔鼎有述作。今無其器存其辭。或謂推奬過情。然商隱故知古文者。如蘇綽大誥。僕襲字句。視此猶魚目之見大珍矣。陳無已亦云。龍圖孫學士覺謂退之淮西碑。敍如書。銘如詩。

平淮西碑

天以唐克肖其德。聖子神孫。繼繼承承。於千萬年。敬戒不怠。全付所覆。四海九州。罔有內外。悉主悉臣。高祖太宗。既除既治。高宗中睿。休養生息。至于玄宗。受報收功。極熾而豐。物衆地大。孽牙其閒。肅宗代宗。德祖順考。以勤以容。大慝適去。稂莠不薅。相臣將臣。文恬武嬉習熟見聞。以爲當然。（以上歷敍唐之先朝）睿聖文武皇帝。既受羣臣朝。乃考圖數貢。曰。嗚呼。天既全付予有家。今傳次在予。予不能事事。其何以見於郊廟。羣臣震懾。奔走率職。明年平夏。又明年平蜀。又明年平江東。又明年平澤潞。遂定易定。致魏博貝衞澶相。無不從志。皇帝曰。不可究武。予其少息。（以上憲宗前此武功）九年。蔡將死。蔡人立其子元濟以請。不許。遂燒舞陽。犯葉襄城。以動東都。放兵四刦。皇帝歷問于朝。一二臣外。皆曰。蔡帥之不廷授。于今五十年。傳三姓四將。其樹本堅。兵利卒頑。不與他等。因撫而有。順且無事。大官臆決唱聲。萬口附和。并爲一談。牢不可破。（以上廷臣不願伐蔡）皇帝曰。惟天惟祖宗所以付任予者。庶其在此。予何敢不力。況一二臣同。不爲無助。曰光顏。汝爲陳許帥。維是河東魏博郃陽三軍之在行者。汝皆將之。曰重胤。汝故有河陽懷。今益以汝。維是朔方義成陝益鳳翔延慶七軍之在行者。汝皆將之。曰弘。汝以卒萬二千屬而子公武往討之。曰文通。汝守壽。維是宣武淮南宣歙浙西四軍之行于壽者。汝皆將之。曰道古。汝其觀察鄂岳。曰愬。汝帥唐鄧隨。各以其兵進戰。曰度。汝長御史。其往視師。曰度。惟汝予同。汝遂相予。以賞罰用命不用命。曰弘。汝其以節都統諸軍。曰守謙。汝出入左右。汝惟近臣。其往撫師。曰度。汝其往。衣服飲食予士。無寒無飢。以既厥事。遂生蔡人。賜汝節斧通天御帶衞卒三百。凡茲廷臣。汝擇自從。惟其賢能。

無憚大吏庚申予其臨門送汝曰御史予閔士大夫戰甚苦自今以往非郊廟祠祀其無用樂（以上部署諸將相）顏胤武合攻其北大戰十六得柵城縣二十三降人卒四萬道古攻其東南八戰降萬三千再入申破其外城文通戰其東十餘遇降萬二千愬入其西得賊將輒釋不殺用其策戰比有功十二年八月丞相度至師都統弘責戰益急顏胤武合戰益用命元濟盡幷其衆洄曲以備十月壬申愬用所得賊將自文城因天大雪疾馳百二十里用夜半到蔡破其門取元濟以獻盡得其屬人卒辛巳丞相度入蔡以皇帝命赦其人淮西平大饗賚功師還之日因以其食賜蔡人凡蔡卒三萬五千其不樂爲兵願歸爲農者十九悉縱之斬元濟京師（以上平蔡戰功）册功弘加侍中愬爲左僕射帥山南東道顏胤皆加司空公武以散騎常侍帥鄜坊丹延道古進大夫文通加散騎常侍丞相度朝京師道封晉國公進階金紫光祿大夫以舊官相而以其副總爲工部尚書領蔡任既還奏羣臣請紀聖功被之金石皇帝以命臣愈愈再拜稽首而獻文曰

唐承天命遂臣萬邦孰居近土襲盜以狂往在玄宗崇極而圮河北悍驕河南附起四聖不宥屢興師征有不能克益戍以兵夫耕不食婦織不裳輸之以車爲卒賜糧外多失朝曠不岳狩百隸怠官事忘其舊（以上唐中興後方鎮多叛）帝時繼位顧瞻咨嗟惟汝文武孰恤予家既

斬吳蜀。旋取山東。魏將首義。六州降從。淮蔡不順。自以爲彊。提兵叫讙。欲事故常。始命討之。遂連姦鄰。陰遣刺客。來賊相臣。方戰未利。內驚京師。羣公上言。莫若惠來。帝爲不聞。與神爲謀。乃相同德。以訖天誅。以上憲宗與裴相同謀　乃敕顏胤。愬武古通。咸統于弘。各奏汝功。三方分攻。五萬其師。大軍北乘。厥數倍之。常兵時曲。軍士蠢蠢。既翦陵雲。蔡卒大窘。勝之邵陵。郾城來降。自夏入秋。復屯相望。兵頓不勵。告功不時。帝哀征夫。命相往釐。士飽而歌。馬騰於槽。試之新城。賊遇敗逃。盡抽其有。聚以防我。西師躍入。道無留者。以上破蔡　額額蔡城。其疆千里。既入而有。莫不順俟。帝有恩言。相度來宣。誅止其魁。釋其下人。蔡之卒夫。投甲呼舞。蔡之婦女。迎門笑語。蔡人告飢。船粟往哺。蔡人告寒。賜以繒布。始時蔡人。禁不往來。今相從戲。里門夜開。始時蔡人。進戰退戮。今旰而起。左飧右粥。爲之擇人。以收餘憊。選吏賜牛。教而不稅。以上裴公惠政　蔡人有言。始迷不知。今乃大覺。羞前之爲。蔡人有言。天子明聖。不順族誅。順保性命。汝不吾信。視此蔡方。孰爲不順。往斧其吭。凡叛有數。聲勢相倚。吾強不支。汝弱奚恃。其告而長。而父而兄。奔走偕來。同我太平。淮蔡爲亂。天子伐之。既伐而飢。天子活之。以上蔡人知感　始議伐蔡。卿士莫隨。既伐四年。小大竝疑。不赦不疑。由天子明。凡此蔡功。惟斷乃成。既定淮蔡。四夷畢來。遂開明堂。坐以治之。

先是裴度爲淮西宣慰處置等使。退之爲行軍司馬。蔡平隨度還朝。詔撰此碑。退之以元濟之平。多歸功於度。而李愬以入蔡功最高。其妻唐安公主女也。出入禁中。訴碑不實。有詔斲其文。更命翰林學士段文昌爲之。文昌之文見姚鉉文粹。與退之作不待較而明。蘇子瞻錄臨江驛詩云。淮西功業冠吾唐。吏部文章日月光。千載斷碑人膾炙。不知世有段文昌。或云即子瞻詩託之昔人題壁間者。政和間陳珦守蔡州。始視事。謁裴晉公廟。讀平淮西碑。乃文昌所作者。忿然不平。即日磨去。別寫韓文刻之。

晁无咎續楚詞。取於退之者甚多。蓋退之固亦好屈原騷人之文。无咎所取有復志賦、閔己賦、別知賦、訟風伯、弔田橫、享羅池、琴操等篇。朱子作後語。因之。蘇子美又謂感二鳥賦悲激頓挫。有騷人之致。要之退之擬屈原。亦不專襲其貌者。故今觀其詞不甚似也。羅池碑集註引邵氏謂楚詞文章屈原一人耳。宋玉尚不得其髣髴。惟退之羅池碑可方駕以出。(羅池碑晁氏錄之爲享羅池而刪其敍文)然舊書嘗譏此又惑於鬼神。爲退之之過。今錄訟風伯祭田橫二首。以見退之之極思於楚騷也。

訟風伯

維茲之旱兮。其誰之由。我知其端兮。風伯是尤。山升雲兮澤上氣。雷鞭車兮電搖幟。雨寖寖兮將欲墜。風伯怒兮。雲不得止。暘烏之仁兮。念此下民。閟其光兮。不鬬其神。嗟風伯兮。其將謂何。我於爾兮豈有其他。求其時兮修祀事。羊甚肥兮酒甚旨。食足飽兮飲足醉。風伯之怒兮誰使。雲屏屏兮。吹使醨（薄也）之。氣將交兮。吹使離之。鑠之使氣不得化。寒之使雲不得施。嗟爾風伯。欲逃其罪。其又何辭。上天孔明兮。有紀有綱。今我上訟兮。其罪誰當。天誅加兮不可悔。風伯雖死兮。人誰爾傷。

集註樊曰。德宗貞元十九年。正月不雨。至七月甲戌始雨。公時爲四門博士。作此專以刺權臣裴延齡、李齊運、李實等。壅蔽聰明。不順旱饑。專於誅求。使人君恩澤不得下流。如風吹雲而雨澤不得墜也。是年冬公拜御史。竟以言旱饑謫山陽令。晁无咎既繫此篇於續楚詞。而論之曰。旱以諭時澤不下流。風以比小人實爲此厲。雲以媲君子欲施而不可得。以夫爲此厲者。問之也。此楚辭也。而近詩投畀有昊之義。

祭田橫墓文

貞元十一年九月。愈如東京。道出田橫墓下。感橫義高能得士。因取酒祭橫。爲文而弔之。其辭曰。事有曠百世而相感者。余不自知其何心。非今世之所稀。孰爲使余歔欷而不可禁。余既博觀乎天下。曷有庶幾乎夫子之所爲。死者不復生。嗟余去此其從誰。當秦氏之敗亂。得一士而可王。何五百人之擾擾。而不能脫夫子於劍鋩。抑所寶之非賢。亦天命之有常。昔闕里之多士。孔聖亦云其遑遑。苟余行之不迷。雖顚沛其何傷。自古死者非一。夫子至今有耿光。跽陳辭而薦酒。魂髣髴而來享。

晁无咎曰。愈有大志。不爲世知。故行經橫墓。感其義高能得士。而取酒祭橫。爲文以弔之。有傷時思古。慨然有不可復見之意。然田橫安足道哉。故其言曰。非今世之所希。孰爲使余歔欷而不可禁也。又唐宰相如董晉。亦未足言。而晉爲汴州。纔奏愈從事。愈終始感遇。唐稱隴西公而不姓。後從裴度。亦自謂度知己。然度亦終不引愈共天下事。自古以文學擅世名。世忌之。卒不得大柄。雖有世名。如世不知。故愈躊躇發憤。太息於區區之橫。以爲夫苟如橫之好士。天下將有賢於五百人者至焉。按此文作於貞元十一年。次年乃應董晉之辟。而從裴度。更在其後。晁氏引喩及此。殊爲未審。姚姬傳以此文是退之少作。故猶用屈子成句也。

退之平淮西碑。雖擬詩書。而氣象宏富。要是法相如。此進學解送窮文。則擬東方朔揚雄。孫樵嘗謂韓文公以進學解窮。又樵與王霖秀才書曰。玉川子月蝕詩。韓吏部進學解。莫不拔地倚天。句句欲活。讀之如赤手捕長蛇。不施鞚勒騎生馬。急不得暇。莫不捉搦。按本傳。再爲國子博士。既才高數黜。官又下遷。乃作進學解以自喩。執政奇其才。改比部郎中史館修撰。

元和八年三月事也。

進學解

國子先生晨入太學。招諸生立館下。誨之曰。業精於勤。荒於嬉。行成於思。毀於隨。方今聖賢相逢。治具畢張。拔去兇邪。登崇畯良。占小善者率以錄。名一藝者無不庸。爬羅剔抉。刮垢磨光。蓋有幸而獲選。孰云多而不揚。諸生業患不能精。無患有司之不明。行患不能成。無患有司之不公。言未既。有笑於列者曰。先生欺余哉。弟子事先生。於茲有年矣。先生口不絕吟於六藝之文。手不停披於百家之編。記事者必提其要。纂言者必鉤其元。貪多務得。細大不捐。焚膏油以繼晷。恆兀兀以窮年。先生之業。可謂勤矣。觝排異端。攘斥佛老。補苴罅漏。張皇幽眇。尋墜緒之茫茫。獨旁搜而遠紹。障百川而東之。迴狂瀾於既倒。先生之於儒。可謂有勞矣。沈浸醲郁。含英咀華。作爲文章。其書滿家。上規姚姒。渾渾無涯。周誥殷盤。佶屈聱牙。春秋謹嚴。左氏浮誇。易奇而法。詩正而葩。下逮莊騷。太史所錄。子雲相如。同工異曲。先生之於文。可謂閎其中而肆其外矣。少始知學。勇於敢爲。長通於方。左右具宜。先生之於爲人。可謂成矣。然而公不見信於人。私不見助於友。跋前躓後。動輒得咎。暫爲御史。遂竄南夷。三年博士。冗不見治。命與仇謀。取敗幾時。冬煖而兒號寒。年豐而妻啼飢。

頭童齒豁。竟死何裨。不知慮此。而反敎人爲。先生曰。吁、子來前。夫大木爲㝉。細木爲桷。欂櫨侏儒。椳闑扂楔。各得其宜。施以成室者。匠氏之工也。玉札丹砂。赤箭青芝。牛溲馬勃。敗鼓之皮。俱收並蓄。待用無遺者。醫師之良也。登明選公。雜進巧拙。紆餘爲妍。卓犖爲傑。校短量長。惟器是適者。宰相之方也。昔者孟軻好辯。孔道以明。轍環天下。卒老於行。荀卿守正。大論是宏。逃讒於楚。廢死蘭陵。是二儒者。吐辭爲經。擧足爲法。絕類離倫。優入聖域。其遇於世何如也。今先生學雖勤而不繇其統。言雖多而不要其中。文雖奇而不濟於用。行雖修而不顯於衆。猶且月費俸錢。歲靡廩粟。子不知耕。婦不知織。乘馬從徒。安坐而食。踵常途之促促。窺陳編以盜竊。然而聖主不加誅。宰臣不見斥。非其幸歟。動而得謗。名亦隨之。投閒置散。乃分之宜。若夫商財賄之有亡。計班資之崇庳。忘己量之所稱。指前人之瑕疵。是所謂詰匠氏之不以杙爲楹。(杙小楹大)而訾醫師以昌陽引年。欲進其豨苓也。(昌陽即菖蒲服之延年)

送窮文

元和六年正月乙丑晦。主人使奴星結柳作車。縛草爲船。載糗輿粻。牛繫軛下。引帆上檣。三揖窮鬼而告之曰。聞子行有日矣。鄙人不敢問所塗。竊具船與車。備載糗粻。日吉時良。

利行四方。子飯一盂。子啜一觴。攜朋挈儔。去故就新。駕塵彍（音霍張弩也）風。與電爭先。子無底滯之尤。我有資送之恩。子等有意於行乎。屏息潛聽。如聞音聲。若嘯若啼。砉欻嘎嚶。毛髮盡豎。竦肩縮頸。疑有而無。久乃可明。若有言者曰。吾與子居。四十年餘。子在孩提。吾不子愚。子學子耕。求官與名。惟子是從。不變於初。門神戶靈。我叱我呵。包羞詭隨。志不在他。子遷南荒。熱爍濕蒸。我非其鄉。百鬼欺陵。大學四年。朝虀暮鹽。惟我保汝。人皆汝嫌。自初及終。未始背汝。心無異謀。口絕行語。於何聽聞。云我當去。是必夫子信讒。有間於予也。我鬼非人。安用車船。鼻齅馨香。糗粻可捐。單獨一身。誰爲朋儔。子苟備知。可數已不。子能盡言。可謂聖知。情狀既露。敢不迴避。主人應之曰。子以吾爲眞不知也耶。子之朋儔。非六非四。存十去五。滿七除二。各有主張。私立名字。捩手覆羹。轉喉觸諱。凡所以使吾面目可憎。語言無味者。皆子之志也。其名曰智窮。矯矯亢亢。惡圓喜方。羞爲姦欺。不忍害傷。其次名曰學窮。傲數與名。摘抉杳微。高挹羣言。執神之機。又其次曰文窮。不專一能。怪怪奇奇。不可時施。祇以自嬉。又其次曰命窮。影與形殊。面醜心妍。利居衆後。責在人先。又其次曰交窮。磨肌戛骨。吐出心肝。企足以待。寘我讎冤。凡此五鬼。爲吾五患。飢我寒我。興訛造訕。能使我迷。人莫能間。朝悔其行。暮已復然。蠅營狗苟。驅去復還。言未畢。五鬼相與張眼吐舌。跳蹞偃仆。抵掌頓脚。失笑相顧。徐謂主人曰。子知我名。凡我所爲。驅我令去。小黠大癡。人生一世。其久幾何。吾立子名。百世不磨。小人君子。其心不同。惟乖於時。乃與天通。攜持琬琰。易一羊皮。飫於肥甘。慕彼糠糜。天下知子。誰過於余。雖遭斥逐。不忍子疏。謂余不信。請質詩書。主人於是垂頭喪氣。上手稱謝。燒車與船。延之上座。

宋子京曰。退之送窮文、進學解、毛穎傳等篇。皆古人意思未到。可以名家矣。然送窮文與揚子雲逐貧賦大率相類。蓋古人作文皆有所祖述。如司馬相如大人賦。全用屈原遠游中語。杜云遞相祖述復先誰。長卿子美。豈剽竊前人者耶。張文潛曰。韓公送窮文。蓋出子雲逐貧賦。然文彩過逐貧矣。大抵擬前人文章。如子雲擬方朔荅客難。退之進學解擬子雲解嘲。柳子厚晉問擬枚乘七發。皆文章之美也。晁无咎續楚詞載送窮文而系之曰。愈以屢窮不遭時。若有物焉爲之故。託於鬼。謗彼窮我者。車船飲食。謝而遠之。而窮不可去也。則燒車與船。延之上坐。亦卒歸於正之義焉。

文章至漢之西京。已極閎侈辨麗。揚子雲乃欲會衆體而出奇。故其晚年尤好奇字。務爲艱深。又緣傳儒術。將與相如爭雄。然其弊卽流於蹇澀。至於唐樊宗師極矣。退之始有志於文章。則務去陳言。顧去陳言不可不用奇字。是以說者謂退之曹成王碑。造語實法子雲。集註洪曰。退之性不喜書。然嘗云。凡爲文詞。宜略識字。如曹成王碑用剜蟉鏺掀撇掇筊跐等字是也。惟退之爲文不以奇字爲嫌。故於宗師之文稱其文從字順。今觀世傳宗師絳守居園記。雖經訓釋。猶多不可讀。其艱深過揚雄遠矣。退之稱之。殆以爲猶愈於雷同勦說也。今錄曹成王碑。而附以樊紹述墓志銘。庶於退之擬古之意。及所以去陳言之道。可以有所會心焉。

曹成王碑

王姓李氏。諱皋。字子蘭。諡曰成。其先王明。以太宗子國曹。絕復封。傳五王至成王。成王嗣封。在元宗世。蓋於時年十七八。紹爵三年。而河南北兵作。天下震擾。王奉母太妃逃禍民伍。得間走蜀從天子。天子念之。自都水使者拜左領軍衞將軍。轉貳國子祕書。王生十年而失先王。哭泣哀悲。弔客不能閧。喪除。痛刮磨豪習。委己於學。稍長。重知人情。急世之要。恥一不通。侍太妃從天子於蜀。既孝既忠。持官持身。內外斬斬。由是朝廷滋欲試之於民。上元元年。除温州長史。行刺史事。江東新刳於兵。郡旱饑。民交走死無弔。王及州。不解衣。下令掊鎖擴門。悉棄倉實與民。活數十萬人。奏報。升秩少府。與平袁賊。仍徙祕書。兼州別駕。部告無事。遷眞於衡。法成令修。治出張施。聲生勢長。觀察使噎媢（噎妬也　媢怒也）不能出氣。誣以過犯。御史助之。貶潮州刺史。楊炎起道州。相德宗。還王於衡。以直前謾王之遭誣在理。念太妃老。將驚而戚。出則囚服就辯。入則擁笏垂魚。坦坦施施。卽貶於潮。以遷入賀。及是然後跪謝告實。初觀察使虐使將國良往戍界。良以武岡叛。戍衆萬人。斂兵荆黔洪桂伐之。二年尤張。於是以王帥河南將五萬士以討良。爲事。王至則屏兵投良以書。中其忌諱。良羞畏乞降。狐鼠進退。王卽假爲使者。從一騎踔五百里。抵良壁。鞭其門。大呼我曹王來受良降。良今安在。良不得已。錯愕迎拜。盡降其軍。太妃薨。王棄部隨喪之河南葬。及荆被詔責。還會梁崇義反。王遂不敢辭以還。升秩散騎常侍。明年。李希烈反。遷御史大夫。授節帥江西。以討希烈。命至。王出止外舍。禁無以家事關我。裒兵大選江州。羣能著職。王親教之搏力勾卒嬴越之法。曹誅五畀。艦步二萬人。以與賊遌。（遇也音悟）嘬鋒蔡山。踣之。（嘬楚快切謂一舉盡臠禮記無嘬炙踣僵也）剟蘄之黃梅。（剟削也烏丸切）大鞣長平。（鞣熟皮也說文云耎也）鏺廣濟。（說文鏺兩刃木柄可以刈草）掀蘄春。（掀舉出也）撇蘄水。（撇普滅切擊也）掇黃岡。（掇拾取也）筴漢陽。（筴音夾筴著也鍼箭具）行跐汊洲。（跐音紫蹈也）還大膊蘄水界中。（膊音博磔也）披安三縣。（披開也裂也）誅其州。斬僞刺史。標光之北山。（標木杪也光光州）踏隋光化。（踏他合切大食也隋光化二縣名）梏其州。（後漢梏羽檗注案字書從手卽古文攪字謂攪擾也）十抽一推。（抽引也推擊也）救兵州東北屬鄉。還開軍受降大小之戰五十有二。取五州十九縣。民老幼婦女不驚。市賈不變。田之果穀下無一迹。加銀青光祿大夫。工部尚書。改戶部。再換節臨荆及襄。眞食三百。王之在兵。天子西巡於梁。希烈北取汴鄭、東略宋圍陳西取汝亳東都。王坐南方北向。落其角距。賊死。咋（咋仄革切）大（大聲也）不能入寸尺。亡將卒十萬。盡輸其南州。王始政於温。終政於襄。恒平物估。賤斂貴出。民用有經。一吏軌民。使令家聽戶視。姦宄無宿。府中不聞急步疾呼。治民用兵。各有條次。世傳爲法。任馬彝伊愼王諤將。王皆盡其力。能薨。贈右僕射。元和初。以子道古在朝。更贈太子太師。道古中進士第。還司門郎。刺利隋唐睦。徵爲少宗正。兼御史中丞。以節督黔中。朝京師。改命觀察鄂、岳、蘄、沔、安、黃。提其師以伐蔡。且行。泣曰。先王討蔡。實取蘄沔安黃。其惠未亡。今余亦受命有事於蔡。而四州適在吾封。庶其有集。先王薨於今二十五年。吾昆弟在。而墓碑不刻無文。子無用辭。序而詩之。辭曰。

太支十三。曹於弟季。（太宗十四子。其一高宗。餘十三曹。王爲季）或亡或微。曹始就事。曹之祖王。畏塞絕遷。（謂黔州安置）零王黎公。（零陵王黎國公）不聞僅存。子父易封。三王守名。延延百載。以有成王。成王之作。一自其躬。文被明章。武薦畯功。蘇枯弱彊。齦其姦猖。（齦齧也。謂破希烈之罪）以報於宗。以昭於王。王亦有子。處王之所。唯舊之視。蹶蹶陛陛。（蹶蹶行遽也）實取實似。刻詩其碑。爲示無止。

南陽樊紹述墓志銘

樊紹述既卒且葬。愈將銘之。從其家求書。得書號魁紀公者三十卷。曰樊子者又三十卷。春秋集傳十五卷。表牋狀策書序傳記紀誌說論今文讚銘凡二百九十一篇。道路所遇及器物門里雜銘二百二十。賦十。詩七百一十九。曰多矣哉。古未嘗有也。然而必出於己。不襲蹈前人一言一句。又何其難也。必出入仁義。其富若生蓄萬物。必具海含地負。放恣橫從。無所統紀。然而不煩於繩削而自合也。嗚呼。紹述於斯術。其可謂至於斯極矣。生而其家富貴。長而不有其藏一錢。妻子告不足。顧且笑曰。我道蓋是也。皆應曰。然。無不意滿。常以金部郎中告哀南方。還言某帥不治。罷之。以此出爲緜州刺史。一年。徵拜左司郎中。又出刺絳州。緜絳之人。至今皆曰。於我有德。以爲諫議大夫。命且下。遂病以卒。年若干。紹述諱宗師。父諱澤。嘗帥襄陽江陵。官至右僕射。贈某官。祖某官。諱泳。自祖及紹述三世皆以軍謀堪將帥策上第以進。紹述無所不學。於辭於聲。天得也。在衆若無論者。嘗與觀樂。問曰。何如。曰。後當然。已而果然。銘曰。

惟古于詞必己出。降而不能乃剽賊。後皆指前公相襲。從漢迄今用一律。寥寥久哉莫覺屬。神徂聖伏道絕塞。既極乃通發紹述。文從字順各識職。有欲求之此其躅。

退之答李翊書言始惟陳言之務去。今稱紹述辭必己出。異於世之剽襲者。因推漢迄今之弊有神徂聖伏之歎。豈以革衰自任者耶。蓋文章不出難易二端。與爲其易者而公相襲。不如爲其難者之文從字順者也。是退之之徽旨也。然退之所爲擬古者自三代詩書以及莊騷太史相如揚雄。皆其心慕所在。雄以後則蔑之焉。斯不可不察矣。

第五章　文筆合轍及實用文體

古有文筆之分。今有駢散之別。駢文近於文。而散文近於筆。然曰文曰筆曰駢曰散者。其始皆統於文而已。後則其流漸分。劃然若不可復合。然有志之士。未嘗不欲統而一之。惟所見有淺深。才力有大小。是以厥績未覩也。文筆之分。始於漢晉。其後學者務工於文而不重筆。至隋唐而文極敝。退之雖若偏長於筆。（退之善文。孟郊善詩。當時稱孟詩韓筆。劉夢得祭退之文。亦云子長在筆。余長在論。）然其志實欲合文筆而一之。而終又歸之於實用。此退之之所獨到。不可不論者也。

自退之爲文。以統合文筆爲志。而學者從之。此後文筆之分。幾泯然。作者才或不逮退之。則其體勢。每偏近於筆。更宋明以逮於清。號稱爲古文者。大抵皆雜筆也。於是又漸覺文筆之不可不兼重。清世已多肆力於駢文者。即古文家亦申陰陽奇偶之說。以謂毗於單行者之未能盡美。姚姬傳嘗曰。天地之道。陰陽剛柔而已。文者天地之精英。而陰陽剛柔之發也。惟聖人之言。統二氣之會而弗偏。然而易詩書論語所載。亦間有可以剛柔分矣。値其時其人。

告語之體各有宜也。自諸子而降。其爲文無弗有偏者。於是謂有得於陽與剛之美者。有得於陰與柔之美者。而宋歐陽曾公之文皆偏於柔之美者也。姚氏惟論歐陽曾公偏於柔之美。而不及退之。殆以退之能會陰陽剛柔之美而得中者歟。

雖然。姚氏之論似專卽散文言之。蓋就其大別。則駢文毗於陰。散文毗於陽。就其小別。則同爲散文而有毗於陰有毗於陽。同爲駢文而亦有毗於陰有毗於陽。姚氏特究散文一體之陰陽。曾滌生送周荇農序。又以陰陽奇偶而論駢文散文之大別。其言曰。一者陽之變。兩者陰之化。故曰一奇一偶者。天地之用也。文字之道。何獨不然。六籍尚已。自漢以來。爲文者莫善於司馬遷。遷之文其積句也皆奇。而義必相輔。氣不孤伸。彼有偶者存焉。其他善者班固則毗於用偶。韓愈則毗於用奇。蔡邕范曄以下。如潘陸沈任等比者。皆師班氏者也。茅坤所稱八家。皆師韓氏者也。轉相祖述。源遠而流益分。判然若白黑之不類。於是刺議互興。尊丹者非素。而六朝隋唐以來駢偶之文。亦已久王而將厭。宋代諸子。乃承其敝而倡爲韓氏之文。而蘇軾遂稱曰。文起八代之衰。非直其才之足以相勝。物窮則變。理固然也。豪傑之士。所見類不甚遠。韓氏有言。孔子必用墨子。墨子必用孔子。不相用不足爲孔墨。由是言之。彼其於班氏相師而不相非明矣。耳食者不察。遂附此而抹摋一切。又其言多根柢六經。頗爲知道者所取。故古文之名獨尊。而駢偶之文。乃屏而不得與於其列。數百千年。無敢易其說者。所從來遠矣。滌生之說。於駢散奇偶之辨加詳。然未由歷史上文筆分別之源流考之。故猶有所未盡也。

今世通論文學之大別。殆不過二種。(一)美文學。(二)實用文學是也。美文學近於古者之所謂文。實用文學近於古者之所謂筆。然眞工文者。必於美與實用文學無所不能。卽於文與筆之體。兼擅而無所於偏。論美文學之形式。用偶恆多於用奇。實用文學之形式。用奇恆多於用偶。惟神明於用奇用偶。一無畸重。然後可以謂之文豪。在漢則相如子雲。後乎相如子雲。則退之而已。退之與相如子雲。其所以爲文之道雖不盡同。至於兼妙文筆而神明於用奇用偶。無所畸重。是則所同也。故滌生謂退之毗於用奇非矣。惟司馬遷實毗於用奇。遷不能爲詞賦。(今傳遷賦一篇不遠揚馬遠甚)而但爲史書。後人師揚馬則謂史籍事異篇章。顧師揚馬者日趨於縟美。其用偶益多。至齊梁而極。雖自班蔡以下。班蔡尚未可謂之偏於用偶也。故相如子雲以奇偶兼運之文體。自然而變爲用偶獨多之文體。爲美文學之宗。亦時勢所趨也。隋唐以來。世競爲用偶之文。不勝其弊。退之欲復返之於揚馬之本。故曰子雲相如同工異曲。退之希三代六經。下至揚馬而止。於馬遷之毗於用奇者。雖亦有所取焉。然退之固不專效馬遷也。至後之師退之者。皇甫湜孫樵之徒。猶欲奇偶兼運。及宋之歐曾以後。不復能爲退之效揚馬之文。乃偏於用奇。是退之亦以奇偶兼運之文。後世自然變而爲偏於用奇之文體。爲實用文學之宗。亦時勢所趨也。此文筆奇偶變遷之大略也。

然則六朝爲美文學之中心。顧無不推尊揚馬。宋世爲實用文學之中心。顧無不推尊退之。揚馬與退之並能爲奇偶兼運之文體。其流一則偏於用偶。一則偏於用奇。前章所錄退之擬古之文。偏於用奇者未必能也。後人偏於用奇。故近稱退之。而遠宗司馬遷。要之偏於用奇者。亦實用文學所不得不然。茲姑論實用文學之淵源於退之者如下。

宋之爲古文者。皆承歐陽修。歐公最號爲能效法退之者也。而嘗言曰。吾不能爲畫記。蘇子瞻不信此言。以爲非歐公語。以今考之。殆眞歐公之言也。秦少游亦好退之畫記其畫羅漢記以擬之也蓋實用文學之所以貴者。不在於文采之縟麗。而在於辭能達意。故尤在模寫一切事物。洪纖委曲。無不盡其情爲主。狀物書事。其大者多可依傍。惟閒漫細瑣。反難著筆。宜歐公不能不歎退之畫記之工也。

畫記

雜古今人物小畫共一卷。騎而立者五人。騎而被甲載兵立者十人。一人騎執大旗前立。

騎而被甲載兵行且下牽者十人。騎且負者二人。騎執器者二人。騎擁田犬者一人。騎而牽者二人。騎而驅者三人。執羈靮立者二人。騎而下倚馬臂隼而立者一人。騎而驅涉者二人。徒而驅牧者二人。坐而指使者一人。甲胄手弓矢鈇鉞植者七人。甲胄執幟植者十人。負者七人。偃寢休者二人。甲胄坐睡者一人。方涉者一人。坐而脫足者一人。寒附火者一人。雜執器物役者八人。奉壺矢者一人。舍而具食者十有一人。挹且注者四人。牛牽者二人。驢驅者四人。一人杖而負者。婦人以孺子載而可見者六人。載而上下者三人。孺子戲者九人。凡人之事三十有二。為人大小百二十有三、而莫有同者焉。馬大者九匹。於馬之中又有上者、下者、行者、牽者、涉者、陸者、翹者、顧者、鳴者、寢者、訛者、立者、人立者、齕者、飲者、溲者、陟者、降者、痒磨樹者、噓者、嗅者、喜相戲者、怒相踶齧者、秣者、騎者、驟者、走者、載服物者、載狐兔者。凡馬之事二十有七。為馬大小八十有三、而莫有同者焉。牛大小十一頭。橐駝三頭。驢如橐駝之數而加其一焉。隼一。犬羊狐兔麋鹿共三十。旃車三兩。雜兵器弓矢旌旗刀劍矛楯弓服矢房甲胄之屬。缾盂笠簦筐筥錡釜飲食服用之器。壺矢博弈之具。二百五十有一。皆曲極其妙。貞元甲戌年。余在京師。甚無事。同居有獨孤生申叔者。始得此畫。而與余彈棊、余幸勝而獲焉。意甚惜之。以為非一工人之所能運思。蓋藂集眾工人之所長耳。雖百金不願易也。明年出京師。至河陽。與二三客論畫品格。因出而觀之。座有趙侍御者。君子人也。見之戚然若有感然。少而進曰。噫。余之手之所摸也。亡之且二十年矣。余少時常有志乎茲事。得國本絕人事而摸得之。遊閩中而喪焉。居閑處獨。時往來余懷也。以其始為之勞而夙好之篤也。今雖遇之。力不能為已。且命工人存其大都焉。余既甚愛之。又感趙君之事。因以贈之。而記其人馬之形狀與數。而時觀之以自釋焉。

歐公而外。筆力最高。能效退之之文。莫如王介甫。介甫尤長於碑誌之作。而最稱退之王適張徹二志。或云介甫僅稱其銘詞非也志文固佳　蓋二志效史記。最能寫生也。

試大理評事王君墓志銘

君諱適。姓王氏。好讀書。懷奇負氣。不肯隨人後舉選。見功業有道路可指取。有名節可以戾契致困於無資地。不能自出。乃以干諸公貴人。借助聲勢。諸公貴人既志得。皆樂熟軟媚耳目者。不喜聞生語。一見輒戒門以絕。上初即位。以四科募天下士。君笑曰。此非吾時邪。即提所作書。緣道歌吟。趨直言試。既至。對語驚人。不中第。益困。久之。聞金吾李將軍年少喜事可撼。乃踏門告曰。天下奇男子王適。願見將軍白事。一見語合意。往來門下。盧從史既節度昭義軍。張甚。奴視法度士。欲聞無顧忌大語。有以君生平告者。即遣客鉤致君曰。狂子不足以共事。立謝客。李將軍由是待益厚。奏爲其衞胄曹參軍。充引駕仗判官。盡用其言。將軍遷帥鳳翔。君隨往。改試大理評事。攝監察御史。觀察判官。櫛垢爬痒。民獲蘇醒。居歲餘。如有所不樂。一旦載妻子入閿鄉南山不顧。中書舍人王涯。獨孤郁。吏部郎中張惟素。比部郎中韓愈。日發書問訊。顧不可強起。不卽薦。明年九月。疾病。輿醫京師。某月某日卒。年四十四。十一月某日。卽葬京城西南長安縣界中。曾祖爽。洪州武寧令。祖微。右衞騎曹參軍。父嵩。蘇州崑山丞。妻上谷侯氏處士高女。高固奇士。自方阿衡太師。世莫能用吾言。再試吏。再怒去。發狂投江水。初。處士將嫁其女。懲曰。吾以齟齬窮。一女憐之。必嫁官人。不以與凡子。君曰。吾求婦氏久矣。惟此翁可人意。且聞其女賢。不可以失。卽謾謂媒嫗。吾明經及第。且選。卽官人。侯翁女幸嫁。若能令翁許我。請進百金爲嫗謝。諾。許。白翁。翁曰。誠官人耶。取文書來。君計窮吐實。嫗曰。無苦。翁大人。不疑人欺我。得一卷書粗若告身者。我褏以往。翁見未必取眎。幸而聽我。行其謀。翁望見文書銜軸。果信不疑。曰。足矣。以女與王氏。生三子。一男二女。男三歲夭死。長女嫁亳州永城尉姚侹。其季始十歲。銘曰。

鼎也不可以拄車。馬也不可使守閭。佩玉長裾。不利走趨。祇繫其逢。不繫巧愚。不諧其須。有銜不祛。鑽石埋辭。以列幽墟。

給事中清河張君墓志銘

張君名徹。字某。以進士累官至范陽府監察御史。長慶元年。今牛宰相為御史中丞。奏君名節。中御史選。詔即以為御史。其府惜不敢留遣之。而密奏幽州將父子繼續不廷。選且久。今新收。臣又始至。孤怯。須強佐乃濟。發半道。有詔以君還之。仍遷殿中侍御史。加賜朱衣銀魚。至數日。軍亂。怨其府從事。盡殺之。而囚其帥。且相約張御史長者。無侮辱轢蹙我事。毋庸殺。置之帥所。居月餘。聞有中貴人自京師至。君謂其帥公無負此土人。上使至。可因請見自辨。幸得脫免歸。即推門求出。守者以告其魁。魁與其徒皆駭。曰。必張御史。張御史忠義。必為其帥告此餘人。（餘人非畔者黨也恐其以言動之）不如遷之別館。即與眾出。君。君出。罵眾曰汝何敢反。前日吳元濟斬東市。昨日李師道斬於軍中。同惡者父母妻子皆屠死。肉餧狗鼠鴟鵶。汝何敢反。汝何敢反。行且罵。眾畏惡其言。不忍聞。且虞生變。即擊君以死。君抵死口不絕罵。眾皆曰。義士義士。或收瘞之以俟。事聞。天子壯之。贈給事中。其友侯雲長佐鄆使。請於其帥馬僕射。為之選於軍中。得故與君相知張恭李元章者。使以幣請諸范陽。范陽人義而歸之。以聞。詔所在給船轝。傳歸其家。賜錢物以葬。長慶四年四月某日。其妻子以君之喪。葬於某州某所。君弟復。亦進士。佐汴宋。得疾變易。喪心驚惑不常。君得間。即自視衣褥薄厚。節時其飲食。而匕筯進養之。禁其家無敢高語出聲。醫餌之藥。其物多空青雄黃諸奇怪物。劑錢至十數萬。營治勤劇。皆自君手。不假之人。家貧。妻子常有飢色。祖某某官。父某某官。妻韓氏。禮部郎中某之孫。汴州開封尉某之女。於余爲叔父孫女。君嘗從予學。選於諸生而嫁與之。孝順祗修。羣女效其所爲。男若干人。曰某。女子某。銘曰。嗚呼徹也。世慕顧以行。子揭揭也。噎喑以爲生。子獨割也。汶波不清。作冰雪也。仁義以爲兵。用不缺折也。知死不失信。行猛厲也。自申於闇明。莫之奪也。我銘以貞之。不肖者之咀也。

宋以來之實用文學主義。雖出自退之。而實本於歐陽永叔與曾子固。後人爲古文雖稱八家。實宗歐曾二家而已。蓋不惟重在模寫事物。曲盡其狀。又在模寫處極平正。不務出奇。子固文最從容和緩。朱子以理學之儒而爲文。慕子固。故論韓文尤取其規模闊大而平正者。至是而實用文學之體成矣。自宋明以來。至清世之所謂桐城派治古文者。莫不持實用文學主義。卽行文貴寫生。能委曲達其意。又忌奇險巉刻是也。此實合歐陽曾之體而一之。子固論韓文不多見。若朱子則云退之墓誌有怪者。了又喜韓文宴喜亭記及韓弘碑。以碑爲老年筆。並語類　二篇皆韓文中平正者。是宋以後實用文學同祖述退之之大略也。

宴喜亭記（貞元十九年作）

太原王弘中在連州。與學佛之人景常元慧者游。異日從二人者。行於其居之後。丘荒之間。上高而望。得異處焉。斬茅而嘉樹列。發石而清泉激。輦糞壤。焚椔翳。（木立死曰椔　自斃曰翳）卻立而視之。出者突然成丘。陷者呀然成谷。窪者爲池。而缺者爲洞。若來鬼神異物。陰來相之。自是弘中與二人者。晨往而夕忘歸焉。乃立屋以避風雨寒暑。既成。愈請名之。其丘曰俟德之丘。蔽於古而顯於今。有俟德之道也。其石谷曰謙受之谷。瀑曰振鷺之瀑。谷言德。瀑言容也。其土谷曰黃金之谷。瀑曰秩秩之瀑。谷言容。瀑言德也。洞曰寒居之洞。志其入之時也。池曰君子之池。虛以鍾其美。盈以出其惡也。泉之源曰天澤之泉。出高而施下也。合而言之。以屋曰燕喜之亭。取詩所謂魯侯燕喜頌者也。於是州民之聞者。相與觀焉。曰吾州之山水名於天下。然而無與燕喜者比。經營於其側者相接也。而莫宜其地。凡天作而地藏之。以宜其人乎。弘中自吏部外郎貶秩而來。次其道途所經。自藍田山入商洛。涉淅湍。臨漢水。升峴首以望方城。出荊門。下岷江。過洞庭。上湘水。行衡山之下。繇郴踰嶺。猿狖所家。魚龍所宮。極幽遐瓌詭之觀。宜乎於山水飫聞而厭見也。今其意乃若不足。傳曰。智者樂水。仁者樂山。弘中之德。與其所好。可謂協矣。智以謀之。仁以居之。吾知其去是而羽儀於天朝也不遠矣。遂刻石以記。

贈太尉許國公神道碑

韓姬姓。以國氏。其先有自潁川徙陽夏者。其地於今爲陳之太康。太康之韓。其稱蓋久。然自公始大著。公諱宏。公之父曰海。爲人魁偉沈塞。以武勇游仕許汴之間。寡言自可。不與人交。衆推以爲鉅人長者。官至遊擊將軍。贈太師。娶鄉邑劉氏女。生公。是爲齊國太夫人。夫人之兄曰司徒元佐。有功建中貞元之間。爲宣武軍帥。有汴宋亳潁四州之地。兵士十萬人。公少依舅氏。讀書習騎射。事親孝謹。偘偘自將。不縱爲子弟華靡遨放事。出入恭敬。軍中皆目之。嘗一抵京師。就明經試。退曰。此不足發名成業。復去從舅氏學。將兵數百人。悉識其材鄙怯勇。指付必堪其事。司徒歎奇之。士卒屬心。諸老將皆自以爲不及。司徒卒。去爲宋南城將。比六七歲。汴軍連亂不定。貞元十五年。劉逸淮死。軍中皆曰。此軍司徒所樹。必擇其骨肉爲士卒所慕賴者付之。今見在人。莫如韓甥。且其功最大。而材又俊。即柄授之。而請命於天子。天子以爲然。遂自大理評事拜工部尚書。代逸淮爲宣武軍節度使。悉有其舅司徒之兵與地。衆果大悅。便之。當此時。陳許帥曲環死。而吳少誠反。自將圍許。求援於逸淮。啗之以陳歸汴。使數輩在館。公悉驅出斬之。選卒三千人。會諸軍擊少誠許下。少誠失勢以走。河南無事。公曰。自吾舅沒。五亂於汴者。吾苗薅而髮櫛之。幾盡。然不一揃刈。不足令震駴。命劉鍔以其卒三百人待命於門。數之以數與於亂。自以爲功。并斬之以徇。血流被道。自是訖公之朝京師。廿有一年。莫敢有讙呶叫號於城郭者。李師古詐言起事屯兵於曹。以嚇滑師。且告假道。公使謂曰。汝能越吾界而爲盜邪。有以相待。無爲空言。滑師告急。公使謂曰。吾在此。公無恐。或告曰。翦棘夷道。兵且至矣。請備之。公曰。兵來不除道也。不爲應。師古詐窮變索。遷延旋軍。少誠以牛皮鞾材遺師古。師古以鹽資少誠。潛過公界。覺。皆留輸之庫。曰。此於法不得以私相餽。田宏正之開魏博。李師道使來告曰。我代與田氏約相保援。今宏正非其族。又首變兩河事。亦公之所惡。我將與成德合軍討之。敢告。公謂其使曰。我不知利害。知奉詔行事耳。若兵北過河。我卽東兵以取曹。師道懼不敢動。宏正以濟。誅吳元濟也。命公部統將軍曰。無自行以遏北寇。公請使子公武以兵萬三千人會討蔡。下歸財與糧。以濟諸軍。卒擒蔡姦。於是以公爲侍中。而以公武爲鄜坊丹延節度使。師道之誅。公以兵東下。進圍考城。克之。遂進迫曹。曹寇乞降。鄆部旣平。公曰。吾無事於此。其朝京師。天子曰。大臣不可以暑行。其秋之待。公曰。君爲仁。臣爲恭。可矣。遂行。既至。獻馬三千匹。絹五十萬。他錦紈綺纈又三萬。金銀器千。而汴之庫廐錢以貫數者。尚餘百萬絹亦合百餘萬匹馬七千。糧三百萬斛。兵械多至不可數。初公有汴。承五亂之後。掠賞之餘。且斂且給。恆無宿儲。至是公私充塞。至於露積不垣。册拜司徒兼中書令。進見上殿。拜跪給扶。贊元經體。不治細微。天子敬之。元和十五年。今天子卽位。公爲冢宰。又除河中節度使。在鎭三年。以疾乞歸。復拜司徒中書令。病不能朝。以長慶二年十二月三日薨於永崇里第。年五十八。天子爲之罷朝三日。贈太尉。賜布粟。其葬物有司官給之。京兆尹監護。明年七月某日。葬於萬年縣少陵原。京城東南三十里。楚國夫人翟氏祔。子男二人。長曰肅元。某官。次曰公武。某官。肅元早死。公之將薨。公武暴病先卒。公哀傷之。月餘遂薨。無子。以公武子孫紹宗爲主後。汴之南則蔡。北則鄆。二寇患公居間。爲己不利。卑身佞辭。求與公好。薦女請昏。使日月至。既不可得。則飛謀釣謗。以間染我。公先事候情。壞其機牙。姦不得發。王誅以成。最功定次。孰與高下。公子公武。與公一時俱授弓鉞。處藩爲將。疆土相望。公武以母憂去鎭。公母弟充。自金吾代將渭北。公以司徒中書令治蒲。於時弟充自鄭滑節度平宣武之亂。以司空居汴。自唐以來。莫與爲比。公之爲治。嚴不爲煩。止除害本。不多教條。與人必信。吏得其職。賦入無所漏失。人安樂之。在所以富。公與人有畛域。不爲戲狎。人得一笑語。重於金帛之賜。其罪殺人。不發聲色。問法何如。不自爲輕重。故無敢犯者。銘曰。在貞元世。汴兵五獮。將得其人。衆乃一愓。其人爲誰。韓姓許公。磔其梟狼。養以雨風。桑穀奮張。厥壤大豐。貞元元孫。命正我宇。公爲臣宗。處得地所。河流兩壖。盜連爲羣。雄倡雌和。首尾一身。公居其間。爲帝督姦。察其嚬呻。與其睨眴。左顧失視。右顧而跽。蔡先鄆鉏。三年而墟。槁乾四呼。終莫致濡。常山幽都。孰陪孰扶。天施不留。其討不逋。許公預焉。其賚何如。悠悠四方。既廣既長。無有外事。朝廷之治。許公來朝。車馬干戈。相乎將乎。威儀之多。將則是矣。相則三公。釋師十萬。歸居廟堂。上之宅憂。公讓太宰。養安蒲坂。萬邦絕等。有弟有子。提兵守藩。一時三侯。人莫敢攀。生莫與榮。歿莫與令。刻文此碑。以鴻厥慶。

退之所以爲實用文學之宗者。固不止此。茲述其略。餘可以類求焉。

第六章　雜文及游戲

前二章一論退之擬古之心得。以見退之爲文之淵源。一論退之所以爲後世實用文學之宗者。然退之自述爲文之極則。則在養其氣。使之皆醇。而言之短長與聲之高下皆宜。蓋能綜合文筆之長。以幾於神妙不測。而後可以爲至也。雖其縱橫變化。往往入於游戲。而不害其工。退之所以不可及者此耳。今觀集中若此類者。亦多有。李習之獨舉其獲麟解。嘗書以贈陸傪曰。韓愈非茲世之文。古之文也。其詞與意適。則孟軻既沒。亦不見其有過於斯者。嘗書其一章曰獲麟解。其他可以類知也。夫退之文衆矣。而習之舉此篇以其他可類知。謂之詞與意適。非卽縱橫變化無不如意之謂乎。今特著之。

獲麟解

麟之爲靈昭昭也。詠於詩。書於春秋。雜出於傳記百家之書。雖婦人小子。皆知其爲祥也。然麟之爲物也。不畜於家。不恆有於天下。其爲形也不類。非若馬牛犬豕豺狼麋鹿然。然則雖有麟。不可知其爲麟也。角者吾知其爲牛。鬣者吾知其爲馬。犬豕豺狼麋鹿。吾知其爲犬豕豺狼麋鹿。惟麟也不可知。不可知則謂之不祥也亦宜。雖然。麟之出必有聖人在乎位。麟爲聖人出也。聖人者必知麟。麟之果不爲不祥也。又曰。麟之所以爲麟者。以德不以形。若麟之出不待聖人。則其謂之不祥也亦宜哉。

退之爲文。既以養其氣之浩瀚爲主。故神而明之。以適其變。不爲舊時體格所拘。如頌颺哀祭之詞。漢以來多用韻文。退之爲之。則有有韻者。有無韻者。蓋不惟詞必己出。卽體格亦縱意所如。不主故常者也。今錄伯夷頌祭十二郎文二首。

伯夷頌

士之特立獨行。適於義而已。不顧人之是非。皆豪傑之士。信道篤而自知明者也。一家非之。力行而不惑者寡矣。至於一國一州非之。力行而不惑者。蓋天下一人而已矣。至若舉世非之。力行而不惑者。則千百年乃一人而已耳。若伯夷者。窮天地亙萬世而不顧者也。昭乎日月不足爲明。崒乎泰山不足爲高。巍乎天地不足爲容也。當殷之亡周之興。微子賢也。抱祭器而去之。武王周公聖人也。率天下之賢與天下之諸侯而往攻之。未嘗聞有非之者也。彼伯夷叔齊者。乃獨以爲不可。殷既滅矣。天下宗周。彼二子者。獨恥食其粟。餓死而不顧。繇是而言。夫豈有求而爲哉。信道篤而自知明也。今世之所謂士者。凡一人譽之。則自以爲有餘。凡一人沮之。則自以爲不足。彼獨非聖人而自是如此。夫聖人乃萬世之標準也。余故曰。若伯夷者。特立獨行。窮天地亙萬世而不顧者也。雖然。微二子。亂臣賊子接跡於後世矣。

祭兄子十二郎老成文

年月日。季父愈聞汝喪之七日。乃能銜哀致誠。使建中遠具時羞之奠。告汝十二郎之靈。

嗚呼。吾少孤。及長不省所怙。惟兄嫂是依。中年兄沒南方。吾與汝俱幼。從嫂歸葬河陽。既又與汝就食江南。零丁孤苦。未嘗一日相離也。吾上有三兄。皆不幸早世。承先人後者。在孫惟汝。在子惟吾。兩世一身。形單影隻。嫂嘗撫汝指吾而言曰。韓氏兩世。惟此而已。汝時尤小。當不復記憶。吾時雖能記憶。亦未知其言之悲也。吾年十九。始來京城。其後四年而歸視汝。又四年。吾往河陽省墳墓。遇汝從嫂喪來葬。又二年。吾佐董丞相於汴州。汝來省吾。止一歲。請歸取其孥。明年。丞相薨。吾去汴州。汝不果來。是年。吾佐戎徐州。使取汝者始行。吾又罷去。汝又不果來。吾念汝從於東。東亦客也。不可以久。圖久遠者。莫如西歸。將成家而致汝。嗚呼。孰謂汝遽去吾而沒乎。吾與汝俱少年。以爲雖暫相別。終當久與相處。故捨汝而旅食京師。以求斗斛之祿。誠知其如此。雖萬乘之公相。吾不以一日輟汝而就也。去年孟東野往。吾書與汝曰。吾年未四十。而視茫茫。而髮蒼蒼。而齒牙動搖。念諸父與諸兄。皆康彊而早世。如吾之衰者。其能久存乎。吾不可去。汝不肯來。恐旦暮死。而汝抱無涯之戚也。孰謂少者歿而長者存。彊者夭而病者全乎。嗚呼。其信然邪。其夢邪。其傳之非其眞邪。信也。吾兄之盛德而夭其嗣乎。汝之純明而不克蒙其澤乎。少者彊者而夭歿。長者衰者而存全乎。未可以爲信也。夢也。傳之非其眞也。東野之書。耿蘭之報。何爲而在吾側也。嗚呼。其信然矣。吾兄之盛德而夭其嗣矣。汝之純明宜業其家者。不克蒙其澤矣。所謂天者誠難測。而神者誠難明矣。所謂理者不可推。而壽者不可知矣。雖然。吾自今年來。蒼蒼者或化而爲白矣。動搖者或脫而落矣。毛血日益衰。志氣日益微。幾何不從汝而死也。

死而有知。其幾何離。其無知。悲不幾時。而不悲者無窮期矣。汝之子始十歲。吾之子始五歲。少而彊者不可保。如此孩提者。又可冀其成立邪。嗚呼哀哉。嗚呼哀哉。汝去年書云。比得輭脚病。往往而劇。吾曰。是疾也。江南之人。常常有之。未始以爲憂也。嗚呼。其竟以此而殞其生乎。抑別有疾而至斯乎。汝之書。六月十七日也。東野云。汝歿以六月二日。耿蘭之報無日月。蓋東野之使者。不知問家人以日月。如耿蘭之報。不知當言月日。東野與吾書。乃問使者。使者妄稱以應之耳。其然乎。其不然乎。今吾使建中祭汝。弔汝之孤與汝之乳母。彼有食可守以待終喪。則待終喪而取以來。如不能守以終喪。則遂取以來。其餘奴婢並令守汝喪。吾力能改葬。終葬汝於先人之兆。然後惟其所願。嗚呼。汝病吾不知時。汝歿吾不知日。生不能相養以共居。歿不得撫汝以盡哀。斂不憑其棺。窆不臨其穴。吾行負神明。而使汝夭。不孝不慈。而不得與汝相養以生。相守以死。一在天之涯。一在地之角。生而影不與吾形相依。死而魂不與吾夢相接。吾實爲之。其又何尤。彼蒼者天。曷其有極。自今已往。吾其無意於人世矣。當求數頃之田於伊潁之上。以待餘年。教吾子與汝子。幸其成。長吾女與汝女。待其嫁。如此而已。嗚呼。言有窮而情不可終。汝其知也邪。其不知也邪。嗚呼哀哉。尚饗。

蘇子瞻曰。歐陽公言晉无文章。唯陶淵明歸去來一篇而已。余亦謂唐無文章。惟韓退之送李愿歸盤谷序一篇而已。平生欲效此作一篇。每執筆輒罷。因自笑曰不若且放教退之獨步。子瞻推此序至此。然與淵明之歸去來並舉。殆重其隱退之意耶。要其文亦極縱橫變恣。退之贈人序不主一格。多可喜有時雜以詼諧戲謔之詞。並極其妙。茲獨著送李愿一首。

送李愿歸盤谷序

太行之陽有盤谷。盤谷之間。泉甘而土肥。草木叢茂。居民鮮少。或曰。謂其環兩山之間。故曰盤。或曰。是谷也。宅幽而勢阻。隱者之所盤旋。友人李愿居之。愿之言曰。人之稱大丈夫者。我知之矣。利澤施於人。名聲昭於時。坐於廟朝。進退百官。而佐天子出令。其在外。則樹旗旄。羅弓矢。武夫前呵。從者塞途。供給之人。各執其物。夾道而疾馳。喜有賞。怒有刑。才畯滿前。（畯一作俊）道古今而譽盛德。入耳而不煩。曲眉豐頰。清聲而便體。秀外而惠中。飄輕裾。翳長袖。粉白黛綠者。列屋而閑居。妬寵而負恃。爭妍而取憐。大丈夫之遇知於天子。用力於當世者之爲也。吾非惡此而逃之。是有命焉。不可幸而致也。窮居而野處。升高而遠望。坐茂樹以終日。濯清泉以自潔。採於山。美可茹。釣於水。鮮可食。起居無時。惟適所安。與其譽於前。孰若無毀於其後。與其樂於身。孰若無憂於其心。車服不維。刀鋸不加。理亂不知。黜陟不聞。大丈夫不遇於時之所爲也。我則行之。伺候於公卿之門。奔走於形勢之途。足將進而趑趄。（行不進貌）口將言而囁嚅。處汚穢而不羞。觸刑辟而誅戮。僥倖於萬一。老死而後止者。其於爲人賢不肖何如也。昌黎韓愈聞其言而壯之。與之酒而爲之歌曰。盤之中。惟子之宮。盤之下土。（一作）惟子之稼。盤之泉可濯可湘。（湘烹也一作沿）盤之阻誰爭子所。窈而深。廓其有容。繚而曲。如往而復。嗟盤之樂兮。樂且無央。虎豹遠跡兮。蛟龍遁藏。鬼神守護兮。呵禁不祥。飲且食兮壽而康。無不足兮奚所望。膏吾車兮秣吾馬。從子於盤兮。終吾生以徜徉。

退之固嘗以文爲戲。子瞻詩所謂退之仙人也。游戲於斯文。當時尤以毛穎傳爲游戲之尤者。柳子厚甚以爲怪。舊史云。愈作毛穎傳。譏戲不近人情。此文章之甚紕繆者。然李肇國史補。獨以毛穎傳文尤高。不下史遷。談藪亦謂似太史公筆。宋子京以與送窮文等並稱。以爲皆古人意思未到。所謂善戲謔兮不爲虐兮者也。退之合觀古來文章。極意變化。自肆爲後世文體拓無數境界。寧得以其游戲議之乎。

毛穎傳

毛穎者。中山人也。其先明眎。（兔曰明眎）佐禹治東方土。養萬物有功。因封於卯地。死爲十二神。嘗曰。吾子孫神明之後。不可與物同。當吐而生。已而果然。明眎八世孫䨲。世傳當殷時居中山。得神仙之術。能匿光使物。竊姮娥。騎蟾蜍入月。其後代遂隱不仕云。居東郭者曰㕙。狡而善走。與韓盧爭能。韓盧天下之疾犬盧不及。盧怒。與宋捉晉鵲宋之良犬謀而殺之。醢其家。秦始皇時。蒙將軍恬南伐楚。次中山。將大獵以懼楚。召左庶長與軍尉。以連山筮之。得天與人文之兆。筮者賀曰。今日之獲。不角不牙。衣褐之徒。缺口而長鬚。八竅而趺居。獨取其髦。簡牘是資。天下同其書。秦其遂兼諸侯乎。遂獵。圍毛氏之族。拔其豪。載穎而歸。獻俘於章臺宮。聚其族而加束縛焉。秦始皇使恬賜之湯沐。而封諸管城。號管城子。日見親寵任事。穎爲人強記而便敏。自結繩之代。以及秦事。無不纂錄。陰陽卜筮占相醫方族氏山經地志字書圖畫九流百家天人之書。及至浮屠老子外國之說。皆所詳悉。又通於當代之務。官府簿書。市井貨錢注記。惟上所使。自秦皇帝及太子扶蘇胡亥丞相李斯中車府令高下及國人。無不愛重。又善隨人意。正直邪曲巧拙。一隨其人。雖後見廢棄。終默不漏。惟不喜武士。然見請亦時往。累拜中書令。與上益狎。上嘗呼爲中書君。上親決事。以衡石自程。秦始皇紀天下之事無大小皆決於上上至以衡石量書日夜有程不中程不得休息石百二十斤也雖宮人不得立左右。獨穎與執燭者常侍。上休乃罷。穎與絳人陳玄弘農陶泓及會稽褚先生友善。相推致。其出處必偕。上召穎。三人者不待詔。輒俱往。上未嘗怪焉。後因進見。上將有任使。拂拭之。因免冠謝。上見其髮禿。

又所摹畫、不能稱上意。上嘻笑曰。中書君老而禿。不任吾用。吾嘗謂君中書。而今不中書耶。對曰。臣所謂盡心者。因不復召。歸封邑。終於管城。其子孫甚多。散處中國夷狄。皆冒管城。惟居中山者。能繼父祖業。太史公曰。毛氏有兩族。其一姬姓。文王之子。封於毛。所謂魯衞毛聃者也。戰國時有毛公毛遂。獨中山之族。不知其本所出。子孫最爲蕃昌。春秋之成。見絕於孔子。而非其罪。及蒙將軍拔中山之豪。始皇封之管城。世遂有名。而姬姓之毛無聞。穎始以俘見。卒見任使。秦之滅諸侯。穎與有功。賞不訓勞。以老見疏。秦眞少恩哉。

退之之文。善者最多、有諸家選錄與全集在。今僅論次其體勢之尤有關者。及與退之所以自得之大而爲後人尤所推重效法者也。

第七章　韓愈之詩體

退之詩體。亦自成一家。宋人蓋多宗之。中山詩話曰。歐陽永叔不甚喜杜詩。謂韓吏部絕倫。吏部於唐世文章。未嘗屈下。獨稱道李杜不已。歐貴韓而不悅子美。所不可曉。然宋之重韓詩者。固不惟永叔。卽蘇黃亦多學韓詩。平心考之。退之詩自不逮李杜。其閎博壯偉。亦特有所長。退之先嘗學文選詩。如秋懷詩等是也。後乃汪洋浩瀚。以文勢行之。蘇黃大抵多效退之七言古。退之七古。感春四首、石鼓歌之類。是學子美。餘多自出一體。如和皇甫湜渾陸山火。效玉川子月蝕詩、尤奇怪縱恣。亦有律調深穩婉易之作、今略錄一二首。

山石

山石犖确行徑微、黃昏到寺蝙蝠飛。升堂坐堦新雨足。芭蕉葉大梔子肥。僧言古壁佛畫好。以火來照所見稀。鋪牀拂席置羹飯。疏糲亦足飽我飢。夜深靜臥百蟲絕、清月出嶺光入扉。天明獨去無道路。出入高下窮煙霏、山紅澗碧紛爛漫。時見松櫪皆十圍。當流赤足踏澗石。水聲激激風生衣。人生如此自可樂。豈必局束爲人鞿。嗟哉吾黨二三子。安得至老更不歸、

贈侯喜

吾黨侯生字叔起。呼我持竿釣溫水。平明鞭馬出都門、盡日行行荊棘裏。溫水微茫絕又流。深如車轍闊容輈、蝦蟆跳過雀兒浴、此縱有魚何足求。我爲侯生不能已。盤鍼擘粒投泥滓。晡時堅坐到黃昏、手倦目勞方一起、暫動還休未可期。蝦行蛭渡似皆疑。舉竿引綫忽有得。一寸纔分鱗與鬐、是日侯生與韓子。良久歎息相看悲。我今行事盡如此、此事正好爲吾規。半世遑遑就舉選。一名始得紅顏衰。人間事勢豈不見。徒自辛苦終何爲。便當提攜妻與子、南入箕潁無還時。叔起君今氣方銳、我言至切君無嗤、君欲釣魚須遠去。大

魚豈肯居沮洳。

寒食日出游夜歸張十一院長見示病中憶花九篇因此投贈

李花初發君始病。我往看君花轉盛。走馬城西惆悵歸。不忍千株雪相映。邇來又見桃與梨。交開紅白如爭競。可憐物色阻攜手。空展霜縑吟九詠。紛紛落盡泥與塵。不共新粧比端正。桐花最晚今已繁。君不強起時難更。關山遠別固其理。寸步難見始知命。憶昔與君同貶官。夜渡洞庭看斗柄。豈料生還得一處。引袖拭淚悲且慶。各言生死兩追隨。直置心親無貌敬。念君又署南荒吏。路指鬼門幽且夐。三公盡是知音人。何不薦賢陛下聖。囊空甑倒誰救之。我今一食日還併。自然憂氣損天和。安得康強保天信。今朝寒食行野外。綠楊帀岸蒲生迸。宋玉庭邊不見人。輕浪參差魚動鏡。飲酒寧嫌琖底深。題詩尚倚筆鋒勁。明宵固欲相就醉。有月莫愁當火令。火令謂禁煙節

退之五言絕作。實在南山詩。其鋪敘閎侈。蓋出相如上林子虛賦。才力小者不可到也。南山蓋終南山。潛溪詩眼云。孫莘老嘗謂老杜北征勝退之南山詩。王平甫以為南山勝北征。終不能相服。時山谷尚少。乃曰。若能工巧。則北征不及南山。若書一代之事。以與國風雅頌相為表裏。則北征不可無。而南山雖不作未害也。二公之論遂定。要之北征與南山不可並論。

殆是各有所長耳。

南山詩

吾聞京城南。茲維羣山囿。東西兩際海。巨細難悉究。山經及地志。茫昧非受授。團辭試提挈。團辭謂團集其詞挂一念萬漏。欲休諒不能。粗敍所經覯。嘗昇崇丘望。戢戢見相湊。晴明出稜角。縷脈碎分繡。蒸嵐相澒洞。表裏忽通透。無風自飄簸。融液煦柔茂。橫雲時平凝。點點露數岫。天空浮修眉。濃綠畫新就。孤撐有巉絕。海浴褰鵬噣。噣鳥口已上總敍南山大概春陽潛沮洳。濯濯吐深秀。巖巒雖崒𡾊。峻貌軟弱類含酎。酎之言醇也夏炎百木盛。蔭鬱增埋覆。神靈日歊歔。氣出貌言山谷鳴吼如神靈也雲氣爭結構。秋霜喜刻轢。磔卓立癯瘦。磔裂也參差相疊重。剛耿陵宇宙。冬行雖幽墨。冰雪工琢鏤。新曦照危峨。億丈恆高袤。明昏無停態。頃刻異狀候。已上敍四時變態西南雄太白。山名突起莫間簉。簉倅也齊也藩都配德運。分宅占丁戊。丁戊謂西南逍遙越坤位。詆訐陷乾竇。太白非特占西南坤位又侵東北乾位空虛寒兢兢。風氣較搜漱。朱維方燒日。陰霰縱騰糅。昆明大池北。去覿偶晴晝。緜聯窮俯視。倒側困清漚。微瀾動水面。踴躍躁猱狖。驚呼惜破碎。仰喜呀不仆。已上言南山方隅連亙之所前尋經杜墅。杜即杜陵坌蔽畢原陋。畢原周文武葬處崎嶇上軒昂。始得觀覽富。行行將遂窮。嶺陸煩互走。勃然思坼裂。擁掩難恕宥。巨靈與夸娥。夸娥負山見列子遠賈期必

售。還疑造物意。固護蓄精祐。力雖能排斡。（斡轉也）雷電怯呵詬。攀緣脫手足。蹭蹬抵積甃。茫
如試矯首。堛塞生怐愗。（堛土塊怐音寇愗音茂怐愗愁怨貌）威容喪蕭爽。近新迷遠舊。拘官計日月。欲進不
可又。因緣窺其湫。凝湛閟陰獸。（陰獸謂湫中蛟蜃畜也）魚蝦可俯掇。神物安敢寇。林柯有脫葉。欲墮
鳥驚救。爭銜彎環飛。投棄急哺鷇。（鳥生須哺曰鷇音寇）旋歸道迴睨。達枿壯復奏。吁嗟信奇怪。峙質
能化貿。（貿易也）前年遭譴謫。（謂貞元十九年十二月自監察御史謫連州山陽縣令）探歷得邂逅。初從藍田入。顧盼勞
頸脰。時天晦大雪。淚目苦矇瞀。峻塗拖長冰。直上若懸溜。褰衣步推馬。顛蹶退且復。蒼黃
忘遐睎。（睎視也）所矚纔左右。杉篁咤蒲蘇。杲耀攢介冑。專心憶平道。脫險逾避臭。昨來逢清
霽。宿願忻始副。崢嶸躋冢頂。倏閃雜鼯鼬。前低劃開闊。爛漫堆衆皺。或連若相從。或蹙若
相鬬。或妥若弭伏。或竦若驚雊。或散若瓦解。或赴若輻湊。或翩若船游。或決若馬驟。或背
若相惡。或向若相佑。或亂若抽筍。或嵲若炷灸。或錯若繪畫。或繚若篆籀。或羅若星離。或
蓊若雲逗。或浮若波濤。或碎若鋤耨。或如賁育倫。賭勝勇前購。先強勢已出。後鈍嗔詎譳。
（詎譳不能言也上音鬭下音耨）或如帝王尊。叢集朝賤幼。雖親不褻狎。雖遠不悖謬。或如臨食案。肴核分
飣餖。又如游九原。墳墓包槨柩。或纍若盆甖。或揭若登豆。或覆若曝鱉。或頹若寢獸。或蜿
若藏龍。或翼若搏鷲。或齊若友朋。或隨若先後。或迸若流落。或顧若宿留。（宿留有所須待也）或戾

若仇讎。或密若婚媾。或儼若峨冠。或翻若舞袖。或屹若戰陣。或圍若蒐狩。或靡然東注。或偃然北首。或如火熺焰。或若氣饙餾。（饙餾蒸飯）或行而不輟。或遺而不收。或斜而不倚。或弛而不彀。或赤若禿鬝。或燻若柴槱。或如龜坼兆。或如卦分繇。或前橫若剶。或後斷若姤。（剶姤二卦）延延離又屬。夬夬叛還遘。喁喁魚闖萍。落落月經宿。（宿列星）誾誾樹牆垣。巘巘架庫廄。參參削劍戟。煥煥銜瑩琇。（瑩琇美石）敷敷花搜蕚。闟闟屋摧霤。悠悠舒而安。兀兀狂以狃。超超出猶奔。蠢蠢駭不懋。（已上並敍其經歷所見之狀）大哉立天地。經紀肖營腠。（營衞腠理）厥初孰開張。僶俛誰勸侑。創茲樸而巧。戮力忍耻疚。得非施斧斤。無乃假詛呪。鴻荒竟無傳。功大莫酬僦。（僦賃也）嘗聞於祠官。芬苾降歆齅。斐然作歌詩。惟用贊報酭。

退之聯句諸詩。亦前古未有。聯句創自柏梁。後偶有嗣作。皆落落短篇。退之爲之。始加以巨麗。竟如揚馬諸賦。劉貢父論城南聯句曰。東野與退之聯句。宏壯辯博。似若不出一手。王深父曰。退之究有潤色。惟黃山谷謂退之不能潤色東野。東野或能潤色退之。要之。韓集聯句諸篇。其署名同作。雖非一人。而句調氣勢。政復相類。不惟前古所無。後亦未見能繼者。則此體不得不謂退之獨勝也。茲錄城南一首

城南聯句一百五十韻

竹影金鏁碎。(郊)泉聲玉淙琤。瑠璃翦木葉。(愈)翡翠開園英。流滑隨仄步。(郊)搜尋得
深行。遙岑出寸碧。(愈)遠目增雙明。乾穟紛拄地。(郊)化蟲枯挶莖。化蟲已枯衍挶持草木之莖木腐
或垂耳。(愈)草珠競駢睛。浮虛有新斸。(郊)擢抗饒孤撐。囚飛黏網動。(愈)囚飛謂蛛所囚蟲類盜啅
接彈驚。啅衆口謂鳥雀脫實自開坼。(郊)實果也牽柔誰繞縈。柔蔓草禮鼠拱而立。(愈)駭牛躅且鳴。蔬
甲喜臨社。(郊)田毛樂寬征。露螢不自暖。(愈)凍蝶尙思輕。欲飛宿羽有先曉。(郊)食鱗時
半橫。食方之魚菱翻紫角利。(愈)荷折碧圓傾。楚膩鱣鮪亂。(郊)獠羞螺蟹并。羞食也桑蠖見虛
指。(愈)言桑蟲空有跡穴狸聞鬭獰。逗翳翅相築。(郊)言鳥止林陰翼相觸擺幽尾交搒。薄庚反擺於幽僻如蛇類蔓涎角出
縮。(愈)謂蝸牛樹啄頭敲鏗。謂啄木鳥脩箭裊金餌。(郊)謂竹羣鮮沸池羹。鮮小魚岸殼坼玄兆。(愈)野麰
漸豐萌。窰煙羃疏島。(郊)沙篆印迴平。烏跡在沙痒肌遭蚝刺。(愈)蚝七吏反毛蟲啾耳聞雞生。奇慮恣
迴轉。(郊)遐睎縱逢迎。巔林戢遠睫。(愈)縹氣夷空情。歸跡歸不得。(郊)捨心捨還爭。靈
麻攝狗虱。(愈)狗虱胡麻也村稚啼禽猩。紅皺曬簷瓦。(郊)果實紅而皺者或謂乾棗黃團繫門衡。黃團瓜蔞衡橫木得
雋蠅虎健。(愈)相殘雀豹趟。雀豹雀之鷙者趟跳躍束枯樵指禿。(郊)刈熟擔肩頳。澀旋皮卷臠。(愈)
澀旋轉肩也卷臠皮皺貌苦開腹膨脝。苦開力苦作氣也膨脝腹脹貌機舂潺湲力。(郊)機舂杵臼也吹簸飄飄精。賽饌木盤
簇。(愈)賽饌祭食敹妖藤索絣。鞦小兒履一云此句疑指鞦韆已上泛言城南景物之盛荒學五六卷。(郊)古藏四三塋。里儒

拳足拜。（愈）土怪閃眸偵。跡道補復破。（郊）絲窠掃還成。指蛛網之類暮堂蝙蝠沸。（愈）破竈蚼蟻盈。追此訊前主。（郊）答云皆冢卿。敗壁剝寒月。（愈）折篁嘯遺笙。祛薰霏霏在。（郊）蓁跡微微呈。劍石猶竦檻。（愈）獸材猶拏楹。獸形極刻寶唾拾未盡。（郊）玉啼墮猶鎗。聽緗疑閟鬒。（愈）粧燭已銷檠。綠鬟抽珉甃。（郊）綠髮謂苔青膚聳瑤楨。瑤楨剛木白蛾飛舞地。（愈）幽蠹落書棚。已上言郊墟宅墅之古廢惟昔集嘉詠。（郊）吐芳類鳴嚶。窺奇摘海異。（愈）恣韻激天鯨。腸胃繞萬象。（郊）精神驅五兵。蜀雄李杜拔。（愈）嶽力雷車轟。大句斡元造。（郊）高言軋霄崢。霄崢山之切雲者芒端轉寒煥。（愈）神助溢盃觥。巨細各乘運。（郊）湍瀾亦騰聲。湍急水瀾不流水淩花咀粉蘂。（郊）削縷穿珠櫻。櫻桃如珠綺語洗晴雪。（愈）嬌辭哢雛鶯。酣歌雜弁珥。（郊）繁價流金瓊。菡萏寫紅調。（郊）葳蕤綴藍瑛。庖霜鱠玄鯽。（愈）淅玉炊香粳。朝饌已百態。（郊）春醪又千名。哀匏蹙駛景。（愈）冽唱凝餘晶。解魄不自主。（郊）解魄謂魂魄解散痺肌坐空瞠。扳援賤蹊絕。（愈）謂賤者不得扳援而至炫耀仙吏更。叢巧競採笑。（郊）駢鮮互探嬰。鮮新也桑變忽蕪蔓。（愈）樟裁浪登丁。言樟木其斲登丁然聲霞鬬詎能極。（郊）風期誰復賡。皋區扶帝壤。（愈）皋神皋也瓌蘊郁天京。祥色被文彥。（郊）良材插杉檉。隱伏饒氣象。（愈）興潛示堆坑。擘華露神物。（郊）擁終南終儲地禎。訏謨壯締始。（愈）輔弼登階清。階泰階坌秀恣塡塞。（郊）呀靈滀渟澄。益大連漢魏

(愈)肇初邁周嬴。積照涵德鏡。(郊)傳經儷金籯。食家行鼎鼐。(愈)寵族飫弓旌。奕制盡
從賜。(郊)殊私得逾程。飛橋上架漢。(愈)繚岸俯窺瀛。瀟碧遠輸委。(郊)湖嶔費攜擎。湖嶔謂
石蓟苣從大漢。(愈)楓櫧至南荆。嘉植鮮危朽。(郊)膏埋易滋榮。懸長巧紐翠。(愈)紐結也 象
曲善攢珩。攢聚也 魚口星浮沒。(郊)馬毛錦斑騂。五方亂風土。(愈)百種分鉏耕。葩蘖相妬
出。(郊)菲茸共舒晴。類招臻倜詭。(愈)翼萃伏衿纓。危望跨飛動。(郊)危望登高望也 冥升躡登閎。
春游轢靃靡。(愈)靃靡草木弱貌 彩伴颺嫈嫇。嫈嫇新婦貌 遺燦飄的皪。(郊)的皪白狀 淑顏洞精誠。嬌應如在
瘖。(愈)頹意若含酲。鵷毛翔衣帶。(郊)鵝肪截珮璜。珮玉白如鵝肪 文昇相照灼。(愈)文謂文士 武勝屠
攙搶。割錦不讎價。(郊)構雲有高營。營屋於高處 通波物鱗介。(愈)疏畹富蕭薌。買養馴孔翠。
(郊)遠苞樹蕉栟。鴻頭排刺芡。(愈)鶻鷇攢瓌橙。鴻頭鶻鷇喻芡橙之狀 已苦角切 上言土地人物富華之盛 驚廣
雜良牧。(郊)蒙休賴先盟。罷旄奉環衞。(愈)守封踐忠貞。戰服脫明介。(郊)朝冠飄彩紘。
爵勳逮童隸。(愈)簪笏自懷繃。繃襁褓膺爵 乳下笑嶷嶷。(郊)椒蕃泣喤喤。喤喤喻兒啼子孫之多 貌鑑淸
溢匜。(愈)眸光寒發硎。館儒養經史。(郊)綴戚觴孫甥。考鐘饋肴核。(愈)戞鼓侑牢牲。飛
膳自北下。(郊)函珍極東烹。如瓜煮大卵。(愈)比線茹芳菁。海嶽錯口腹。(郊)燕趙錫嫱
嫈。一笑釋仇恨。(愈)百金交弟兄。貨至貊戎市。(郊)呼傳鸘鴰令。順居無鬼瞰。(愈)抑橫

兗官評。已上言門第簪纓之家殺候肆陵翦。(郊)殺候謂肅殺之候籠原而暨紭。羽空顛雉鵽。(愈)血路迸狐
麛。大鹿折足去踸踔。(郊)蹙鬐怒髟鬤。鬤音彰躍犬疾翥鳥。(愈)呀鷹甚飢虿。算蹄記功賞。(郊
裂眦相撐振。相撐拄也猛𩡂牛馬樂。(愈)謂猛獸𩡂妖殘梟鴟惸。窟窮尙嗔視。(郊)箭出方驚抨。連箱
載已實。(愈)礙轍棄仍贏。喘覷鋒刃點。(郊)點擊也困衝株栫盲。掃淨豁曠曠。(愈)騁遙略苹
苹。饞扠飽活𥉌。(郊)惡嚼𡁚腥鯖。已上言射獵之盛歲律及郊至。(愈)古音命韶頀。旗旆流日月。
(郊)帳廬扶棟甍。磊落奠鴻璧。(愈)大璧參差席香藑。香茅玄祇祉兆姓。(郊)黑秬𩟄豐盛。慶流
蠲瘥癘。(愈)威暢捐轥轢。兵車靈燔望高冏。(郊)龍駕聞敲飆。暴風是惟禮之盛。(愈)永用
表其宏。德孕厚生植。(郊)恩熙完刖剠。已上言行郊祀之禮宅土盡華族。(愈)連田間強甿。蔭庾森
嶺檜。(郊)啄場翽祥鵬。哇肥翦韭𩟔。(愈)陶固收盆罌。利養積餘健。(郊)孝思事嚴祊。掘
雲破嵽嵲。(愈)採月漉坳泓。寺砌上明鏡。(郊)石光如鏡僧盂敲曉鉦。泥像對騁怪。(愈)鐵鐘孤
春鍠。瓕頸鬧鳩鴿。(郊)蜿垣亂蛷蠑。蛷多足蟲蠑蜥蜴葚黑老蠶蠋。(愈)麥黃韻鸝鶊。韶曙遲勝
賞。(郊)賢明戒先庚。騶門塡偪仄。(愈)競墅輾砯砰。碎纈紅滿杏。(郊)稠凝碧浮餳。蹴繩
覲娥婺。(愈)蹴繩謂鞦韆戲鬬草擷璣珵。粉汗澤廣䫜。(郊)金星墮連瓔。鼻偸困淑郁。(愈)淑郁香氣眼
剽強盯𧈻。是節飽顏色。(郊)茲疆稱都城。書饒罄魚繭。(愈)紀盛播琴箏。已上言里人遊行之樂奚

必事遠覿。(郊) 無端逐羈傖。將身親魍魅。(愈) 浮跡侶鷗鶺。腥味空奠屈。(郊)屈原 天年徒羨彭。驚魂見蛇蚓。(愈) 觸嗅値蝦蟚。幸得履中氣。(郊) 忝從拂天棖。歸私暫休暇。(愈) 驅明出庠黌。已上言退之出爲山陽令召爲國子博士也 鮮意竦輕暢。(郊) 連輝照瓊瑩。陶暄逐風乙。(愈)乙燕也 躍視舞晴蜻。足勝自多詣。(郊) 心貪敵無勍。始知樂名教。(愈) 何用苦拘儜。畢景任詩趣。(郊) 焉能守硜硜。(愈)

李漢謂稱聯句十篇今集中實十一篇。皆閎侈瓌瑋。又有石鼎聯句。託以爲軒轅彌明作。或曰退之自作以寓其滑稽耳。退之詩要以南山及聯句諸作。體自己創。不依傍前人。故具錄之如此。

第八章　韓愈與並世文人

與退之同舉進士。並以文學著者。有李觀、歐陽詹。而平日同官相契。則柳宗元劉禹錫。獨子厚與退之齊名。後世稱曰韓柳。李觀才力亦差肩於韓柳之間。惜其蚤卒。然當日與退之以古文砥礪。聲氣相等。在朋友之間者。惟此數子而已。茲論諸人文章所長及其與退之之交際於後。

（一）柳宗元

柳宗元。字子厚。其先河東人。後徙於吳。貞元間爲禮部員外郎。與王叔文善。叔文敗。貶永州司馬。後移撫州刺史。子厚與退之並爲古文。平日貽書往來甚衆。盛相推許。子厚之卒。退之志其墓曰。雄深雅健。似司馬子長。崔蔡不足多也。先是李華梁肅之徒。雖以古文倡於世。顧好浮屠之學。獨退之闢佛老。而子厚又信釋氏。子厚諸文。後人尤稱其山水記最工。又或謂子厚詩律精美。過於退之云。子厚答韋中立論師道書。頗自述爲文之要。今節錄之。其詞曰。

（上略）始吾幼且少。爲文章以辭爲工。及長。乃知文者以明道。是固不苟爲炳炳烺烺。務采色。衒聲音而爲能也。凡吾所陳。皆自謂近道。而不知道之果近乎遠乎。吾子好道而可吾文。或者其於道不遠矣。故吾每爲文章。未嘗敢以輕心掉之。懼其剽而不留也。未嘗敢以怠心易之。懼其弛而不嚴也。未嘗敢以昏氣出之。懼其昧沒而雜也。未嘗敢以矜氣作之。懼其偃蹇而驕也。抑之欲其奧。揚之欲其明。疏之欲其通。廉之欲其節。激而發之欲其清。固而存之欲其重。此吾所以羽翼夫道也。本之書以求其質。本之詩以求其恆。本之禮以求其宜。本之春秋以求其斷。本之易以求其動。此吾所取道之原也。參之穀梁氏以厲其氣。參之孟荀以暢其支。參之莊老以肆其端。參之國語以博其趣。參之離騷以致幽。參之太史以著其潔。此吾所以旁推交通而以爲之文也。（下略）

（二） 李觀

李觀字元賓華之族子也。與退之同舉進士。相友善。退之贈以詩曰。北極有羈羽。南溟有沈鱗。川源浩浩隔。影響兩無因。風雲一朝會。變化成一身。誰言道里遠。感激疾如神。我年二十五。求友昧其人。哀歌西京市。乃與夫子親。所尙苟同趨。賢愚豈異倫。方爲金石姿。萬世無緇磷。無爲兒女態。憔悴悲賤貧。觀之卒年才二十九。退之志其墓。謂元賓文高乎當世。行過乎古人。李翱稱觀文不遠於揚子雲。後陸希聲序觀文集。以爲貞元中文尤高者。李元賓觀韓退之愈。始元賓舉進士。其文稱居退之右。及元賓死。退之之文日益高。今之言文章元賓反出退之之下。論者以元賓早世。其文未極。退之窮老不休。故能卒擅其名。予以爲不然。要之所得不同。不可以相上下者。文以理爲本。而辭質在所尙。元賓尙於辭。故辭勝其理。退之尙於質。故理勝其辭。退之雖窮老不休。終不能爲元賓之辭。假使元賓後退之之死。亦不能及退之之質。希聲此論最允。

項籍碑銘　　李　觀

鋪周秦之顚亡。粲乎簡册。吁可駭也。惟秦失在暴。惟周失在弱。上慢下黷。政無紀綱。若然者神靈不得不哀。世教不得不張。且天地不可以無主。故帝必誕膺命。不可以坐得。故有心者經綸於是漢祖起於豐沛公起於會稽陳吳之徒自稱乎假王其餘揭竿而呼爭先刺秦者如林如藪於時亂浩浩兵憧憧風從虎雲從龍三靈昏而四海空公乃杖撥亂之劍希當世之功浮江而西有壯士八千枹鼓於舟中吁嗟乎無人誰禦乎羣兒所以謀大業拯萬靈而爭雌雄者獨漢祖與公遂號百勝之師趣累卵之危活趙歇擒王離十壁慴眙一麾靡餘然後飄銳氣聳利鋒扼秦關怒漢公因語曰揭約則違人因信則自違惡取乎乃軍鴻門屠咸陽鼎峙於神州幅裂於四方始退與漢祖東西而王天下是以知量不足謀不長矣然雖兵衆於漢戰捷於漢其後則有靈壁之敗太公虜滎陽之圍紀信焚廣武之守傷其胸長陵之役撓其師與漢祖龍虎相逐干戈合離五年之後而勝敗乃知是知兵之不可窮物之不可終天地否而開雲雷屯而通故有三將潰圍孤軍曷歸良馬在御美人在帷楚歌夜聞哀泣垂緌遂飲帳中申令麾下鏡分美人飆舉良馬曉漫漫雲茫茫失道於陰陵問津於烏江其猶魚遭網而游鳥嬰羅而翔終不免矣倘能合從亡之人禦追逃之兵旗鼓指掌鵝鸛丘陵足罔不蹶首胡不橫然始解馬於舟子結纓於死地痛矣夫何自慷慨斯焉之甚耶而曰天實亡我非戰之罪何執而不寤哉公實勇而無謀剛而無親忌而信讒暴而殘人是以人得蹈其資兵得害其身眞自亡也豈天亡乎使公勇

而能謀。關中可據矣。剛而能親。諸將不攜矣。明以察。讒奇計得施矣。恕而愛人。百姓樂推
矣。若然則舉天下如轉圜。何漢氏與二臣能計之哉。至於謀於漢者皆其臣也。公實棄之。
兵於漢者。亦其將也。公不庸之故曰得人者昌。失人者亡。噫。從始而言之。蓋天理有素乎。
故生項以靜難。生漢以牧人。靜難者授勇。牧人者授仁。不然。何鴻門阽而復持。成皋跳而
復振。入關而綏來。王楚而驟歸者哉。釋名曰。碑。悲也。觀嘗尋楚漢春秋。見公帳中之歌。而
詠之輒泫然而悲。爰刻石爲文。多不究其終始。銘曰。姬孱而絕。嬴虐而滅。九陽鬱結。九州
喣艴。必生聖哲。以起滅絕。維漢自豐。維楚自東。偕伐寇戎。反相戰攻。戰攻不罷。洎乎垓下。
彼衆我寡。就死於野。

(三)　歐陽詹

歐陽詹字行周。泉州晉江人。李貽孫詹集序曰。韓侍郎愈。李校書觀。洎君並數百歲傑出。今
觀詹文。固不逮元賓。其去退之益遠。然退之實數稱之。詹死。退之爲哀辭曰。建中貞元間。余
就食江南。未接人事。往往聞詹名閭巷間。詹之稱於江南也久矣。貞元三年。余年十九。始至
京師。舉進士。聞詹名尤甚。八年春。遂與詹文辭同考試登第。始相識。自後詹歸閩中。余或在
京師他處。不見詹久者。惟詹歸閩中時爲然。其他時與詹率不歷歲。移時則必合。合必兩忘

其所趨。久然後去。然余與詹相知為深。詹事父母盡孝道。仁於妻子。於朋友義以誠。氣醇以方。容貌嶷嶷然。其燕私善謔以和。其文章切深喜往復。善自道。讀其書知其於慈孝最隆也。觀此知退之與行周交最篤也。退之既為哀辭。嘗書兩通。一遺崔羣。一遺劉伉。且題其後曰。伉喜古文。以吾所為合於古。詣吾廬而來請者八九至。而其色不怨。志益堅。凡愈之為此文。蓋痛歐陽生之不顯榮於前。又懼其泯滅於後也。今劉君之請。未必知歐陽生之志。其志在古文耳。雖然。苟愛吾文。必求其義。則進知於歐陽生矣。必時觀愈之為古文。豈獨取其句讀不類於今者耶。思古人而不得見。學古道則欲兼通其辭。通其辭者。本志於古道者也。古之道不苟毀譽於人。然則吾之所以為文。皆有實也。劉君好其辭。則其知歐陽生也無惑焉。退之於此。明己所以為古文之道。又深推歐陽生之志在古文。可見其引行周為同調也。

駑驥吟贈歐陽詹　韓愈

駑駘誠齷齪。市者何其稠。力小若易制。價微良易酬。渴飲一斗水。飢食一束芻。嘶鳴當大路。志氣若有餘。騏驥生絕域。自矜無四儔。牽驅入市門。行者不為留。借問價幾何。黃金比嵩丘。借問行幾何。咫尺視九州。飢食玉山禾。渴飲醴泉流。問誰能為御。曠世不可求。惟昔穆天子。乘之極遐游。王良執其轡。造父挾其輈。因言天外事。恍惚使人愁。駑駘謂騏驥。餓死余爾羞有能必見用有法必見收孰與時與命通塞皆自由騏驥不敢言低徊但垂頭人皆劣騏驥其以駑駘優喟余獨興歎才命不同謀寄詩同心子爲我商聲謳

答韓十八駑驥吟　歐陽詹

故人舒其憤作爾駑驥篇駑取易售陳驥以難知言委曲感旣深咨嗟詞亦殷伊情有遠瀾余志游其源室有周孔堂道適堯舜門調雅聲寡同途遐勢難翻顧茲萬恨來假使二物云賤貴而貴賤世人良其然芭蕉一葉妖茂葵一花姸異無材實賚手植堦墀前楩楠十圍瑰松柏百尺堅罔念棟梁功野長丘墟邊傷哉昌黎韓焉得不迍邅上帝本厚生大君方逮元實將庇羣甿庶此規崇軒班爾圖永安掄擇其精焉君看廣廈中豈有庭前萱

(四)　劉禹錫

劉禹錫字夢得彭城人始與韓柳交最篤後與白居易善爲詩相倡答時號劉白退之赴金陵途中詩曰同官盡才俊偏善柳與劉夢得集祭韓侍郎文曰子長在筆予長在論持矛舉楯卒不能困是夢得之於古文尤以持論自負也今著其體

天論上　劉禹錫

世之言天者二道焉拘於昭昭者則曰天與人實影響禍必以罪降福必以善來窮阨而

呼必可聞。隱痛而祈必可荅。如有物的然以宰者。故陰騭之說勝焉。泥於冥冥者。則曰天與人實剌異。霆震於畜木。未嘗在罪。春滋乎堇荼。未嘗擇善。跖蹻焉而遂。孔顏焉而危。是茫乎無有宰者。故自然之說勝焉。余之河東解人柳子厚作天說。以折韓退之之言。文信美矣。蓋有激而云。非所以盡天人之際。故余作天論。以極其辯云。大凡入形器者。皆有能有不能。天有形之大者也。人動物之尤者也。天之能。人固不能也。人之能。天亦有所不能也。故余曰。天與人交相勝耳。其說曰。天之道在生植。其用在彊弱。人之道在法制。其用在是非。陽而阜生。陰而肅殺。水火傷物。木堅金利。壯而武健。老而耗眊。氣雄相君。力雄相長。天之能也。陽而藝樹。陰而揫斂。防害用濡。三禁用光。斬材窾堅。液礦硎芒。義制強訐。禮分長幼。右賢尚功。建極閑邪。人之能也。人能勝乎天者法也。法大行則是非爲公天下之人。蹈道必賞。違之必罰。當其賞。雖三旌之貴。萬鍾之祿。處之咸曰宜。何也。爲善而然也。當其罰。雖族屬之夷。刀鋸之慘。處之咸曰宜。何也。爲惡而然也。故其人曰。天何預乃人事耶。雖告虔報本。肆類授時之禮。曰天而已矣。福兮可以善取。禍兮可以惡召。奚預乎天耶。法小弛。則是非駁。賞不必盡善。罰不必盡惡。或賢而尊顯。時以不肖參焉。或過而僇辱。時以不辜參焉。故其人曰。彼宜然而信然。理也。彼不當然而固然。豈理耶。天也。福或可以詐取。而禍或可以苟免。人道駁。故天命之說亦駁焉。法大弛則是非易位。賞常在佞而罰常在直。義不足以制其强。刑不足以勝其非。人之能勝天之具盡喪。而名徒存。彼昧昧者方挈挈然提無實之名。欲抗乎言天者。斯數窮矣。故曰天之所能者生萬物也。人之所能者治萬物也。法大行則其人曰。天何預人耶。我蹈道而已。法大弛則其人曰。道竟何爲耶。任天而已。法小弛則天人之論駁焉。今人以一己之窮通而欲質天之有無。惑矣。余曰天常執其所能以臨乎下。非有預乎治亂云爾。人常執其所能以仰乎天。非有預乎寒暑云爾。生乎治者。人道明。咸知其所自。故德與怨不歸於天。生乎亂者。人道昧。不可知。故由人者舉歸乎天。非天預乎人爾。

右所舉數家。柳子厚本與退之齊名。李元賓劉夢得抑其次也。歐陽行周微若不逮。自餘並世工文章者甚衆。要尙非數子之匹。茲但述才力尤高而與退之尤厚者云爾。

第九章　韓門諸子

所謂韓門諸子者。非必皆受業退之之門者也。宋稱蘇子瞻之門有六君子。其人固不必子瞻弟子矣。凡由退之獎借而得名聲者。如孟郊之屬。並列於此。用蘇門六君子例也。然亦惟舉其最著者而已。

唐書稱孟郊、張籍。從退之游。而李翺、李漢、皇甫湜。皆承退之之學。賈島、劉乂。亦韓門弟子。此外沈亞之學於退之。來無擇得作文訣於退之。以授孫樵。此皆韓門諸子之著者也。然孟郊張籍。尤長於詩。李翺、孫樵。尤長於文。故韓門並爲詩文之宗。今分別論之。

（甲）韓門之詩人

孟郊少隱嵩山。稱處士。李翺分司洛中。與之游。薦於留守鄭餘慶。辟爲賓佐。性孤僻寡合。韓愈一見。以爲忘形之契。常稱其字曰東野。與之唱和於文酒之間。因話錄曰。韓文公與孟東野友善。韓公文至高。孟長於五言。時號孟詩韓筆。李翺薦郊於張建封云。郊爲五言詩。自前漢李都尉蘇屬國。及建安諸子。南朝二謝。郊能兼其體而有之。李觀薦郊於梁肅曰。郊之五言詩。其高處在古無上。平處下顧兩謝。蓋東野之詩。爲當時所重如此。退之與東野贈答甚多。其孟先生詩曰。孟郊江海士。古貌又古心。書讀古人書。謂言古猶今。作詩三百首。窅默咸池音。騎驢到京國。欲和薰風琴。豈識天子居。九重鬱沈沈。一門百夫守。無籍不可尋。晶光蕩相射。旗戟翩以森。遷延乍卻走。驚怪靡自任。舉頭看白日。泣涕下霑襟。朅來遊公卿。莫肯低華簪。諒非軒冕族。應對多差參。萍蓬風波急。桑榆日月侵。奈何從進士。此路轉嶇嶔。異質忌處羣。孤芳難寄林。誰憐松桂性。競愛桃李陰。朝悲辭樹葉。夕感歸巢禽。顧我多慷慨。窮簷時見臨。清宵靜相對。髮白聆苦吟。採蘭起幽念。眇然望東南。秦吳修且阻。兩地無數金。無論徐州牧。此指張建封 好古天下欽。竹實鳳所食。德馨神所歆。求觀衆丘小。必上泰山岑。求觀衆流細。必泛滄溟深。子其聽我言。可以當所箴。既獲則思返。無爲久滯淫。卞和試三獻。期子在秋砧。

東野爲詩枯槁艱澀。元遺山以爲高天厚地一詩囚。世尤稱其長安無緩步一首。

灞上輕薄行　孟郊

長安無緩步。況値天景暮。相逢灞滻間。親戚不相顧。自歎方拙身。忽隨輕薄倫。常恐失所避。化爲車轍塵。此中生白髮。疾走亦未歇。

孟郊既卒。賈島爲詩亦務枯澀。退之深契之。島字浪仙。范陽人。初爲浮屠。名无本。來東都時。退之憐其才。俾反俗應舉。全唐詩話載退之貽島詩曰。孟郊死葬北邙山。日月星辰頓覺閑。天恐文章中斷絕。故生賈島在人間。或謂此非退之詩 一說島初赴舉在京。一日驢上得句云。鳥宿池邊樹。僧敲月下門。思易敲爲推。引手作推敲之勢。韓退之爲京兆尹。車騎方出。島不覺左右擁至尹前。島具道所得詩句。退之遂與並轡歸。爲布衣交。長江集中此詩爲題李疑幽居。其全章曰。

閑居少鄰並。草徑入荒園。鳥宿池中樹。僧敲月下門。過橋分野色。移石動雲根。暫去還來

此。幽期不負言

張籍雖稱學文於退之。而實工於詩。得名最久。籍字文昌。和州烏江人。第進士。爲秘書郎。退之薦爲國子博士。歷水部員外郎。主客郎中。當時有名士皆與游。而退之尤賢重之。籍性狷直。嘗責退之喜博簺及爲駁雜之說。又論議好勝人。排釋老不能著書。若孟軻揚雄以傳世。其往復論此事書凡二通。附見退之集。籍本工樂府。與王建齊名。又雅擅近體。雲仙雜記謂籍取杜甫詩一帙。焚取灰燼。副以膏蜜。頻飲之。曰。令吾肝腸從此改易。籍晚年以詩律教學者。及門者頗衆。全唐詩話。始水部張籍爲律格詩。惟朱慶餘親受其旨。既而任蕃、陳標、章孝標、司空圖咸及門焉。又曰。寶歷開成之際。項斯字子遷。尤爲水部所知。聲價特甚。故其詩格與之相類。按律格詩殆指近體。律體至杜甫而矩矱大備。於前大歷諸子。益以清新之致。籍既篤好杜詩。又與韓公遊。晚乃傳律格之法。全開晚唐之風氣矣。退之頻有詩與籍贈答。且時相會聯句。茲不悉著。惟附籍詩數章。以見其體。

遠別離　　張籍

蓮葉團團杏葉拆。長江鯉魚鬐鬣赤。念君少年棄親戚。千里萬里獨爲客。誰言遠別心不易。天星墜地能爲石。幾時斷得城南陌。勿使居人有行役。

薊北旅思　　張籍

日日望鄉國。空歌白苧詞。長因送人處。憶得別家時。失意還獨語。多愁祇自知。客亭門外柳。折盡向南枝。

書懷寄王秘書　　張籍

白頭如今欲滿頭。從來百事盡應休。祇於觸目須防病。不擬將心更養愁。下藥遠求新熟酒。看山多上最高樓。賴君同在京城住。每到花前免獨游。

唐詩人其吐詞驚邁詭麗者。莫如李賀。其樂府當世莫能效者。賀於退之爲後進。而退之亦絕重之。嘗以父名晉肅。不肯舉進士。退之特爲作諱辨以解之。賀卒年僅二十七。相傳賀七歲能辭章。退之始聞未信。與皇甫湜過其家。使賦詩。賀援筆立就。如宿構。名曰高軒過。其詞曰。

華裾織翠青如蔥。金環壓轡搖玲瓏。馬蹄隱耳聲隆隆。入門下馬氣如虹。云是東京才子。文章鉅公。二十八宿羅心胸。元精昭昭貫當中。殿前作賦聲摩空。筆補造化天無功。龐眉書客感秋蓬。誰知死草生華風。我今垂翅附冥鴻。他日不羞蛇作龍。

此外有盧仝劉叉。退之亟稱其詩。沈亞之學文於退之。而亦工詩。要之盧仝詩尤奇。劉叉作冰柱雪車二詩出盧仝孟郊右。能面道人短長。既歸退之。以爭語不能下賓客。因持退之金數斤去。曰此諛墓中人得耳。不若與劉君爲壽。盧仝居東都時。退之爲河南令。愛其詩。厚禮之。仝自號玉川子。嘗爲月蝕詩。詠怪無兩。退之寄仝詩曰。玉川先生洛城裏。破屋數間而已矣。一奴長鬚不裹頭。一婢赤脚老無齒。辛勤奉養十餘人。上有慈親下妻子。先生結髮憎俗徒。閉門不出動一紀。至今鄰僧乞米送。僕忝縣令能不恥。俸錢供給公私餘。時致薄少助祭祀。勸參留守謁大尹。言論纔及輒掩耳。觀此則仝亦高絜之士。後以宿王涯第。及於甘露之禍。月蝕詩。唐書以爲譏切元和逆黨而作。韓集孫註曰。按仝詩作於元和五年。而宦官陳洪志之亂。乃在於十五年。安得預知而刺之。蓋唐史誤也。要之月蝕詩最奇恣。別爲一體。其辭曰。

新天子卽位五年。歲次庚寅。斗柄插子。律調黃鍾。森森萬木死。僵立寒氣。贔屭頑無風。（贔屭作力貌上平秘切下許氣切）爛銀盤從海底出。來照我家草屋東。天色泔滑凝不流。（米泔瀋也）冰光交貫寒曈曨。初疑白蓮花。浮出龍王宮。八月十五夜。比並不可雙。此時怪事發。有物吞食來。輪如壯士斧斫壞。（輪月輪）桂似雪山風拉摧。（桂月中桂樹）百鍊鏡照見膽。平地埋寒灰。火龍珠。飛出腦卻入蚌蛤胎。摧輪破璧眼看盡。當天一搭如煔煤。磨蹤滅跡須臾間。便似萬古不可開。不料至神物。有此大猿狚。星如撒沙出。爭頭事光大。奴婢炷暗燈。揜菼如玳瑁。揜菼黑暗貌今夜吐燄長如虹。孔隙千道射戶外。玉川子涕泗下。中庭獨自行。念此日月者。太陰太陽精。皇天要識物。日月乃化生。走天汲汲勞四體。與天作眼行光明。此眼不自保。天公行道何由行。吾見陰陽家有說。望日蝕月月光滅。朔月掩日日光缺。兩眼不相攻。此說吾不容。又孔子師老子云。五色令人目盲。吾恐天似人。好色即喪明。幸且非春時。萬物不嬌榮。青山破瓦色。綠水冰崢嶸。花枯無女豔。鳥死沈歌聲。頑冬何所好。偏使一目盲。傳聞古老說。蝕月蝦蟆精。徑圓千里入汝腹。汝此癡騃阿誰生。可從海窟來。便解緣青冥。恐是眶睫間。揜塞所化成。黃帝有四目。帝舜重瞳明。二帝懸四目。四海生光輝。吾不遇二帝。滉漭不可知。何故瞳子上。坐受蟲豸欺。長嗟白兔搗靈藥。恰似有意防姦非。藥成滿臼不中度。委任白兔夫何為。憶昔堯為天。十日燒九州。金爍水銀流。玉爛丹砂焦。六合烘為窰。堯心增百憂。帝見堯心憂。勃然發怒決洪流。立擬沃殺九日妖。天高日走沃不及。但見萬國赤子⿰魚戠⿰魚戠魚多貌生魚頭。此時九御導九日。九御九日之御爭持節幡麾幢旒。駕車六九五十四頭蛟螭虬。駕六車故九日駕五十四頭蛟螭虬。三者皆龍屬。掣電九火輈。汝若蝕開齱齬輪。御轡執索相爬鉤。推蕩轟訇入汝喉。紅鱗燄鳥燒口快。翎鬣倒側聲醆鄒。醆鄒即翎鬣聲撐腸拄肚偪傀如山丘。自可飽死更不偷。不獨塡飢坑。亦解堯心憂。恨汝當食藏頸壓腦不肯食。不當食張脣哆觜食不休。（當食謂日不當食謂月哆張也）食天之眼養逆命。安得天帝請汝劉。（殺也）嗚呼人養虎被虎齧。天昏暮得醫疾蝦蟇敢將天眼瞎。乃知恩非類。一一自作孽。吾見患眼人必索良工訣。想天不異人愛眼固應一安得常娥氏來習扁鵲術。手操舂喉戈。（左傳叔孫得臣獲長狄僑如富父終甥舂其喉以戈殺之）去此睛上物。初旣猶朦朧。旣久如抹漆。但恐功業成。便此不吐出。玉川子又涕泗下。心禱再拜額榻（叩也）沙土中。地上蟣虱臣仝告訴帝天皇。臣心有鐵一寸。可刳妖蟇癡腸。上天不爲臣立梯磴。臣血肉身無由飛上天。揚天光。封詞付與赤心風。越排閶闔入紫宮。密邇玉几前擘拆。奏上臣仝頑愚胸。敢死橫干天。代天謀其長。東方靑龍角。挿戟尾捭風。當心開明堂。（東方角亢氐房心尾箕房居其中凡四星爲明堂）統領三百六十鱗蟲。坐理東方宮。月蝕不救援。安用東方龍。南方火鳥赤潑血。項長尾短飛跋躠。（飛貌）頭戴井冠高達桥。（高貌）月蝕鳥宮十三度。鳥爲居停主人不覺察。貪向何人家行赤口毒舌。毒蟲頭上喫却月。不啄殺。虛眨鬼眼明突竄。（突於八反竄呼穴反深貌）鳥罪不可雪。西方攫虎立踦踦。（虎立貌）斧爲牙。鑿爲齒。偸犧牲。食封豕。大蟇一臠。固當軟美。見似不見。是何道理。爪牙根天不念天。天若准擬錯准擬。北方寒龜被蛇縛。藏頸入殼如入獄。蛇筋束緊束破殼。寒龜夏鼈一種味。且當以其肉充臘。死殼沒信處。唯堪支牀脚。不堪鑽灼與天下。歲星主福德。官爵奉董秦。(孫註曰董秦唐季忠臣也朱泚反以爲司空衆侍中泚逼奉天以爲京城留守)忍使黔婁生。覆尸無衣巾。天失眼不弔。歲星胡其仁。熒惑矍鑠翁。執法大不中。月明無罪過。不糺食月蟲。年年十月朝太微。支盧謫罰何災凶。土星與土性相背。反養福德生禍害。到人頭上死破敗。今夜月蝕安可會。太白眞將軍。怒激鋒鋩生。恆州陣斬酈定進。(孫曰元和五年討恆州王承宗神策大將酈定進戰死)項骨脆甚春蔓菁。天唯兩眼失一眼。將軍何處行天兵。辰星任廷尉。(辰星主廷尉)天律自主持。人命在盆底。固應樂見天盲時。天若不肯信。試喚皐陶鬼。(皐陶主刑)一問如今時。三台文昌宮。作上天紀綱。環天二十八宿磊磊尙書郎。整頓排班行。劍握他人將。一四太陽側。一四天市旁。操斧伐大匠。兩手不怕傷。弧矢引滿反射人。(天彌九星在東井東南)天狼呀啄明煌煌。癡牛與騃女。不肯勤農桑。徒勞淫思。旦夕遙相望。蚩尤簸旗弄旬朔。(蚩尤旗妖星)始搥天鼓鳴璫琅。枉矢(枉矢類流星)能蛇行。眊目森森張。天狗下舐地。(天狗星所墜見則千里破軍殺將)血流河滂滂。譎險萬萬黨。構架何可當。眯目釁成就。害我光明王。請留北斗一星相北極。指揮萬國懸中央。此外盡掃除。堆積如山岡。贖我父母光。當時常星沒。星雨如坼漿。(坼漿者言如酒漿之墜)似天會事發。叱喝誅姦彊。何故中道廢。自遺今日殃。善善又惡惡。郭公所以亡。(新序齊桓公出游見郭氏之墟問野人曰郭氏曷爲墟野人曰善善而惡惡桓公曰善善而惡惡人之善行也其墟何也野人曰善善而不能用惡惡而不能去是以爲墟)願天神聖心。無信他人忠。玉川子辭訖。風色緊格格。近月黑暗邊。有似動劍戟。須臾癡蟇精。兩吻自決拆。初露半個璧。漸吐滿輪魄。衆星盡原赦。一蟇獨誅磔。腹肚忽晚落。依舊挂穹碧。光彩未蘇來。慘淡一片白。奈何萬里光。受此吞吐厄。再得見天眼。感荷天地力。或問玉川子。孔子修春秋。二百四十年。月蝕盡不收。今子咄咄辭。因合孔意不。玉川子笑答。或請聽逗留。孔子父母魯。諱魯不諱周。書外書大惡。春秋傳曰外大惡書內大惡不書故月蝕不見收。予命唐天。口食唐土。唐禮過三。唐樂過五。小猶不說。大不可數。災殄無有小大瘉。安得引衰周。研覈其可否。日分晝。月分夜。辨寒暑。一主刑。一主德。政乃舉。孰爲人面上。一目偏可去。願天完兩目。照下萬方。土萬古。更不瞽。萬萬古。更不瞽。萬萬古。

退之於詩。兼推李杜。其所自爲。則別爲一體。而又宏奬風氣。於當世詩人。雖與已體格不類者。皆多方推挹之。如孟郊賈島之苦澀。李賀之詭麗。盧仝之奇恣。並卓然自成一家。至於張籍之律格詩。又爲晚唐北宋諸家所宗。故韓門雖並言古文。亦開後世無數詩派也。元和以來詩體惟元白一派與溫李一派最爲大宗沈亞之詩格穠麗已近溫李故李義山杜牧之並擬其詩張籍則實兼擅元白之體歲寒堂詩話曰張司業詩與元白一律專以道得人心中事爲工但白才多而意切張思深而語精元體輕而詞躁爾

(乙)韓門之文人

韓門爲古文最著者李翱、李漢、皇甫湜。次爲沈亞之。再傳有孫樵。皆其傑出者也。玆略述之。李翱。字習之。蓋退之姪壻。元和初爲國子博士史館修撰。後官至山南東道節度使。其爲文章。大抵承退之之緒論。與從弟正辭書曰。人號文章爲一藝者。乃時所好之文。其能到古人者。則仁義之詞。惡得以一藝名之。故習之立言多温厚和平。具有根柢。蘇舜欽謂其詞不逮韓。而理過於柳。誠爲篤論。習之答皇甫湜書。自稱所作高愍女碑楊烈婦傳。不在班固蔡邕下。今著高愍女碑於後。

高愍女碑　　李翱

愍女姓高。妹妹名也。生七歲。當建中二年。父彥昭以濮陽歸天子。前此逆賊質妹妹與其母兄。而使彥昭守濮陽。及彥昭以城歸。妹妹與其母兄皆死。其母李氏也。將死。憐妹妹之幼無辜。請獨免其死。而以爲婢於官。衆皆許之。妹妹不欲。曰。生而受辱。不如死。母兄皆不免。何獨生爲。其母與兄將被刑。咸拜於四方。妹妹獨曰。我家爲忠。宗族誅夷。四方神祇尚何知。問其父母所在之方。西嚮哭再拜。遂就死。明年太常謚之曰愍。當此之時。天下之爲父母者聞之。莫不欲愍女之爲子也。天下之爲夫者聞之。莫不欲愍女之爲室家也。天下之爲女與妻者聞之。莫不欲愍女之行在其身也。昔者曹娥思盱。自沈於江。獄吏噑四章女悲號思咭其兄作詩載馳。緹縈上書。乃除肉刑。彼四女者。或孝或智或義或仁。噫此愍女。厥生七年。天生其知四女不倫向遂推而布之於天下。其誰不從而化焉。雖有逆子必改行。雖有悍妻必易心。賞一女而天下勸。亦王化之大端也。異哉愍女之行而不家聞戶知也。貞元十三年。翺在汴州。彥昭時爲潁州刺史。昌黎韓愈始爲余言之。余既悲而嘉之。於是作高愍女碑。

李漢爲退之之壻。其序退之集曰。

文者。貫道之器也。不深於斯道。有至焉否也。易繇爻象。春秋書事。詩詠歌。書禮剔其僞。皆深矣乎。秦漢以前。其氣渾然。迨乎司馬遷相如董生揚雄劉向之徒。尤所謂傑然者也。至後漢曹魏。氣象萎薾。司馬氏已來。規範蕩盡。謂易已下爲古文。剽掠僭竊爲工耳。文與道蓁塞。固然莫知也。先生生於大歷戊申。幼孤。隨兄播遷韶嶺。兄卒。鞠於嫂氏。辛勤來歸。自知讀書爲文。日記數千百言。比壯。經書通會曉析。酷排釋氏。諸史百子。皆搜抉無隱。汗瀾卓踔。奫泫澄深。詭然而蛟龍翔。蔚然而虎鳳躍。鏘然而韶鈞鳴。日光玉潔。周情孔思。千態萬貌。卒澤於道德仁義。炳如也。洞視萬古。愍惻當世。遂大拯頹風。教人自爲。時人始而驚。中而笑且排。先生志益堅。其終人亦翕然而隨以定。嗚呼。先生於文。摧陷廓淸之功。比於武事。可謂雄偉不常者矣。長慶四年冬。先生歿。門人隴西李漢。辱知最厚且親。遂收拾遺文。無所失墜。得賦四。古詩二百五。聯句十。律詩一百七十三。雜著六十四。書啟序八十六。哀辭祭文三十八。碑誌七十六。筆硯鱷魚文三。表狀四十七。總七百。幷目錄合爲四十一卷。目爲昌黎先生集。傳於代。又有注論語十卷。傳學者。順宗實錄五卷。列於史書。不在集中。先生諱愈。字退之。官至吏部侍郎。餘在國史本傳。

皇甫湜。字持正。睦州新安人。擢進士第。爲陸渾尉。仕至工部郎中。裴度留守東都。辟爲判官。度脩福先寺。將立碑。求文於白居易。湜怒曰。近舍湜而遠取居易。請從此辭。度謝之。湜即請斗酒。飲酣。援筆立就。度贈以車馬彩繒甚厚。湜大怒曰。自吾爲顧況集序。未嘗許人。今碑字三千。字三縑。何遇我薄耶。度笑曰。不羈之才也。從而酬之。沈亞之。字下賢。亦學於退之。與皇甫湜以文往來。其文務爲險崛。答學文僧請益書。謂陶器速售而易敗。煅金難售而經久。可見其意。亞之本以詩名。故杜牧李商隱集。均有擬沈下賢詩。如皇甫二李。則不以詩稱也。皇甫湜之學。傳於來無擇。無擇傳於孫樵。樵與王霖秀才書曰。樵嘗得爲文眞訣於來無擇。來無擇得之於皇甫持正。皇甫持正得之於韓吏部退之。按無擇名擇。唐志有來擇秣陵子集一卷。今不傳。樵字可之。其文亦戛然自異。今著其一首於下。

龍多山記

孫樵

梓潼南鄙。越五百里。其中有山。崛起中天。即山之趾。得逕蜿蜒。舉武三十。北出其領。氣象鮮姸。孕成陰煙。矻石巉巉。別爲東巖。槎牙重複。爭先角逐。若絕若裂。若缺若穴。突者虎怒。企者猿踞。橫者木仆。挺者碑植。又有似乎飛簷連軒。櫟櫨交攢。敧撐几柱。懸棟危礎。殊狀詭類。愕一得視下有畝平。砥若戶庭。攄乳側脈。膏停泓石。俯對絕壑。杪臨蘭薄。仙臺標異。叢石頁起。屹與山別。猿鳥蹟絕。腹竇而空。路由其中。斷齶相望。攀緣下上。闖然而出。曜見白日。始時永嘉飛眞蓋羅玄蹤。斯存石刻。傳聞丹成而仙。駕鶴騰天。一去遼廓。千載寂寞。澄泉傳靈。別鑿鏡明。風間景淸。寂寥無聲。嘉木美竹。岡巒交植。風來怒黑。雷動崖谷。嵓獸山禽。捷翔呀驚。曉吟暝啼。聽之悽悽。迴環下矚。萬類在目。因山帶川。靑縈碧聯。莽蒼際雲。杳杳不分。月上於天。日薄於泉。魄朗輪昏。出入目前。其或宿霧朝雲。糊空縛山。漠漠漫漫。莫知其端。陽曜始浴。徹天昏紅。輪高而赤。洪流散射。濃透薄釋。錦裂綺拆。千狀萬態。倏然收霽。樵起來而游。泊車而休。登降信宿。聞見習熟。始曰山乎。曾未始有得乎。無使夸世鈞名者汚此嚴扃乎。且欲聞於潁陽之徒乎。

唐書稱退之成就後進士。往往知名。經其指授。皆稱韓門弟子。是退之在當時。弟子固[illegible]衆也。又曰。惟愈爲之。沛然若有餘。至其徒李翺李漢皇甫湜從而效之。遽不及遠甚。蓋元和之間。文章極盛。退之倡導風氣。厥功尤偉。雖樊宗師文最爲艱澀。退之猶屢薦之。至誌其墓則許其詞必己出。又謂其文從字順各識職。則退之卽於文體與己稍異者。亦未嘗不竭力獎進也。杜牧之李義山皆能爲古文。不云出於退之。蓋一時風氣所趨。終使排偶之習大變。而古文之體。遂大行於宋以來矣。

中國六大文豪卷六終

民國五年十二月印刷
民國五年十二月發行

有著不准

（中國六大文豪）全一册

定價

編輯者　梓潼謝无量

發行者　桐鄉陸費逵